RÉPERTOIRE

UNIVERSEL, ET RAISONNÉ

DE JURISPRUDENCE

CIVILE, CRIMINELLE,

CANONIQUE ET BÉNÉFICIALE;

Ouvrage de plusieurs Jurisconsultes :

Mis en ordre & publié par M. GUYOT, Écuyer, ancien Magistrat.

TOME DIX-SEPTIÈME.

A PARIS,

Chez PANCKOUCKE, Hôtel de Thou, rue des Poitevins.

Et se trouve chez les principaux Libraires de France.

M. DCC. LXXVIII.

Avec Approbation & Privilége du Roi.

RÉPERTOIRE

UNIVERSEL ET RAISONNÉ

DE JURISPRUDENCE

CIVILE, CRIMINELLE,

CANONIQUE ET BÉNÉFICIALE.

D

DAMASQUINEUR. Ouvrier qui enchâsse de petits filets d'or ou d'argent dans du fer ou de l'acier entaillé & préparé pour cela.

Ces ouvriers, ainsi que les Doreurs, sont sujets à la juridiction des monnoies. Voyez DOREUR. (*Article de M. DAREAU, avocat, &c.*)

DAME. Titre d'honneur dont les femmes mariées s'emparent presque par tout aujourd'hui, & qui cependant n'appartient qu'aux femmes des gentilshommes.

On peut voir à l'article CHEVALIER, avec quelle réserve on prenoit anciennement ce titre, puifqu'on mettoit au rang des prérogatives d'un chevalier celle de pouvoir le donner à fa femme. Quoique la politeffe françoife le défère affez indiftinctement aux perfonnes du fexe quand on leur parle ou qu'on leur écrit, il ne leur eft point permis pour cela de le prendre dans les actes où elles font parties. Il eft vrai qu'on ne les recherche point à ce fujet; mais fi elles l'ufurpoient trop ouvertement, on pourroit le leur faire fupprimer.

Il ne fuffit pas de poffeder même des feigneuries titrées pour avoir le droit de fe qualifier fimplement de *Dame*, fi l'on n'eft foi-même de qualité, fans quoi en prenant ce titre, on doit y ajouter le nom de la feigneurie auquel il eft attaché. Ainfi au lieu de dire : *Dame Geneviève de la Tour*, *baronne de Puy-le-bois*, on doit mettre *Geneviève de la Tour*, *Dame de la baronnie de*, &c. Alors le mot de *Dame* eft pris pour celui de *maîtreffe* ou de *propriétaire* de la baronnie, ce qui annonce une qualité toute différente.

L'époufe du frère puîné du roi a le titre de *madame* par excellence & fans autre dénomination. Les filles ou les fœurs de nos rois, quoique non mariées, ont auffi chacune le même titre de *madame*, mais en y ajoutant leur nom de baptême : ainfi l'on dit madame *Adélaïde*, madame *Victoire*, madame *Sophie*, madame *Elifabeth*. La fille aînée du premier prince du fang a le titre de *mademoifelle* par excellence, & fans autre dénomination; chacune des autres eft mademoifelle, avec fon furnom de diftinction.

DAME *du palais*, fe dit d'une Dame revêtue

d'un office avec penfion chez la reine de France. On appele auffi chez la reine *Dame d'atour*, *Dame du lit*, *Dame d'honneur*, des Dames revêtues de charges qui leur donnent ces fortes de titres.

DAME eft auffi un titre attribué aux chanoineffes & aux religieufes des abbayes & de quelques autres communautés. On dit les *Dames d'Epinal*, *de Fontevrault*, *de Saint-Cyr*, &c. On les appelle auffi quelquefois *Dames du chœur*, parce qu'elles ont féance dans les hauts ftalles, à la différence des novices, qui font dans les bas, & des fœurs converfes, que l'on n'a admifes dans la communauté que pour le fervice de la maifon.

DAME (NOTRE-) fe dit par excellence de la vierge, à l'honneur de laquelle on a érigé des offices, des fêtes, des confréries, des oratoires, des monaftères, des congrégations, &c.

Nous allons traiter ici par articles les différentes inftitutions religieufes faites en France à l'honneur de *Notre-Dame*.

Religieux hofpitaliers de la charité de Notre-Dame. Gui, feigneur de Joinville, ayant fait bâtir dans fes terres vers la fin du treizième fiècle au lieu de *Boucheraumont*, diocèfe de Châlons, un hôpital pour les pauvres & les pélerins, il en donna le foin à quelques perfonnes féculières, qui peu à peu formèrent une communauté fous l'invocation de la vierge, d'où cette communauté prit le nom de *la charité de Notre-Dame*.

Le même feigneur fit quelque temps après un pareil établiffement à Paris dans une rue qu'on appeloit alors des jardins, & qui porte préfentement le nom des *billettes*. Boniface VIII confirma cet ordre naiſſant en 1300, le mit ſous la protection du ſaint ſiége, & l'exempta de la juridiction des évêques, en lui donnant un prêtre pour recteur avec juridiction ſpirituelle ſur ceux qui demeureroient dans les hôpitaux qui en dépendroient.

L'hôpital de Boucheraumont fut le chef-lieu des frères hoſpitaliers ; il s'y tint pluſieurs chapitres généraux. Clément VI leur donna en 1346 la règle de ſaint Auguſtin, & leur fit prendre l'habit noir ; car ils étoient originairement du tiers-ordre de ſaint François, & vêtus de gris.

Ces religieux parvinrent à ſe procurer pluſieurs maiſons, l'une entr'autres aux Baſſes-loges, diocèſe de Sens, & une autre à Bayeux ; mais le déréglement s'étant introduit parmi eux, au point qu'on ne put plus y rétablir l'obſervance réguliére, l'ordre peu à peu s'éteignit. En 1631, le père Atoine Païen, qui en étoit encore général, tranſigea avec celui des carmes, & ce dernier obtint le couvent des Billettes dont les religieux de ſon ordre de la réforme de Rennes ſont aujourd'hui en poſſeſſion. Louis XIII confirma cette ceſſion par des lettres-patentes du 26 ſeptembre de la même année.

Le frère Alexis Langau, le ſeul religieux qui reſtât de l'ordre des hoſpitaliers dont il s'agit, voulut en 1652 faire paſſer les maiſons de ſon ordre aux Picpus ; mais l'ordre militaire de Notre-Dame du Mont - Carmel & de Saint - Lazare en profitèrent en vertu d'un édit de l'année 1672.

Voyez *les antiquités de Paris par Dubreuil*, & *l'hiſtoire des ordres religieux.*

Religieux de Notre-Dame de la Merci. Il sera parlé de ces religieux institués pour la rédemption des captifs à l'article MERCI.

Ordre militaire de Notre-Dame du Mont-Carmel. Cet ordre fut institué en 1607 par Henri IV, qui y réunit celui de Saint-Lazare. Il en a été parlé à l'article CHEVALIER.

Filles religieuses de l'assomption de Notre-Dame. Etienne Haudri, l'un des secrétaires du roi saint Louis, ayant entrepris à son retour de la Terre-Sainte un voyage à Saint-Jacques en Galice, & y ayant longtemps demeuré sans donner de ses nouvelles, sa femme nommée *Jeanne la Dalone* s'enferma avec quelques autres femmes dans une maison qu'elle avoit à Paris rue de la Mortellerie, pour y vivre dans des exercices de piété.

Haudri revenu en France trouva sa femme qui avoit fait vœu de chasteté. Il fut obligé pour obtenir une dispense à ce sujet, d'aller à Rome : le pape la lui accorda, mais à condition qu'il laisseroit un fonds pour entretenir douze pauvres femmes, condition à laquelle il satisfit; & c'est de-là que ces femmes furent appelées *Haudriettes*, du nom de leur fondateur.

Elles formèrent une communauté à laquelle on donna des statuts qui furent confirmés au nom du pape Jean XXIII en 1414. Elles vécurent plusieurs années avec beaucoup d'édification; mais dans la suite elles se relâchèrent au point d'abandonner entièrement les observances régulieres. Le grand aumônier de France, leur supérieur né, chercha à les remettre dans la ferveur primitive, & il y réussit. Il obtint de Grégoire XV le pouvoir d'aggréger cette communauté à l'ordre de saint Augustin, & de confir-

mer les nouveaux ſtatuts qu'il avoit dreſſés pour
faire revivre les anciens. Le nombre des religieuſes augmenta au point qu'il fallut les changer de logement. On les transfera en 1622 dans
la rue Saint-Honoré, où elles ont un grand mo-
naſtère avec une belle égliſe ſous le titre de
l'*aſſomption de Notre-Dame* dont elles ont retenu
le nom, en quittant celui d'*Haudriettes* qu'elles
avoient auparavant.

. Elles ſont habillées de noir avec de grandes
manches & une ceinture de laine. Elles portent
un crucifix ſur le cœur.

Voyez *les antiquités de Paris par Dubreuil,
Malingre, & l'hiſtoire des ordres religieux.*

Religieuſes de la congrégation de Notre-Dame.
Il a été parlé de ces Religieuſes à l'article CHA-
NOINESSES-RÉGULIÈRES.

*Religieuſes filles de Notre-Dame, autrement di-
tes de la compagnie de Notre-Dame.* Jeanne de
Leſtonac, marquiſe de Montferrand, iſſue d'une
ancienne famille de Bordeaux, a donné naiſſance
à cet ordre de religieuſes. Deux Jéſuites du collége de Bordeaux déſirèrent qu'à l'imitation de
leur ſociété, il y eût un ordre de religieuſes
qui s'occupaſſent de l'enſeignement des jeunes
filles. Ils avoient entendu parler de la Dame de
Montferrant & de l'ardent déſir qu'elle avoit
d'établir quelque maiſon religieuſe ; ils l'allèrent
trouver, & lui propoſèrent l'inſtitution qu'ils
avoient en vue. La Dame de Montferrant ne
demanda pas mieux que de ſe prêter à l'exécution de ce deſſein.

Le père Borde, l'un de ces jéſuites, travailla
auſſi-tôt à dreſſer des conſtitutions pour les religieuſes futures ſur l'inſtitut de ſaint Ignace, en

réduifant ces conftitutions aux points qui pouvoient convenir à des filles. On fit part de
toutes les opérations au cardinal de Sourdis,
archevêque de Bordeaux, qui y donna fon approbation. On envoya enfuite à Rome pour
obtenir la confirmation du pape. Paul V l'accorda
par un bref du 7 avril 1607.

On bâtit à Bordeaux un monaftères pour les
nouvelles religieufes : quand cette conftruction
fut achevée, la Dame de Montferrand & quatre
de fes compagnes firent leur noviciat & leur
profeffion fous la règle de faint Benoît. Henri IV
confirma leur établiffement par des lettres-patentes de l'année 1609. Le nombre des religieufes augmenta confidérablement ; on leur procura
des maifons dans plufieurs provinces, notamment dans la Guyenne, dans le. Poitou, dans
l'Anjou, dans la Normandie, le Maine, l'Auvergne, le Languedoc, le Velai, le Rouergue,
le Vivarais, le Bourbonnois, &c. Il y a même
aujourd'hui de ces religieufes fur les terres d'Efpagne. Il y eut de nouvelles conftitutions imprimées pour elles à Bordeaux en 1642. Comme
l'obfervance n'eft pas tout-à-fait la même dans
toutes leurs maifons, il y a apparence que ces
conftitutions ne font pas fuivies partout d'une
manière uniforme ; la différence néanmoins n'eft
pas grande.

L'habillement de ces religieufes eft de ferge
noire ; il eft propre, fimple & modefte. Elles
portent un grand manteau dans les cérémonies.
Leur voile eft dé toile fimple defcendant jufqu'à la ceinture : ces religieufes font deux ans
de noviciat. Elles reçoivent des fœurs converfes

qu'elles nomment *sœurs compagnes;* celles-ci n'ont point de manteau.

Voyez *l'histoire de l'établissement des filles de Notre-Dame, par le père Bouzonic, jésuite, & l'histoire des ordres religieux.*

Religieuses de Notre-Dame de la paix. Florence de Verguigneul, religieuse professe dans l'abbaye de Felines, conçut le dessein de réformer les religieuses dont il s'agit ici : elle communiqua ce dessein à l'abbé de Clairvaux qui étoit venu visiter leur monastère. Cet abbé approuva ses vues ; mais il falloit un bienfaiteur qui procurât quelque maison à cet effet. On engagea une jeune veuve fort riche à faire à ses dépens l'acquisition d'une maison pour la réforme projetée.

Lorsqu'on eût obtenu toutes les permissions nécessaires, & que la maison fût disposée à recevoir des religieuses, la sœur Florence quitta l'abbaye de Felines, & amena avec elle les religieuses qui voulurent la suivre. Elle prit possession en 1604 du nouveau monastère construit à Douai, sous le titre d'abbaye.

Ce nouvel établissement érigé sous le nom de *Notre-Dame de la paix,* eut des succès. Les religieuses se firent la réputation de vivre d'une maniere très-régulière : on leur procura de nouveaux monastères à Namur, à Liége, à Mons, à Grand-Mont, à Arras, à Béthune, à Bruges, à Saint-Amand, à Ternemunde & à Poperingue.

Ces religieuses suivent la règle de saint Benoît, & leurs constitutions sont tirées en partie de celles des bénédictines angloises de la ville de Bruxelles.

Leur habillement est noir, avec des manches

fort longues & fort larges. Elles ont des fœurs converfes qui pratiquent avec elles les mêmes exercices, excepté pour l'office divin.

Voyez *l'hiftoire des ordres religieux.*

Religieufes de Notre-Dame de Saint-Paul. L'abbaye Notre-Dame, communément appelée de *Saint-Paul*, parce qu'elle eft fituée dans un village de ce nom à une lieue de Beauvais, eft une, des plus anciennes & des plus célèbres abbayes de France. Elle fut fondée par le roi Chilpéric vers l'an 580. Les Normands la détruifirent entièrement en 860. L'évêque de Beauvais dans le dixième fiècle fit travailler au rétabliffement de ce monaftère. Il fut bientôt repeuplé de religieufes; le nombre en augmenta même au point qu'on leur fit bâtir quatre prieurés, l'un à Pomereux, le fecond à Ezenuille près Paris, le troifième à Bove-aux-champs, & le quatrième à Epluques : toutes les religieufes de ces prieurés étoient foumifes à l'abbeffe de Saint-Paul.

Ce fut en 1469 que la clôture fut bien établie à Saint-Paul. Cependant à chaque mutation d'abbeffe il y eut tantôt plus, tantôt moins d'exactitude pour les obfervances régulières Ce monaftère fouffrit beaucoup de la famine qui fut prefque générale vers l'an 1586. Il fut brûlé deux fois par accident & une troifième par la fureur des foldats du comte de Reingrave. Les religieufes furent obligées de fe difperfer chez leurs parens jufqu'à ce qu'il fût rétabli.

Magdeleine l'Efcoubleau, fille d'un chevalier des ordres du roi, & d'Ifabelle Babou de la Bourdaifière, fut nommée en 1596 à cette abbaye par Henri IV ; elle y réforma une multiplicité d'abus & y rétablit la plus parfaite régularité: Elle fit dresser un formulaire de constitutions, qu'elle fit accepter par la communauté le 10 Février 1660, avec engagement de ne rien changer à ce qui y étoit contenu.

On lui demanda quelques-unes de ses religieuses dans différens monastères pour y porter la réforme; elle en envoya à celles de saint Austreberte, près de Montreuil, & à celles de Saint-Amand de Rouen. Elle envoya aussi les règlemens faits pour son monastère, aux abbesses de Ville-Chasson, de Neufbourg, de Bellefonds & de quelques autres monastères qui les avoient demandés.

Ces religieuses sont sous la règle de saint Benoît: leur habillement est à peu près comme celui des autres religieuses du même ordre.

Voyez *les chroniques générales de l'ordre de saint Benoît & l'histoire des ordres religieux.*

Religieuses de Notre-Dame du Calvaire. Il a été parlé de ces religieuses à l'article CALVAIRE.

Religieuses de la Conception de Notre-Dame. Voyez ce qu'il est dit de ces religieuses à l'article CONCEPTION. (*Cet article est de M. DAREAU, avocat au parlement.*)

DAMIANISTES. Ce sont les religieuses de l'ordre de sainte Claire, ainsi nommées à l'occasion de leur premier monastère, qui étoit sous l'invocation de saint Damien. Il a été parlé de ces religieuses à l'article CLARISSE. (*Article de M. DAREAU, avocat, &c.*)

DANGER. Ce terme s'emploie en matière d'eaux & forêts, pour exprimer le dixième, ou droit de dixième que l'on paye au seigneur pour

la permiſſion de vendre un fief ou bois qui relève de lui.

On conjoint ſouvent les termes de tiers &
Danger, parce qu'il y a des bois qui ſont ſujets
au droit de tiers & à celui de Danger; mais il y
en a qui ne ſont ſujets qu'au droit de tiers ſans
Danger, & d'autres au droit de Danger ſans
tiers.

Ce droit de Danger eſt fort ancien; car il en
eſt parlé dans la chartre normande de Louis-
Hutin de l'an 1315, dans une ordonnance de la
chambre des comptes de l'an 1314, & dans une
autre ordonnance de Charles V de l'an 1376.

L'ordonnance de 1669 a pourvu dans le titre
23 à ce qui concerne le droit de Danger appartenant au roi.

'Dans tous les bois ſujets aux droits de grurie, grairie, tiers & danger, la juſtice & tous
les profits qui en procèdent appartiennent au
roi, enſemble la chaſſe, ainſi que la paiſſon &
glandée privativement à tout autre, à moins
que pour la paiſſon & glandée il n'y ait titre au
contraire. C'eſt ce qui réſulte de l'article premier du titre cité.

Suivant l'article 3, le tiers & Danger doit
être levé & payé ſelon la coutume ancienne,
qui eſt de diſtraire au profit du roi ſur le total
de la vente, ſoit en eſpèces ou en deniers, au
choix du roi, le tiers & le dixième; enſorte
que ſi l'adjudication eſt de trente arpens pour
une ſomme de trois cens livres, le roi en doit
avoir dix arpens pour le tiers de trente, & trois
pour le dixième de la même quantité: où ſi le
roi le prend en argent, cent livres pour le tiers
de trois cens livres, & trente livres pour le

dixième de la même fomme de trois cens livres.

S'il fe trouve quelques bois en Normandie
pour lefquels les particuliers aient titre & poffeffion de ne payer qu'une partie de ce droit,
favoir, le tiers fimplement, ou feulement le
Danger, qui eft le dixième, il ne doit rien être
innové à cet égard. Telles font les difpofitions
de l'article 4.

L'article cinq veut que les poffeffeurs des
bois fujets à tiers & Danger puiffent prendre
par leurs mains pour leur ufage, des bois des neuf
efpèces contenues en l'article 9 de la chartre
normande de Louis X de l'an 1315, qui font
faulx, marfaux, épines, puifnes, fenis, aulnes,
genets, genièvres & ronces, & le bois mort en
cime ou giffant.

L'ordonnance, par les articles 6 & 7, avoit
déclaré le droit de tiers & Danger dans les bois
de la Normandie imprefcriptible & inaliénable,
comme faifant partie de l'ancien domaine de la
couronne : elle avoit feulement excepté de cet
affujettiffement les bois plantés à la main, les
morts-bois fpécifiés dans la charte normande, &
ceux dont les poffeffeurs rapporteroient des titres précis d'exemption, ou rétabliroient fuffifamment une poffeffion contraire.

Ce fut en conféquence de ces difpofitions que
par un arrêt du confeil du 15 août 1670, il fut
ordonné que tous ceux qui prétendroient que
leurs bois étoient exempts du droit de tiers &
Danger, & ceux qui fe croiroient fondés à jouir
de ce droit fur leurs vaffaux, même ceux qui
prétendroient jouir de ce droit à titre d'engagement, feroient tenus de repréfenter, dans un

mois pour tout délai, devant le commiſſaire
départi & grand-maître au département de Normandie, les titres fur leſquels ils ſe fondoient,
ſinon qu'à défaut de ſatisfaire à cet arrêt dans
le délai qui avoit été fixé, ces bois ſeroient aſſujettis au droit de tiers & Danger, & qu'il en
ſeroit fait des arpentages & levé des plans ſur
leſquels il ſeroit procédé par les commiſſaires au
jugement définitif.

Mais l'état des choſes changea à cet égard en
1673.

Par un édit du mois d'avril de cette année,
le roi, ſur ce qui lui fut repréſenté que la recherche du droit de tiers & Danger entraîneroit
la ruine de pluſieurs familles, & que d'ailleurs
le recouvrement ne pourroit en être fait qu'avec
les plus grandes dépenſes, déclara que ce droit
n'étoit ni royal, ni univerſel; mais qu'il lui appartenoit comme faiſant partie de ſes domaines:
en conſéquence, ce droit fut éteint & ſupprimé
à perpétuité ſur tous les bois de la province de
Normandie indiſtinctement. Sa majeſté ſe char-
gea de rembourſer ou d'indemniſer ceux qui en
jouiſſoient à titre d'apanage, engagement, même
par échange, le tout néanmoins ſans préjudicier
aux droits & redevances que les ſeigneurs particuliers des fiefs pouvoient avoir à exercer ſur
les bois de leurs vaſſaux à cauſe de ces fiefs.

Enfin par cet édit, le roi, pour tenir lieu du
droit de tiers & Danger, ordonna que tous
ceux qui poſſédoient des bois dans la province
de Normandie ſeroient tenus de payer les ſommes qui ſeroient réglées, dont il ſeroit arrêté
des rôles au conſeil; & en cas d'oppoſition à

l'exécution de ces rôles, la connoiffance en fût renvoyée à la chambre de la réformation.

L'exécution de cet édit donna lieu à des difficultés, les unes de la part des propriétaires des bois qui étoient affujettis aux droits de tiers & Danger envers des feigneurs particuliers qui continuoient à en exiger le payement, les autres fur le fondement que c'étoit au procureur général de la chambre ou à fes fubftituts à établir que les bois étoient fujets au droit de tiers & Danger.

Il fut donné le 7 novembre 1674 une déclaration portant, 1°. que les extraits qui feroient tirés de la chambre, & par lefquels il feroit conftaté que le droit de tiers & Danger avoit été payé, feroient fuffifans pour établir la fujétion à ce droit, & que la chambre de la réformation feroit tenue de prononcer en conformité de ces extraits; 2°. que les propriétaires des bois qui payoient les droits de tiers & Danger à des feigneurs particuliers, en feroient affranchis à perpétuité, fauf à ces feigneurs à fe retirer par devers le roi pour être pourvu à leur indemnité, s'il y avoit lieu.

Le parlement de Rouen adreffa des remontrances par lefquelles il expofa que cette déclaration, en fupprimant le droit de tiers & Danger, même fur les bois qui en étoient tenus envers les feigneurs particuliers, étoit contraire à l'édit du mois d'avril 1673, qui réfervoit à ces feigneurs ce droit fur les bois de leurs vaffaux : mais par un arrêt qui fut revêtu de lettres-patentes, le 15 janvier 1675, le roi, fans s'arrêter à ces remontrances, ordonna l'exécution

tion de la déclaration, & permit aux feigneurs
particuliers qui prétendoient avoir les droits de
tiers & Danger fur les bois de leurs vaffaux à
caufe de leurs fiefs, de faire régler & fixer pardevant la chambre de la réformation, ce qui
pouvoit leur être dû. Le même arrêt régla que
ces vaffaux feroient tenus de payer chaque année les fommes auxquelles le droit de tiers &
Danger auroit été fixé, & de les comprendre
dans les aveux & reconnoiffances, comme les
autres redevances de leurs fiefs.

Ainfi, au moyen des arrêt & lettres-patentes
que l'on vient de rappeller, les feigneurs particuliers ont ceffé de pouvoir exiger les droits
de tiers & Danger de leurs vaffaux, & il ne
leur eft refté que la faculté d'en faire liquider
le montant, & d'en exiger le payement chaque
année.

L'article 8 du titre cité de l'ordonnance des
eaux & forêts eft ainfi conçu : « les droits de
» propriété par indivis avec autres feigneurs,
» & ceux de gruerie, grairie, tiers & Danger,
» ne pourront être donnés, vendus ni aliénés en
» tout ou partie, ni même donnés à ferme, pour
» quelque caufe & prétexte que ce foit, renou-
» velant en tant que befoin feroit, la prohibi-
» tion contenue à cet effet au dixième article de
» l'ordonnance de Moulins, fans même qu'à l'a-
» venir tels droits puiffent être engagés ou affer-
» més ; mais leur produit ordinaire fera donné
» en recouvrement aux receveurs des bois ou
» domaine, dont ils compteront ainfi que des
» deniers provenans des ventes de nos forêts.».

Suivant l'article 9, les grands maîtres & les
officiers des maîtrifes particulières doivent con-

noître de tous les délits, abus & malverſations commis dans les bois de la qualité dont il s'agit, non partagés, tant pour la police, vente & conſervation, que pour la juſtice & pour la chaſſe.

Mais ſi ces bois étoient partagés, ces officiers n'exerceroient leur juridiction que ſur la partie qui ſeroit dans le partage du roi.

Voyez *le traité du tiers & Danger, par Berault ; les ordonnances du Louvre ; Terrier, ſur l'ancienne coutume de Normandie ; la bibliothèque de Bouchel ; Bacquet, des droits de juſtice ; les mémoires ſur le domaine ; l'ordonnance des eaux & forêts du mois d'août 1669 ; l'édit du mois d'avril 1673 ; la déclaration du 7 novembre 1674; les lettres-patentes du 15 janvier 1675, &c.*

DANSE. C'eſt un exercice du corps compoſé de mouvemens réglés & de pas meſurés, faits au ſon des inſtrumens ou de la voix.

Nous ne parlerons de cet art que ſous les rapports qu'il peut avoir par ſon origine & par ſes effets avec la juriſprudence.

La Danſe ſacrée eſt de toutes les Danſes la plus ancienne. On peut même la regarder comme la ſource de toutes les autres.

Les juifs faiſoient uſage de la Danſe dans les fêtes ſolemnelles établies par la loi, & dans des occaſions de réjouiſſances publiques pour rendre grâce à Dieu.

Les Egyptiens, les grecs & les romains avoient inſtitué des danſes à l'honneur de leurs faux dieux qu'on exécutoit ou dans les temples, comme les Danſes *des ſacrifices, des myſtères de Cérès,* &c. ou dans les places publiques, comme les *bachanales,* ou enfin dans les bois, comme *les danſes ruſtiques.*

Les peuples modernes ont eu leurs Danses
sacrées. Dans les commencemens de l'église on
mêloit la Danse aux fêtes solemnelles. La fête
des *agapes ou festins de charité* instituée dans la
primitive église en mémoire de la scène de Jesus-Christ, avoit ses Danses. Cette fête avoit été
établie afin de cimenter entre les chrétiens qui
avoient abandonné le judaïsme & le paganisme
une espèce d'alliance. L'église affoiblissoit ainsi
d'une manière sensible l'éloignement qu'ils
avoient les uns pour les autres, en les réunis-
sant par des festins solemnels dans un même
esprit de paix & de charité.

Malgré les abus qui s'étoient glissés dans cette
fête du temps de saint Paul, elle subsistoit encore
lors du concile de Gangres tenu en l'année 320,
où on tâcha de les réformer. Elle fut ensuite
totalement abolie par le concile de Carthage
tenu en 397 sous le pontificat de Grégoire-le-
Grand.

Ainsi la Danse admise dans les cérémonies de
la primitive église, susceptible comme les meil-
leures institutions des abus qui naissent toujours
de la foiblesse & de la bisarrerie des hommes,
dégénéra après les premiers temps de zèle, en
des pratiques dangereuses qui allarmèrent la
piété des papes & des évêques ; de-là les constitutions & les décrets qui ont été faits contre la
Danse.

Quoique la Danse sacrée ait été successivement
retranchée des cérémonies de l'église, on en fait
encore usage dans quelques pays catholiques. En
Portugal, en Espagne & dans le Roussillon, on
exécute des Danses solemnelles. Toutes les fêtes
de la Vierge les jeunes filles s'assemblent devant

la porte des églifes qui lui font confacrées &
paffent la nuit à danfer en rond & à chanter
des hymnes & des cantiques à fon honneur. Le
cardinal de Ximenès rétablit de fon temps dans
la cathédrale de Tolède l'ancien ufage des meffes
mofarabes, pendant lefquelles on danfe dans le
chœur & dans la nef avec autant d'ordre que
de dévotion.

En France même on voyoit vers le milieu
du dernier fiècle, les prêtres & tout le peuple de Limoges danfer en rond dans le
chœur de faint Léonard en chantant. Le père
Menétrier rapporte *qu'il avoit encore vu les chanoines de quelques églifes, qui le jour de Pâques
prenoient par la main les enfans de chœur &
danfoient dans le chœur en chantant des hymnes
de réjouiffance.*

C'étoit un ufage reçu autrefois, que les prêtres devoient danfer le jour qu'ils avoient célé-
bré leur première meffe. Cette coutume fut
abolie par un arrêt du parlement rendu en 1547.
Elle a fubfifté dans l'Albigeois jufqu'en l'année
1704 que M. d'Olbène la réforma dans fon diocèfe.

Suivant le concile de Trente, la Danfe eft
défendue aux clercs ; ils ne peuvent pas même
affifter aux Danfes qui fe font les jours de
noces.

Plufieurs conciles, entr'autres ceux de Reims,
de Tours, de Bourges, d'Aix, d'Aquilée, de
Milan, de Bordeaux, défendent la Danfe à
tous les fidèles les jours de fêtes & de dimanches.

Nos rois ont également défendu les Danfes
publiques les jours de dimanches & de fêtes.

Ces défenses font faites par l'ordonnance d'Orléans article 23 , & par l'ordonnance de Blois
article 38. Elles ont été renouvelées par l'édit
de 1698 ; mais fuivant les auteurs, ces lois ne
font exécutées à la rigueur que lorfqu'on danfe
pendant le fervice divin.

Les fêtes baladoires ou Danfes publiques ont
été fupprimées par un arrêt de réglement rendu
aux grands jours de Clermont le 14 décembre
1665 , & par un autre arrêt de réglement du 3
feptembre 1667.

Il n'eft point permis aux maîtres de Danfe
de tenir des affemblées les jours de fêtes & de
dimanche. Plufieurs fentences de police, entr'autres deux des 11 mars 1727, & 10 janvier 1744, ont prononcé des amen des contre
les contrevenans.

Par arrêt du 2 août 1674, le parlement de
Befançon a fait défenfes de faire aucune Danfe,
aucun jeu & aucune affemblée publique les
jours de fêtes des patrons des paroiffes.

La Danfe eft défendue dans tous les temps
dans les cimetières.

Voyez *le père Menétrier dans fon traité des
ballets ; le dictionnaire des arrêts ; le dictionnaire
canonique ; le dictionnaire des cas de confcience de
Me. Jean Pontas ; la Rocheflavin ; les arrêts de
Boniface ; les mémoires du clergé ; le recueil des
arrêts du parlement de Befançon ; le journal des
audiences, &c.* Voyez auffi les articles ASSEM-
BLÉES , DIMANCHES , FÊTES ,
FOIRES, SPECTACLES, &c. (*Cet article eft de M. DESESSARTS , avocat au parlement*).

DATAIRE. Voyez DATE ET DATERIE.

DATE. C'eſt l'indication que l'on fait du temps & du lieu où un acte a été paſſé.

Cette formalité eſt néceſſaire à la perfection des actes, ſoit judiciaires, ſoit extrajudiciaires : outre qu'elle peut ſervir à éclaircir des faits importans & prévenir bien des fraudes & des ſuppoſitions, la priorité de temps eſt ſouvent un titre, ſuivant la règle *qui prior tempore potior eſt jure.*

Ce principe a lieu tant en matière civile qu'en matière bénéficiale, & c'eſt ſous ce double rapport que nous allons conſidérer la Date.

De la Date en matière civile. Les contradictions apparentes qui ſe trouvent entre les Dates des anciennes chartes, viennent des divers temps auxquels on commençoit l'année autrefois. Les difficultés qu'elles occaſionnent, ont donné lieu *à l'art de vérifier les Dates,* ſur lequel un bénédictin a fait un ouvrage ſavant & curieux. Les règles qu'il indique ſont propres à concilier les Dates des titres dreſſés avant l'ordonnance de Rouſſillon, par laquelle Charles IX a voulu que l'on datât l'année à commencer du premier janvier dans tous les actes, regiſtres, contrats, ordonnances, édits, lettres patentes & en toute écriture privée.

Quant au jour civil, il commençoit à minuit chez les romains, & cet uſage eſt encore obſervé aujourd'hui en France : tous les actes dreſſés dans les vingt-quatre heures qui s'écoulent depuis minuit juſqu'au minuit ſuivant, ſont cenſés avoir été faits dans le jour ſuivant la loi *more 8, ff. de feriis.*

On Date communément de l'année, du mois

& du jour : mais quelques ordonnances exigent plus de précifion.

Celle de Blois veut, article 167, que les notaires déclarent dans les contrats, teftamens & autres actes, fi c'eft avant où après midi qu'ils les ont paffés.

Suivant l'article 173 de la même ordonnance, les huiffiers ou fergens doivent auffi énoncer dans les exploits de faifies, exécutions ou arrêts le jour, & fi c'eft avant ou après midi qu'il les ont faits, fous peine d'amende & de fufpenfion de leurs offices.

Cette difpofition a été renouvelée par l'article 15 du titre 19, & par l'article 4 du titre 33 de l'ordonnance de 1667.

La même ordonnance veut, article 8 du titre 26, que les fentences, jugemens & arrêts foient datés du jour qu'ils ont été rendus, & que cette Date foit écrite de la main du rapporteur, enfuite du *dictum* ou difpofitif avant de la mettre au greffe, à peine des dépens, dommages & intérêts des parties.

La déclaration du 14 juillet 1699, & l'arrêt du confeil du 15 feptembre 1719, l'un & l'autre concernant les droits de contrôle, ordonnent aux notaires de dater les actes qu'ils rapportent avant de les faire figner par les parties & avant de les figner eux-mêmes, à peine de deux cens livres d'amende & d'être procédé contre eux extraordinairement.

Enfin l'article 20 de l'ordonnance du mois d'août 1735, porte que les teftamens, codiciles & autres dernières difpofitions olographes feront entièrement écrits, *datés* & fignés de la main de celui ou de celle qui les aura faits.

D'aprés ces difpofitions, on ne peut douter que les actes judiciaires ou extrajudiciaires ne doivent être datés : mais comment doivent-ils l'être ? & quels effets peuvent réfulter d'une Date défectueufe, d'une erreur ou d'un défaut abfolu de Date ?

Nous obferverons fur la première queftion, que la priorité de temps a lieu en matière civile non-feulement pour le jour & le demi-jour, mais encore pour l'heure, fuivant prefque tous les jurifconfultes ; d'où il fuit qu'un contrat hypothécaire paffé avant midi feroit préféré à un titre de même nature qui feroit feulement daté du jour, & qu'un acte qui porteroit la Date de onze heures du matin, auroit la préférence fur le contrat qui porteroit celle d'avant midi.

Ainfi les officiers publics ne devroient pas feulement marquer comme ils le font fouvent, l'année, le mois & le jour qu'ils ont rapporté un acte; il feroit auffi à defirer qu'ils indiquaffent l'heure de la paffation, ou du moins fi elle s'eft faite avant ou après midi.

De Ferrière dans fon dictionnaire de droit, penfe que cette dernière énonciation fuffit, & que l'expreffion de l'heure eft inutile, attendu que l'ordonnance de Blois ne l'exige pas.

Il eft certain qu'un acte qui ne feroit pas daté de l'heure n'en feroit pes moins authentique, & fi de Ferrière s'étoit borné à cette induction, fon fentiment n'auroit rien que de jufte ; mais il prétend qu'un contrat daté de dix ou onze heures du matin n'auroit aucune préférence fur un titre qui porteroit la date d'avant midi, & c'eft en quoi il paroît s'être trompé ; du moins fon opinion eft-elle contraire non-feulement à celle de M. Boucher d'Argis dans l'encyclopédie, mais encore au sentiment de tous les anciens jurisconsultes, tels que Charondas, Mornac, Papon, Louet, &c. Elle n'est pas moins opposée au droit romain (*) que ces jurisconsultes ont pris pour règle, & même à l'esprit des ordonnances du royaume, qui ont eu constamment pour objet de favoriser le créancier le plus diligent en matière de saisies & d'hypothèques.

Au reste l'omission de l'heure ne nuit point à l'authenticité d'un acte passé devant notaires ; elle peut seulement porter préjudice à un créancier par rapport à la priorité d'hypothèque dans le cas où un autre créancier produit un titre daté d'avant midi.

L'ordonnance de Blois porte des peines contre les huissiers qui négligent de marquer dans leurs exploits de saisies & arrêts s'ils ont été faits avant ou après midi : mais l'omission qu'on en auroit faite ne rendroit pas non plus ces actes nuls suivant M. Jousse dans son commentaire sur l'ordonnance de 1667, quoique l'article 19 du titre 33 semble annoncer le contraire. Ce jurisconsulte pense avec raison que l'article 4 du même titre 33, ainsi que l'article 15 du titre 19, n'ont pour objet que d'empêcher la concurrence entre deux créanciers saisissans, dont l'un seroit plus diligent que l'autre ; d'où il résulte que si l'un avoit fait saisir avant midi & l'autre après,

(*) Voici comme s'exprime la loi 3 ff. *de minoribus prioritas temporis intelligitur non solum de prioritate diei, sed etiam horæ, cum à momento in momentum tempus spectatum, si de horâ constat :*

leurs exploits feroient valides quoiqu'ils ne fuffent datés que du jour : mais il y auroit contribution entre les faififfans.

La doctrine de M. Jouffe n'a rien de contraire à celle de M. Boucher d'Argis, puifque celui-ci fe contente d'obferver que les faifies & exécutions des huifliers font des exploits de rigueur où ces officiers font tenus de déclarer s'ils les ont faits avant ou après midi, conformément à l'ordonnance de 1667 qui l'ordonne expreffément.

On a vu ci-devant que l'ordonnance de Blois s'exprime en termes plus formels encore, puifqu'elle prononce des peines d'amende & de fufpenfion d'office contre les huifliers ou fergens qui n'ont pas obfervé la formalité dont il s'agit.

Il femble que MM. Boucher d'Argis & Jouffe auroient pu ajouter à ce qu'ils ont dit concernant les huifliers, que fi ces officiers datoient du jour feulement des exploits de faifie faits avant midi, & occafionnoient par-là une contribution entre un créancier qui les auroit commis & un autre créancier moins diligent, ils devroient être tenus des dépens & dommages-intérêts de la partie à qui ils auroient porté préjudice en manquant à un devoir effentiel de leur profeffion ; ce qui paroît d'autant plus jufte que cette peine a été prononcée, comme on l'a dèja obfervé, contre les juges & rapporteurs qui ont négligé de dater les fentences & arrêts du jour que ces jugemens ont été arrêtés ou prononcés.

A l'égard des teftamens paffés devant notaires, ils doivent être datés non-feulement de l'année, du mois & du jour, mais il faut encore y déclarer s'ils ont été faits avant ou après midi. Il eſt vrai que M. Lenain avocat général, portant la parole le 31 août 1707 dans la cauſe de M. de Saintot, obſerva que toutes les lois ſuppoſoient la néceſſité de la Date dans les teſtamens devant notaires, mais qu'aucune n'en prononçoit la nullité en cas d'omiſſion : effectivement, l'article 167 de l'ordonnance de Blois, porte ſeulement que les notaires énonceront dans les teſtamens s'ils ont été faits avant ou après midi ; d'où l'on doit inférer *à fortiori*, que ces actes doivent être datés de l'année, du mois & du jour, mais non pas qu'ils ſeroient nuls ſi cette formalité n'avoit pas été remplie.

Baſnage a auſſi remarqué ſur l'article 412 de la coutume de Normandie, que la Date n'étoit pas néceſſaire pour la validité des teſtamens, lorſque le teſtateur ne donnoit que les choſes dont il pouvoit diſpoſer dans tous les momens de ſa vie & ſans aucune limitation de temps ; mais que lorſqu'il s'agiſſoit d'une donation d'acquêts qui ne pouvoit valoir ſi le teſtateur n'avoit pas ſurvécu le temps fixé par la coutume, le défaut de Date rendoit la donation nulle, & le donataire n'étoit pas recevable à prouver autrement que par écrit que le teſtateur avoit fait ſon teſtament trois mois avant ſa mort, comme l'exige la coutume de Normandie.

Baſnage rapporte ſur l'article cité un arrêt du mois de mars 1666, par lequel le parlement de Rouen a confirmé un teſtament olographe ſans Date au préjudice d'un teſtament devant notaires daté. Le motif de ce jugement eſt, fuivant ce jurifconfulte, que d'après l'énoncé du teftament olographe, on ne pouvoit douter qu'il ne fût poftérieur au teftament devant notaire. Cependant cet arrêt paroiffoit d'autant plus remarquable à M. l'avocat général Lenain, que fuivant l'efprit de la coutume de Normandie, les teftamens olographes doivent être datés, furtout lorfqu'ils contiennent une donation d'acquêts. Ce magiftrat obfervoit que le parlement de Rouen n'avoit vraifemblablement jugé de la manière qu'on vient de le rapporter, que parce qu'il avoit ftatué fur un teftament fait à Paris.

En effet, l'article 96 de la coutume de Paris exige feulement que les teftamens olographes foient écrits & fignés de la main du teftateur; d'où l'on inféroit que la Date n'étoit pas néceffaire, & c'eft ce qui a été décidé en différentes occafions: mais on ne laiffoit pas, fuivant le témoignage de M. l'avocat général le Nain, de déclarer nuls les teftamens olographes non datés lorfqu'il y avoit lieu de préfumer qu'ils avoient été faits avant la majorité du teftateur ou après fa profeffion religieufe.

Il eft aifé de juger que le filence de la coutume au fujet de la Date des teftamens olographes occafionnoit bien des conteftations; & c'eft à quoi il étoit néceffaire de remédier, comme on l'a fait par l'article 20 de l'ordonnance de 1735. Mais fi cette difpofition veut à peine de nullité que ces teftamens foient datés de la main du teftateur, elle n'exige pas qu'il y foit énoncé s'ils ont été faits avant ou après midi. En effet, cette précifion feroit d'autant plus inutile dans les teftamens olographes, que l'on peut y ap-

poſer la Date que l'on veut : on peut même
les antidater, pourvu que ce ſoit ſans fraude. Il a
été jugé dans la cauſe de M. de Saintot, que
l'antidate ne rendoit pas nul un teſtament olographe lorſqu'elle n'avoit pas pour objet de prévenir les exceptions que l'on pourroit tirer de
l'incapacité du teſtateur ou des ſuggeſtions par
leſquelles on l'auroit engagé à teſter.

Mais il paroît que la Date poſtérieure au décès
du teſtateur occaſionneroit la nullité d'un teſtament olographe, à moins qu'il n'y eût erreur.
Dumoulin conſulté ſur la queſtion de ſavoir ſi
M. Gilbert, conſeiller au parlement, étant mort
dans le mois d'août, le teſtament qu'il avoit
daté du mois d'octobre ſuivant étoit valable, ce
juriſconſulte déclara que cet acte étoit nul,
parce que la Date étant écrite tout au long, il
n'étoit pas à préſumer qu'il y eût erreur, &
que M. Gilbert étant connu pour un homme ſavant, il y avoit lieu de croire qu'en datant ſon
teſtament du mois d'octobre, ſon intention étoit
que cet acte n'eût ſon exécution qu'autant qu'il
vivroit juſqu'à cette époque.

Il paroît réſulter de l'obſervation de Dumoulin, qu'une erreur de Date ne vicieroit pas un
teſtament. C'eſt auſſi le ſentiment de Guypape, de
Chopin & de pluſieurs autres juriſconſultes, quand
même cet acte auroit été paſſé devant notaires. Mais
il eſt néceſſaire que l'erreur provienne du fait du
notaire & non de la fraude du teſtateur. Elle
peut en ce cas être corrigée ſur la dépoſition de
deux témoins. Brillon fait mention d'un procès
dans lequel il s'agiſſoit de deux teſtamens, dont
l'un étoit daté du 6 juin, & l'autre devoit l'être
du 6 juillet, quoiqu'il portât une autre Date.

Cette erreur fut vérifiée par la dépofition de neuf témoins, & ratifiée par arrêt du parlement de Grenoble de l'an 1457. Brillon obferve que deux témoins auroient fuffi pour faire la preuve requife, attendu que l'erreur ne pouvoit être imputée qu'au notaire.

La dame de Goësbriant avoit fait un tefta-ment daté *du mardi 9 mai 1736*, & étoit décé-dée *le mardi 8 mai* de la même année. Le par-lement de Paris ne laiffa pas de déclarer ce teftament valable par arrêt de grand'chambre du 19 mai 1738. Le motif de l'arrêt fut que la dame de Goësbriant avoit figné fon teftament, & que le notaire ayant mis *mardi 9 mai* au lieu de *mardi 8 mai*, cette erreur ne devoit pas porter atteinte à la validité de l'acte.

Par arrêt du 11 mars 1675, rapporté dans le journal des audiences, le même parlement dé-cida qu'en matière de fubftitution un teftament fans Date devoit être cenfé daté du jour du décès du teftateur. M. l'avocat général Talon, dont la cour fuivit les conclufions, obferva que les teftamens différoient des contrats, en ce que ceux-ci étoient parfaits le jour même qu'ils avoient été paffés, tandis que les teftamens ne pouvoient acquérir leur perfection que par la mort du teftateur. En effet, difoit-il, fi le tef-tateur furvit au premier fubftitué, on ne com-mence pas à compter les degrés de la fubfti-tution par le dernier, mais par celui auquel la fubftitution doit paffer après fa mort.

Mais la Date eft-elle dans les contrats une formalité de rigueur comme dans les teftamens? Belordeau, Ricard & de Ferrière penfent que des actes devant notaires ne produiroient aucun effet pour ceux en faveur de qui ils auroient été passés s'ils n'étoient pas datés. On allégue pour raison qu'un acte sans Date est présumé avoir été fait précipitamment, sans délibération ou par violence. De Ferrière qui fait cette observation, ne laisse pas d'ajouter que cette omission de Date ne pourroit être opposée que par un tiers, & qu'elle n'empêcheroit pas que le contrat n'eût son exécution contre celui qui l'auroit passé; mais il est plus simple de dire avec l'auteur de la science parfaite des notaires, qu'un acte de l'espèce dont il s'agit n'auroit aucune authenticité, & cependant qu'il faudroit le considérer comme écriture privée, sur-tout s'il n'y avoit aucun soupçon de fraude ou de violence.

On sait que les écritures privées n'ont pas besoin de Dates pour être valables. Les billets sous seing privé sont même censés n'en avoir une que du jour qu'ils ont été reconnus en justice.

Mais on doit remarquer que les actes sous seing privé sans Date, ne peuvent être valables qu'autant qu'il est certain qu'ils ont été faits dans un temps où les parties étoient capables de contracter. On trouve dans le journal du parlement de Rennes, un arrêt du 27 mars 1738, conforme à cette jurisprudence.

Il en est des lettres de change comme des simples billets : il n'est pas absolument nécessaire qu'elles soient datées ; & quand il y auroit erreur dans la Date, ceux à qui elles seroient adressées ne pourroient pas sous ce prétexte, en refuser l'acceptation & le payement.

Mais les signatures au dos des lettres de change ne peuvent servir que d'endossemens & non d'ordres, si elles n'ont point de Dates. C'est la diſpoſition formelle de l'article 23 du titre 5 de l'édit de 1673. D'où l'on peut inférer qu'un ordre qui ne ſeroit pas daté ne tiendroit lieu que d'une ſimple procuration pour recevoir le contenu du billet & en rendre compte à celui qui en feroit le propriétaire. C'eſt ce qui a été décidé par un arrêt du parlement de Paris rendu le 2 mars 1681. La cour ordonna que cet arrêt feroit affiché à la porte du change & publié aux audiences du châtelet & des juges & conſuls de Paris. Si l'on en croit Bornier, le motif qui détermina le parlement en cette occaſion eſt fondé ſur la facilité que procureroient le défaut de Date & l'incertitude du temps où l'ordre auroit été paſſé, pour frauder les créanciers en cas de faillite.

Nous n'avons conſidéré la Date des actes que par rapport au temps où ils ſont paſſés ; mais l'énonciation du lieu n'eſt pas moins eſſentielle, du moins pour les actes publics. Ils doivent être datés du lieu particulier où ils ont été rédigés : ainſi il ne ſuffiroit pas de dire *fait & paſſé dans la ville de Paris ;* il faut encore ſpécifier ſi c'eſt dans l'étude de l'un des notaires ou dans la maiſon de l'un des contractans, ou ſi c'eſt dans quelqu'autre endroit. Tel eſt le ſentiment de l'auteur de la ſcience parfaite des notaires.

Cependant Chopin ſur la coutume de Paris, penſe livre 2, titre 4, nombre 5, que l'expreſſion du lieu dans une Date n'eſt pas néceſſaire pour la validité d'un acte, & qu'il eſt ſeulement utile de l'énoncer pour éviter toute conteſtation.

Mais il paroît que ce juriſconſulte ſe trompe:

il

il eſt plus raiſonnable de dire avec Rebuffe ſur les ordonnances royaux en ſa préface, nombre 95, que le lieu doit être énoncé dans la Date des actes publics, non-ſeulement parce que cette précaution peut obvier à bien des fraudes & des ſuppoſitions, mais encore parce qu'un notaire ne pouvant exercer ſon office que dans les lieux où il eſt immatriculé, il importe de ſavoir ſi un acte a été rédigé par un notaire compétent.

Coquille dans ſes notes ſur les ordonnances de Néron, eſt du même ſentiment que Rebuffe; & pour ne laiſſer aucun doute ſur le point dont il s'agit, on doit obſerver que l'ordonnance de Blois porte en termes formels, article 167, que les notaires ſeront tenus de déclarer dans les teſtamens, contrats & autres actes, la maiſon où ils les ont rapportés : rien n'eſt plus poſitif; mais comme cette ordonnance ne fait pas mention des écritures privées, on peut croire que l'énonciation du lieu n'y eſt pas néceſſaire pour les rendre valables.

De la Date en matière bénéficiale. Elle ne diffère en rien dans les actes que l'on expédie en France, de celle qui a lieu en matière civile; mais il n'en eſt pas de même des expéditions de cour de Rome; les jours y ſont marqués ſuivant la manière de compter des anciens romains; c'eſt-à-dire par nones, ides & kalendes. Voici comme elle eſt conçue : *Datum Romæ apud ſanctam Mariam majorem, non. junii, anno decimo ſeptimo.*

Comme dans les années biſſextiles on compte deux fois le 24 février, la manière de diſtinguer ces deux jours dans les Dates des bulles, proviſions ou ſignatures, eſt de marquer quand elle eft du 24, *primo fexto kalendas martii;* & quand elle eft du jour ajouté à l'année biffextile, *fecundo fexto kalendas martii.*

La maxime *qui prior tempore potior eft jure,* eft furtout d'ufage en matière bénéficiale : en effet, l'antériorité de Date eft prefque toujours ce qui rend le titre valable ; mais lorfque des provifions font du même jour, elles fe détruifent mutuellement, fuivant la règle *mutuo concurfu fefe impediunt.*

On doit pourtant excepter de cette règle les provifions que le roi accorde en régale ; le concours des Dates ne les anéantit pas, puifque celui qui peut prouver que les fiennes ont été délivrées les premières eft préféré : tel eft du moins le fentiment de Brodeau, lettre M, n°. 10.

Il en eft de même des provifions que l'on obtient en cour de Rome fur différens genres de vacances ; fi l'un des deux compétiteurs a été pourvu par mort & l'autre par réfignation, leurs provifions ne font pas anéanties par la conformité de la Date ; & l'on doit juger du droit des parties par les principes de la matière.

Le concours des actes ne détruit pas non plus les provifions qui peuvent être accordées par le roi & par d'autres collateurs, ou bien par des eccléfiaftiques de différentes dignités. La collation du fupérieur eft valable, *propter conferentis ampliorem dignitatem,* quoique la provifion qu'il a octroyée porte la même Date que celle de fes inférieurs.

On diftingue plufieurs fortes de Dates, favoir, les *courantes* qui ont lieu pour les bulles des bénéfices confiftoriaux, des bénéfices de Bretagne

& des autres pays d'obédience , & même pour les bénéfices des autres provinces du royaume, lorfqu'on les demande fur démiffion pure & fimple, ou bien quand l'impétrant a befoin de difpenfe. Dans tous ces cas les expéditions ne font datées que du jour que le pape accorde la grâce. Les *grandes Dates* ou *Dates étendues* qui font celles que l'on met au bas des provifions que le papedonne pour les bénéfices dont la collation eftforcée : elles font du jour de l'arrivée du courier que l'on a envoyé à Rome pour demander le bénéfice. Et *les Dates en abrégé ou petites Dates*, qui font celles que le correfpondant du banquier expéditionnaire retient à la daterie de Rome le jour de l'arrivée du courier pour conftater les diligences de l'impétrant.

On dit *Date retenue grâce accordée*, & cette maxime eft fondée fur l'article 47 des libertés de l'églife gallicane , qui eft conçu en ces termes : « Quand un françois demande au pape un » bénéfice affis en France vacant par quelque » forte de vacation que ce foit, le pape eft tenu » lui en faire expédier la fignature au jour que » la réquifition & fupplication lui en eft faite ; » fauf à difputer par après de la validité ou in- » validité pardevant les juges du roi auxquels la » connoiffance en appartient ; & en cas de refus » fait en cour de Rome , peut celui qui y prend » intérêt préfenter fa requête à la cour , laquelle » ordonne que l'évêque diocéfain ou autre don- » nera fa provifion pour être de même effet » qu'eût été la Date prife en cour de Rome, fi » elle n'eût été lors refufée.

Il réfulte de cette difpofition plufieurs conféquences :

1º. La Date forme tellement un droit acqüis
en faveur de celui qui l'a retenue, qu'il peut
réfigner fans avoir fait expédier de provifions.
Il peut même fur uné fimple Date, former complainte, intervenir dans un procès, obtenir la
maintenue, & fe faire autorifer à prendre pof-
fefion ; s'il décède, le bénéfice vaque par mort.

2º. La Date retenue opère la prévention en
faveur du pape contre les collateurs ordinaires :
elle donne cours à la règle des vingt jours qui
fubfifte en faveur des cardinaux ; ce qui fuppofe
l'admiffion de la réfignation. Il en eft de même
pour la règle *de publicandis*, puifque les fix mois
donnés au réfignataire courent du jour de la
Date.

3º. Enfin une Date qui n'a été que retenue
fait concours avec une autre qui a été pouffée
au regiftre ou fur laquelle le pape a accordé
des provifions ou fignatures. C'eft ce qui a été
jugé par arrêt du grand confeil rendu au rapport
de M. Breget le 7 décembre 1716 en faveur du
fieur Truquet, pourvu fur réfignation de la cure
de Saint-Cyr de Sarge.

La jurifprudence du parlement de Paris eft
la même comme il paroît par deux arrêts rendus
les 29 janvier & 20 mai 1745 fur les conclufions
de M. Gilbert de Voifins.

Ce magiftrat réfuta lors du premier arrêt,
l'opinion de d'Héricourt, qui prétendoit qu'une
Date retenue & non expédiée ne faifoit pas
concours avec une provifion.

Dans l'efpèce du fecond arrêt, il s'agiffoit de
la prévôté de Saint-Juftin qui eft la première

dignité de l'églife métropolitaine d'Auch. Ce bénéfice ayant vaqué au mois de mars 1742, l'abbé Palerue s'en fit pourvoir en cour de Rome le 27 mai ; d'un autre côté, M. l'archevêque d'Auch le conféra à l'abbé de Caftellane qui étoit chanoine & théologal dans la même églife : fes provifions étant du 31 mai, étoient poftérieures de quatre jours aux bulles de cour de Rome.

La Date feule de ces deux titres auroit fuffi pour opérer la prévention en faveur du pape, fi l'abbé de Caftellane n'eût été en état de juftifier qu'un autre eccléfiaftique nommé l'abbé d'Orvalle ayant retenu Date pour le même bénéfice le 27 mai, jour des provifions de l'abbé Palerue, elles formoient un concours qui faifoit valoir les provifions de l'ordinaire.

Il étoit conftant entre les parties que l'abbé d'Orvalle avoit donné commiffion de retenir pour lui trente-deux Dates, mais qu'il n'en avoit fait aucun ufage : l'abbé Palerue rapportoit un *perquiratur* qui prouvoit que les regiftres de la daterie ne contenoient point d'autre fupplique que la fienne : on trouvoit même fur les regiftres du fieur Boifmêlé, banquier, qui avoit été chargé de l'envoi de l'abbé d'Orvalle, *datæ fuper quibus nullam petii expéditionem.*

Les commiffions qu'on donne aux banquiers expéditionnaires, difoit l'abbé Palerue, ont pour objet ou de retenir des Dates fimplement, ou de les pouffer aux regiftres, ou de faire expédier les provifions. Dans le premier degré, il n'y a qu'une fimple Date qui ne donne que le droit de faire dater du même jour fa fupplique lorfqu'on la préfente : jufqu'alors on n'a rien demandé au fupérieur. Dans le fecond degré, la demande eft faite ; & comme la collation eft néceffaire, cette demande vaut provifion, puif-qu'il n'y manque que la forme ; il en eft de même, à plus forte raifon, dans le troifième temps lorfque les provifions font expédiées.

L'abbé Palerue concluoit de-là que la Date de l'abbé d'Orvalle qui n'avoit eu aucune fuite, ne pouvoit entrer en comparaifon avec la fienne qui avoit été expédiée ; qu'il n'y avoit aucune parité entre une fimple prétention & un droit formé, & qu'ainfi il n'y avoit point de con-cours.

Ce fyftême ne fut point accueilli. Le parle-ment jugea d'après les termes & l'efprit de l'ar-ticle 47 des libertés, qu'une fimple Date rete-nue emportoit avec elle la demande du béné-fice, & par conféquent la commiffion de la grâce : ainfi les provifions de l'abbé Palerue étant anéanties par leur concours avec la Date de l'abbé d'Orvalle, l'abbé de Caftellane ne pou-voit manquer d'être maintenu dans la poffeffion du bénéfice contentieux.

Le concours de Dates ou de provifions en Cour de Rome étant favorable à la collation de l'ordinaire, il étoit naturel que l'on décidât en France qu'une Date formeroit concours non-feulement lorfqu'elle n'auroit pas été pouffée au regiftre, mais encore lorfqu'elle feroit nulle par l'incapacité de l'impétrant. M. Piales rapporte à ce fujet dans fon traité de la prévention, un arrêt rendu par le parlement de Paris le 29 jan-vier 1745.

La conteftation étoit entre dom Jofeph de Guerouft de la Terrière, dom Pierre Moreau de Marny, & dom Martin l'Allier, tous les trois religieux de l'ordre de faint Benoît de l'ancienne obfervance. Le prieuré de Sixte, diocèfe de Sens, en étoit l'objet. Le premier qui avoit plus de Dates y fut maintenu, parce que les Dates ou provifions des deux autres fe détruifoient mutuellement par le concours, quoique les Dates de l'un d'eux fuffent abfolument nulles à caufe de fon incapacité perfonnelle.

On ne doit pas être furpris que les Dates retenues par un féculier & fuivies d'une provifion en commende faffent concours avec les Dates retenues par un régulier, comme il paroît avoir été jugé par un arrêt du grand confeil dont voici l'efpèce :

Il s'agiffoit du prieuré régulier de Charlotte-la-Petite, fitué dans le diocèfe de Sens, & dépendant de l'abbaye de Bonneval, poffédée en commende par l'archevêque d'Arles. Ce prieuré ayant vaqué en règle en 1749 par la mort du titulaire, le collateur ordinaire le conféra le 22 juillet de la même année à un chanoine de Vannes. La collation étoit radicalement nulle en vertu de la règle *regularia, regularibus*. Trois jours après le grand vicaire du collateur difpofa du même bénéfice en faveur de dom le Prévôt : cette feconde provifion étoit encore nulle non par l'incapacité du pourvu comme la première, mais parce que le grand vicaire ne pouvoit point réformer le collateur. Ainfi ni l'une ni l'autre ne pouvoient empêcher la prévention du pape ; ce qui détermina dom le Prévôt à envoyer en Cour de Rome pour obtenir Date : mais d'autres avoient été plus diligens que lui ; le fieur Marion, féculier, avoit fait retenir trois

cens foixante-douze Dates, demandant le bénéfice avec l'alternative, foit en commende, foit
en titre, avec la claufe *cum voto profitendi*. Le
fieur Chaumont en avoit auffi retenu cent cinquante qui concouroient avec les cent cinquante
premières du fieur Marion; mais craignant de
ne pas réuffir s'il intentoit complainte contre
fes compétiteurs, il abandonna fon droit quoiqu'il eût obtenu une provifion fur la première
Date : ainfi le bénéfice ne fut un objet de conteftation que pour dom le Prévôt & le fieur
Marion.

Quoique celui-ci n'eût fait pouffer au regiftre
que cent quarante Dates, & que le pape ne
lui eût accordé des provifions en commende que
fur la première, il foutenoit que la grâce devoit
être cenfée accordée pour les trois cens foixante-
douze Dates qu'il avoit retenues.

Mais on lui répliquoit que n'y ayant eu que
cent quarante de fes Dates qui euffent été pouffées au regiftre, elles étoient les feules dont le
pape eût eu connoiffance, & qu'ainfi il étoit
cenfé n'avoir voulu accorder que cent quarante
provifions. Or, difoit-on, ces cent quarante
Dates font annullées par le concours avec les
cent quarante premières du fieur de Chaumont.
Quant au furplus des Dates du fieur Marion,
elles doivent, ajoutoit-on, être cenfées non
avenues. La raifon en eft qu'un féculier qui
demande d'être pourvu en commende d'un bénéfice qui a vaqué en titre, n'acquiert par la
fimple Date aucun droit, puifqu'il a befoin d'une
difpenfe & que la collation du pape eft volontaire.

Ces moyens fur lefquels infifta principalement

M. l'avocat général de Tourny, le détermi-
nèrent à conclure en faveur de dom le-Prévôt
qui fut maintenu par arrêt du 7 août 1751.

Le parlement de Paris avoit aussi jugé en
1691 par arrêt du 19 février, que des provisions données par le pape à un régulier ne méri-
toient aucune préférence sur des provisions en
commende données à un séculier le même jour ;
& par conséquent, qu'une provision en commende en détruit une en règle de même Date
par l'effet du concours. Cet arrêt qui se trouve
à la fin du traité de la *capacité* de Duperray, a
maintenu en conséquence Louis Esmelin dans la
possession du prieuré régulier de Condé, diocèse de Chartres.

On a demandé si des Dates retenues par celui
qui a recélé le corps mort du titulaire peuvent
faire concours avec des Dates retenues par d'autres impétrans : cette question s'est présentée au
au grand conseil dans l'espèce suivante.

Le sieur de Bouge, prieur commandataire du
prieuré de Saint-Simphorien du Mans, étoit mort
le 8 janvier 1750 & avoit été inhumé le 11 du
même mois.

Le 9 janvier, le sieur Bernard prêtre fit courir
le bénéfice en cour de Rome. Il le requit en
commende & comme vacant par la mort du sieur
de Bouge. Il avoit fait retenir par deux envois
quarante-cinq dates, & avoit obtenu des provisions sur la première, le 20 janvier 1750.

Le sieur Correard demanda aussi le même
bénéfice en commende & leva des provisions le
26 du même mois.

Comme son titre étoit postérieur de six jours
à celui de son compétiteur, il fit assigner au grand

conseil le sieur Bernard en complainte, & rendit en même temps plainte contre lui en recélé de corps.

Le sieur Bernard s'étant désisté de tout droit au bénéfice, intervint arrêt contradictoire le premier octobre 1750, qui donna acte du désistement & maintint le sieur Correard.

Celui-ci se croyoit possesseur tranquille du prieuré de Sain-Simphorien lorsque le 3 février 1752 il fut assigné en complainte par le sieur Gobier.

Ce dernier avoit demandé au pape le bénéfice comme vacant par la mort du dernier titulaire, & s'étoit fait pourvoir sur une date retenue le 5 mai 1750.

Son système étoit bien simple. Le sieur Bernard, disoit-il, qui a recélé le corps du sieur de Bouge est déchu de tout droit au bénéfice, puisque l'ordonnance de 1739 a prononcé contre lui la privation de tout droit possessoire qu'il eût pu y prétendre ; & à l'égard du sieur Correard, sa provision est anéantie par son concours avec les Dates du sieur Bernard.

M. l'avocat général de Tourny qui porta la parole dans cette cause, observa que l'effet du concours étant avantageux aux collateurs ordinaires & propre à empêcher les pactions illicites que pourroient faire entre eux plusieurs concurrens, on devoit chercher à l'étendre autant qu'il étoit possible ; mais que ce seroit peut-être passer les bornes dans lesquelles il doit être renfermé, si l'on attribuoit aux provisions obtenues ou aux Dates retenues par un homme coupable du crime de recelé de corps, l'effet d'anéantir d'autres provisions ou d'autres Dates du même jour,

L'intérêt du public; difoit-il, paroît s'y oppofer; il exige que tous les coupables du crime
de recélé de corps foient découverts, pourfuivis
& punis: mais s'il n'y a point de partie civile,
s'il n'y a point d'accufateur pour les dénoncer à
la juftice & pour fournir les preuves néceffaires,
ces crimes demeureront prefque toujours im-
punis, parce que perfonne n'ofera entreprendre
un procès toujours pénible & difpendieux, fi par
l'effet du concours celui qui le pourfuit peut être
privé de la feule récompenfe qui engage à l'entreprendre & qui encourage à le foutenir.

L'intérêt du public demande donc que quand
le crime eft prouvé, on confidère l'envoi du
coupable comme n'ayant pas été fait, & les provifions obtenues ou Dates retenues comme non
avenues.

Telles font en fubftance les réflexions que pro-
pofoit M. de Tourny: mais ce magiftrat difcuta
dans la même caufe une queftion d'une autre
efpèce; voici à quel fujet.

Le 2 mars 1751, le fieur Gobier, pour acquérir la preuve du concours qu'il objectoit à
fon compétiteur, fit compulfer contradictoirement les regiftres du banquier du fieur Bernard.
Il réfultoit de ce compulfoire, 1°. que ce dernier
avoit donné commiffion à fon banquier de faire
retenir trente Dates & enfuite quinze; 2°. que
la première de ces Dates avoit été retenue le 20
janvier 1750; 3°. que fur cette Date il y avoit
eu une provifion expédiée.

Ainfi il étoit queftion d'examiner fi la commiffion donnée à un banquier de retenir un certain nombre de Dates & couchées fur fon regiftre formoit une preuve fuffifante que les Dates

avoient été réellement retenues, ou fi pour la preuve il étoit néceffaire qu'il fût fait mention expreffe fur le regiftre, que fuivant les avis reçus par le banquier de la part de fon correfpondant à Rome, les Dates avoient été effectivement retenues.

Cette queftion n'étoit pas nouvelle : la négligence des banquiers expéditionnaires avoit fouvent caufé de l'embarras aux pourvus, foit de cour de Rome, foit des ordinaires. Pour juftifier que les titres de leurs compétiteurs étoient anéantis par le concours, ils avoient été fouvent obligés d'avoir recours à un *perquiratur* dans les regiftres de la daterie, ou de faire lever des provifions fur des Dates retenues par un tiers : c'eft ce qu'on voit par deux arrêts du parlement de Paris des 21 août 1713 & 11 juillet 1721. On avoit eu recours à un autre moyen dans une inftance pendante au grand confeil en 1726. L'une des parties avoit produit la confultation d'un banquier qui jouiffoit d'une grande réputation. Il eftimoit que l'on ne pouvoit s'affurer fi des Dates avoient été effectivement retenues; que les regiftres d'un banquier prouvoient bien fa commiffion, mais non pas l'exécution de cette commiffion. En effet, difoit-il, ne pouvoit-il pas être arrivé des accidens à fon courier? ne pouvoit-il pas avoir perdu fa malle? le correfpondant ne pouvoit-il pas avoir manqué d'envoyer à la daterie? celui qui étoit chargé de porter le mémorial à la Daterie ne pouvoit-il pas l'avoir oublié ou n'y être arrivé qu'après minuit? Voilà, concluoit-il, ce qu'il étoit impoffible de prouver par le regiftre du banquier.

Ce raifonnement ne pouvoit avoir d'application qu'au cas où il n'auroit pas été fait mention dans le regiftre du banquier chargé de la commiffion, que le courier étoit arrivé à Rome tel jour, & que les Dates avoient été retenues conformément à l'envoi. Auffi M. de Tourny, en difcutant la difficulté qui s'étoit élevée entre les fieurs Correard & Gobier, obferva-t-il que les regiftres d'un banquier pouvoient fournir des preuves juftificatives de la retention des Dates.

C'eft d'après cette règle que le grand confeil avoit débouté par arrêt de 1741 un pourvu par l'ordinaire, quoiqu'il fût dans des circonftances plus favorables que celles dans lefquelles fe préfentoit le fieur Gobier. En effet le premier avoit obtenu fes provifions dans le mois de janvier 1741. Il prouvoit que les deux préventionnaires fes compétiteurs avoient retenu chacun un très-grand nombre de Dates depuis le mois de juin 1739 jufqu'au mois de janvier 1740; qu'il y avoit concours entre ces préventionnaires au commencement & à la fin, & prefque pendant tout le temps intermédiaire : mais comme il fe trouva dans cet intervalle quelques jours où il n'étoit pas juftifié par les regiftres du banquier qu'il y eût eu des Dates retenues par les deux impétrans, quoique les circonftances le fiffent préfumer, on jugea que le concours des Dates n'étoit pas prouvé, & l'un des deux préventionnaires fut maintenu.

C'étoit auffi en conféquence de la règle que faifoit valoir M. de Tourny, que le grand confeil avoit rendu un arrêt en forme de règlement le 13 mars 1726, par lequel il étoit enjoint aux banquiers expéditionnaires en cour de Rome d'inferire fur leurs regiftres, conformément à l'article de l'édit du contrôle de 1637, les réponses & avis qu'ils auroient reçus de leurs correspondans sur la retention des dates & l'expédition des provisions.

L'exécution de ce règlement fut derechef ordonné sur le requisitoire de M. le procureur général, par l'arrêt que le grand conseil rendit le premier juin 1752 sur la contestation qui subsistoit entre les sieurs Gobier & Correard. Celui-ci fut maintenu parce que l'autre n'avoit pu prouver par le registre du banquier expéditionnaire que le 26 janvier 1750, jour des provisions du sieur Correard, il eût été retenu une Date pour le sieur Bernard.

Quant à la question relative au recelé de corps dont celui-ci s'étoit rendu coupable, le grand conseil la laissa indécise, de sorte qu'il est encore incertain aujourd'hui si une Date retenue par quelqu'un qui seroit coupable de ce crime, forme une exception à la règle suivant laquelle toute Date opère le concours avec une autre Date & même avec des provisions du même jour, quelque nulle ou caduque que puisse être la première.

Quoi qu'il en soit, c'est un principe général que toute Date nulle ou caduque peut être utile à un tiers, puisqu'elle favorise la collation de l'ordinaire. Mais une Date qui n'auroit pas été poussée au registre dans l'année de sa retention, seroit-elle périe pour celui qui l'auroit retenue?

Rebuffe en sa pratique bénéficiale rapporte un décret donné par Paul III en 1554, par lequel il est défendu d'étendre les Dates de France après l'année de leur retention; & l'usage actuel de la cour de Rome est de faire brûler, lorsque ce

temps eſt paſſé, tous les mémoriaux des impétrans; mais ce n'eſt que pour les obliger à faire
pouſſer au regiſtre les Dates qu'ils ont retenues,
& procurer de l'argent aux officiers de la daterie.
On ſait que ces derniers ont la complaiſance
d'expédier des proviſions après l'année révolue
de la retention de la Date. Le ſieur le Cardonet
en obtint en pareille circonſtance, en 1754, pour
la cure d'Ingroville, diocèſe de Coutances: ainſi
il paroît que M. Gilbert de Voiſins, avocat
général, obſervoit avec raiſon, dans l'affaire de
dom de la Ferrière, qu'on étoit ſûr d'avoir des
proviſions ſur les Dates retenues, en envoyant
de l'argent à Rome; il ſoutenoit même qu'on
avoit trente ans pour les faire expédier....

Cependant la queſtion s'étant préſentée en
1754, au ſujet du prieuré d'Eurville, entre le
ſieur de Chaumont, dom Vitecoq & quelques
autres impétrans, le grand conſeil jugea par arrêt
du 26 janvier, ſur les concluſions de M. l'avocat
général de Tourny, que les Dates retenues par
le ſieur de Chaumont, & qu'il avoit négligé de
pouſſer au regiſtre dans l'année de leur retention,
n'étoient point un titre.

Cet arrêt eſt d'autant plus remarquable qu'il
eſt le premier qui ait décidé formellement la
queſtion. Le droit du ſieur de Chaumont auroit
été indubitable s'il eût eu l'attention de faire
pouſſer ſes Dates au regiſtre, puiſque c'étoit
l'unique défaut qu'on relevât & qu'on pût
relever dans ſes titres. Il paroiſſoit même y avoir
d'autant moins de difficulté à le maintenir que
les proviſions de dom Vitecoq ſon compétiteur
n'étoient pas ſans reproches.

Mais M. Piales obſerve que M. de Tourny,

après avoir établi la maxime conftante que des Dates qui n'ont pas été pouffées au regiftre dans l'année forment concours, avoit montré que fi elles formoient titre au profit de celui qui les auroit retenues, il en réfulteroit beaucoup d'in-convéniens.

Quoi qu'il en foit, il eft certain que quelque effet que la collation néceffaire du pape ait fait attribuer à une fimple Date, celle-ci ne difpenfe point de lever des provifions. La jurifprudence du grand confeil étoit formelle fur ce point dès 1717. L'auteur du recueil de jurifprudence ca-nonique rapporte (verb. *Date*) un arrêt du 28 juin de la même année, qui maintint fur une fimple Date retenue, le frère Ancelin, religieux de Sainte-Croix dans la poffeffion du prieuré de Saint-Lo, à la charge de prendre des provifions dans trois mois.

Mais fi la provifion ou la fignature accordée à un impétrant étoit nulle à caufe du concours, il ne feroit pas obligé d'en lever une nouvelle : c'eft ce qui réfulte d'un arrêt rendu par la grand'-chambre du parlement de Paris le premier fep-tembre 1747, en faveur du fieur de Chaumont pourvu du prieuré de Moutier-en-l'île

Il en eft de même de la prife de poffeffion; elle ne fe-réitère pas, fuivant M. Gilbert de Voifins, qui dans l'affaire de dom de la Ferrière, en 1745, remarqua que la prife de poffeffion faite par ce titulaire fur une Date nulle devoit s'appliquer à quelqu'une de fes Dates valables.

La jurifprudence que l'on vient d'expofer s'ap-plique principalement aux Dates retenues fur vacance par mort & par dévolut. Voici celle qui **concerne**

concerne particulièrement les provisions sur résignation.

Il s'étoit introduit autrefois un grand abus en ce que les impétrans retenoient des Dates sans envoyer la procuration pour résigner. Un titulaire qui vouloit assurer à quelqu'un son bénéfice après sa mort seulement, passoit une procuration pour résigner en faveur, mais il la gardoit, & sur cette résignation feinte le résignataire faisoit retenir à Rome une Date tous les six mois. Si le résignant décédoit dans cet espace de temps, on envoyoit à Rome la procuration pour résigner, sur laquelle on obtenoit des provisions sous la Date retenue ; & le résignataire ayant la faculté de prendre possession, soit avant ou après le décès du résignant, parvenoit ainsi à s'assurer la possession du bénéfice. Mais si le résignant ne venoit à mourir qu'au bout d'une ou de plusieurs années, en ce cas le résignataire abandonnoit les premières Dates, se servoit de la dernière & par ce moyen se trouvoit toujours ainsi dans les six mois.

Cet abus étoit aussi contraire au bien de l'église qu'au droit des collateurs. Pour l'arrêter, Henri II donna en 1550 son édit appelé communément *l'édit des petites Dates,* par lequel il ordonna que les banquiers ne pourroient écrire à Rome pour y faire expédier des provisions sur résignation, à moins que par le même courier ils n'envoyassent les procurations pour résigner : il ordonna en même temps que les provisions expédiées sur procurations surannées seroient nulles.

Cet édit ne remédia pas entièrement au mal ; car en multipliant les procurations & en les envoyant à Rome tous les six mois, on se servoit de la dernière lorſque le réſignant venoit à décéder.

Le pape, pour faire ceſſer totalement ce déſordre, fit en 1634 une règle de chancellerie, par laquelle il déclara que dans le cas où les procurations pour réſigner n'auroient pas été miſes dans les vingt jours., entre les mains du notaire de la chancellerie pour appoſer le *conſens* au dos des proviſions, les ſignatures ne ſeroient datées que du jour qu'elles ſeroient expédiées. Il ordonna auſſi qu'à la fin de toutes les ſignatures ſur réſignation on mettroit cette clauſe : *Et dummodò ſuper reſignationem talis beneficii anteà data capta , & conſenſus extenſus non fuerit, aliàs præſens gratia nulla ſit eo ipſo.*

Cette règle ayant pourvu aux inconvéniens qui n'avoient pas été prévus par l'édit des petites Dates, Louis XIV a ordonné par la déclaration du mois d'octobre 1646, qu'elle ſeroit reçue & obſervée dans le royaume, de même que les règles *de publicandis reſig. & de infirmis reſig.* au moyen de quoi l'on ne peut plus retenir de petites Dates ſur une réſignation, mais ſeulement pour les autres vacances par mort ou par dévolut.

On doit remarquer que la déclaration de 1646 porte que les banquiers pourront exercer leur office, ainſi qu'ils pouvoient le faire avant l'édit du contrôle. Comme elle n'avoit rapport qu'aux expéditions de la daterie de Rome, on en a voir inféré que dans tous les tribunaux où elle avoit été enregiſtrée & dans leſquels l'édit du contrôle ne l'avoit pas été, on n'étoit point aſſujetti en jugeant les conteſtations qui s'élevoient touchant les expéditions de la légation d'Avignon, à ſuivre d'autres règles que celles qui étoient en vigueur avant l'édit du contrôle. Les parlemens de Provence & de Dauphiné avoient autorisé en conséquence par différens arrêts, un usage singulier qui s'étoit introduit dans la vice-légation : au lieu que suivant le style de la cour de Rome on ne connoît d'autre Date que celle du jour, il y avoit un registre à la daterie d'Avignon, dans lequel on marquoit l'heure & même l'instant où une Date avoit été retenue, & l'extrait qu'on en délivroit s'appeloit pour cette raison *instrumentum de horâ.* Il résultoit de-là que le concours entre les impétrans n'avoit jamais lieu. S'il en survenoit un entre le premier d'entre eux & quelque pourvu par l'ordinaire, la collation de celui-ci, qui n'étoit datée que du jour, cédoit à la prévention du pape marquée de l'heure ; ce qui causoit d'autant plus de préjudice au droit des collateurs du Dauphiné & de la Provence, que la proximité des lieux mettoit les impétrans à portée d'obtenir à Avignon, presque sur le champ, des provisions sur des démissions ou des permutations faites à l'extrémité de la vie.

D'un autre côté, les procurations *ad resignandum* que l'on envoyoit à la daterie d'Avignon n'étoient point insinuées avant l'envoi ; & l'on avoit souvent agité au grand conseil la question de savoir si les expéditions de la vice-légation étoient sujettes à l'édit des insinuations ecclésiastiques de 1691. Ce tribunal avoit même arrêté en 1723 que le roi seroit très-humblement supplié d'expliquer ses intentions à ce sujet ; mais l'exécution de cet arrêté avoit été négligée jusqu'en 1745 que le clergé assemblé fit à cet effet des représentations au roi, tant sur l'article 13 de l'édit de 1691 que sur l'*instrumentum de horâ.*

Sur quoi le roi rendit le 10 novembre 1748 une déclaration qui a été enregiftrée au grand confeil ainfi qu'aux parlemens de Paris & de Provence.

Sa majefté, après avoir déclaré que les expéditions émanées de la vice-légation d'Avignon feront fujettes à l'infinuation portée par l'article 13 de l'édit du mois de décembre 1691, veut que la feule Date du jour puiffe être utile en toutes provifions bénéficiales, fans que dans le cas de concurrence entre deux provifions données le même jour, foit par le vice-légat d'Avignon, foit par d'autres collateurs, la Date de l'heure marquée dans l'une puiffe lui faire donner la préférence fur celle qui ne contiendroit que la Date du jour.

Brodeau fur Louet rapporte un arrêt du mois de mars 1622, au fujet de deux provifions données le même jour pour la chapelle de Saint-Blaife, l'une par le roi & l'autre par le tréforier de la Sainte-chapelle. Quoique les provifions du dernier portaffent qu'elles avoient été accordées *à l'inftant de la mort*, loin de s'arrêter à cette claufe, les juges lui défendirent de l'inférer à l'avenir dans les provifions qu'il octroyeroit, avec injonction de les dater feulement du jour, mois & an.

Ainfi la date de l'heure & de l'inftant eft profcrite par des difpofitions formelles en matière bénéficiale.

Voyez *l'édit des petites dates avec le commentaire de Dumoulin; la déclaration du mois d'octobre de 1646; l'édit du mois de décembre 1691; la déclaration du 10 novembre 1748; les lois eccléfiaftiques de d'Héricourt; le traité de la prévention de M. Piales; l'encyclopédie; le traité de la capacité de*

Duperray ; celui de Perard-Caftel fur la pratique de cour de Rome ; le recueil de jurifprudence cano-nique ; le dictionnaire de droit canonique; la collec-tion de jurifprudence ; le dictionnaire de droit de Ferrière ; le traité des obligations de Pothier ; le commentaire de M. Jouffe fur l'ordonnance de 1667; celui de Bornier fur l'édit de 1673 ; Rebuffe & Coquille fur les ordonnances royaux ; Chopin fur la coutume de Paris ; Bafnage fur la coutume de Normandie; le recueil des arrêts de Louet; la fcience parfaite des notaires ; l'inftitution au droit françois d'Argou; le journal des audiences & celui du Palais. Voyez auffi les articles DATERIE, PROVISIONS, BULLE, CONSENS & SUPPLIQUE. (*Article de* M. GILBERT DE MARETTE, *avocat au Par-lement de Bretagne.*)

DATERIE. C'eft une efpèce de bureau ou de tribunal où l'on expédie au nom du pape toutes les graces relatives aux bénéfices , & même les difpenfes de mariage.

Les réferves & les autres droits que les papes fe font attribués fur les benéfices dans le qua-torzième fiècle ont donné lieu à cet établiffe-ment; il eft ainfi appelé des dates des provifions que le pape confère fur des fuppliques hors du confiftoire.

Il n'y a que deux Datéries l'une à Rome & l'autre à Avignon. Les officiers de la première font , outre le dataire qui en eft le chef, le pré-fet de la fignature de grace, celui de la figna-ture de juftice, le foufdataire, & plufieurs autres qu'on indiquera dans un moment.

Lorfque le dataire eft un cardinal, il ne prend que le titre de prodataire , de même que le chancelier-cardinal ne prend que celui de vice-chancelier. Les cardinaux en usent ainsi, dit-on, parce qu'ils regardent ces offices au-dessous de leur dignité.

Le *dataire* représente le pape dans la distribution de toutes les graces bénéficiales ; avant de lui porter les suppliques, il a le droit de les examiner ; il peut y ajouter ou diminuer ce que bon lui semble, & même les déchirer s'il ne les trouve pas convenables. Lorsqu'elles ont été signées par le pape, il y fait l'extension des dates, ou, ce qui est la même chose, il y appose la grande date ou la date étendue. C'est lui qui fait la distinction des différentes demandes, & qui lorsque sa sainteté n'en connoît pas personnellement, les renvoie à la signature de justice ou à quelques congrégations, telles que celles des réguliers, des rites ou des évêques.

Le dataire ne prend point connoissance des abbayes consistoriales, à moins qu'on ne les expédie par Daterie ou par chambre, & bien moins encore des évêchés auxquels le pape nomme de vive voix en plein consistoire.

Le *sousdataire*, quoique subordonné au dataire, n'en est pas dépendant, puisqu'ils tiennent l'un & l'autre leur commission du pape.

Sa principale fonction est d'extraire le sommaire du contenu aux suppliques importantes : ordinairement c'est le banquier même ou son commis qui écrivent ce sommaire au bas de la supplique, & le sousdataire ou son substitut l'enregistrent, surtout lorsque la supplique contient quelque absolution, dispense ou autre grâce qu'il faut obtenir du pape.

Le sousdataire marque au bas des suppliques les difficultés que le pape y a trouvées ; lorsqu'i y écrit ces mots *cum fanctiffimo* , cela fignifie qu'il en faut conférer avec fa fainteté. Et quand les demandes font de nature à être renvoyées à quelque congrégation que le pape a coutume de confulter avant d'accorder la grâce, le foufdataire met au bas de la fupplique *ad congregationem regularium* ou *de ritibus* , *&c.* Lorfque l'affaire a été examinée, le billet contenant la réponfe de la congrégation eft rapporté ainfi que la fupplique au foufdataire pour la faire figner au pape. Si fa fainteté refufe la grâce, le foufdataire répond au bas de la fupplique *nihil*, ou bien *non placet fanctiffimo*.

Il y a dans fon office un livre que le public peut confulter, où fon fubftitut marque toutes les fignatures qui ont été données par le pape.

Au furplus, il accompagne ordinairement le dataire lorfque celui-ci porte les fuppliques au pape pour les figner.

Le préfet de la fignature de grâce eft un prélat député par le pape pour préfider à l'affemblée où font propofées devant fa fainteté toutes les matières de grâce, du nombre defquelles font principalement les bénéficiales : cet officier figne toutes celles qui font *ad ordinarium*.

Le préfet de la fignature de juftice eft le prélat qui préfide auffi en préfence du pape aux affemblées où l'on décide les affaires des juridictions contentieufes.

Le régent de la chancellerie eft un officier en titre qui connoît des réfignations & des ceffions ; il eft auffi chargé de corriger les erreurs qui peuvent être dans les bulles expédiées & plombeés.

Le diftributeur des fignatures eft en même-

temps fecrétaire des prélats de la chancellerie :
fa principale fonction eft, comme l'indique fon
nom, de retirer du regiftre les fignatures & de
les diftribuer aux prélats chargés de dreffer les
minutes des bulles qui ne contiennent aucune
claufe extraordinaire, & d'examiner fi celles
qui ont été expédiées font dans la forme prefcrite par la chancellerie, ou fi elles peuvent être
envoyées au plomb.

· *Le dataire ou revifeur per obitum* eft commis
pour tout ce qui a rapport aux vacances par
mort dans les pays d'obédience dont les bénéfices ne font pas donnés au premier impétrant.
C'eft à cet officier que l'on porte les fuppliques
qui les concernent ; il connoît auffi des penfions
impofées fur des bénéfices vacans en faveur des
miniftres & autres prélats du palais apoftolique.

· *Le dataire ou révifeur des matrimoniales* eft
chargé de revoir les fuppliques des difpenfes
matrimoniales avant & après qu'elles ont été
fignées, d'en examiner les claufes, & d'y faire
les augmentations & reftrictions qu'il juge à
propos ; c'eft lui qui fait figner au pape ces difpenfes & qui y fait mettre la date par le dataire général lorfque les fuppliques font conformes au ftyle de la Daterie.

· *L'officier des petites dates, ou le préfet des dates*
eft à la nomination du dataire général ; c'eft
chez lui que les banquiers de Rome portent les
mémoires fur lefquels ils ont ordre de prendre
date : fa principale fonction eft de conférer la
date appofée par fon fubftitut au bas des fuppliques avec celle qu'il a mife lui-même au bas des
mémoires des impétrans le jour de l'arrivée du

courier : & lorfque les fignatures font expédiées *in formâ gratiosâ*, c'eft lui qui examine les atteftations de vie & mœurs.

Le fubftitut du préfet des dates eft commis par le dataire pour aider le premier de ces officiers dans l'expédition des affaires dont il eft chargé, & furtout pour mettre au bas de la fupplique la date, qui doit être étendue par le dataire ou le foufdataire.

Les revifeurs font deux perfonnes d'une expérience confommée que le dataire nomme pour rectifier les fuppliques & les rendre conformes au ftyle de la Daterie & à l'intention du pape. Ils mettent au bas de ces fuppliques *expediantur litteræ* lorfque les bulles ou fignatures doivent être expédiées, & un grand C quand il s'agit de matières fujettes à componende.

Le tréforier des componendes reçoit ce qui eft dû pour les grâces ou difpenfes fujettes à compofition.

Les notaires de la chambre font au nombre de douze ; ils reçoivent les actes de confens, & en font l'extenfion au dos des fignatures. Ils datent leurs expéditions *ab anno nativitatis*.

Le notaire de la chancellerie date les fiennes *ab anno incarnationis ;* d'ailleurs, fes fonctions font les mêmes que celles des notaires de la chambre, & les banquiers peuvent s'adreffer aux uns ou aux autres indifféremment.

L'officier de MISSIS s'appelle ainfi, parce que les fuppliques font envoyées de fon bureau au regiftre par une petite note qui tient lieu du *miffa ;* il retient celles pour lefquelles il y a des bulles à expédier, & il ne les rend que lorfqu'on leur préfente la bulle écrite. Les ordres du pape qui doivent être expédiés *gratis* font enregiftrés dans l'office de *miffis :* on y conferve un regiftre pour les fuppliques qui doivent être expédiées par voie fecrette ; auffi ne peut-il être communiqué que par l'ordre du dataire.

Les clercs du regiftre font en titre d'office au nombre de fix : ils exercent deux enfemble chaque mois alternativement, & leur fonction confifte à diftribuer également les fignatures à chacun des regiftrateurs.

Les regiftrateurs font également en titre au nombre de vingt : ils n'ont d'autres fonctions que de tranfcrire les fuppliques.

Les maîtres des regiftres font quatre officiers en titre chargés de collationner le regiftre avec les fuppliques : ce font eux qui font les fecondes expéditions des fignatures lorfque les premières font perdues ou qu'elles font infcrites de faux fur les lieux.

Enfin le *cuftos regiftri* eft, comme l'indique fon nom, un officier chargé de la garde d'un regiftre.

Il y a quatre regiftres à la Daterie, fçavoir, deux dont l'un eft public & l'autre fecret, où font enregiftrées les fuppliques apoftoliques, tant celles qui font fignées par *fiat* que celles qui le font par *conceffum.* Le troifième eft pour les bulles que l'on expédie en chancellerie, & le quatrième pour les expéditions de la Daterie.

On doit obferver qu'il y a trois manières d'expédier en cour de Rome ; fçavoir, par la voie fecrette, par le confiftoire ou la chancellerie, & par la chambre ou la Daterie.

Les expéditions par voie fecrette font rares ;

on ne les accorde qu'aux princes ou autres perfonnes d'autorité, & lorfqu'on les donne *gratis*.

On expédie en confiftoire ou chancellerie les évêchés & les abbayes confiftoriaux, ainfi que les autres provifions qui ne contiennent aucune claufe douteufe ou extraordinaire. En effet, la chancellerie n'admet point d'alternatives ni de narrations conditionnelles, & pour paffer par cette voie, il faut avoir toutes les qualités requifes.

Toutes les provifions qui ne peuvent être accordées fans difpenfe font émanées de la chambre ou de la Daterie: ce n'eft pas qu'on ne puiffe prendre cette voie pour tout ce qu'on expédie en chancellerie; mais la taxe eft d'un tiers plus forte.

Le ftyle de la Daterie eft uniforme, du moins s'y eft-il introduit peu de changement. Amidenius, avocat confiftorial, dit que ce ftyle a force de loi: ce qu'il y a de certain, c'eft qu'il fert de règle en France pour juger de l'authenticité des expéditions de cour de Rome.

Celles qui ont lieu pour les bénéfices non confiftoriaux fitués en France font faites par fimples fignatures, & non par bulles fcellées en plomb. Un autre privilége dont jouiffent les françois, c'eft que les provifions qu'on leur accorde font datées du jour de l'arrivée du courier à Rome.

De-là la diftinction des grandes & des petites dates.

Comme les correfpondans des banquiers de France ne peuvent dreffer leurs fuppliques, les faire figner & revoir par les officiers de la Daterie à l'inftant de l'arrivée du courier, ils retiennent feulement de petites dates ou des dates en abrégé, pour affurer le droit de l'impétrant.

Autrefois le dataire ou le foufdataire prenoient eux-mêmes le foin de mettre cette petite date au bas des mémoires; mais à préfent c'eft l'officier ou préfet des dates qui la met, & l'on s'en rapporte à cet égard entièrement à lui.

Quand le mémoire a été envoyé par un courier extraordinaire, la fignature n'eft datée que du jour qu'il a été remis à l'officier des petites dates : c'eft pour faciliter cette remife, qu'il y a à la porte de fa maifon une boîte ouverte dans laquelle le correfpondant du banquier jette le mémoire. S'il y eft mis avant minuit, il eft daté du jour de l'arrivée du courier; mais s'il n'eft mis qu'après, la date n'eft que du lendemain.

Les correfpondans pouvoient autrefois retenir les dates fur les mémoires des impétrans ou de leurs amis fans l'entremife des banquiers; mais cette voie n'eft plus permife depuis la création de ces officiers en titre; il faut néceffairement fe fervir de leur miniftère, à peine de nullité des expéditions, fuivant l'édit du mois de mars 1673, la déclaration du roi du 20 février 1675 & plufieurs arrêts du confeil rendus en conféquence.

Cependant un impétrant qui eft à Rome ou dans la ville d'Avignon, peut obtenir, fuivant l'article 3 de la déclaration du 3 août 1718, toutes bulles, refcrits & autres grâces fujettes à fulmination; mais il eft néceffaire de les faire vérifier & certifier véritables par deux banquiers expéditionnaires avant de les faire fulminer.

· Et l'article 4 de la même déclaration défend à peine de nullité aux parties résidentes à Rome ou en la légation, de faire expédier sur vacances par mort aucune provision en leur faveur des bénéfices situés dans les provinces du royaume sujettes à la prévention du pape, à moins qu'il ne soit constaté par le registre d'un banquier qu'elles ont reçu avis de la vacance du bénéfice.

· Dans les vacances par mort & par dévolut, l'impétrant qui veut empêcher le concours retient plusieurs dates ; on a vu des ecclésiastiques en retenir jusqu'à quinze cens, dans l'espérance de rencontrer un jour où ils seroient seuls requérans.

· Ces dates sont secrettes, & jusqu'à ce qu'elles aient été expédiées, les officiers de la Daterie n'en donnent point de certificat : mais lorsqu'on veut sçavoir si l'un des impétrans a fait retenir des dates du vivant du bénéficier, ce qui s'appele une course ambitieuse prohibée par la règle *de non impetrando beneficia viventium*, on peut compulser le registre du banquier expéditionnaire qui a été chargé de la retenir. Comme il est obligé par les ordonnances d'enregistrer tous les avis qu'il reçoit du correspondant qu'il a à Rome, son registre fait foi pour tout ce qui a rapport à la rétention des dates.

· On ne retient point de date quand le saint siége est vacant, parce que tout cessant à la Daterie, on ne peut feindre que les signatures soient expédiées du jour de l'arrivée du courier ; mais on les date du jour de l'élection du nouveau pape.

· Quelqu'un prétendit en 1672, que les signa-

tures devoient être datées en pareil cas du jour
du couronnement : mais le parlement de Paris
décida le contraire par arrêt du 16 Juillet de la
même année. M. l'avocat général Talon qui
porta la parole en cette caufe, fit voir que le
pape n'ayant point de fupérieur dont il reçoive
la confirmation, étoit revêtu de la plénitude de
fa puiffance par la feule élection.

Mais fi la date avoit été retenue avant la vacance du faint fiége, elle ne feroit pas éteinte
par la mort du pape. Les fouverains pontifes
ne manquent jamais après leur couronnemens
de renouveler les grâces qui ont été accordées
par leurs prédéceffeurs.

On fçait que la collation du pape étant forcée, les dates retenues font cenfées grâces accordées.

Il en coûte peu pour faire retenir ces dates ;
mais il y a des droits à payer dès qu'on veut
les faire pouffer au regiftre.

Cette opération fe fait en infcrivant fur le
grand regiftre des dates le mémorial qui a été
remis à la Daterie par le correfpondant du banquier. Pour obliger les impétrans de pouffer au
regiftre toutes les dates qu'ils ont retenues, les
officiers de la Daterie font dans l'ufage depuis
longtemps d'enfiler enfemble tous les mémoriaux à mefure qu'ils leur font envoyés, & de
les jeter au feu après l'année expirée, afin qu'il
n'en refte plus de mémoire. Ils refufent en conféquence des provifions fur des dates qui n'ont
pas été pouffées au regiftre dans l'année ; mais
les impétrans ne donnent pas toujours ordre
de remplir cette formalité, ou ne le donnent
que pour un certain nombre de dates : de-là la

différence des dates qui ont été pouſſées au regiſtre, & de celles qui n'y ont pas été pouſſées.

Lorſqu'une date a été retenue & pouſſée au
regiſtre, le correſpondant du banquier dreſſe la
ſupplique qui doit être préſentée au pape ou au
préfet de la ſignature, ſuivant la nature de la
grâce qui eſt demandée.

Si ce ſont des diſpenſes conſidérables, des
proviſions pour des dignités d'égliſes cathédrales,
collégiales, ou pour des prieurés conventuels,
le pape ſigne la ſupplique & la répond par ces
mots, *fiat ut petitur*, en y ajoutant la première
lettre du nom qu'il portoit avant ſon élection.

Le préfet de la ſignature de grâce ſigne toutes expéditions moins importantes en ſe ſervant
de cette formule, *conceſſum* ut petitur *in præ-
ſentiâ D. N. P. P.* avec ſon nom en entier: vis-
à-vis des clauſes qui contiennent les abſolutions
& les diſpenſes, il met encore en marge le mot
conceſſum avec ſon nom.

Au moyen de cette formalité, l'acte quitte ſon
nom de ſupplique pour prendre celui de ſignature.

Celle-ci paſſe des mains du pape ou du préfet
dans celles du premier reviſeur, qui réduit la
ſupplique & les clauſes qu'elle contient aux termes de la chancellerie & des uſages de la cour
de Rome. C'eſt ce qui fait qu'on trouve très-
ſouvent des ratures dans des ſignatures qui pour
cela ne doivent pas être ſuſpectes de falſifica-
tion. Pour marquer que la ſignature a été viſée,
le reviſeur met au bas la première lettre de ſon
nom.

Il arrive quelquefois que la rature tombe ſur
quelques clauſes que l'impétrant avoit fait inſé-

rer dans fa fupplique comme effentielle à la confervation de fes droits : fi la claufe étoit jufte en elle-même, & qu'elle n'eut été rayée que parce qu'elle étoit contraire aux ufages de la chancellerie, celui qui a obtenu la fignature tire un certificat du banquier qui a follicité l'expédition, portant qu'il n'a pu obtenir la grâce autrement, & la fignature a en France le même effet que fi la claufe n'avoit point été rayée.

Le revifeur communique la fignature au banquier, qui pour foulager le préfet des dates, met au bas en petits caractères la date qui a été retenue à l'arrivée du courier.

La fignature eft rapportée enfuite au préfet des dates, & s'il s'agit de réfignation & de permutation, le correfpondant du banquier y joint la procuration pour réfigner & pour permuter.

Ces deux pièces ayant été remifes à l'un des notaires de la chambre ou de la chancellerie, l'un de ces officiers appofe à droite au *verfo* de la fignature le confens qu'il a dreffé : il marque au-deffous que cet acte eft dans la chancellerie apoftolique, & plus bas il écrit fon nom. C'eft ce qu'on appele l'extenfion du confens.

Le fubftitut du préfet des dates met enfuite la petite date au-deffus des claufes de difpenfe, laiffant un efpace en blanc pour la grande date. Le préfet confère la petite date avec celle qui a été retenue le jour de l'arrivée du courier ; & pour marquer cette collation, il met *R.ta* au bas de la fignature.

Le fecond revifeur la lit & la corrige, s'il le juge à propos, & met la première lettre de fon nom auprès de celle du premier revifeur.

Enfin

Enfin le Dataire met la grande date au-deffous de la fignature du pape ou de celle du préfet.

Les bulles pour difpenfes de mariage & pour les provifions de bénéfices, font feulement datées des nones, ides & kalendes, & du mois; *idibus, nonis, kalendis januarii* où *februarii*, fans exprimer le jour qui les précède: mais cette expreffion a lieu en toutes lettres dans la grande date des fignatures. On y écrit *quinto kalendas, tertio nonas*, le mot *antè* étant fous-entendu.

On y ajoute feulement l'année du pontificat; de forte qu'il eft fouvent impoffible de fçavoir en quelle année & fous quel pape une fignature a été expédiée. Lorfqu'elle porte un confens endoffé, comme il eft daté de l'incarnation ou de la nativité, fa date fait connoître l'année de l'expédition; & fi elle a été fignée par le pape, la première lettre qu'il portoit avant fon élection eft indicative du pontificat; mais il n'y a aucun indice à cet égard non plus que fur l'année, fi la fignature ne porte point de confens & qu'elle foit émanée du préfet.

Après que la grande date a été étendue, le foufdataire y met la première lettre de fon nom au côté droit de la fignature, & vis-à-vis de la dernière ligne des claufes de difpenfes ou d'abfolution; & pour marquer que l'expédition a été faite, il écrit le mot *expedita* fur le mémoire de la petite date.

Toutes les fignatures datées font remifes à l'audience du dataire entre les mains de l'officier *de miffis* qui les envoie au regiftre.

Il s'éleva dans le dernier fiecle une conteftation au fujet du *miffa*. Le fieur Rafflé pourvu par M. l'archevêque de Paris d'une prébende de faint Honoré, prétendoit que la fignature obtenue pour ce bénéfice par le fieur Bonichon fur une réfignation faire en fa faveur étoit nulle, parce qu'il s'étoit écoulé fix mois entre la date retenue & l'envoi au regiftre.

On difoit qu'un auffi long intervalle de temps faifoit préfumer de la fraude ; que c'étoit le cas des petites dates ; que fuivant l'édit du contrôle, on devoit expédier les provifions dans fix mois, à compter du jour de l'envoi de la procuration, & que la déclaration de 1646 ne donnoit que vingt jours pour obtenir des provifions conformément au décret d'Urbain VIII.

Le fieur Bonichon répondoit que l'édit de 1550 ne condamne comme petites dates que celles qui ont été retenues fans qu'on ait envoyé la procuration *ad refignandum* ; que l'édit du contrôle n'a point été enregiftré au parlement, qu'il n'a point eu d'exécution au grand confeil, & que l'expédition de la fignature ne dépend point du réfignataire, mais des officiers de la cour de Rome.

D'après ces moyens, & furtout le dernier qui étoit péremptoire, le réfignataire Bonichon fut maintenu en poffeffion du benéfice par arrêt du parlement de Paris du 4 avril 1675.

Lorfque la fignature a été enregiftrée, on la fait paffer à la chancellerie où le régent met au-deffus de la grande date fon nom avec fa qualité : il la diftribue enfuite à l'un des prélats dont le nom eft marqué ainfi ; *K. D. M. . . . pro reverendis. D. Vice cancellario.* Enfin lorfqu'elle eft fcellée, l'expéditionnaire la retire en payant les droits de fceau & autres au fécrétaire.

Les banquiers de France qui ont reçu les fignatures & les autres expéditions de cour de Rome, doivent avant de les délivrer aux parties, écrire au dos leur nom & leur demeure, le temps du renvoi, le nom de leur correfpondant, le jour qu'ils les ont délivrées, & figner le certificat avec un autre banquier : il eft défendu par les édits & ordonnances, d'avoir aucun égard aux expéditions de cour de Rome qui ne font pas vérifiées & certifiées.

Les bulles font écrites fur du parchemin & fcellées avec du plomb, & les fimples fignatures font fur du papier fans être fcellées.

Les bénéfices des trois évêchés font expédiés par bulles, & l'on en paye les droits même pour les nouvelles provifions qu'on obtient fur celles que le roi accorde en vertu de l'indult du pape.

Lorfqu'une fignature eft perdue, on en lève une feconde expédition qui a la même date & le même effet que la première. .

Si l'on doute de la validité d'une provifion, on en obtient une feconde fans renoncer au droit qui étoit acquis par la première : mais fi quelqu'un avoit un droit acquis avant la date de cette nouvelle fignature, elle ne pourroit lui faire de préjudice : cette claufe eft toujours fous-entendue dans les fignatures de cette efpèce, & elle eft inférée dans les bulles quand on eft obligé d'en prendre.

On peut obtenir un *perinde valere* pour réformer les erreurs ou les nullités qui fe rencontrent dans les provifions ; par exemple, lorfque la grâce eft nulle par obreption ou par fubreption. Le nom de *perinde valere* vient de ce que l'impétrant demande par fa fupplique que les premières lettres qui ont été expédiées vaillent de même que fi les défauts qui les rendent nulles ne s'y trouvoient pas : il en eft du *perinde valere* comme des fecondes provifions que l'on obtient lorfque la validité des premières eft douteufe : il ne peut nuire au droit d'un tiers acquis entre les premières & les fecondes lettres. Comme le pape ne peut révoquer les grâces qu'il a accordées pour des bénéfices de France , lè *perinde etiam valere* par lequel il confirme une grâce qu'il a révoquée , n'a pas lieu dans le royaume.

S'il y a dans une première fignature un défaut d'expreffion , ou qu'on ait omis quelque claufe dont l'expreffion n'auroit pu empêcher ni rendre plus difficile l'expédition de la grâce , on renvoie la fignature à l'expéditionnaire qui infère dans une copie ce qui avoit été omis ou mal exprimé. Le fous-dataire , à qui on remet l'une & l'autre , écrit au bas : *cui priùs* , *adverte ad datam*. Le dataire y met la première date : enfuite la nouvelle fignature paffe par les mains des autres officiers qui déchirent la première. La feconde expédition s'appelle *cui priùs* ; comme on n'y fait aucune mention de la précédente , & qu'elle porte la même date , elle eft de même valeur que celle qui avoit été d'abord expédiée.

On peut faire des perquifitions à la Daterie pour favoir fi quelqu'un ne s'eft pas fait pourvoir d'un bénéfice : on s'adreffe pour cet effet à l'officier des petites dates ou à fon fubftitut, qui font chargés de l'expédition du *perquiratur* ; mais comme cet acte n'eft qu'une écriture privée, & qui n'eſt même ſignée d'aucun officier, elle ne fait point foi en juſtice.

. Il n'en eſt pas de même des certificats des banquiers expéditionnaires : ils ſont obligés de les donner lorſque la cour de Rome refuſe d'accorder des proviſions, ou même lorſqu'elle diffère de les expédier, ſurtout ſi ce délai peut cauſer quelque préjudice à la partie, afin que celle-ci ne puiſſe appeler comme d'abus à la juridiction ſéculière.

Il eſt aiſé de juger que ſi un eccléſiaſtique ſe démettoit entre les mains du pape d'un bénéfice qu'il auroit obtenu par ſimonie ou par confidence, & que le pape lui accordât de nouvelles proviſions, les officiers de la Daterie ne pourroient pas compoſer avec lui pour les fruits qu'il auroit perçus, les lui remettre en tout ou en partie, ni en diſpoſer au préjudice des égliſes auxquelles ils appartiennent. Telle eſt la diſpoſition de l'article 5 1 des libertés.

La règle *date retenue, grâce accordée,* n'a pas lieu dans les pays d'obédience, & notamment en Bretagne. On ne retient point de dates pour les bénéfices qui y ſont ſituès, à cauſe de la réſerve des mois du pape : mais auſſitôt que le courrier eſt arrivé à Rome, l'expéditionnaire porte la ſupplique au ſous-dataire, s'il s'agit d'une réſignation, & à l'officier *per obitum,* ſi c'eſt une vacance par mort. On y met au bas, *præſentata tali die ;* & la ſignature qui eſt expédiée en conſéquence eſt datée du jour qu'il plaît au pape.

Du Noyer dans ſes notes ſur la pratique de cour de Rome dè Perard Caſtel, obſerve que depuis le rétabliſſement de la liberté des ordi-

dinaires en Provence, la rétention des dates a
été permife en cette province, quoique pays
d'obédience. Il y avoit pour cet effet à la Daterie d'Avignon un regiftre dans lequel on marquoit l'heure & même l'inftant auquel la Date
étoit retenue : mais l'auteur du dictionnaire de
droit canonique obferve que la déclaration du
10 novembre 1748 qui a aboli l'*inftrumentum
de horâ*, a fait grand tort à la Daterie du vice-
légat. Cependant on y retient toujours des Dates ; & même, comme le dit l'auteur cité,
fans le miniftére des banquiers. Le reffort de
cette Daterie étant très-borné, il faut moins de
temps aux impétrans pour fe rendre à Avignon
qu'il ne leur en faudroit pour aller à Aix ou à
Grenoble où réfident les banquiers : mais après
qu'ils ont retenu eux-mêmes leurs Dates, ils
ne manquent pas d'en charger le regiftre de
l'un de ces officiers : ce qui peut fe faire aifément à caufe de la proximité des lieux, fans
contrevenir à la règle *de verifimili notitiâ*.

Pour favoir fi elle a été obfervée, on peut
confulter le regiftre de la Daterie où l'on marque toujours l'heure de la rétention de la date,
malgré la déclaration de 1748.

On peut auffi en la vice-légation retenir des
Dates fur une feuille volante que le dataire
remet à la partie après y avoir attefté la rétention.

La date qui eft retenue ainfi eft fecrette, &
par conféquent l'impétrant a beaucoup d'avantage fur celui qui a retenu la fienne dans le regiftre public.

Au furplus, la Daterie d'Avignon eft compofée d'un dataire, d'un fecrétaire, d'un garde

des fceaux, d'un regiftrateur & d'un correcteur des bulles.

Son reffort ne s'étend en France que fur quatre provinces eccléfiaftiques ; favoir, Arles, Aix, Vienne & Embrun.

Si les provifions que l'on y lève ont été expédiées avant que les facultés du vice-légat aient été vérifiées au parlement, elles font nulles.

Voyez *les mémoires du clergé ; le traité de la pratique & des ufages de la cour de Rome par Perard Caftel ; l'encyclopédie ; le recueil de jurifprudence canonique ; le dictionnaire de droit canonique, &c.* Voyez auffi les articles DATE, PROVISION, SUPPLIQUE, DISPENSE, COLLATION, PRÉVENTION, &c. (*Article de M. GILBERT DE MARETTE, avocat au parlement de Bretagne*).

DATION. C'eft l'acte par lequel on donne quelque chofe. La Dation diffère de la donation en ce que celle-ci eft gratuite & que l'autre ne l'eft pas.

Il y a la *Dation en payement*, qu'on appeloit chez les romains *datio in folutum*, & la *Dation de tuteur*.

La Dation en payement eft en général un contrat qui eft l'équivalent d'une.véritable vente, fuivant la loi 4, *cod. de evictionibus* : en effet, tout ce qui eft effentiel à une vente s'y rencontre ; le confentement, la chofe & le prix. Auffi la Dation d'un héritage en payement produit des lods & ventes.

Cependant l'abandonnement de biens qu'un débiteur fait à fes créanciers ne produit point de droits feigneuriaux : la raifon en eft que les

créanciers ne font dans ce cas que les manda-
taires du débiteur pour vendre, & que celui-ci
refte propriétaire jufqu'à la vente. C'eft ce que
nous avons expliqué à l'article ABANDONNE-
MENT.

Si l'on donne à la femme en payement de fes
remplois des propres du mari, comme elle eft
étrangère à ces biens, c'eft une vente dont elle
doit les droits feigneuriaux ; mais fi on lui donne
des conquêts, comme elle y avoit un droit habituel, elle n'en doit point de droits, quand
même elle auroit renoncé à la communauté.

Le propre du mari donné à la femme pour
fon douaire préfix, eft une vente à fon égard.

Si le père ou la mère furvivant après le partage de la communauté, donne des conquêts
qui lui appartiennent pour payer aux enfans le
reliquat du compte de communauté ou de tutelle, il eft dû des lods & ventes. Le parlement
de Paris l'a ainfi jugé par arrêt du 5 mai 1744.
Quant au centième denier, il eft dû pour tous
les biens que le père & la mère donnent en
payement de reliquat de compte dû à leurs
enfans. C'eft ce qui réfulte de deux décifions
du confeil des 28 juillet 1722, & 17 janvier
1739.

La *Dation de tuteur* ou *de curateur* eft l'acte
par lequel le juge nomme un tuteur ou un curateur.

Voyez *les articles* ABANDONNEMENT, LÉ-
GITIME, REMPLOI, DOUAIRE, LODS ET
VENTES, TUTEUR, CURATEUR, &c.

DAUPHIN. C'eft aujourd'hui le titre dif-
tinctif du fils aîné de France, héritier préfcmptif
de la couronne. Il appartenoit autrefois aux an-

ciens souverains du Dauphiné. Guigues IV, comte d'Albon, l'un de ces princes porta le premier le nom de Dauphin qu'il avoit reçu au baptême l'an 1130 ; d'un nom de baptême il s'en fit un nom de maison, suivant l'observation de M. Salvaing de Boissieu dans son traité de l'usage des fiefs ; & d'un nom de maison, un titre de dignité que tous ses successeurs retinrent après lui. C'est de-là que les terres de leur obéissance furent dès-lors désignées, & particulièrement connues sous le nom de Dauphiné.

Depuis la réunion de ce pays au royaume, le titre de Dauphin a toujours été affecté aux fils aînés de France successeurs à la couronne. Mais ce n'a pas été cependant comme quelques-uns l'ont cru sans fondement, en vertu d'une condition mise par le Dauphin Humbert II, dernier souverain de ce pays, à la cession qu'il fit de ses états au roi de France.

Ce prince, en effet, avoit si peu exigé que nos rois fissent porter à l'avenir le nom de Dauphin à leurs fils aînés, héritiers présomptifs du trône, que par l'acte de cette cession il laissa au choix de Philippe-de-Valois, roi de France, ou de son fils Jean, alors duc de Normandie, de nommer un des fils de ce duc pour être mis en possession du Dauphiné. Humbert II voulut seulement que celui des princes de la maison de France qui auroit en partage les états qu'il cédoit, fût à l'avenir nommé Dauphin & portât les armes de Dauphiné écartelées avec celles de France ; ce qui a toujours été constamment observé depuis.

Ainsi c'est à nos rois seuls souverains du Dauphiné, qu'appartient proprement le titre de

Dauphin comme titre de fouveraineté. Auffi le prennent-ils aujourd'hui. C'eſt fans doute dans ce fens qu'il faut entendre ce que dit Guypape jurifconfulte dauphinois, lorfqu'il affure que la dignité de Dauphin furpaffe celle de duc & d'archiduc, & que dans une affemblée de rois le Dauphin précéderoit celui des romains & les autres rois. On doit convenir que cette prééminence eſt moins due au titre de Dauphin en lui-même qu'à la perfonne du monarque qui le porte. Comment, en effet, les anciens Dauphins, dont la domination fi récente & fi foible n'étoit d'ailleurs qu'une ufurpation faite fur nos rois, & qui ne s'y maintenoient que fous la protection des empereurs dont ils fe reconnoiffoient feudataires, auroient-ils pu prétendre l'emporter fur des têtes couronnées dont ils avoient ou à redouter la puiffance ou à rechercher la faveur, & imprimer un tel caractère de fupériorité au titre de fouverain qu'ils portoient ?

Dans les lois & réglemens que nos rois font pour la province de Dauphiné, ils s'y intitulent, fuivant le ſtyle confacré par l'ufage en pareil cas : *Louis par la grace de Dieu, roi de France & de Navarre, Dauphin de Viennois, &c.*

A l'égard des fils aînés de France, le nom de Dauphin particulièrement affecté à leur perfonne, n'eſt qu'un titre d'honneur & de diftinction qu'ils portent de la même manière & dans le même fens que les princes leurs frères portent ceux de duc de Bretagne, de Bourgogne, de Normandie & autres titres femblables qui ne leur tranfmettent pas pour cela la fouveraineté des provinces dont ils portent le nom.

Le Dauphin confidéré comme fils aîné de France & héritier préfomptif de la couronne, peut fuivant les lois conftitutives & fondamentales de la monarchie, fe faire facrer roi & goûverner le royaume auffitôt après la mort du roi fon père fans limitation d'âge, mais avec le confeil des princes de fon fang fi fon avénement au trône devance l'âge & la maturité qu'exige l'art de régner. Il y en a une loi expreffe de l'année 1407, qui dans des circonftances femblables, a toujours été inviolablement obfervée. Nous croirions fuperflu d'en rapporter des exemples.

On donne au Dauphin de France la qualité de *Monfeigneur.* Louis XIV l'ordonna expreffément, & voulut que le premier préfident du parlement de Paris qualifiât ainfi le fils aîné de France, lorfque cette compagnie alla fuivant l'ufage, rendre hommage à ce prince peu après fa naiffance. (*Article de M. ROUBAUD, avocat au parlement*).

DAUPHINÉ. C'eft une province de France dont Grenoble eft la capitale.

Le dauphin Humbert II fe trouvant fans poftérité, fit folemnellement ceffion de fes états le 23 avril 1343 à Philippe, fils puîné de Philippe-de-Valois roi de France, en préfence du pape Clément VI, qui laconfirma par une bulle donnée à Avignon. L'acte en fut enfuite ratifié par Philippe-de-Valois & par fon fils Jean duc de Normandie, fuivant une déclaration donnée à Sainte Colombe au mois de juillet de la même année, qui contient en même-temps réglement pour les priviléges des habitans du Dauphiné.

Humbert de fon côté fit approuver la ceffion

qu'il faifoit de fes états par les prélats & la nobleffe du pays, & fit jurer tous les gouverneurs
des villes & châteaux de fon obéiffance, d'obferver religieufement le traité fait entre Philippe-de-Valois & lui, & d'être fidèles à ce
monarque leur nouveau fouverain.

Il paroît cependant que le dauphin Humbert
conferva encore l'adminiftration & l'ufufruit de
fes états júfqu'en 1349, époque à laquelle par
un nouvel acte fait à Romans le 30 mars de cette
année, il ratifia en faveur de Charles, petit-fils
de Philippe-de-Valois, fuivant l'intention de ce
monarque, la ceffion qu'il avoit précédemment
faite à Philippe-de-France fecond fils du roi,
& mit en conféquence le jeune prince en poffeffion de fes états, en lui donnant au rapport
des hiftoriens, l'épée ancienne du Dauphiné,
la bannière de faint Georges, enfeigne des dauphins, avec un fceptre & un anneau.

Il a été jugé par arrêt du confeil du 7 mai
1748, que les anciens dauphins avoient pu,
avant la ceffion faite par Humbert II, aliéner
valablement les domaines qu'ils poffédoient. En
conféquence, le fieur de Champrenard a été
reçu oppofant à un arrêt du 3 octobre 1747,
qui avoit ordonné la revente de la terre de
Saint-Maurice en Trieves, que Guigues, dauphin, avoit aliénée le 5 mai 1330 au profit de
Guy de Morges, & il a été déclaré qu'il n'y
avoit pas lieu à cette revente.

Le contrôle des actes fut fupprimé en Dauphiné par une déclaration donnée à Marly au
mois d'août 1696, fuivant laquelle fa majefté
avoit ordonné que les contrats & autres actes
feroient reçus dans cette province par les no-

taires & autres perſonnes publiques, avec la
même liberté & ſuivant le même uſage qui ſe
pratiquoit avant l'édit du mois de mars 1693,
moyennant qu'il ſeroit payé une finance de trois
cens mille livres & les deux ſous pour livre,
dont la levée ſeroit faite en partie ſur les notaires, & le ſurplus ſur tous les ſujets du roi en
Dauphiné. Cette exemption avoit même été
confirmée à cette province par un autre édit du
mois de janvier 1698 & par une déclaration du
14 juillet 1699, qui ordonnoient que les actes
paſſés en Dauphiné ne pourroient être mis à
exécution dans les autres provinces où le contrôle étoit établi, ſans avoir été auparavant
contrôlés.

Mais par édit du mois d'août 1706, le contrôle des actes a été rétabli dans le Dauphiné
ainſi que dans la généralité de Tours & dans
la ville de Tours, où il avoit été pareillement
ſupprimé.

Les habitans du Dauphiné ne peuvent être
tirés hors de leur reſſort & de leur province
devant d'autres juges au préjudice de la juridiction de leurs juges naturels, pour quelque
cauſe que ce puiſſe être, excepté pour le cas
de crime de lèze-majeſté. Ce privilége leur avoit
été accordé par le dauphin Humbert II, &
François premier les y confirma par ſes lettres-
patentes du 7 mars 1543, regiſtrées à la chambre des comptes de Grenoble le 23 avril ſuivant. Elles ſont citées par Chorier dans ſa juriſprudence de Guypape.

Un autre privilége dont jouiſſent les dauphinois, eſt que la confiſcation n'y a pas lieu au

profit du roi, fi ce n'eft toutefois en deux cas ;
qui font ceux du crime de lèze-majefté & du
crime d'héréfie, fuivant que l'attefte Guypape
dans les queftions 143, 413 & 437, où il traite
de la confifcation. Une déclaration du 10 août
1539, regiftrée à la chambre des comptes de
Grenoble le premier feptembre fuivant, leur
accorde la confirmation de ce privilége, qui a
lieu même dans le cas du crime de duel, fuivant
que l'attefte Baffet. Cet auteur ajoute qu'il en
fut fait une claufe expreffe de modification par
le parlement de Grenoble dans fon arrêt d'enregiftrement de l'édit des duels, & c'eft la jurifprudence conftamment fuivie par cette cour,
fuivant qu'il réfulte d'un arrêt du 26 avril 1646,
cité par le même Baffet. Ce parlement avoit déja
précédemment jugé par un autre arrêt du 21 juillet
1621, conformément au privilége des dauphinois, que les defcendans qui ont quelque droit
à prétendre fur les biens du condamné, doivent
y être confervés, & que la confifcation n'en
peut empêcher l'ouverture à leur préjudice.
Baffet remarque cependant qu'il eft d'ufage en
pareil cas d'adjuger une amende du quart des
biens au profit des hôpitaux. On a même porté
cette amende aux deux tiers des biens dans un
arrêt du 16 Septembre 1769, qui a condamné
à mort pour crime de duel, le fieur du Chelas
confeiller au parlement de Grenoble.
·· Nous pouvons mettre au nombre des priviléges dont jouit cette province, l'exemption du
droit de bâtardife qui n'y a point lieu au profit
du roi. Chorier dans fa jurifprudence de Guypape, obferve à ce fujet qu'un édit du mois de

mars 1565 avoit établi le droit de bâtardise en
Dauphiné, mais que Bonneton, procureur-syn-
dic des trois états de ce pays, s'opposa à la
vérification de cette loi & en empêcha l'effet.
Il est en conséquence de maxime dans cette province, que la mère & le bâtard recueillent la
succession l'un de l'autre. C'est conformément à
cette maxime que le parlement de Dauphiné en
procédant à la vérification de l'édit de création
du bureau des tréforiers de France de cette
province du mois de décembre 1627, déclara
par arrêt du 15 septembre 1628, que le droit
commun de tout temps suivi en Dauphiné à l'é-
gard de la succession des bâtards seroit observé.
Basset & Brillon dans son dictionnaire, font
mention de cet arrêt.

Quoique le Dauphiné ne soit point pays d'aides, on y perçoit cependant les droits d'inspec-
teurs aux boucheries. Grenoble est une des
trente-une villes désignées par l'édit du mois
de février 1704, portant création & fixation de
ces droits. Ils s'y perçoivent en conséquence sur
le pied de trois livres par bœuf ou vache, de
douze sous par veau ou génisse, & de quatre
sous par mouton, brebis ou chèvre.

Il y avoit anciennement en Dauphiné un tribunal connus sous le nom de conseil delphinal
avec la qualité de cour souveraine, suivant des
lettres de Charles VI de 1422. Il avoit été créé
par édit du dauphin Humbert II le 22 février
1337 dans la ville de Saint-Marcellin; ce prince
voulut depuis que ce conseil résidât à Beauvoir
dans le Royans; & enfin par lettres-patentes de
1340, il le transféra à Grenoble.

Louis XI n'étant encore que dauphin, érigea

ce conseil en parlement au mois de juin 1453 ;
& cette érection fut depuis confirmée par Charles VII dans les états généraux tenus à Vienne
en 1456, quatre ans avant l'établissement du
parlement de Bordeaux par ce même prince.
Ainsi ce parlement est le troisième : il suit ceux
de Paris & de Touloûse, & la préféance ne lui
est point disputée par les autres.

Les officiers de cette cour trouvèrent à propos en 1715 de représenter à sa majesté le préjudice que leur causoit la diminution de leur
ressort beaucoup plus étendu dans l'origine qu'il
ne l'est actuellement. Cette diminution, suivant
qu'ils l'exposèrent au roi, provenoit en premier
lieu de la cession qui avoit été faite en 1601 au
duc de Savoie du marquisat de Saluces, en
échange des pays de Bresse, Bugey, Valromey
& Gex, dont le ressort du parlement de Bourgogne avoit profité à leur préjudice ; en second
lieu, par la cession de Pignerolles & de ses dépendances qui avoient été démembrés du Dauphiné, & par le retranchement du fauxbourg
de la Guillotiere de Lyon donné au parlement
de Paris, & enfin par la cession faite en vertu
du traité d'Utrecht au roi de Sicile, de quatre
grandes vallées du Briançonnois, tout autant
de pertes pour le parlement de Dauphiné, qui
n'avoit pas d'ailleurs reçu par la réunion de la
principauté d'Orange à son ressort, un dédommagement proportionné à ce qui lui avoit été
ôté.

Sur ce fondement, les officiers du parlement
de Grenoble demandèrent différentes attribu-
tions & priviléges pour leur tenir lieu d'indemnité ; entr'autres l'exemption des droits de lods

&

& ventes, tant en vendant qu'en achetant, comme en jouiffent les officiers du parlement de Paris.

. Le roi eut égard à ces repréfentations. Par arrêt du confeil & lettres-patentes des 23 & 29 avril 1715, regiftrées a la chambre des comptes de Dauphiné le 31 mai de la même année, & au bureau des finances de cette province le 4 juin fuivant, il fut accordé aux officiers du parlement de Grenoble deux mille livres par an, à prendre fur les revenus & deniers communs & d'octrois de cette ville.

. Sa majefté ordonna en outre par le même arrêt, que les officiers de ce parlement & leurs fuccefleurs, enfemble leurs veuves demeurant en viduité, jouiroient à l'avenir de l'exemption de tous droits de lods & ventes, quints, requints, reliefs & autres droits feigneuriaux & féodaux pour les fiefs & terres nobles ou roturières qu'ils acquerroient dans la mouvance du domaine du roi, même pour les fiefs & terres qu'ils vendroient dans les pays & lieux où ces fortes de droits font dus par les vendeurs, fuivant les difpofitions de la coutume ou du droit.

Cette franchife néanmoins fouffre une exception ; car fi l'officier du parlement vend à quelqu'un qui n'eft pas privilégié, un bien fitué, par exemple, à Grenoble, où les droits font dus par l'acquéreur ; dans ce cas le fermier du domaine eft fondé à les exiger.

Le Dauphiné eft un pays de franc-aleu. Guypape dans fa jurifprudence, & M. Salvaing dans fon traité de l'ufage des fiefs, établiffent d'une manière fans réplique cette allodialité. En con-

féquence, les fonds y font exempts de lods &
autres devoirs & fervitudes, s'il n'y a un titre
formel qui les y affujetiffe, ou une poffeffion
qui ait force de titre ; de forte qu'il n'eft point
dû de lods au roi, même dans les terres doma-
niales qu'il poffède comme dauphin, fi ce n'eft
pour les fonds chargés envers lui de quelques
cens ou rentes. C'eft ce qu'a jugé le parlement
de Dauphiné par un arrêt portant réglement
général à ce fujet, & qui a été rendu de l'avis des
chambres le 16 décembre 1649.

Cette même cour a déclaré depuis par un
autre arrêt du 31 juillet 1652, que le roi dauphin, feigneur en cette qualité de la terre de
Moras, avoit le droit de directe univerfelle fur
tous les fonds fitués au mandement de Moras ; excepté fur ceux, porte cet arrêt,
qui font dépendans des fiefs & des directes,
tant des nobles que des eccléfiaftiques qui font
dans la mouvance & relèvent de la feigneurie
de Moras, le tout conformément à d'anciennes
reconnoiffances des années 1263 & 1559. Mais
les confuls & communauté de Moras ayant formé oppofition à cet arrêt, ont donné lieu à un
fecond qui eft intervenu fur leur oppofition le 12
août 1666, par lequel le parlement a jugé que
les fonds & héritages allodiaux qui ne font affujettis à aucun cens ou redevance & qui font
fitués dans le mandement de Moras, étoient
exempts des droits de lods pour les ventes &
aliénations de ces héritages.

Par une fuite néceffaire de cette allodialité,
la maxime *nulle terre fans feigneur*, fuivant laquelle tous les fonds font affujettis aux feigneurs
juridictionnels n'a pas lieu en Dauphiné, non-

feulement pour la juridiction, mais même à l'é-
gard des cens & rentes.

Cette franchife, au refte, & cette liberté naturelle ont été confervées de fiècle en fiècle
avec tant de foin dans le Dauphiné, qu'aux
états de Blois lorfque la nobleffe par le cahier
des articles qu'elle préfenta au roi le 30 janvier
1577, demanda fuivant l'article 58, que toutes
les terres du royaume fuffent déclarées féodales
ou cenfuelles, l'ordonnance qui intervint en
conféquence & qui fut inférée dans le corps de
celles de France, excepta nommément de cette
féodalité les provinces de Languedoc & de Dauphiné, où les héritages font réputés francs &
libres de tous hommages, droits de lods &
autres fervitudes & devoirs feigneuriaux, s'il
n'y a titre ou poffeffion contraire qui les y affu-
jettiffe.

Nous trouvons une nouvelle preuve qui vient
à l'appui de l'allodialité des fonds du Dauphiné
dans l'enregiftrement que fit le parlement de
cette province d'un édit du mois de janvier
1629. Louis XIII avoit ordonné par l'article 383
de cet édit, que tous les héritages relevant de
la couronne foit en pays coutumier, foit en pays
de droit écrit, feroient fujets aux droits de
lods, ventes, quints, requints & autres
droits ordinaires felon la nature des héritages
& les coutumes particulières des lieux où ils
étoient fitués. Le même édit portoit que tous
les héritages ne relevant d'aucun feigneur particulier, feroient cenfés relever de fa majefté
elle-même, à moins que les poffeffeurs de ces
héritages ne fuffent en état de juftifier du contraire par titres. Mais le parlement de Grenoble

en vérifiant cet édit, mit cette modification fur le trois cens quatre-vingt-cinquième article; que le franc-aleu ayant lieu en Dauphiné & y étant fondé tant fur une poffeffion immémoriale que fur les libertés de la province, il en feroit ufé felon l'ancien ufage & conformément à l'ordonnance du 15 janvier 1555, relative à cet objet.

Voyez *le traité des droits du roi de Dupuy; le dictionnaire des arrêts de Brillon; le dictionnaire raifonné des domaines; le traité des droits d'aides de Lefèvre de la Bellande; Chorier fur Guypape; l'hiftoire du Dauphiné & l'état politique de cette province par le même; le traité de l'ufage des fiefs de M. Salvaing de Boiffieu*, &c. Voyez auffi les articles FIEF, PRESCRIPTION, DROIT, TAILLE, GABELLES, &c. (*Article de M.* ROUBAUD, *avocat au parlement*).

DÉBATS DE COMPTE. On appelle ainfi les conteftations que l'oyant forme contre les articles du compte, tant en recette que dépenfe ou reprife.

On entend auffi par le terme de *Débats de compte*, des écritures qui renferment les conteftations dont on vient de parler (*).

(*) *Formule de Débats de compte.*

Débats de compte que met & produit par devant vous M. le prévôt de Paris, M. le lieutenant civil, & MM. les gens tenant le fiège au châtelet de Paris.

Le fieur....

Contre demoifelle....

Suivant & pour fatisfaire à la fentence de cette cour du.... laquelle pour être fait droit aux parties à....

(*On rapporte ici le difpofitif de l'appointement.*)

Sur (tel) article du premier chapitre de recette contenant,

Lorfqu'à l'examen d'un compte les parties ne s'accordent pas fur certains articles, le commiffaire les renvoie à fe pourvoir à l'audience des juges qui ont ordonné le compte ; & fi ceux-ci voient que les difficultés font fufceptibles d'être jugées à l'audience, ils les jugent & renvoient enfuite pardevant le commiffaire pour régler & clorre le compte : mais fi le nombre des articles conteftés eft confidérable, ils doivent appointer les parties à fournir Débats & fouténemens conformément à l'article 13 du titre 29 de l'ordonnance du mois d'avril 1667 (*).

. Ces fortes d'écritures peuvent être faites par les avocats ou par les procureurs indiftinétement, fuivant le réglement du 17 juillet 1693.

Les délais font d'abord de huitaine, à compter du jour de la fignification de l'appointement, pour fournir des Débats de la part des oyans ; d'une autre huitaine, à compter de la fignification des Débats, pour fournir par le rendant fes foutenemens ; d'une troifième huitaine, à com-

---

on énonce le contenu en l'article, afin d'expofer clairement l'objet débattu ; mais on ne doit énoncer que ce qui eft néceffaire.

. L'article étant énoncé, on détaille les raifons de débatre, & l'on fuit ainfi le compte article par article.

(*) Formule du jugement qui appointe les parties à fournir Débats & foutenemens.

Nous appointons les parties à fournir, favoir, par l'oyant fes Débats contre *tels articles* du compte dont il s'agit dans huitaine, & par le rendant, fes foutenemens au contraire huitaine après ; écrire & produire dans une autre huitaine, & contredire dans la huitaine fuivante, dépens refervés.

pter du jour de la fignification des foutenemens,
pour produire de part & d'autre ; & enfin d'une
quatrième & dernière huitaine , à compter du
jour de chaque production, pour contredire ;
enforte que fi l'ordonnance étoit obfervée exactement & à la lettre , il ne faudroit qu'un mois
pour inftruire entièrement une inftance de compte, à partir de l'appointement.

Autrefois l'inftruction des comptes , c'eft-à-
dire les Débats & foutenemens fe faifoient par
procès-verbaux en préfence du juge ou du commiffaire avec le miniftère des procureurs des parties & ordinairement en leur préfence , en mettant par apoftille en marge de chaque article ,
les Débats & les foutenemens, comme cela fe
pratique encore actuellement dans les redditions
de compte au châtelet , en conféquence de l'exception inférée dans l'ordonnance en faveur des
commiffaires de ce tribunal.

Mais cet ufage eft aboli partout ailleurs par
bien des motifs ; 1°. dans ces Débats & ces
foutenemens fournis précipitamment & dans
l'inftant même , il peut aifément s'échapper des
moyens décififs qu'une défenfe mûre & réfléchie
ne manque pas de faire appercevoir. 2°. L'expérience de ce qui fe paffe au châtelet apprend
que cette forme de reddition de compte qui paroît au premier abord être plus courte & plus
abrégée , confomme autant & fouvent plus de
temps que l'inftruction prefcrite par l'ordonnance. 3°. Et enfin elle n'eft pas moins difpen-
dieufe pour les parties , par rapport aux vacations qu'il faut payer & que l'on multiplie le
plus qu'il eft poffible , foit en employant mal le
temps , foit en faifant des obfervations inutiles.

C'eſt donc avec raiſon que les articles 14 & 15 du titre cité ont abrogé cette ſorte de procédure.

« Si les oyans, dit l'article 16, ne fourniſſent
» leurs conſentemens ou débats dans la huitaine
» portée par le réglement, il ſera permis au
» rendant, après qu'elle ſera paſſée, de pro-
» duire au greffe ſon compte avec les pièces
» juſtificatives, pour être diſtribué en la manière
» accoutumée ; & s'ils les ont fournis, ils pour-
» ront en même-temps donner leurs productions,
» ſans que pour mettre l'inſtance en état il ſoit
» beſoin que d'un ſimple acte de commandement
» de ſatisfaire au réglement, & en conſéquence
» paſſé outre au jugement ».

Cet article ſemble exiger qu'on laiſſe aux oyans la huitaine, à compter de la ſignification de l'appointement, pour fournir leurs Débats avant que le rendant puiſſe produire & pour-ſuivre la diſtribution. Cependant dans l'uſage du palais, le rendant produit dès le lendemain de cette ſignification s'il le juge à propos, & fait diſtribuer l'inſtance. Il ne peut en réſulter aucun inconvénient. Au contraire, les oyans ſe trou-vent par-là en état de prendre l'inſtance en com-munication & de contredire la production du rendant en débattant ſon compte par une ſeule & même pièce d'écriture. Faute par les oyans de le faire dans les délais ci-devant expliqués, l'acte de produit du rendant portant ſommation de faire le ſemblable, met ſuivant l'ordonnance l'inſtance en état d'être jugée par forcluſion. Toutefois on exige pour cela que cette ſom-mation ſoit accompagnée de deux autres, réité-rées de huitaine en huitaine.

Voyez *l'ordonnance civile du mois d'avril 1667,* *& les commentateurs ; le praticien du châtelet ; le réglement du 17 juillet 1693 ; l'encyclopédie*, &c. Voyez aussi les articles COMPTE, TUTELLE, COMMUNAUTÉ, PARTAGE, RELIQUAT, SOUTENEMENT, &c.

DEBENTUR. Mot latin qui étoit autrefois usité à la chambre des comptes pour exprimer le certificat que chaque officier des cours souveraines donnoit au payeur des gages de la compagnie pour toucher ceux qui lui étoient dus. Ce certificat étoit ainsi appelé parce qu'il commençoit par ces mots, *Debentur mihi*, &c.

DÉBET. Terme emprunté du latin pour signifier ce qu'un comptable doit après l'arrêté de son compte. Voyez RELIQUAT.

On dit de quelqu'un, *qu'il a payé sa charge en Débets*, pour dire qu'il l'a payée en se chargeant d'acquitter les dettes de celui qui la lui a vendue.

Débet de clair, se dit en style de la chambre des comptes, du Débet d'une somme liquide.

Débet de quittance, se dit aussi en style de la chambre des comptes, de l'obligation où est un comptable de rapporter une quittance.

Débet, se dit encore en style de payeurs des rentes sur la ville & autres payeurs publics, des anciens arrérages de rentes qui sont dus outre le payement courant.

DÉBITEUR. C'est celui qui doit une somme ou une chose quelconque.

Les différentes lois des nations envers les Débiteurs ont été plus ou moins dures selon les temps & le caractère plus ou moins humain des peuples & des législateurs.

- Chez les juifs, le créancier pouvoit, faute de payement, faire emprisonner son débiteur & même le faire vendre, lui, sa femme & ses enfans.

La loi des douze tables étoit barbare : car elle permettoit de déchirer en pièces le Débiteur & d'en distribuer les membres aux créanciers par forme de contribution au sou la livre. Les créanciers avoient aussi par cette loi le choix d'envoyer vendre leurs Débiteurs comme esclaves hors du pays, & d'en partager le prix.

Les lois cruelles contre les Débiteurs mirent bien des fois en danger la république romaine. Un homme couvert de plaies s'échappa de la maison de son créancier & parut dans la place. Le peuple s'émut à ce spectacle. D'autres citoyens que leurs créanciers n'osoient plus retenir, sortirent de leurs cachots. On leur fit des promesses ; on y manqua. Le peuple se retira sur le mont Sacré. Il n'obtint pas l'abrogation de ces lois, mais un magistrat pour le défendre. Manlius pour se rendre populaire, alloit retirer des mains des créanciers les citoyens qu'ils avoient réduits en esclavage. On prévint les desseins de Manlius, mais le mal restoit toujours. Des lois particulières donnèrent aux Débiteurs des facilités de payer ; & l'an de Rome 428, les consuls portèrent une loi qui ôta aux créanciers le droit de tenir les Débiteurs en servitude dans leurs maisons. Enfin Jules-César touché de commisération pour les Débiteurs malheureux, leur accorda le bénéfice de cession afin qu'ils pussent se tirer de la prison publique où les créanciers avoient encore le pouvoir de les retenir jufqu'à ce qu'ils euſſent payé. La peine de mort & la ſervitude ayant ainſi été abolies, il ne reſta plus contre le Débiteur que la contrainte par corps dans les cas où l'on pouvoit en uſer.

La contrainte par corps avoit lieu chez les romains contre le Débiteur lorſqu'il s'y étoit ſoumis. En France, le Débiteur ne peut pas s'obliger par corps, & l'on ne peut prononcer contre lui cette ſorte de contrainte, que dans le cas où cela eſt autoriſé par les ordonnances. Du reſte, le créancier peut procéder contre le Débiteur par ſaiſie-arrêt, ſaiſie-exécution & ſaiſie réelle, pourvu qu'il s'agiſſe au moins de deux cens livres.

Le principal Débiteur doit être diſcuté avant ſes cautions, à moins qu'ils ne ſoient tous ſolidaires.

Le Débiteur peut ſe libérer non-ſeulement par un payement effectif, ou par des offres réelles ſuivies de conſignation, mais encore par le moyen de la compenſation, laquelle équivaut à un payement.

Le Débiteur peut de même être libéré par la perte de l'objet dû, lorſqu'il conſiſtoit dans un corps certain, & que cette perte n'a point été occaſionnée par la faute du Débiteur. Tel ſeroit le cas où des voleurs auroient briſé les portes de ma maiſon & en auroient enlevé l'équipage que vous m'auriez loué.

La preſciption eſt auſſi un moyen par lequel le Débiteur peut ſe libérer. Il en eſt de même de la ceſſion de biens, &c.

Obſervez néanmoins que la ceſſion de biens ne libère pas abſolument le Débiteur : ſes créanciers peuvent faifir les biens qu'il a acquis depuis la ceffion, & les faire vendre jufqu'à concurrence de ce qui leur refte dû.

Celui qui eft Débiteur de plufieurs fommes principales envers la même perfonne & qui lui fait quelque payement, peut l'imputer fur telle fomme que bon lui femble, pourvu que ce foit à l'inftant du payement.

Si le Débiteur ne fait pas fur le champ l'imputation, le créancier peut la faire, mais il faut que ce foit fur la dette la plus onéreufe au Débiteur.

Lorfque le créancier n'a point de titre, on défère ordinairement l'affirmation au Débiteur: mais cette règle fouffre plufieurs exceptions que nous avons rapportées à l'article AFFIRMATION.

La réunion des qualités de créancier & de Débiteur opère une confufion d'actions qui éteint l'une & l'autre qualité.

Un Débiteur hors d'état de payer pouvoit chez les romains obtenir pour fe libérer différens délais affez longs; car on lui accordoit quelquefois cinq années. Parmi nous, les juges ne font autorifés par aucune loi à accorder des délais aux Débiteurs pour payer: cependant ils accordent quelquefois trois mois, fix mois, un an, &c. Il n'y a point de règle certaine là-deffus; cela dépend de la prudence des juges & des circonftances.

Il n'eft pas permis au Débiteur de renoncer en fraude de fes créanciers, aux droits qui lui font acquis; du moins les créanciers peuvent exercer ces droits à leurs rifques.

Voyez *les lois civiles*; *l'ordonnance de 1667*;

les queſtions alphabétiques de Bretonnier , &c.
Voyez auſſi les articles OBLIGATION, PRES-
CRIPTION, COMPENSATION, CONTRAINTE PAR
CORPS , &c.

DÉBITIS. On donne ce nom à des lettres
qui contiennent un mandement au premier huiſſier de contraindre le débiteur de l'impétrant au
payement des ſommes dues , ſuivant des actes
qui, quoiqu'authentiques , n'ont pas une exécution parée.

Anciennement on avoit le choix d'obtenir les
Débitis en chancellerie , ou du juge royal ; &
l'archevêque de Reims en qualité de premier
pair de France , fut maintenu par arrêt du 6
avril 1418 dans le droit de faire expédier des
Débitis généraux d'autorité royale ; mais en
1540 il fut jugé que le roi auroit ſeul pouvoir
d'accorder des lettres de Débitis.

Quand il y avoit appel des Débitis , il reſ-
ſortiſſoit au parlement & non devant le juge
royal.

Préſentement ces ſortes de lettres ne ſont
plus en uſage , ſi ce n'eſt en Franche-comté ,
comme il paroît par l'arrêt de règlement du
parlement de Beſançon , rendu le 19 novembre
1700. Cet arrêt fait défenſes à tous créanciers
de ſe pourvoir pour obtenir permiſſion de faire
contraindre leurs débiteurs en vertu de contrats
obligatoires , & leur enjoint de laiſſer au greffe
du bailliage royal un mandement de Débitis à
peine de nullité.

Voyez *le gloſſaire de Laurière ; l'ordonnance de
Louis XII de l'an 1512 ; la pratique de Maſuer ;
l'ordonnance d'Orléans* , &c.

DEBOUTER. Terme de palais, qui signifie déclarer par sentence ou par arrêt, que quelqu'un est déchu de la demande qu'il avoit formée en justice. Les arrêts portent, *la cour a débouté & déboute* ; & lorsque les jugemens se rendoient en latin on disoit en langage barbare, *debotavit & debotat*; ce qui donna lieu à la plaisanterie d'un gentilhomme qui étant interrogé par François I, sur le succès d'un procès pour lequel il étoit venu en poste à Paris, répondit qu'immédiatement après son arrivée *la cour l'avoit débotté*, faisant allusion au *debotat & debotavit* de l'arrêt : le roi, surpris d'une manière de s'exprimer si étrange, voulut que, dans la suite, les contrats, les testamens & les actes judiciaires se rédigeassent en langue françoise.

On appelle *débouté fatal*, un jugement par défaut qui déboute quelqu'un d'une demande ou d'une opposition, & qui n'est pas susceptible d'opposition. Dans la plupart des tribunaux le premier débouté d'opposition est fatal : dans quelques autres, comme aux requêtes du palais, il n'y a que le second débouté d'opposition qui produise cet effet.

Autrefois on appeloit *débouté de défenses*, un jugement qui se rendoit contre le débiteur lorsqu'ayant comparu sur l'assignation, il n'avoit pas fourni ses défenses dans le temps prescrit. Les déboutés de défenses ont été abrogés par l'article 2 du titre 5 de l'ordonnance civile du mois d'avril 1667.

DÉCALOGUE. C'est le nom que portent les dix commandemens de Dieu qui furent gravés sur deux tables de pierre, & donnés à Moïse fur le Mont-Sinaï, quinze cens ans avant l'ère chrétienne.

Ces dix commandemens font un abrégé de tous les préceptes de la loi naturelle. Les trois premiers ont rapport à l'être fuprême & les fept autres au prochain. Il ne faut point confondre le Décalogue avec les autres lois qui furent données aux juifs par Moïfe : ces autres lois avoient pour objet le culte extérieur de la divinité & le gouvernement temporel de la nation : elles ne devoient durer qu'un temps, au lieu que le Décalogue eft fait pour fubfifter éternellement, parce qu'il n'eft qu'un réfumé de la loi naturelle qui par elle-même eft immuable. C'eft cette loi que Jesus-Christ a dit qu'il n'étoit point venu pour abroger mais pour accomplir. Le Décalogue eft la règle de tous les actes humains : cette règle commande toutes les vertus, défend tous les vices, & tous les hommes font obligés de s'y conformer.

L'églife a ajouté au Décalogue quelques préceptes particuliers qui ne font pas moins obligatoires que le Décalogue. Ces préceptes qu'on appelle *les commandemens de l'églife*, ont pour objet la fanctification des fêtes & des dimanches ; la confeffion annuelle ; la communion pafcale ; l'obfervation du carême, des jeûnes particuliers, de l'abftinence de la chair certains jours de la femaine & de la célébration des noces aux temps défendus. Dans quelques diocèfes, on a ajouté aux préceptes de l'églife celui de payer exactement la dixme aux miniftres des autels. (*Article de M. Dareau, avocat*, &c.)

DÉCAPITER. C'eft trancher la tête à quelqu'un qui a été condamné par arrêt ou par jugement en dernier reffort à fubir cette peine (*).

· Ce genre de fupplice eft fort ancien, il eft aujourd'hui particulièrement réfervé aux gentils-hommes qui ont commis quelques uns de ces délits pour lefquels on n'inflige point aux roturiers de fupplice plus rigoureux que celui de la potence. Nous difons *aujourd'hui*, parce que la Roque en fon traité *de la nobleffe*, nous fait obferver qu'il y a eu en France des roturiers condamnés à perdre la tête ; cet auteur en a même inféré, qu'un jugement qui condamnoit à être décolé, n'étoit point une preuve de nobleffe ; mais obfervez que cet auteur écrivoit en 1678, & que depuis ce temps-là on auroit de la peine à trouver des exemples que d'autres que des gentilshommes euffent été condamnés en France (**) à être décapités.

· Lorfque le crime eft bas & aviliffant tel que le vol avec effraction, l'affaffinat, le poifon, &c. les gentilshommes font condamnés à la potence ou à la roue comme le feroient de fimples roturiers.

(*) *Formule d'un jugement qui condamne à avoir la tête tranchée.*

« Nous avons déclaré ledit N.... dûment atteint & con-
» vaincu du crime de rapt mentionné au procès, pour répa-
» ration de quoi, le condamnons d'avoir la tête tranchée
» fur un échafaud, qui pour cet effet fera dreffé en la place
» de .... Déclarons tous fes biens fitués en pays de con-
» fifcation, &c. »

(**) Nous difons *en France* pour en excepter les Provinces qui s'y trouvent actuellement réunies, telles que l'Alface où l'on décapite comme en Allemagne, indifféremment les roturiers & les nobles.

Dénisart obferve que la peine d'être Déca‑ pité n'emporte aucune note d'infamie contre les parens de ceux qui l'ont fubie : pour parler plus exaĉtement il auroit dû dire que le préjugé qui fait réjaillir fur la famille du condamné l'in‑ famie attachée à la potence, ne s'étend point à la famille de ĉeux qui pour le même crime ont été décapités ; car foit que ce crime ait été puni par le fer ou par la corde, dans le fait & dans le droit il n'en réfulte aucune infamie réelle contre ceux à qui le condamné appartenoit ; le fils ou le frère d'un malheureux attaché au gibet ne conferve pas moins dans la fociété fes prérogatives & fes droits de citoyen que le fils ou le frère d'un gentil-homme qui au lieu d'être pendu a été décapité. Il eft vrai que le vulgaire a une façon de penfer différente ; mais c'eft un préjugé qui n'a de confiftance que parmi le peu‑ ple, préjugé qui fubfifte depuis long-temps & dont nous aurons occafion de parler plus parti‑ culièrement à l'article INFAMIE. (*Article de M. DAREAU, avocat, &c.*)

DÉCEPTION. C'eft un terme employé au palais pour fignifier fraude, tromperie, féduc‑ tion.

Il y a cette différence entre la Déception & la léfion, que la Déception eft l'ouvrage de celui qui trompe, & la léfion eft le tort qu'é‑ prouve celui qui eft trompé.

La bonne foi qui doit règner dans toutes les conventions, défend d'ufer d'aucun artifice pour engager qui que ce foit à faire un marché con‑ traire à fes intérêts. Cet artifice ne fe préfume point ; mais quand il eft prouvé & demontré tel qu'il eft évident que celui qui s'en plaint n'eut point

point accepté la convention s'il eût connu les
chofes comme il les connoît, il eft certain qu'une
Déception pareille peut donner lieu à la réfolution du contrat & à des dommages intérêts fuivant le préjudice qui en réfulte pour celui qui
eft trompé ; autrement l'autre partie tireroit
avantage de fa mauvaife foi ce qui feroit contre
toute juftice. Obfervez même qu'à la rigueur il
ne faudroit point de lettres de refcifion à cet
effet, par la raifon qu'elles ne font néceffaires
que pour rompre un engagement bien & valablement contracté ; & que dans l'efpèce où
une partie n'a contracté qu'au moyen de la
Déception, on ne peut pas dire qu'il y ait eu
un contrat réel ; parce que pour qu'il y eût eu
un contrat, il faudroit qu'il y eût eu un confentement, & que l'on ne peut pas dire que celui
qui eft trompé en chofes effentielles, ait donné
à cet égard aucun confentement (*) Nous difons
en *chofes effentielles*, parce qu'une Déception qui
ne porte que fur quelques parties accidentelles
du contrat ne fauroit fervir de motif à le faire
refoudre. On n'y auroit de même point d'égard
dans les chofes qui ne portent que fur une
ignorance de droit, parce que perfonne n'eft
recevable à alléguer qu'il ignoroit ce qu'il devoit
favoir.

(*) Si la Déception ne s'oppofoit que par la voie de
l'exception, on penfe qu'il ne faudroit pas de lettres pour
faire annuller le contrat ; mais on les croit neceffaires quand
on veut préparer une action pour attaquer ce même contrat : il faut même que ces lettres aient été obtenues & fignifiées dans les dix ans, à compter du jour que la Déception
a été découverte.

La léfion peut fe trouver quelquefois dans un contrat fans qu'il y ait Déception de la part d'aucune des parties. En achetant de moi un héritage trop cher, vous pouvez avoir été trompé fans qu'il y ait de ma part aucune mauvaife foi; j'ai cru qu'il valoit ce que je vous l'ai vendu; tout comme vous avez cru qu'il valoit ce que vous l'avez acheté. C'eft ce qui fait auffi qu'en matière de vente pour caufe de léfion qui peut fe fuppofer fans Déception, il faut recourir à l'autorité du prince pour faire refcinder le contrat lorfque cette léfion eft telle que les loix l'exigent pour y donner atteinte. La raifon de cette néceffité eft que le contrat eft valable par lui-même, parce qu'il eft vrai que l'une & l'autre des parties font préfumées avoir contracté de bonne foi, & que ce contrat doit fubfifter à moins qu'il ne plaife au prince de le reformer. Obfervez même qu'en pareil cas la partie qui a intérêt que le contrat fubfifte, peut empêcher qu'il ne foit refcindé, en fuppléant ce qui manque au jufte prix.

On verra aux articles DOL & RESTITUTION tout ce que la matière fournira encore de relatif à la Déception. (*Article de M.* DAREAU *avocat*, &c.)

DECEMVIR. Magiftrat des romains, qui fut créé avec autorité fouveraine, pour faire des lois dans l'état.

Dans le feu des difputes entre les Patriciens & les Plébéïens, ceux-ci demandèrent que l'on établît des lois fixes & écrites, afin que les jugemens ne fuffent plus l'effet d'une volonté capricieufe, ou d'un pouvoir arbitraire. Le féna ayant été obligé d'acquiefcer à cette demande on nomma pour compofer ces lois, des Décem-

virs qui entrèrent en exercice l'an 302 de Rome.
On leur attribua l'autorité de tous les autres
magiftrats, dont les fonctions furent fufpendues,
& ils furent élus feuls adminiftrateurs de la république.

Ils furent d'abord modérés dans leurs fonctions : ils rendoient la juftice avec exactitude &
chacun fortoit fatisfait de leur tribunal : mais ils
abufèrent étrangement dans la fuite de leur autorité ; & ils convinrent bientôt d'employer
tous les moyens poffibles, pour conferver pendant toute leur vie une puiffance qui ne devoit
être que momentanée. Ce fut pour réuffir dans
ces vues, qu'ils prononcèrent, par la loi des
douze tables, une peine capitale contre les auteurs des libelles, & les poëtes. Cela n'eft
guères, remarque M. de Montefquieu, du génie
de la république, où le peuple aime à voir les
grands humiliés : mais des gens qui vouloient
renverfer la liberté craignoient des écrits qui
pouvoient rappeler l'efprit de la liberté.

Cependant Appius chef des Décemvirs, ayant
voulu, par des moyens infâmes, ravir l'honneur
de Virginie, l'an 304 de Rome, & le père de
cette fille l'ayant immolée à la pudeur & à la
liberté, le fpectacle de cette mort fit évanouir
la puiffance des Décemvirs. Chacun fe trouva
libre, parce que chacun fut offenfé : tout le
monde devint citoyen, parce que tout le monde
fe trouva père. Le fénat & le peuple rentrèrent
dans une liberté qui avoit été confiée à des
tyrans, dont les uns fe donnèrent la mort, &
les autres prirent la fuite pour fe dérober à l'in-
fâmie d'un fupplice public ; leurs biens furent
confifqués & vendus au profit de la république.

DÉCÈS, terme particulièrement uſité au palais, pour ſignifier la mort naturelle d'une perſonne.

Le Décès d'une perſonne ſe prouve par l'extrrait mortuaire des regiſtres qui ſe tiennent à cet effet dans les paroiſſes, dans les communautés eccléſiaſtiques & dans les hôpitaux.

Lorſque ces regiſtres ſont perdus ou qu'il n'y en a jamais eu, la preuve du Décès ſe reçoit par témoins.

L'article 10 de la déclaration du 9 avril 1736 porte que dans les actes de ſépulture il ſera fait mention du jour du Décès, ainſi que du nom & de la qualité de la perſonne décédée; que la même choſe ſera obſervée à l'égard des enfans, de quelque âge qu'ils ſoient, & que l'acte de ſépulture ſera ſigné par celui qui l'aura fait & par deux des plus proches parens ou amis qui y auront aſſiſté, s'il y en a qui ſachent & qui puiſſent ſigner, ſi non qu'il ſera fait mention de ce qu'ils auront déclaré à cet égard. *Voyez l'article* REGISTRE.

Il eſt défendu de cacher le Décès des eccléſiaſtiques bénéficiers. *Voyez l'article* CADAVRE.

Après le Décès de quelqu'un, ſon héritier a trois mois pour faire inventaire & quarante jours pour délibérer s'il acceptera ou non la ſucceſſion: c'eſt ce que porte l'article premier du titre 7 de l'ordonnance de 1667.

Dans les affaires indéciſes, lorſque l'une des parties ou ſon procureur vient à décéder, les procédures & les jugemens intervenus depuis, avant qu'il y ait eu une repriſe ou une conſtitution de nouveau procureur, ſont nuls, aux termes de l'article 2 du titre 26 de l'ordonnance citée. Obfervez que ceci n'a lieu que lorfque l'affaire n'étoit pas en état d'être jugée ; car lorfqu'elle fe trouve pleinement inftruite, elle peut fe décider indépendamment du Décès de l'une des parties ou de fon procureur : c'eft ce que porte l'article antérieur.

L'article 3 du même titre veut que le procureur qui faura le Décès de fa partie, foit tenu de le fignifier à l'autre partie, & il eft dit que les pourfuites feront valables jufqu'au jour de la fignification du Décès.

Si celui à qui la fignification du Décès a été faite, ajoute l'article fuivant, foutient que la partie n'eft point décédée, il peut continuer fa procédure ; mais fi le Décès fe trouve véritable, tout ce qui aura été fait depuis la fignification fera nul & de nul effet, fans que les frais puiffent entrer en taxe, ni même être employés par le procureur dans fon mémoire de frais contre fa partie, à moins qu'il n'ait reçu d'elle un pouvoir par écrit de continuer la procédure, nonobftant la fignification du Décès.

Lorfqu'il s'agit d'une matière bénéficiale, fi durant le cours de la procédure celui qui avoit la poffeffion actuelle du bénéfice, foit par récréance ou autrement, vient à décéder, l'état & la main-levée des fruits doivent être donnés à l'autre partie fur une fimple requête ou demande judiciairement faite à l'audience ; on n'exige d'autre chofe à cet effet que le rapport de l'extrait mortuaire & des pièces juftificatives de la litifpendance, & cela fans autre procédure. C'eft ce que porte l'article 11 du titre 15 de l'ordonnance de 1667.

Le Décès d'un officier fait ceffer l'évocation

qui étoit demandée de son chef, pourvu que la preuve en soit rapportée avant le jugement. On peut voir à ce sujet l'article 14 du titre premier de l'ordonnance de 1669, & l'article 18 du titre premier de celle du mois d'août 1737.

Les compromis donnés à des arbitres demeurent comme non avenus lorsque l'un deux vient à décéder sans en avoir fait usage. C'est ce qui a été jugé le 19 janvier 1638, par un arrêt que rapporte Bardet.

Les juges qui ont nommé des arbitres peuvent en substituer d'autres, lorsque ces arbitres viennent à décéder sans avoir opéré; mais ils ne le peuvent pas de même lorsque ces arbitres ont été choisis par les parties.

Le Décès du criminel éteint le crime, mais il n'en efface pas toujours les suites. Les dommages & intérêts & les réparations civiles peuvent se demander contre ses héritiers, si mieux ils n'aiment justifier sa mémoire.

Il faut encore distinguer le cas où le Décès est arrivé avant une condamnation irrévocable, de celui où il n'est arrivé qu'après. Au premier cas, le Décès a été celui d'un homme libre, & le fisc n'a acquis contre lui aucune confiscation. Toutes les poursuites pour la peine publique ont dû être arrêtées dès ce moment, à moins qu'il ne fût question d'un crime du nombre de ceux dont on peut poursuivre la vengeance contre la mémoire ou le cadavre du défunt: mais lorsque le Décès n'est arrivé qu'après une condamnation irrévocable, il est question encore de savoir si elle a été exécutée ou non, sur quoi l'on peut voir ce qui a été dit à ce sujet à l'article CONDAMNÉ. *Voyez* MORT. (*Article de M.* DAREAU *, avocat au parlement.*)

DÉCHARGE. C'eſt l'acte par lequel on décharge quelqu'un d'une obligation, d'une rédevance, d'une choſe dont il étoit chargé.

On donne à un procureur, à un homme d'affaires une Décharge par laquelle on reconnoît qu'il a remis les deniers & papiers dont il étoit chargé.

L'article 47 du tarif du 29 ſeptembre 1722 fixe à dix ſous le droit de contrôle d'une Décharge de papiers donnée à un procureur par ſes parties, lorſqu'elle ne contient point d'obligation ni d'autre diſpoſition que celle qui convient à une ſimple Décharge.

Le conſeil a décidé, le 13 juin 1723, que le droit de contrôle d'une Décharge de pluſieurs contrats & effets viſés donnée à un notaire à qui ces effets avoient été confiés, n'étoit dû que ſur le pied d'une Décharge & acte ſimple.

Le conſeil a pareillement décidé, le 3 ſeptembre 1746, que la Décharge donnée à un procureur fondé au ſujet des ſommes qu'il avoit reçues pour le conſtituant, & dont il avoit donné quittance par-devant notaires, n'étoit ſujette au droit de contrôle que ſur le pied d'un acte ſimple.

Les Décharges ou quittances miſes au bas des ſentences ou jugemens doivent être contrôlées: c'eſt ce qui réſulte d'une déciſion du conſeil du premier juin 1723.

DÉCHÉANCE. Peine qui conſiſte à être privé de l'exercice d'un droit que l'on avoit.

Il y a des droits que l'on eſt obligé d'exercer dans un certain temps & avec de certaines formalités, ſans quoi l'on eſt déchu de l'exercice qu'on pouvoit en faire. La déchéance eſt quelquefois de rigueur & de fait, quelquefois aussi elle n'est que comminatoire.

· La Déchéance est de rigueur dans les matières de droit étroit, comme celles qui concernent les retraits, les prescriptions & autres. Si dans le temps déterminé par la loi je n'ai point exercé le droit de retrait qui m'étoit ouvert, ou que j'aie manqué d'apporter à cet exercice les formalités que la loi prescrit, je suis déchu sans retour de la faculté que j'avois. Il en est de même d'une inscription de faux contre les procès-verbaux des employés des fermes du roi : si je ne l'ai point formée & suivie avec les formalités requises dans le temps porté par l'ordonnance, je ne suis plus recevable à l'exercer.

Il y a nombre d'autres matières sur lesquelles on s'expose à la Déchéance de la faculté qu'on avoit d'agir, d'exciper ou de contester, lorsqu'on ne le fait pas dans le temps déterminé par la loi ; & cette Déchéance est presque toujours irréparable. Nous disons *presque toujours*, parce qu'il y a des cas, mais en petit nombre, où l'on peut se faire relever de cette Déchéance, en obtenant ce qu'on appelle des lettres de relief de laps de temps. On en obtient, par exemple, lorsqu'on a laissé passer le temps de dix années de majorité sans se pourvoir contre un acte que l'on avoit intérêt de faire rescinder : mais pour obtenir ces sortes de lettres, il faut des motifs dont il sera parlé à l'article LETTRES.

· La Déchéance simplement comminatoire est celle qui ne s'opère point de plein droit. La faculté qu'on avoit de faire telle ou telle chose dans tel temps, subsiste même après ce temps-là (en matière ordinaire), jusqu'à ce qu'on en soit déchu en vertu d'un jugement. Mais pour ne point uſer de redites à ce ſujet, nous renvoyons à l'article COMMINATOIRE.

Obſervez que lorſqu'un appelant laiſſe prendre congé ſur l'appel par l'intimé, on ne dit pas que l'appelant eſt *débouté*, mais qu'il eſt *déchu* de ſon appel ; c'eſt l'expreſſion reçue au palais. (*Article de M. DAREAU , avocat au parlement.*)

DÉCIMATEUR. C'eſt celui qui a droit de percevoir une dixme, ſoit eccléſiaſtique, ſoit inféodée.

On appelle *gros Décimateurs* , ceux qui perçoivent les groſſes dixmes : les curés n'ont dans ce cas que les menues & vertes dixmes & les novales.

On diſtingue auſſi les Décimateurs en *Décimateurs eccléſiaſtiques* & en *Décimateurs laïques.* Les premiers ſont ceux qui à cauſe de leurs bénéfices ont droit de dixme : le *Décimateur laïque* eſt un ſeigneur direct qui tient en fief d'un autre ſeigneur des dixmes inféodées.

Quand les revenus d'une cure ſont inſuffiſans pour la ſubſiſtance du curé, les gros Décimateurs ſont tenus de lui payer une portion congrue.

Cette déciſion s'applique même à l'évêque, lorſqu'il ſe trouve gros Décimateur d'une paroiſſe de ſon diocèſe. C'eſt ce qui réſulte des déclarations des 29 janvier 1686 & 30 juin 1690, qui ne font aucune diſtinction entre l'évêque & les autres Décimateurs eccléſiaſtiques.

C'eſt auſſi ce qui a été jugé contre l'évêque de Pamiers, comme le prouve le rapport fait en 1715 à l'aſſemblée du clergé par les agens généraux.

On lit dans ce rapport que l'évêché de Pamiers ne conſiſte qu'en dixmes que M. l'évêque de

Pamiers partage avec les curés de son diocèse : qu'entre les cures de ce diocèse il y en a trois dont l'une est unie au corps du chapitre de l'église cathédrale, une autre à l'archidiaconé & la troisième à la sacristie : que le chapitre, l'archidiacre & le sacristain avoient toujours payé la portion congrue des prêtres qui desservoient ces cures ; mais qu'ayant pensé que la déclaration de 1686 assujettissoit M. l'évêque de Pamiers à contribuer au payement des portions congrues proportionnément aux dixmes qu'il percevoit dans les paroisses dont ces cures étoient composées, ils avoient agi contre lui pour l'y faire contraindre, & avoient obtenu en 1712, du parlement de Toulouse, un arrêt conforme à leurs conclusions : que M. l'évêque de Pamiers s'étant pourvu au conseil contre cet arrêt, il avoit été débouté de sa demande en cassation par arrêt du 29 mars 1713.

Le moyen sur lequel se fondoit M. l'évêque de Pamiers, étoit que la partie de dixmes qui appartenoit à l'évêque devoit être libre de toute charge & ne pouvoit être assujettie au payement de la portion congrue, lorsque la partie des dixmes dont il ne jouissoit pas étoit suffisante pour acquitter cette charge : il prétendoit en conséquence que les déclarations de 1686 & de 1690 n'avoient eu pour objet que de fixer la somme qui devoit être payée pour la portion congrue, & non d'assujettir au payement des portions congrues ceux qui en étoient exempts. Mais il étoit évident que le législateur avoit voulu que les dixmes ecclésiastiques, en quelques mains qu'elles fussent, contribuassent à cette sorte de charge.

Les gros Décimateurs font pareillement tenus par la déclaration de 1686, de payer la portion congrue de chaque vicaire : mais il ne dépend pas du curé d'augmenter le nombre de fes vicaires, pour obliger les gros Décimateurs à payer des fommes plus fortes que celles qui doivent naturellement être à leur charge : auffi la loi qu'on vient de citer veut-elle que le nombre des vicaires que les curés doivent avoir foit réglé par l'évêque ; il eft juge fouverain dans cette partie.

C'eft d'après cette jurifprudence que par arrêt du 30 juillet 1688, rendu fur une demande formée par le curé de Ranchy, pour faire payer la portion congrue d'un vicaire au gros Décimateur de fa paroiffe, le parlement de Normandie renvoya les parties devant l'évêque de Bayeux, afin qu'il jugeât s'il étoit néceffaire de mettre un vicaire dans la paroiffe de Ranchy.

Le parlement de Paris rendit un arrêt femblable en 1692, fur la demande du fieur Charlier, curé de Saint-Maurice de Reims, contre les Jéfuites, gros Décimateurs de cette paroiffe. Il condamna les Jéfuites à payer la portion congrue du curé ; & fur l'objet concernant la portion congrue du vicaire, il renvoya les parties devant l'archevêque de Reims.

Par un autre arrêt du 30 juin 1742, rendu entre le curé de Cuillac & les gros Décimateurs de fa paroiffe, le grand confeil a pareillement ordonné que les parties fe retireroient devant l'évêque diocéfain, afin qu'il décidât s'il étoit néceffaire d'établir un vicaire dans cette paroiffe.

Obfervez que la portion congrue des vicaires doit leur être payée directement par les gros

Décimateurs ; & même la quittance que ceux-ci
prendroient du curé ne suffiroit pas pour les
décharger de leur obligation. C'est ce qui résulte
de l'article 3 de la déclaration du 22 février
1724 (*).

Les autres charges des gros Décimateurs sont
rappelées dans l'article 21 de l'édit du mois
d'avril 1695 (**).

(*) *Cet article est ainsi conçu.*
Les vicaires ou secondaires dont les portions congrues
ou autres rettibutions sont à prendre sur les gros Décimateurs, autres que les curés, en seront directement payés
par ceux qui en sont tenus, sans que le payement en
puisse être fait aux curés : voulons que nonobstant les quittances que lesdits gros Décimateurs, ou autres tenus desdites portions congrues & rettibutions pourroient avoir prises
desdits curés, ils soient contrains sur la simple requête desdits vicaires ou secondaires à leur payer les sommes qui
leur seront dues.

(**) *Voici ce qu'il porte.*
Les ecclésiastiques qui jouissent des dixmes dépendantes
des bénéfices dont ils sont pourvus, & subsidiairement
ceux qui possèdent des dixmes inféodées, seront tenus de
réparer & entretenir en état le chœur des églises paroissiales, dans l'étendue desquelles ils lèvent lesdites dixmes,
& d'y fournir les calices, ornemens & livres nécessaires,
si les revenus des fabriques ne suffisent pas pour cet effet.
Enjoignons à nos baillis & sénéchaux leurs lieutenans
généraux, & autres nos juges ressortissant nuement en nos
cours de parlement, dans le ressort desquelles lesdites
églises sont situées, d'y pourvoir soigneusement, d'exécuter
par toutes voies, même par saisie & adjudication desdites
dixmes, à la diligence de nos procureurs, les ordonnances
que lesdits archevêques ou évêques pourront rendre pour
les réparations desdites églises & achats desdits ornemens,
dans le cours de leurs visites, & sur les procès-verbaux de
leurs archidiacres ; & qui leur seront envoyés par lesdits
archevêques ou évêques, & à nos procureurs généraux en

Suivant cette loi, les gros Décimateurs eccléfiaftiques & fubfidiairement les propriétaires des dixmes inféodées font tenus de l'entretien & des réparations qui font à faire au chœur & au cancel des églifes paroiffiales, même d'y fournir les calices, les livres néceffaires & ornemens pour le fervice divin, quand les revenus des fabriques ne fuffifent pas pour ces dépenfes. Les ordonnances que les évêques rendent fur ce fujet dans le cours de leurs vifites, & fur les procès-verbaux des archidiacres, quand ces derniers ne font pas en poffeffion de faire eux - mêmes les ordonnances, font remifes entre les mains des juges royaux qui les font exécuter par faifie & adjudication des dixmes. Les fentences qu'ils rendent fur cette matière font exécutées par provifion, & les gros Décimateurs eccléfiaftiques y font conraints folidairement, quand il y en a plufieurs. Il en eft de même des propriétaires des dixmes inféodées, lorfqu'il n'y a point de Décimateurs eccléfiaftiques.

Il s'eft préfenté au parlement de Paris, fur l'article cité, la queftion fuivante que nous allons rapporter d'après d'Héricourt. Le chapitre de l'églife cathédrale de Saint-Etienne de Châlons, gros Décimateur de la paroiffe de Saint - Loup

nos cours de parlement, dans le reffort defquelles lefdites églifes fe trouveront fituées, auxquels nous enjoignons pareillement d'y tenir la main. Voulons que lefdits Décimateurs, dans les lieux où il y en a plufieurs, puiffent y être contraints folidairement, fauf le recours des uns contre les autres, & que les ordonnances qui feront rendues par nos juges, fur ce fujet, foient exécutées nonobftant toutes oppofitions ou appellations quelconques & fans y préjudicier.

de la ville de Châlons, prétendoit n'être poir
tenu des réparations du chœur & cancel de cett
églife paroiffiale, auxquelles il avoit été con
damné par une fentence des requêtes du palai
du 8 juillet 1719. Il difoit pour moyens d'appel
1°. que cette églife ayant été bâtie en 1245
aux dépens des paroiffiens & pour leur com
modité, on ne devoit point charger les gro
Décimateurs des réparations; 2°. que les Déci
mateurs ne font point tenus de cette charg
pour les églifes paroiffiales des villes dont le
fabriques font toujours affez riches pour fain
cette dépenfe; 3°. qu'aux termes de l'article 21
de l'édit de 1695, les Décimateurs ne for
obligés à ces réparations que fubfidiairement, &
au cas que les revenus des fabriques ne foien
point fuffifans pour y contribuer.

Le défenfeur des marguilliers & des paroiffien
de Saint-Loup répondit au premier moyen, qu
toutes les nouvelles paroiffes font érigées pou
la commodité des paroiffiens, que cette com
modité rend l'érection néceffaire, & qu'ell
oblige les gros Décimateurs à acquitter le
charges ordinaires. Il fit voir contre le fecon
moyen, que les canons & les ordonnances qu
chargent les gros Décimateurs des réparation
du chœur & du cancel, ne font aucune diftinction
entre les paroiffes des villes & de la campagne
& il cita deux arrêts, l'un du 30 juillet 1599
rapporté par M. le Preftre, centurie première
chapitre 91, pour l'églife paroiffiale de Saint
Pierre de Tonnerre; l'autre du 21 mai 1679,
contre le chapitre de Langres, gros Décimateu
de la paroiffe de Saint-Paul de la même ville
Il obferva contre le troifième moyen, que l'édi

de 1695 n'affujettit les gros Décimateurs à fournir les calices, les ornemens & les livres néceffaires, que quand les revenus des fabriques
ne fuffifent point pour cet effet ; mais que cette
reftriction ne doit point s'appliquer aux réparations. Pour confirmer cette interprétation de
l'édit, il cita deux arrêts rapportés dans les
additions de la bibliothèque canonique ; l'un du
14 mars 1673, l'autre rendu aux grands jours
de Clermont le 30 octobre 1695. Ces arrêts
portent que les réparations du chœur feront faites
par les gros Décimateurs, & que ces derniers
fourniront les calices, les livres & les ornemens
néceffaires, fi la fabrique n'a point de revenu
fuffifant pour ces dépenfes. Il n'y a point d'apparence que par l'édit de 1695 on ait voulu déroger à cet ancien ufage, pour favorifer les gros
Décimateurs au préjudice des fabriques. On ajou-
toit pour moyen fubfidiaire que les revenus de
la fabrique de Saint-Loup fuffifoient à peine pour
acquitter les charges ordinaires. La fentence des
requêtes du palais fut confirmée par arrêt du 10
mars 1721.

Les anciennes ordonnances renouvelées par
les difpofitions de l'article 21 de l'édit d'avril
1695 ont donné lieu à une autre queftion qui eft
de favoir fi toutes les dixmes d'une année ou de
plufieurs doivent répondre des obligations im-
pofées aux Décimateurs relativement aux réparations du chœur & à la fourniture des livres,
ornemens, &c. dont ils font chargés.

La jurifprudence des arrêts paroît avoir fixé
au tiers des dixmes de chaque année la contribution dont les gros Décimateurs font tenus pour
ces objets. On peut citer à cet égard un arrêt du

12 décembre 1623, rendu contre le chapitre de Ligny en Barrois, & un autre du 9 mai 1665, rendu contre le chapitre de Saint-Firmin & les Jésuites d'Amiens. Ils sont tous deux rapportés au journal des audiences. Les mémoires du clergé font mention de trois autres conformes à la même doctrine, & qui ont été rendus en 1631, 1631 & 1642.

On a même quelquefois obligé les gros Dé-cimateurs à employer aux réparations qui sont à leur charge, la moitié de leurs dixmes. C'est à quoi le parlement de Paris condamna le chapitre de la cathédrale de Reims, par arrêt du premier avril 1670 rapporté au journal des audiences.

Il faudroit particulièrement suivre cette règle si les réparations étoient devenues plus consi-dérables, parce que les Décimateurs auroient négligé d'y travailler, quoiqu'ils eussent été sommés ou avertis de le faire. On pourroit même en cas pareil saisir leurs biens patrimoniaux, du moins après leur mort.

Quant aux Décimateurs qui ne possèdent que des dixmes inféodées, il paroît qu'ils doivent contribuer pour le total de leurs dixmes, si cela est nécessaire, aux réparations dont ils sont tenus. La raison en est qu'il n'y a point de réserve à faire à leur égard comme à l'égard des ministres de l'église pour la subsistance desquels les dixmes sont établies.

* Les charges des Décimateurs ne sont pas les mêmes dans les pays-bas françois que dans l'intérieur du royaume. Les différentes lois qui régissent ces provinces sur cet objet méritent une attention particuliere.

En Artois l'édit de 1695 a souffert une surséance

féance qui n'eſt point encore levée ; néanmoins les articles 21 & 22 en font exécutés. Dès le tems du concile de Trente, le conſeil d'Artois obſerva dans ſon avis du 18 juillet 1564 ſur le chapitre 7 de la ſeſſion 21 *de reformatione*, que la diſtinction de la nef & du chœur étoit admiſe dans cette province, & qu'elle ſervoit de règle aux obligations reſpectives des Décimateurs & des paroiſſiens. » Quant à la réédification des » égliſes paroiſſiales ruinées dont eſt fait mention » audit chapitre, *porte cet avis*, on a averti ſa » majeſté de l'uſage obſervé de tout temps audit » pays que les paroiſſiens de quelques égliſes » ruinées font volontairement réédifier la nef » d'icelles à leurs coûts & dépens, & le chœur » ou cancel doit être réédifié par les collateurs » ou patrons eccléſiaſtiques qui prennent & ré- » cueillent les dixmes de ladite égliſe , & en » reçoivent les oblations, ou portions d'icelles. » Attendu lequel uſage invétéré, l'on feroit grand » grief auxdits paroiſſiens , ſi ſuivant ledit chapi- » tre on les contraignoit de réédifier leſdits » chœurs & chanceaux de leurs égliſes ; du » côté deſquels il n'y a plainte ni procès mû » pour la réédification des nefs, combien que » ſouvent par les guerres , les égliſes de ce » pays aient été détruites. »

Marguerite ducheſſe de Parme , gouvernante des pays-bas, approuva les modifications con- tenues dans cet avis , par ſes lettres-patentes du 24 juillet 1565.

La juriſprudence du Hainaut approche aſſez de celle de l'Artois & de la France. On a vu au mot CHœUR que l'article 1 du chapitre 7 des chartes générales oblige les patrons à réparer &

eutretenir le chœur & les chanceaux, sauf leu
recours contre ceux qui levent la dîme dans l
paroisse. Les articles 2 & 3 chargent les paroi
siens de fournir les vases & ornemens sacrés
de réparer & entretenir la nef, le clocher, le
murailles du cimetière, *sauf le fait spécial a*
contraire. Mais ce sont les Décimateurs qui son
obligés de fournir le logement du curé & celu
des vicaires, à moins que les revenus de la cur
ne soient suffisans pour remplir cet objet : diver
arrêts du parlement de Flandres l'ont ainl
jugé.

La coutume du Cambresis ne contient aucun
disposition sur les obligations des Décimateurs
mais l'usage y a suppléé en les assujettissant ?
l'entretien du chœur, la nef étant à la charge de
paroissiens. C'est ce qu'attestent Zypæus, Chri
tin, Van-Espen, & c'est ce qui se pratique com
munément en cette province. Le concile de
Cambrai tenu en 1565 sous Maximilien de Ber
gues, en fait une loi expresse, qui sans doute
n'a pas peu contribué à y établir l'usage qui y
regne encore, & qui fut confirmé par un arrê
du parlement de Flandres rendu en la grand
chambre, au rapport de M. de Muliet, entre
l'abbaye de saint-Aubert, & le village d'Au
bencheul-au-bac.

Le logement du curé est en Cambresis,
comme en Hainaut, à la charge des Décimateurs
Un arrêt du 31 octobre 1696 l'a ainsi jugé. I
est rapporté par M. Desjaunaux.

Quant à la Flandres, cette province n'a poin
de lois plus celèbres sur cette matière que les
placards de 1611 & 1613. Voici ce qui y donn
lieu. Il y avoit alors dans le diocèse d'Anver

& dans celui de Malines qui dépend en partie de la province de Flandres, une si grande diversité d'usages, & même une si grande confusion de principes & de notions par rapport à l'obligation de reconstruire & de réparer les églises paroissiales, que presque tout, à cet égard, étoit devenu arbitraire. La guerre avoit dévasté ces contrées, & la plupart des églises étoient ruinées ou détruites : la paix ayant été rétablie, il fallut remédier à tant de maux ; ce fut une source de procès. Pour les assoupir, les archiducs Albert & Isabelle rendirent le 28 mars 1611 une ordonnance qui après avoir retracé dans le préambule quelques-uns des motifs qui viennent d'être rappelés, porte par forme de règlement provisoire, que lorsqu'il n'y a point d'usages ou de titres particuliers, & quand les fonds des fabriques sont épuisés, la charge des réparations & reconstructions des églises doit se partager entre les Décimateurs & les paroissiens, à raison du revenu de deux années sur six, pour les Décimateurs ; & du surplus pour les paroissiens.

Ce fut sur les remontrances du clergé d'Anvers que cette première ordonnance fut rendue tant pour le diocèse d'Anvers que pour la partie de celui de Malines qui est comprise dans le Brabant. Mais comme il n'avoit point été envoyé au conseil de Flandres, on refusa de s'y conformer dans les diocèses de cette province qui sont sous la métropole de Malines. C'est ce qui engagea les Archiducs à porter un nouveau placard daté du 2 octobre 1613 (*) qui ordonne

(*) *Voici ce placard.*
Albert & Isabelle Clara Eugenia, infante d'Espagne, &c.

à tous ceux qui ces préfentes verront, falut: de la par
des RR. PP. vénérables, nos bien amés les abbés & fon
coadjuteur du monaftèie de faint Pierre lez notre ville &
cité de Gand & autres eccléfiaftiques de notre pays &
comté de Flandres, nous a été remontré, comme dès la
dernière affemblée du Sinode provincial de Malines, &
enfuite de la réfolution que y a été prife par le clergé
d'icelle province, titre 33, *de reparatione ecclefiarum*:
ledit clergé s'étant dolu vers nous de la défolation &
ruine en laquelle fe trouvent les églifes de ladite province, par les guerres & les troubles paffés, enfemble par
un monde de procès fur ce meus, en divers lieux & endroits
avec grands fraiis & defpens, & avec peu d'advancement de
la due & requife réparation ou reftauration defdittes églifes,
après certaines communications tenues & quelques points
conceus en ce regard entre le confeiller à ce commis de
noftie part, & les députés dudit clergé, il nous auroit
plein faifant ouverture dudit befoigné, & y apportans le
remede que l'on a trouvé le plus propre pour l'advancement du fervice de Dieu, & le retranchement de plufieurs
couftagieux procès, ftatuer le décret ou règlement du 28
de mars 1611 fur ce exhibé par copie; & comme nonobftant ce, lefdits remontrans fe trouvent encore préfentement
inquiérez, & enveloppez de plufieurs defdits procès,
mesmes au regard des églifes affifes ou fituées ès diocèfes
de Gand, Bruges & Ypres, refpectivement en & fous
ladite province de Malines, à çaufe que ledict décret ou
règlement n'auroit par nous efté envoyé aux juges ou
jufticiers de notredit pays & comté de Flandres, & qu'il
n'auroit efté publié celle part; par où l'on craint qu'iceux
juges & jufticiers de Flandres ne s'y voudront arrefter en
jugeant, combien qu'il touche autant lefdits remontrans
eftans de ladite province de Malines, que ceux de Brabant
eftant en & fous icelle province, ne foit qu'il nous plaife
y pourvoir par l'envoi dudit décret ou règlement auxdits
juges & jufticiers de Flandres, ou du moins à ceux de
ladite province de Malines, afin d'y eftre receu & publié

lèges eccléfiaftiques & tous autres étant fous ladite provinte de Malines.

Savoir faifons, que les chofes fufdites confidérées & après avoir eu relation dudit befoigné, enfemble de l'avis rendu en ce regard par nos amés & féaulx les préfident & gens de noftre confeil provincial de Flandres, voulans apporter le remède que l'on a trouvé le plus propre pour l'advancement du fervice de Dieu & le retranchement de plufieurs couftagieux procès, avons par forme de provifion ordonné & ftatué, ordonnons & ftatuons par ces préfentes, les points & articles qui en fuivent :

Premièrement, que au regard de l'entretenement ou réparation ordinaire des églifes, l'on fe réglera & conduira felon le pied anciennement obfervé & les concordats particulièrs ou aucuns fe trouvent, & à faute de ce, l'on employera tant èfdites réparations que reftaurations ou nouveaux bâtimens, foit du chœur ou de la nef le revenu de la fabrique, & pour mélioration ou accrue duquel nous entendons auffi dorefnavant, fignament ès églifes affifes ès villages, que fous la meffe ou fermon, l'on cœuillera les aumofnes des bonnes gens que les pafteurs recommanderont, auffi fe dreffera quelque lieu dedans l'églife propre à recevoir des entrants ou des fortants ce que Dieu leur infpirera donner pour ladite réfection ou reftauration, & où le revenu avec l'accrue fufdite ne feroit fuffifant pour ladite réfection ou reftauration, on aura recours aux dixmes eccléfiaftiques, de quelle nature ou qualité qu'elles foient, féodales ou autres, poffédées par mains mortes, ou bien par des gens laies, quand elles fe vérifieront acquifes depuis le premier concile de Latran tenu l'an 1179, fous le Pape Alexandre III, enfuitte du placard de feu très-haute mémoire le roi Philippe II de ce nom, noftre très honoré feigneur & pere, que Dieu ait en gloire, du premier de juin 1587, emané fur l'exécution des décrets du Sinode provincial de Cambrai, pour le cas le requérant y être par eux employé le revenu de deux années à payer en fix années par efgale portion, à fçavoir a chacune defdites fix années un tiers du revenu annuel, bien entendu toutefois que les

Ce placard n'étoit porté que pour les diocèses

---

mareglifeurs ou autres, ne commenceront te ouvraige fans
le fceu & participation defdits interreffez, fans le confentement defquels on ne pourra auffi excéder ou changer la
forme première ou ancienne , ains leur fera permis d'advifer
& délibérer avec les maiftres maffons ou charpentiers fur le
pied qu'on trouvera plus convenable & moins couftagieux;
leur accordans auffi d'avoir accèz quand ils le defieront,
aux comptes qui fe rendront annuel'ement du revenu &
entrée de la fabrique. A l'effet defdits ouvraiges , con-
tribueront auffi ceux qui obtiendront quelques bénéfices
efdittes églifes en conformité du droiçt efcrit ; & où le
fecours à recevoir defdits trois moyens ne fe trouveroit
baftant, l'on procédera à la collecte & coifation des pa-
roichiens recevant illecq la nourriture fpirituelle & la parole
de Dieu moyennant octroi qu'ils devront fur ce obtenir
de nous ; & en cas de difficulté non prévue ou décidée
cy-deffus, l'on s'adreffera à nous ou aufdits de noftre
confeil en Flandres pour la vider en amiable fi faire fe
peut, ou bien fommairement & fans figure de procès.
Si donnons en mandement a nos très chers & féaulx
les gens préfidens , & gens de nos privé & grand con-
faulx ; aufdits de notre confeil en Flandres, & à tous
autres nos jufticiers , officiers & fujets qui ce regardera
que cefte noftre préfente ordonnance & ftatut, ils gardent
& entretiennent , faffent garder & entretenir felon fa forme
& teneur , fans faire, mettre ou donner, ni fouffrir eftre
faict , mis ou donné aucun trouble, deftourber, ou em-
pefchement au contraire ; & afin qu'il n'y ait faulte , lef-
dicts de noftre confeil de Flandres envoieront copies authentiques de ces préfentes en tous lieux où il appartiendra,
afin que les collèges eccléfiaftiques & tous auftres eftans
fous ladite province de Malines, aient à fe régler felon
ce , comme auffi nous leurs ordonnons de faire fans difficulté; car ainfi nous plaift il : en témoing de ce , nous
avons fait mettre notre fcel à cefdites préfentes, données
en noftre ville de Bruxelles, le deuxième jour du mois
d'octobre , l'an de grace mil fix cens & treize. Paraphé,
G. V. & fouffigné par les archiducqs ; & plus bas,
Vereyken.

de la Flandre fuffragans de celui de Malines :
c'eft ce qui engagea les Décimateurs des autres
diocèfes de la même province fuffragans de
Cambrai, à foutenir qu'ils n'étoient pas obligés
à contribuer de deux années fur fix, mais fimplement à réparer le chœur, fuivant l'ufage
obfervé en Cambrefis & la difpofition du concile tenu à Cambrai en 1565. Néanmoins l'ufage
l'emporta fur leurs prétentions, & le placard de
1613 fut obfervé dans toute la Flandre fans
diftinction de diocèfe. M. de Baralle rapporte
un arrêt du 27 juin 1690 par lequel le chapitre
de faint-Omer fut condamné à contribuer conformément au placard, à la réparation de l'églife
de Brocquerque, châtellenie de Bergues-faint-
Winock, diocèfe de faint-Omer fuffragant de
Cambrai. La même chofe avoit été jugée peu
de temps auparavant entre la communauté de
Morfeele, village du diocèfe de Tournai qui eft
également de la province de Cambrai, & les
prévôt & chanoines de la collégiale d'Har-
leebecque.

Le placard de 1613 n'étoit que provifionnel,
& par conféquent fujet à être révoqué par le
changement des circonftances qui y avoient
donné lieu : il ne laiffa pas cependant d'être
exécuté comme une loi définitive & perpétuelle, même depuis la réunion d'une partie de
la Flandre à la couronne.

L'édit de 1695 n'apporta aucun changement
à cette jurifprudence : le parlement de Flandres
enregiftra à la vérité cet édit par arrêt du 21
janvier 1696, mais en fe réfervant de faire fes
repréfentations pour fupplier le roi de le retirer.

Un des motifs de cette cour étoit que les obligations des Décimateurs & des paroiffiens fe trouvoient réglées pour la Flandre par le placard de 1613, ce qui rendoit inutile les articles 21 & 22 du nouvel édit : les repréfentations furent écoutées, & par arrêt du 23 août 1698 rendu contradictoirement entre les communautés & les Décimateurs de la Flandre, le roi ordonna qu'il fût furfis par provifion à l'exécution de l'édit de 1695 dans tout le reffort du parlement de Flandre. Le placard de 1613 eft vifé dans le préambule de cet arrêt.

Cette confirmation provifionnelle des lois Belgiques fut rendue définitive en 1754. Voici comment.

Il s'étoit élevé au confeil du roi en 1680 un grand procès, dit *le procès des cinq points*, entre les états de la Flandre & les Décimateurs de cette province. Les réparations des églifes & des presbytères, la fourniture des ornemens & des autres chofes néceffaires à la célébration du fervice divin étoient du nombre de ces points contentieux. Les Décimateurs foutenoient que tous ces objets devoient être réglés fur les lois générales du royaume ; la promulgation & l'enregiftrement de l'édit de 1695 formoit un nouveau moyen pour eux. Les états de la province réclamoient de leur côté les difpofitions des placards de 1611 & 1613. Après deux arrêts interlocutoires des 2 mai 1696 & 17 août 1729 qui avant faire droit ordonnoient aux parties intéreffées de produire leurs titres & pièces pour juftifier le véritable ufage du pays, on vit paroître les lettres-patentes du

26 octobre 1754 (*), regiſtrées au parlement

(*) *Voici ces lettres-patentes.*

Louis, par la grace de Dieu, roi de France & de navarre à tous ceux qui ces préſentes lettres verront, ſalut.
La fixation des portions congrues des curés, l'entretien des
vicaires & des coutres ou ſerviteurs des égliſes paroiſſiales,
l'entretien deſdites égliſes, ornemens & autres choſes néceſſaires au ſervice divin, celui des maiſons preſbytérales,
& enfin la perception des dîmes ſur les colſats & autres
fruits dont la culture n'avoit point été en uſage de tous
temps, ayant excité, dès le règne du feu roi notre très-
honoré ſeigneur & biſaïeul, des difficultés & des conteſtations entre les Décimateurs des Pays-bas du reſſort de
notre cour de parlement de Flandre, les états, villes &
communautés de cette province, & les curés dudit pays,
il auroit jugé à propos en l'année 1684 de renvoyer les
parties devant le commiſſaire départi en ladite province, pour
s'informer de l'uſage, tant auparavant que la Flandre ait
été réduite en notre obéiſſance, que depuis, entendre les
parties, dreſſer procès-verbal de leurs prétentions, & donner ſon avis; pour le tout vû & rapporté, être fait droit
ſur ladite requête ainſi que de raiſon. Mais le cours de
cette affaire ayant été depuis interrompu & retardé, &
divers événemens étant ſurvenus entre'autres la publication
de l'édit du mois d'avril 1695, ſur les matières eccléſiaſtiques, dont quelques articles donnerent lieu à des repré-
ſentations de la part deſdits états, villes & communautés;
nous avons ordonné que leſdites conteſtations ſeroient
inſtruites par ſimples mémoires, pour y être par nous
pourvu de tel règlement qu'il appartiendroit; & nous en
étant fait rendre compte en dernier lieu, nous avons reconnu qu'il a été ſuffiſamment pourvu ſur ce qui regarde
les portions congrues des curés & l'entretien de leurs vicaires, par une déclaration du 26 de juin 1686, donnée
expreſſément & en particulier pour le reſſort de notredite
cour de parlement de Flandres; que ſur l'entretien des
égliſes paroiſſiales, l'uſage qui s'eſt établi dans ces provinces, par la longue habitude de ſe conformer à une
ordonnance ou placart donné proviſoirement en 1613,

de Flandres le 22 novembre de la même année, par lesquelles le roi ordonna que les objets rappelés ci-dessus continueroient d'être réglées

ne trouve d'obstacle que dans quelques dispositions dudit édit de 1695, sur lesquelles il y a lieu de faire attention aux représentations desdits états, villes & communautés ; & qu'au surplus, en ce qui concerne l'entretien des maisons presbytérales, les dîmes & les charges à supporter par les Décimateurs, lesdites provinces ont aussi une jurisprudence & des usages auxquels il ne nous a pas paru qu'il y eût de changement à apporter par notre autorité. À ces causes, de l'avis de notre conseil & de notre certaine science pleine puissance & autorité royale, nous avons ordonné, & par ces présentes signées de notre main, ordonnons que la déclaration du vingt-six juin mil six cent quatre vingt-six donnée pour le ressort de notre cour de parlement de Flandre, au sujet des portions congrues des curés de ladite province & des vicaires chargés de les seconder dans leurs fonctions curiales, sera exécutée selon sa forme & teneur ; en ce qui concerne les réparations & entretiens des églises paroissiales & des presbytères, la perception des dîmes, les fruits sur lesquels elles doivent être perçues, & les charges dont les Décimateurs peuvent être tenus, voulons que les contestations nées & à naître à ce sujet, continuent d'être jugées, soit en première instance, soit en cause d'appel, suivant les lois & règlemens particuliers de notredite province & les usages observés en icelle, & ce nonobstant les dispositions portées par les articles XXI & XXII, dudit édit du mois d'avril 1695, qui n'auront effet en ladite province ; sauf à notredite cour de parlement de Flandre, à nous proposer tel règlement qu'elle avisera bon être sur lesdites matières, ou sur aucun desdits objets dans le cas où elle jugeroit nécessaire qu'il y soit pourvu par notre autorité : si donnons, en mandement à nos amés & féaux conseillers, les gens tenans notre cour de parlement de Flandre. Données à Fontainebleau, le vingt-sixième jour du mois d'octobre, l'an de grace 1754, & de notre règne le quarantième. *Signé*, Louis. & plus bas, *Signé*, C. R. de Voyer.

fuivant les lois & les ufages particuliers des provinces du reffort de ce parlement.

Ces lettres-patentes, quant à ce qui concerne
les réparations d'églifes & de presbytères furent
révoquées par d'autres données à Verfailles le,
13 avril 1773 à la demande des états de la
Flandre maritime (*).

_____

(*) *En voici la teneur* :

Louis, par la grace de Dieu, roi de France &c. le droit
public obfervé jufqu'au dix-feptième fiècle dans notre province de Flandres, conforme en ce point aux anciens canons de l'églife impofoit aux feuls poffeffeurs des dîmes
eccléfiaftiques, l'obligation de réparer, entretenir & reconftruire les églifes paroiffiales & les prefbytères du
plat-pays. Les guerres de religion furvenues à cette époque
ayant occafionné la ruine prefque entière de ces édifices, les
archiducs, fur les inftantes prières du clergé, ordonnèrent
par des placards des 28 mars 1611 & 2 octobre 1613,
que l'on épuiferoit d'abord, pour leur reconftruction,
les revenus des fabriques ; les Décimateurs devoient contribuer à cette dépenfe, à raifon de deux années de fix du
produit de leurs dîmes, & le produit de ces deux années
devoit être payé en fix portions égales ; le furplus de la,
dépenfe retomboit, en ce cas, fur les habitans des lieux ;
cette loi ne devoit durer qu'autant que les circonftances
malheureufes qui l'avoient néceffitée fubfiftoient elles-,
mêmes ; l'impératrice reine l'a abrogée,, par une ordonnance du 25 feptembre 1769 ; elle a fait revivre le droit
ancien,, & a fait retomber fur les poffeffeurs de dîmes ec-,
cléfiaftiques une charge inhérente à la poffeffion de ces,
fruits. Animé comme elle du defir de rendre juftice aux habi-,
tans de la Flandre maritime qui font reftés fous notre do-,
mination, & dont les lois ont toujours été communes;
avec ceux du pays rétrocédé, nous avons jugé qu'il étoit
néceffaire d'expliquer nos intentions à cet égard, & de.
remédier aux inconvéniens qui réfulteroient néceffairement
de la diverfité des principes, en cette matière. A ces caufes,

Cette nouvelle loi excita les réclamations de

& autres à ce nous mouvant ; de l'avis de notre conseil,
& de notre certaine science, pleine puissance & autorité
royale, nous avons ordonné & ordonnons ce qui suit :

ARTICLE PREMIER.

Nous avons révoqué & révoquons les ordonnances des
28 mars 1611 & 2 octobre 1613, lesquelles seront regardés comme nulles, & non avenues.

II. L'obligation de pourvoir aux réparations, réédi-
fications & entretiens des églises paroissiales & des
presbytères, dans le plat-pays, sera à l'avenir une charge
inhérente à la possession des dîmes ecclésiastiques, de quelque nature ou qualité quelles puissent être, même dans le
cas où elles seroient possédées par des personnes laïques,
lorsqu'on pourra constater, conformément à l'ordonnance
du roi Philippe II du premier juin 1587, concernant l'exécution du sinode de Cambrai, que les laïcs les ont acquises
de personnes ecclésiastiques, depuis le concile de Latran,
tenu en 1179.

III. Voulons néanmoins que les frais de réparations, reconstructions & entretiens ne soient à la charge
desdits Décimateurs, qu'après avoir prélevé & appliqué
à cette destination, le restant net des revenus des fabriques
& autres biens de l'église, destinés à cet objet.

IV. Ceux qui possèdent quelque bénéfice dans une
église paroissiale, seront tenus de contribuer à cette
dépense dans la proportion des fruits des biens de cette
église dont ils jouissent.

V. En cas d'insuffisance des dîmes ecclésiastiques &
autres biens de l'église & des fabriques, il sera suppléé
à cette dépense par les possesseurs des biens fonds, situés
dans l'étendue des paroisses, de quelque nature que soient
ces fonds, & de quelques qualité qu'en soient les possesseurs

VI. Faute par les co Décimateurs dans une seule &
même paroisse de s'accorder sur la quotité de leur contribution respective à la dépense desdites réparations, reconstructions & entretiens, ils seront tenus par provision

tous les Décimateurs de la Flandre maritime ;
ils fe réunirent & préfentèrent des remontrances
pour en obtenir le rapport, mais inutilement.

Comme le placard de 1613 n'a été abrogé
que pour la Flandre maritime, il fait encore
loi dans la Flandre Wallone. C'eft pourquoi il
ne fera pas inutile de difcuter ici les principales
queftions qui y font relatives.

Une des plus importantes eft de favoir fi l'o-
blication qu'impofe ce placard aux Décimateurs
de contribuer de deux années fur fix aux réparations des églifes eft bornée au chœur feule-

---

& contraints folidairement à fournir les fonds néceffaires ;
fauf enfuite à difcuter entre eux, & à faire régler la part
& portion dont chacun d'eux devra contribuer à la totalité de cette dépenfe.

· VII. Déclarons nulles & de nul effet toutes tranfactions ou conventions qui pourroient être faites par
la fuite, & qui feroient contraires aux préfentes difpofitions;
à moins que lefdites conventions & tranfactions n'aient
été préalablement homologuées en notre confeil, & revêtues de nos lettres néceffaires à cet effet.

VIII. Ordonnons pareillement aux Décimateurs, qui
fe croioient dans le cas, pour fe fouftraire à ces charges, d'oppofer des accords ou tranfactions antérieures à
nos préfentes difpofitions, de repréfenter dans le délai de
trois mois, à compter du jour de la publication des préfentes, lefdits actes au fieur commiffaire départi pour
l'exécution de nos ordres dans la généralité de Flandres &
d'Artois, lequel appellera devant lui les parties intéreffées,
& dreffera procès-verbal des dires & raifons refpectives;
pour ledit procès-verbal, avec lefdits actes, & fon avis à
nous envoyés, être par nous & notre confeil ftatué ce
qu'il appartiendra : & après ce délai expiré, lefdits Décimateurs ne feront plus admis à repréfenter lefdits actes, qui
demeureront nuls, & de nul effet. Si donnons en mandement, &c.

ment, ou fi elle comprend auſſi la nef & le clocher.

Quelques-uns ont voulu ſoutenir le premier membre de cette alternative : leur raiſon étoit que le placard ne déroge pas expreſſément à l'uſage général ſuivant lequel le chœur ſeul eſt à la charge des Décimateurs ; qu'ainſi il faut entendre le placard conformément à cet uſage.

Mais le placard ne diſtingue point entre la nef & le chœur, il emploie le mot ÉGLISE qui comprend tout. Dulauri rapporte trois ſentences du conſeil provincial de Gand, par leſquelles il fut jugé que les Décimateurs devoient contribuer de deux années ſur ſix, aux réparations des égliſes entières, quoiqu'ils prétendiſſent ne devoir réparer que le chœur. La première de ces ſentences eſt du 15 mai 1618, & elle fut confirmée au grand conſeil de Malines par arrêt du 15 juin 1630 : la ſeconde eſt du 13 décembre 1636, & la troiſième du 9 ſeptembre 1673. M. de Blye rapporte un arrêt du parlement de Flandres qui a décidé la même choſe : il fut rendu l'an 1686 en la Grand'chambre au rapport de M. Cordouan, entre la communauté de Wevelghem & le chapitre d'Harlebecque.

Lorſque les Décimateurs abandonnent deux ans de ſix de leurs dîmes, ils doivent y comprendre les pots de vin des baux. Le parlement de Flandres l'a jugé ainſi par deux arrêts, le premier du 10 février 1688, entre le chapitre de ſaint-Omer & le village de Biſſeghem : le ſecond du 31 janvier 1693, entre le chapitre de Notre-Dame à Caſſel & le village de Noordpeene.

Les Décimateurs en abondonnant deux ans de

fix , peuvent obliger les paroiffiens de faire toutes les réparations convenables, comme l'a décidé un arrêt du 16 février 1691 entre l'abbaye de Bergues-faint-Winock , & le village de Biffereele ; même de couvrir l'églife d'un toit dur , fi elle étoit couverte de paille , fuivant un arrêt rendu le 12 février 1694 entre le chapitre de Notre-Dame à Caffel & le village de Noordpeene.

Les Décimateurs en faifant cet abandon ne font pas fondés à demander la diftraction de ce qu'ils payent au curé pour fa portion congrue ; c'eft ce qu'a jugé l'arrêt qu'on vient de citer , conforme à un autre du 31 janvier 1693 rendu entre les mêmes parties , après que toutes les chambres eurent été confultées. Dulauri , arrêt 40, rapporte deux fentences du confeil de Gand qui ont jugé le contraire : l'une eft du 9 février 1647 , l'autre du 9 feptembre 1673. Cette dernière opinion ne paroît pas jufte ; la diftraction de la portion congrue n'eft pas autorifée par le placard de 1613 ; c'eft donc aller contre la lettre & l'efprit de cette loi , que de l'admettre.

Les Décimateurs ont prétendu n'être obligés que de contribuer une feule fois de manière que fi l'églife venoit à tomber en ruine 40 ou 50 ans après , les paroiffiens feroient feuls chargés de la reconftruction. Cette prétention étoit trop générale pour être jufte : quand la nouvelle ruine eft arrivée par la faute des paroiffiens qui dans le temps de l'abandon des deux années n'ont pas contribué de leur côté à mettre l'églife dans un état convenable , il eft clair qu'ils ne peuvent dans la fuite obliger les Décimateurs à leur abandonner deux années de leur revenus pour des réparations qu'ils étoien obligés de faire eux-même. Un arrêt du gran conseil de Malines du 23 février 1685 l'a ainf jugé. Mais lorsqu'ils se sont mis en règle., & que l'église vient ensuite à tomber , soit par vé tuflé , soit par toute autre cause , les Décima teurs ne peuvent se dispenser de contribuer d nouveau. Ainsi l'ont décidé trois sentences ren dues au conseil de Gand les 9 février 1647 31 juillet 1653 , & 9 septembre 1673. Tou ces jugemens sont rapportés par Dulauri , l'endroit cité. C'est aussi ce qu'a jugé le par lement de Flandres par arrêt du 11 octobre 1708 entre l'abbaye de Bergues & le villag d'Ochsecheele. L'arrêt du 12 février 1694 rap porté ci-dessus a décidé le contraire , mais il se trouvoit des circonstances particulières dans l'espèce sur laquelle il a été rendu : on peut les voir dans M. Pollet , & dans M. Waimel du Parc.

Mais à qui est-ce à prouver que le besoin de nouvelles réparations où se trouve l'église, provient d'une nouvelle cause survenue depuis l'abandon de deux années de la dîme , ou du défaut des paroissiens de l'avoir mise en bon état lors de cet abandon ? le parlement de Flan dres a jugé par arrêt du 10 mai 1689 que des paroissiens n'étoient pas recevables à demander un nouvel abandon faute d'avoir justifié que lors du dernier fait depuis 27 ans , ils avoient mis leur église en état & qu'ils l'avoient représentée telle aux Décimateurs. Cet arrêt se trouve au greffe de ce parlement en forme libellée ; il fut rendu entre les bailli & échevins de la Vir chaere de Steenvoort , & du marquisat de la

Viefville,

Viefville, d'une part, & les abbayes de Claire-Marais & de Voeftine, d'autre part.

S'il y avoit un temps plus confidérable 50 ans par exemple depuis le dernier abandon jufqu'à la demande d'un nouveau, la preuve retomberoit fur les Décimateurs, parce que l'on doit préfumer après tant d'années, que l'églife a été mife en bon état par les paroiffiens & que les nouvelles réparations qui y font néceffaires proviennent de la vétufté.

On a dit ci-deffus que les contributions auxquelles le placard de 1613 oblige les Décimateurs, embraffent tout le corps de l'églife : le clocher même y eft compris, comme un acceffoire néceffaire : le parlement de Flandres l'a ainfi jugé par arrêt du 13 mars 1697, entre la communauté de Warhem & l'abbaye de Bergues-faint-Winock.

Suivant la jurifprudence du parlement de Flandres, la portion de dîmes du curé primitif doit être épuifée, avant que les décimateurs puiffent être tenus de contribuer à la portion congrue & au logement du vicaire perpétuel. Il n'en eft pas de même en fait de réparations d'églifes : tous les co-Décimateurs y doivent contribuer proportionnément à leur part dans les dixmes, fans avoir égard à qui d'entre eux eft curé primitif. C'eft ce qu'a jugé un arrêt du 27 juillet 1726, confirmatif d'une fentence de la gouvernance de Lille du 27 juillet 1715, entre l'évêque & le chapitre de Tournai.

Les maifons paftorales font entièrement à la charge des Décimateurs : ils ne peuvent fe difpenfer de les réparer ou reconftruire par l'abandon de deux années des revenus de leurs

dîmes, parce que le placard de 1613 ne parl
que des églifes. C'eft ce qu'a jugé un arrêt du
2 juillet 1697 rapporté par M. Desjaunaux, &
un autre du 16 janvier 1745 rendu au rappor
de M. de Séricourt. Cette décifion eft conform
au placard porté par le comte de Monterey
dans le mois de feptembre 1672, lequel fai
défenfes aux communautés « de payer quelqu
» loyer, ou de donner aucune habitation au
» curés, de faire aucune réparation aux maifon
» paftorales ou églifes, comme étant chofe
» la charge des Décimateurs ou curés «. C
placard rendu pour la partie de la Flandre qu
étoit encore foumife à l'Efpagne, ne fut poin
exécuté en ce qui concerne les églifes (celu
de 1613 continua de l'être jufqu'en 1773,) mai
il le fut en ce qui concerne les presbytères, &
il l'eft encore aujourd'hui ; néanmoins la poffef
fion de ne pas contribuer à cet objet fert au
Décimateurs contre les communautés : les regiftres du parlement de Flandres font rempli
d'arrêts qui l'ont ainfi jugé. Celui du 27 no
vembre 1734 rendu contre la communauté d
Steenwerck eft un des plus récens.

Il nous refte à parler des dîmes inféodées
L'article 2 des lettres-patentes de 1773 oblig
les laïcs qui en font poffeffeurs de contribuer
conjointement avec les Décimateurs eccléfiafti
ques, aux charges auxquelles les dixmes font
affujetties en général, pourvu qu'elles foien
hors des mains de l'églife depuis un temp
antérieur au premier concile de Latran. Cette
difpofition pour être bien entendue, doit être
rapprochée de l'article 12 du placard du 1 juin
1587, il eft conçu en ces termes :

. » Pareillement comme journellement se re-
» préfentent auffi grandes difficultés touchant la
» provifion defdits curés, ou bien la réparation
» des églifes, par la voie d'affignation des dîmes,
» quand icelles fe trouvent être occupées ou
» poffédées par gens laïcs, foit en fief ou autre-
» ment, nous déclarons notre intention être
» que à la portion canonique & réparation def-
» dites- églifes devront contribuer les dîmes
» ayant autrefois été laïcales, lefquelles préfen-
» tement feroient retournées ès mains des gens
» d'églife, de quelle nature qu'elles foient,
» fiefs ou autres, pour être retournées à leur
» première nature, enfemble celles que l'on
» pourra vérifier avoir été achetées, ou autre-
» ment acquifes par gens laïcs des eccléfiaftiques,
» depuis le premier concile de Latran qui fut
» l'an 1170, fous Alexandre III. »

Le placad de 1613 ajoute un nouveau jour à
cet article. Il porte qu'après avoir épuifé la fabrique, *on aura recours aux dîmes eccléfiaftiques,
de quelle nature ou qualité qu'ells foient, féodales ou autres, poffédées par main-mortes, ou
bien par gens laics, quand elles fe vérifieront acquifes depuis le premier concile de Latran.... enfuite
du placard... du 1 juin 1587.*

A fuivre l'efprit de ces deux ordonnances &
à raifonner *à contrario* d'après la difpofition
qu'elles renferment, on dira que fi les dîmes
poffédées par des laïcs n'ont jamais appartenu
à des gers d'églife depuis 1179, elles ne doivent fupporter aucune charge, pas même
fubfidiairement, & c'eft ce qui a été jugé
au confeil de Flandres par fentence du 11 juillet 1656, & au grand confeil de Malines par

arrêt du 18 juillet 1714; on peut voir ces décisions dans Dulauri.

Mais il y a dans les Pays-bas françois une autre loi postérieure à celles qu'on vient de citer & qui ne permet pas de se conformer tout-à-fait à la jurisprudence qu'elles ont établie. C'est la déclaration du 29 janvier 1686 qui charge les dîmes inféodées de contribuer aux portions congrues, en cas d'insuffisance des dîmes purement ecclésiastiques, sans distinguer si l'inféodation est antérieure ou postérieure au premier concile de Latran. Ainsi pour concilier cette nouvelle loi avec les anciennes, & laisser à chacune leur effet, il faut dire que les dîmes inféodées sont soumises subsidiairement aux charges lorsqu'elles sont possédées par des laïcs, sans l'avoir été par léglise depuis 1179; & que lorsque l'acquisition que les laïcs en ont faite est postérieure à cette époque, elles doivent supporter les charges concurremment avec les dîmes purement ecclésiastiques.

Quant aux dîmes inféodées qui sont possédées par des ecclésiastiques, le placard de 1567 les soumet indistinctement aux charges des réparations & des portions congrues avec les autres dîmes, soit que l'inféodation soit antérieure ou postérieure au concile de Latran.

Quoique les placards de 1587 & 1613 portent clairement que les dîmes inféodées acquises par des laïcs depuis 1129, & par des ecclésiastiques avant ou depuis cette époque, supporteront les mêmes contributions que les autres, on a cependant soutenu plusieurs fois que les dîmes inféodées retournées à l'église avec leur qualité de fiefs, n'étoient soumises aux charges que subsidiairement. Ce système est vrai dans le droit général de la France, mais il est faux dans le droit particulier des Pays-bas ; aussi a-t-il été proscrit par tous les arrêts qui sont intervenus sur cette matière, tel que celui du parlement de Paris rendu dans la coutume d'Artois le 31 janvier 1708 sur les conclusions de M. le Nain, & celui du parlement de Flandres du 27 juillet 1726 entre l'évêque & le chapitre de Tournai. Cette dernière cour en a encore rendu un dans le mois de juin 1759, dont les circonstances sont remarquables.

La dîme de quienville, chatellenie de Cassel, appartient en partie aux chapitres de Boulogne & de Cassel, & en partie aux héritiers du sieur Baudens. Ceux-ci ayant négligé les devoirs de vassalité, l'abbaye de Marquette comme dame de Winck dont relevoit cette dîme, la fit déclarer réunie au gros de son fief. En conséquence elle fut saisie le 13 mai 1715, & fut 40 ans sans contribuer aux charges des dixmes. Les chapitres de Boulogne & de Cassel se pourvurent au bailliage de Flandres, séant à Bailleul, pour la faire déclarer sujette à ces charges concurremment avec celle qu'ils possédoient, & condamner l'abbaye de Marquette à leur restituer ce qu'ils avoient payé au-dessus de leur portion depuis 40 ans. Cela leur fut adjugé par sentence du 19 mars 1758, excepté que la restitution de ce qu'ils avoient payé de trop ne leur fût accordée que pour les 29 dernières années. Sur l'appel interjeté par l'abbaye de Marquette, la sentence a été confirmée par l'arrêt cité, au rapport de M. Gouillart de la Feuillie, après partage.

Comme cette jurifprudence eft contraire au
droit commun , & que le placard de 1584 fur
lequel elle eft fondée , n'a été porté que pour
les diocèfes fuffragans de Cambrai, on a demandé
fi elle devoit être·fuivie dans les diocèfes de
la Flandres qui relevent de Malines. M. Desjau
naux rapporte un arrêt du 27 juillet 1699 rendu
après que toutes les chambres eurent été confultées, qui a décidé pour l'affirmative. M. de
Baralle qui le rapporte aufli nous apprend qu'il
y eut onze voix pour la négative , ce qui eft
affez étonnant : fans doute que l'on ne fit pas
attention que le placard de 1613 qui renouvelle
& confirme l'article 12 de celui de 1587,fut rendu
fpécialement pour la province de Malines. ·

Voyez *Zypœus en fes confultations canonique*
& en fon traité de jure pontificio ; Wames en fes
confultations ; les ouvrages du préfident Everard,
de Méan ad jus civile Leodienfium ; Deghewie
en fes inftitutions au droit Belgique ; les arrêts de
MM. Desjaunaux, Pollet, de Baralle, d'Herman-
.ville, Dulauri, &c. *

Un arrêt du confeil du 29 janvier 1776 (*)

(*) *Voici cet arrêt.*

. Vu par le roi, étant en fon confeil, le mémoire que le
clergé de France a préfenté à fa majefté lors de fa dernic
affemblée, contenant : que les tranfaƈtions fur les novales &
autres dixmes entre les différens Décimateurs, font confidé
rées comme étant affujetties au droit d'amortiffement ou
à celui de nouvel acquêt lorfque les dixmes font cédées au
gros Décimateurs ou curés primitifs, fous prétexte que
l'article XIV du règlement du 13 avril 1751, paroît n'avoir
affranchi de l'amortiffement les dixmes dépendantes de
paroiffes, que dans le cas feulement où elles font acquife
par les curés au profit de leurs cures. Le clergé ayan

déjà fait des repréfentations fur cet objet lors de fon affemblée tenue en 1760, le feu roi répondit qu'il ne pouvoit
étendre aux gros Décimateurs ou curés primitifs, la faveur
accordée aux curés ou vicaires perpétuels, relativement
aux dixmes qui leur étoient abandonnées : cependant le
droit d'amortiffement n'eft dû que quand des biens temporels fortent du commerce pour entrer dans la poffeffion
des gens de main-morte, & les dixmes (autres que celles
inféodées) ne font point de cette efpèce ; elles n'ont jamais
circulé dans le commerce ; elles forment un bien purement
eccléfiaftique, affecté de tout temps au clergé, ainfi elles
font inamortiffables de leur nature : le droit d'amortiffement confifte dans une finance qui eft payée par les gens
de main-morte pour avoir la permiffion d'acquérir; c'eft
un dédommagement de la perte que le roi fouffre lorfque
des biens fortent du commerce pour être poffédés par les
gens de main-morte, & cela n'eft point applicable aux
dixmes eccléfiaftiques, qui n'ayant jamais été dans le
commerce, n'ont pas été dans le cas d'en fortir : le clergé,
dont elles forment le patrimoine, n'a jamais eu befoin de
permiffion ni de lettres d'amortiffement pour les pofféder ;
conféquemment les concordats que les gros Décimateurs
& les curés paffent entr'eux au fujet des dixmes des paroiffes;
ne peuvent jamais engendrer ni droit d'amortiffement ni
droit de nouvel acquêt, foit que les dixmes foient cédées
par les gros Décimateurs au curé, ou par le curé aux
gros Décimateurs, & il eft de toute juftice d'étendre à
ceux-ci la décharge prononcée en faveur des curés. Vu
pareillement l'article XIV du règlement du 13 avril 1751,
concernant le recouvrement des droits d'amortiffement &
franc fiefs, par lequel dans la vue de faciliter le retour &
la rentrée des dixmes dans les mains des curés des paroiffes,
il auroit été ordonné qu'il ne feroit payé aucun droit d'a-
mortiffement pour raifon des tranfactions, concordats ou
acquifitions que les curés pourroient faire au profit de
leurs cures avec les gros Décimateurs ou autres eccléfiaftiques ou laïques, au fujet des dixmes de leurs paroiffes,
foit qu'elles fuffent eccléfiaftiques ou inféodées, la réponfe

ordonné que les échanges, concordats, transac-

faite au cahier préfenté par le clergé en l'année 1760,
par laquelle, en confirmant l'exemption des droits d'amortiffement, & de centième denier en faveur des curés ou
vicaires perpétuels auxquels la dixme feroit abandonnée
par des concordats faits entr'eux & les gros Décimateurs
ou curés primitifs, le feu roi auroit déclaré ne pouvoir
étendre cette faveur aux abandons à perpétuité que feroient
les curés ou vicaires perpétuels, foit de leurs dixmes, foit
des fonds & domaines de leurs cures aux gros Décimateurs
ou curés primitifs ; enfemble l'arrêt du confeil du 24 novembre 1774, par lequel fa majefté auroit ordonné que
les actes qui feroient faits pendant l'efpace de deux années,
à compter du premier janvier 1775, par lefquels les
gros Décimateurs ou curés primitifs abandonneroient, foit
en totalité, foit en partie, aux curés ou vicaires perpétuels
qui n'auroient point fait l'option de la portion congrue en
conformité de l'édit du mois de mai 1768, les dixmes anciennes ou novales qui leur appartiendroient dans des can-
tons déterminés de chaque paroiffe, & par lefquels les
curés ou vicaires perpétuels céderoient en même-temps leurs
dixmes novales, difperfées dans leurs paroiffes, aux gros
Décimateurs ou curés primitifs, fans qu'il fût payé de part
ni d'autre aucuns deniers à titre de foulte ou autrement,
feroient & demeureroient, par grâce, déchargés de tout
droit d'amortiffement ; fa majefté auroit reconnu qu'il feroit
utile au bien des paroiffes, non-feulement que les échanges,
mais encore que tous autres actes, concordats, tranfactions
& autres arrangemens relatifs à la propriété des dixmes,
fuffent affranchies pour toujours du droit d'amortiffement,
tant dans le cas où les dixmes feront abandonnées par les
gros Décimateurs ou curés primitifs aux curés ou vicaires
perpétuels, que dans celui où elles feront cédées par les
curés ou vicaires perpétuels aux gros Décimateurs ou curés
primitifs. A quoi defirant pourvoir : ouï le rapport du fieur
Turgot, confeiller ordinaire au confeil royal, contrôleur
général des finances ; le roi étant en fon confeil, a ordonné
& ordonne que les dixmes qui feront acquifes par les curés
des paroiffes, continueront de jouir de l'exemption de tous

tions & autres actes par lesquels les curés ou vicaires perpétuels céderoient des dixmes aux gros Décimateurs ou curés primitifs, seroient à l'avenir affranchis de tout droit d'amortissement & de nouvel acquêr.

L'article 14 du reglement du 13 avril 1751 avoit déjà établi la même exemption relativement aux dixmes acquises par les curés des paroisses au profit de leurs cures.

Voyez *les déclarations des 29 juin 1686 & 30 juin 1690 ; l'édit du mois d'avril 1695 ; les mémoires du clergé ; les lois ecclésiastique de France ; le recueil de jurisprudence canonique ; le journal des audiences ; le dictionnaire de droit canonique ; l'édit du mois de mai 1768, &c.* Voyez aussi les articles DIXME, PORTION CONGRUE, VICAIRE, CHŒUR, RÉPARATIONS, &c. (*Ce qui est entre deux astérisques dans cet article, appartient à M.* MERLIN *, avocat au parlement.*)

DÉCIMES. On appelle ainsi les subventions annuelles qui se lèvent pour le roi sur ce qui appartient au clergé. Cet article sera divisé en

----

droits d'amortissement & de nouvel acquêt, conformément à l'article XIV du règlement du 13 avril 1751 : ordonne en outre sa majesté, que tous échanges, concordats, transactions & autres actes par lesquels les curés ou vicaires perpétuels céderont des dixmes aux gros Décimateurs ou curés primitifs, seront & demeureront pareillement affranchis de tous droits d'amortissement & de nouvel acquêt ; n'entendant néanmoins que les gros Décimateurs ou curés primitifs puissent répéter aucuns droits de ce genre qui auroient été payés avant le présent arrêt. Fait au conseil d'état du roi, sa majesté y étant, tenu à Versailles le vingt-neuvième janvier mil sept cent soixante-seize. *Signé* de Lamoignon.

deux parties. Dans la première, nous examinerons s'il est juste que l'église subvienne aux besoins de l'état, & nous verrons de quelle manière elle y est subvenue en différens temps, jusqu'au seizième siècle. Dans la seconde, nous ferons voir quelle forme depuis cette époque ont prise les subventions que l'église accorde aujourd'hui au roi pour l'état ; comment s'en fait la répartition, & de quelle manière doit s'en faire le payement.

PREMIERE PARTIE.

Où l'on examine s'il est juste que l'église subvienne aux besoins de l'état, & où l'on fait voir de quelle manière elle y est subvenue jusqu'au seizième siècle.

La question qui fait le sujet de l'examen préliminaire que nous proposons ici, n'est sans doute pas difficile à résoudre pour ceux qui sont imbus des vrais principes de la religion, & qui connoissent les premiers temps de l'histoire de l'église.

JESUS-CHRIST en jetant les fondemens de sa religion, dit à ses apôtres que son règne ne s'étendoit point sur les choses temporelles de ce monde, & leur déclara même qu'il ne leur laisseroit après lui pour héritage, que la pauvreté, l'humiliation & les souffrances ; mais il leur laissa l'exemple de ses vertus & un évangile de paix & de charité à prêcher par toute la terre. Ce furent les leçons de cette charité chrétienne, qui ranimant dans les cœurs l'amour du prochain, portèrent les premiers fidèles à vivre entr'eux comme des frères, & à se faire

un patrimoine commun de leurs richeſſes ſous
l'adminiſtration de ceux qui avoient en même-
temps en dépôt les tréſors de la foi & de la
morale évangélique. Dans les premiers temps
du chriſtianiſme, les biens des fidèles, & ceux
des miniſtres de l'égliſe étoient donc en commun. Mais cette communauté ne pouvoit pas
toujours ſubſiſter : le nombre des fidèles augmentant, & celui des clercs à proportion, il
fallut ſe ſéparer ; ſéparation qui ne ſe fit qu'en
laiſſant à ces clercs de quoi pourvoir à leurs
beſoins & à ceux des malheureux.

La portion réſervée au clergé & aux pauvres
ne ſe ſoutenoit qu'à la faveur des oblations de
choſes mobilières que leur faiſoient les autres
fidèles ; car dans ces premiers temps l'égliſe
perſécutée ne pouvoit poſſéder aucune terre en
propriété ; ce ne fut que lorſqu'elle eut obtenu
des empereurs la faculté d'en acquérir, qu'elle
commença à montrer une certaine opulence
qui a toujours été en augmentant juſqu'à nos
jours.

Ceux qui entroient dans l'égliſe en qualité de
miniſtres n'y entroient donc point pour s'enri-
chir, mais pour y travailler à la vigne du ſeigneur : ils n'uſoient des biens qu'on leur offroit
que ſuivant ce qui leur étoit néceſſaire pour leur
ſubſiſtance. Ils ſavoient parfaitement que les
fidèles de qui ils les tenoient n'en pouvoient
diſpoſer contre le gré des ſouverains à la volonté
deſquels rien ne pouvoit les diſpenſer d'obéir ;
& qu'en acceptant ces biens, ils n'en étoient
pas moins obligés qu'eux de donner l'exemple
de la plus parfaite ſoumiſſion ; autrement ils
auroient bleſſé un des préceptes les plus formels

de leur divin inflituteur, fi en prêchant que les
fidèles devoient contribuer aux charges de
l'état, ils s'y fuffent eux-mêmes refufés. Cette
obligation fe trouvoit encore bien plus indifpenfable pour eux lorfque les empereurs leur
eurent donné la liberté d'acquérir : plus ils
devenoient riches, plus ils diminuoient les facultés des autres fujets, plus ils avoient befoin
d'être protégés, & par conféquent ils étoient
obligés de contribuer aux charges néceffaires
pour défendre leurs biens ainfi que ceux des autres citoyens.

Ainfi en partant des vrais principes de la religion & du contrat focial, ce n'eft point une in-
juflice d'exiger que le clergé d'aujourd'hui, qui
repréfente le corps des premiers miniftres de la
religion, & qui ne tient le bien qu'il poffède
que de la liberalité des fidèles ou des princes
chrétiens, fe prête comme les autres corps de
l'état aux fecours qu'exige l'intérêt commun de
la fociété dont il fait partie.

Si nous confidérons les faits des premiers
temps de l'hiftoire de l'églife, nous voyons
bien que les empereurs accordoient aux clercs
l'exemption des charges publiques perfonnelles,
telles que celles de travailler à la conflruction
des ponts & des chemins : mais c'étoit parce
que cette exemption honoroit leur miniftère ;
& encore cette faveur n'avoit-elle d'étendue
qu'autant que les circonftances le permettoient ;
car le prince favoit la refferrer fuivant les befoins de l'état. Quant aux biens temporels de
l'églife, elle payoit exactement aux empereurs
une impofition fur fes fonds comme les particuliers la payoient fur les leurs. Juftinien par fa

novelle 37 de l'an 535, en permettant aux évêques d'Afrique de rentrer dans les biens dont les
Ariens s'étoient emparés, ne le fit qu'à condition
que l'on payeroit les charges ordinaires dont ces
biens étoient tenus. Il y avoit plusieurs boutiques à Constantinople dont les revenus étoient
destinés pour les frais de sépulture ; cet empereur ne voulut exempter qu'une partie de ces
boutiques, de peur qu'une exemption trop
étendue ne devînt préjudiciable au public. Les
fonds appartenans à l'église de Rome n'étoient
pas plus privilégiés que les autres biens ecclésiastiques, comme on le voit par une lettre de
saint Grégoire, qui recommandoit aux défen-
seurs de Sicile de faire cultiver avec soin les
terres de ce pays qui appartenoient au saint
siége, afin qu'on pût payer plus facilement les
impositions dont elles étoient chargées.

Les clercs de ce temps-là étoient bien éloignés de regarder comme une injustice la demande qu'on leur faisoit des impositions auxquelles leurs biens étoient assujettis ; on peut
en juger par ces paroles de saint Ambroise (*) :

« Lorsque l'empereur demande le tribut, nous
» ne le refusons pas ; les fonds de l'église payent
» le tribut ; si l'empereur revendique ces fonds,
» il en est le maître ; c'est ce que nous ne sau-
» rions lui disputer.

» C'est donc un enseignement grand & spiri-
» tuel tout à la fois, que celui qui apprend aux
» hommes chrétiens toute la soumission qu'ils
» doivent aux puissances les plus élevées, de

_____

(*) Elles ont servi à former les canons 27 & 28 de la
cause 11, quest. 1, du décret de Gratien.

» crainte que perſonne ne ſonge à ſe ſouſtraire
» à la loi du prince de la terre ; car ſi le fils de
» Dieu a payé le cens, quel perſonnage ſi diſ-
» tingué êtes-vous donc pour vous croire diſ-
» penſé de le payer » ?

On trouve auſſi dans ſaint Auguſtin nombre
de paſſages très-propres à convaincre que les
premiers miniſtres de l'évangile n'ont jamais
douté que les princes n'euſſent autant d'autorité
ſur les biens de l'égliſe que ſur ceux des particuliers.

Il faut pourtant avouer que les clercs ne
voyoient pas tous avec les yeux de la raiſon &
de l'équité les impoſitions auxquelles on aſſujettiſſoit leurs biens. Ces biens conſacrés à Dieu
ſont, diſoient-ils, *les vœux des fidèles, le prix
des péchés & le patrimoine des pauvres.* Si celui
qui en retient une partie mérite le même châtiment qu'Ananie & Zaphira , quelle punition
ne doit pas mériter celui qui a la témérité de
s'en emparer ? On peut retrouver ce langage
dans quelques-uns des anciens canons inſérés
dans les capitulaires de nos rois ; mais obſervez
qu'on n'avoit alors en vue par ces ſortes d'ex-
clamations, que l'injuſtice des uſurpateurs &
des tyrans ; ce qui eſt bien loin de notre cas,
où il s'agit ſeulement de ſavoir ſi le prince eſt
fondé à retirer des biens eccléſiaſtiques les ſe-
cours néceſſaires ; & nous venons de voir qu'il
n'eſt pas juſqu'aux fonds de l'égliſe de Rome
qui ne fuſſent aſſujettis à une contribution générale , ſans que perſonne en murmurât.

Si des faits puiſés dans l'hiſtoire de l'égliſe
nous paſſons à nos faits hiſtoriques , nous verrons que dans les cinquième & ſixième ſiècles,

les françois s'étant rendus maîtres des Gaules, y suivirent ce que l'on avoit pratiqué pendant que ce pays avoit été sous la domination des empereurs chrétiens, c'est-à-dire que nos rois exemptèrent les clercs des charges ou corvées personnelles ; mais ils voulurent que les terres de l'église restassent assujetties aux charges ordinaires, & les charges ordinaires n'étoient pas simplement le payement de quelques rentes ou redevances en argent ; elles consistoient encore dans des droits particuliers qu'on pouvoit appeler droits seigneuriaux, tels que le droit de gîte & le service militaire, sans parler des dons gratuits que les ecclésiastiques faisoient comme les autres sujets dans les assemblées de la nation.

Toutes les églises séculières & régulières indistinctement, étoient assujetties à ce droit de gîte, qui consistoit à loger & nourrir le roi & ceux de sa suite quand il passoit dans les villes où ces églises étoient situées. Elles devoient recevoir aussi les officiers que le roi envoyoit dans les provinces ; lorsqu'elles y manquoient, on décernoit de grosses amendes contre ceux qui en percevoient les revenus ; c'est ce que fit Charlemagne en 802, contre les évêques qui avoient manqué à recevoir les ambassadeurs que lui envoyoit le roi de Perse. Il n'y avoit d'exemption à cet égard que pour les églises qui en jouissoient par un privilége particulier (*) ;

(*) Tel étoit le monastère de saint Corneille de Compiègne qui en avoit été affranchi par Charles le Chauve comme on peut le voir par le spicilège ou le recueil de Dom Luc d'Achery.

mais le plus souvent on permettoit d'acquitter ce droit en argent afin de ne pas trouble
les évêques dans leurs fonctions, ou les religieux dans leur retraite.

A l'égard du service militaire, on peut voir
à l'article BAN ET ARRIÈRE-BAN, que les ec-
cléfiaftiqnes n'en étoient pas plus exempts que
les autres sujets du roi. Dès qu'il avoit une
guerre à soutenir, les églises qui poffédoient
quelque fonds considérable, étoient obligées
d'envoyer à l'armée un certain nombre de personnes, & de les y entretenir à leurs dépens.
L'évêque ou l'abbé devoit être à la tête de ses
vaffaux. Hincmar, archevêque de Reims, écri-
vant au pape Nicolas, lui mande qu'il doit bientôt partir, malgré ses infirmités, pour aller à
l'armée avec ses vaffaux contre les Bretons &
les Normands. Il ajoute que les autres évêques
font obligés d'y aller comme lui suivant *la dure
coutume du pays*. « Si les évêques, dit ailleurs
» ce prélat, tiennent des biens considérables du
» roi & de l'état, peuvent-ils se dispenser de
» rendre à l'état les services que leurs prédé-
» ceffeurs lui ont toujours rendus » ?

Le droit de gîte & de service militaire dont
nous parlons, ont continué bien avant sous la
troisième race de nos rois. Les ecclésiastiques
ne font plus aujourd'hui ce service militaire,
parce qu'ils payent pour en tenir lieu.

Outre le droit de gîte & le service militaire,
les ecclésiastiques accordoient encore, comme
nous l'avons dit, des dons gratuits ; c'est ce que
nous apprend la chronique de saint Arnoult de
Metz, où l'on voit que Lothaire tint son parlement à Compiegne l'an 833, & qu'il y reçut
les

les préfens que lui faifoient *tous les ans* les évêques, les abbés, les comtes & le peuple. Ces
dons, comme l'obferve Fauchet, étoient proportionnés aux biens que chaque fujet poffédoit.

Quelque légitime que fût cette contribution,
le clergé chercha à peu près dans le même temps
à s'y fouftraire. Il prétendit que les biens de
l'églife devoient être, ainfi que fes miniftres,
exempts de toute charge publique. Hincmar,
cet archevêque de Reims dont nous venons
de faire voir la foumiffion aux ordres du
prince lorfqu'il étoit queftion du fervice militaire, fut un de ceux qui cherchèrent le plus
vivement à défendre l'immunité des biens eccléfiaftiques. L'efprit faint, difoit-il dans une
lettre à Louis III, nous a enfeigné que les biens
de l'églife font appelés *oblation* parce qu'ils font
offerts & confacrés à Dieu. Ces biens font les
vœux des fidèles, le prix des péchés, &c., &
il en concluoit qu'il étoit défendu d'y toucher,
à moins qu'on ne voulût encourir le même châtiment que celui de Saphire & d'Ananie. Plufieurs autres prélats allèrent jufqu'à foutenir que
l'exemption dont il s'agiffoit, concernant les
biens & la perfonne des eccléfiaftiques, étoit de
droit divin ; & foit que cette opinion fe fût ac-
creditée, foit que le gouvernement fe fentît
trop foible dans ce temps-là pour vaincre la
réfiftance du clergé, les eccléfiaftiques trouvèrent le fecret de s'exempter du don annuel que
chacun d'eux avoit coutume de faire au roi ainfi
que fes autres fujets.

Cependant les guerres d'outre-mer ayant

exigé des fubventions extraordinaires, le clergé n'ofa point s'y fouftraire, attendu que ces guerres intéreffoient la religion, & il entra par politique ou par contrainte dans les dépenfes qu'elles exigeoient. Louis-le-Jeune, qui fe croifa l'an 1146, fit une levée de deniers fur les biens eccléfiaftiques (*). Philippe - Augufte s'étant croifé en 1188 avec l'empereur & Richard roi d'Angleterre, pour reprendre Jérufalem fous Saladin, foudan d'Egypte, les états s'affemblèrent, & on ordonna que chaque particulier qui ne pafferoit point en Paleftine, fut-il eccléfiaftique, payeroit la dixième partie de fes biens (**).

Le concile de Latran tenu l'an 1215 fous Innocent III, fe plaignit amérement de ce qu'on mettoit ainfi les églifes à contribution. « C'eſt » pourquoi, eſt-il dit au chapitre 4 *des immu-* *nités des églifes*, nous défendons fous peine d'ana- » thême, d'en agir de cette manière, à moins » que l'évêque & le clergé ne jugent la chofe » indifpenfable dans un cas de fi grande néceſ- » fité que les facultés des laïcs ne puiffent y » fuffire. Si les confuls & tous ceux qui mettent

---

(*) Cette levée fe conftate 1°. par un compte que rendit un religieux de faint Benoit fur Loire, chargé de l'adminiftration du temporel de fon abbaye; 2°. par une lettre de l'abbé de Ferrières qui pour fe mettre en etat de payer fa taxe, demande du temps à Suger regent du royaume, 3°. par une requête du chapitre de Brioude au roi Louis le Jeune. Ces trois pièces font rapportées dans Ducheſne.

(**) Cette première dîme fut appellée *la dixme faladine* du nom de Saladin; & c'eft de cette impofition qu'eft venu le nom de *Décimes*, donné depuis aux fubventions qu'ont payées les eccléfiaftiques.

» ces impôts ne veulent point, après avoir été
» avertis, changer de façon d'agir, qu'ils ap-
» prennent qu'ils encourent l'excommunication,
» & qu'ils n'en doivent être relevés qu'après
» une satisfaction compétente......... Qu'au
» surplus les laïcs sachent que si lorsque leurs
» facultés manquent, l'église daigne y suppléer
» par ses subsides, ils doivent lui en savoir beau-
» coup de gré & recevoir ses secours avec dé-
» votion & humilité ».

Cependant le concile ne laissa pas d'ordonner
que tous les clercs payeroient la vingtième partie de trois années de leurs revenus pour le secours de la Terre-Sainte.

Ces levées, tantôt à une plus forte, tantôt
à une moindre quotité, devinrent très-fréquen-
tes dans le treizième siècle ; il y en eut treize
sous saint Louis, & vingt-une sous Philippe-le-
Bel (*). Les deniers n'en étoient pas toujours

_____

(*) L'histoire nous apprend que les ecclésiastiques mur-
murerent de ces subsides sous le règne de Philippe-le-bel,
& en porterent leurs plaintes à Boniface VIII qui occupoit
pour lors le saint siège. Ce pontife impérieux donna en
conséquence la fameuse bulle *clericis laicos*, où il défendit
à tout clerc, prélat, religieux, de payer aux laïques quelque espèce de taxe que ce fût sous les noms d'aide, de
prêt, de don gratuit, de subvention, &c. sans la permission du saint siège ; déclarant que ceux qui fourniroient
ainsi de l'argent & ceux qui en recevroient, princes, rois
ou empereurs, encourroient l'excommunication.
  Philippe le bel comprenant parfaitement qu'il étoit le
principal objet de cette bulle, usa de représailles ; &
sans faire mention de Rome, défendit de transporter hors
du royaume argent, joyaux, armes, vivres, &c. sans
une permission signée de sa main.
  Le pape au lieu de dissimuler que cette défense le re-

deſtinés aux guerres contre les mahométans car l'uſage s'étant introduit de faire des croiſades contre les hérétiques & contre les excommuniés, on leva des Décimes pour ſoutenir ce guerres. Les papes eurent eurent eux-même recours à ce moyen dans leurs guerres contn les princes chrétiens qu'ils faiſoient paſſer pou ennemis de l'égliſe. Les ſouverains qui en par tageoient avec eux le profit, conſentoient à ce impoſitions levées par des officiers de la cou de Rome. Il y eut auſſi en différens temps de bulles par leſquelles les papes approuvèrent le Décimes que nos rois exigeoient dans les beſoin preſſans de l'état & ſans aucun prétexte de re ligion. C'eſt ainſi que Clément VI approuva e 1348 les deux Décimes que demandoit Phi

---

gardàt, envoya au roi une autre bulle toute propre aigtir le mal « Si l'intention de ceux qui ont fait cette d » fenſe, dit-il, a été de l'étendre à nous, aux prélats » aux eccléſiaſtiques, elle eſt non ſeulement impuden » mais inſenſée, puiſque ni vous ni les autres princes ſéc » liers n'avez *aucune puiſſance ſur eux*. Cette ſeule préten » tion ſuffiſoit pour vous ſoumettre aux cenſures portée » contre ceux qui violent la liberté de l'égliſe. »

Le roi répondit dans un manifeſte plein de vigueur qu les eccléſiaſtiques étoient membres de l'état comme l autres, par conſéquent obligés de contribuer à ſa conſer vation ; qu'il craignoit Dieu, qu'il honoroit les miniſtre de l'égliſe ; mais qu'ayant la juſtice de ſon côté, il ne re doutoit point d'injuſtes menaces.

Boniface s'adoucit ; & en donnant des explications de ſ bulle, il ſe réduiſit à dire que dans les néceſſités urgentes, *le rois de France* peuvent recevoir des ſubſides du clergé ſan la permiſſion de Rome, & qu'il n'avoit point prétend donner atteinte aux libertés, franchiſes & coutumes d royaume.

lippe-de-Valois. Nos rois n'avoient certainement pas befoin des bulles du pape à cet effet, mais elles pouvoient empêcher le clergé de murmurer.

Les Décimes en faveur des fouverains pontifes fe multiplièrent pendant le fchifme d'Avignon, où chacun des papes traitoit de guerre fainte celle qu'il faifoit à ceux de l'autre obédience ; mais alors on s'y oppofa fortement en France ainfi qu'à toutes les autres exactions des officiers de la cour de Rome. Depuis l'extinction du fchifme & le concile de Bafle, les Décimes furent plus rares, & il y eut de la part des papes plufieurs tentatives fans effet.

Nous venons de voir qu'il eft jufte que les eccléfiaftiques contribuent aux befoins de l'état comme les autres fujets du prince, & de quelle manière ils y ont contribué jufqu'au feizième fiècle, voyons maintenant comment ils y contribuent depuis cette époque.

SECONDE PARTIE.

De la forme qu'ont prife depuis le feizième fiècle les fubventions que le clergé paye à l'etat, & de la manière dont s'en font la répartition & le payement.

En 1516 le roi François Ier ayant eu à foutenir une guerre contre les turcs, Léon X donna une bulle par laquelle il accorda au prince une Décime pour un an fur le clergé de France, à condition néanmoins qu'elle ne feroit point employée à d'autre ufage qu'à la guerre projetée.

On dreffa pour lors une taxe de chaque bénéfice en particulier, taxe qui étoit de beaucoup au-deſſous de la dixième partie du revenu. La répartition qui s'en fit eſt connue par les comptes qu'en rendirent les collecteurs à la chambre des comptes.

La taxe que cette répartition avoit pour objet ne devoit durer qu'un an ; cependant elle fut réitérée pluſieurs fois ſous le nom de don *gratuit* ou de don *charitatif équipollent à Décime ;* & en 1557, elle étoit devenue annuelle & ordinaire.

Lors de la tenue des états d'Orléans en 1560 le clergé craignant pour ſon temporel non-ſeulement de la part des hérétiques, mais encore de la part des catholiques, profita de l'aſſemblée des prélats à Poiſſy en 1561, au ſujet du fameux colloque qui ſe tenoit avec les miniſtres de la religion prétendue réformée pour paſſer un contrat avec le roi : dans cet acte il s'engagea à payer pour les beſoins de l'état, ſeize cent mille livres par an pendant ſix années, avec promeſſe de racheter dans dix ans ſix cens trente mille livres de rente au principal de ſept millions cinq cens ſoixante mille livres dont l'hôtel-de-ville de Paris étoit chargé envers différens particuliers qui avoient prêté leur argent au roi.

En 1562 & pendant les années ſuivantes Charles IX emprunta des ſommes conſidérables dont il aſſigna les rentes ſur les ſeize cens mille livres du clergé, comme ſi ce don avoit dû être perpétuel.

Lorſque le terme fixé par le contrat de Poiſſy fut près d'expirer, le même prince ordonna que le contrat ſeroit continué pour ſix autres années. Cependant l'aſſemblée de 1567 obtint la révocation de cette ordonnance & la décharge de toutes les rentes affignées fur le clergé depuis 1561, à condition d'exécuter ce qui étoit préfcrit par le contrat de Poiffy.

Le clergé affemblé à Melun en 1570, prétendit qu'il avoit fatisfait à toutes les claufes du contrat fait à Poiffy; & que par le moyen des impofitions fixées en 1567, il avoit fourni l'argent néceffaire pour le remboufement de toutes les rentes créées avant 1561. Il y eut à ce fujet des conteftations avec les officiers de l'hôtel-de-ville, mais le clergé paffa un contrat avec le roi Henri III au mois de février 1580, par lequel ce prince déclara qu'il ne jugeoit pas à propos de faire décider la queftion de la validité des contrats faits en 1567; il fe contenta de demander les mêmes fecours que ceux qu'on avoit accordés à fes prédéceffeurs. Le clergé de fon côté ayant protefté contre les contrats en vertu defquels on prétendoit l'obliger, confentit de payer pendant fix ans une fomme pour la décharge de l'état, fans que cette conceffion pût préjudicier aux moyens de défenfes qu'il avoit propofés & aux répétitions de deniers qu'il entendoit exercer (*).

· En 1586 le clergé fit avec le roi un contrat pareil au précédent, & ce contrat fe renouvelle par toutes les grandes affemblées que le clergé tient de dix en dix ans. Mais obfervez que la fomme de treize cens mille livres qui faifoit le montant du contrat de 1580, a été réduite en différentes époques à mefure que les diocèfes

---

(*) Cette fomme accordée au roi pour fix années feulement fut de treize cent mille livres chaque année.

particuliers ont remboursé différentes parties de
rentes dont le clergé étoit chargé ; elle n'étoit
plus en 1726, que de quatre cens quarante-
deux mille six cens quarante-six livres ; & cette
subvention qui, comme nous l'avons dit , se renouvelle tous les dix ans , s'appelle *Décime
ordinaire*. Les deniers qui en proviennent sont
destinés à payer les rentes de l'hôtel-de-ville
assignées sur cette subvention , & à acquitter les
gages des officiers des Décimes.

Comme ces deniers n'entrent point dans les
coffres de nos rois, ils ont demandé de temps
en temps au clergé des secours extraordinaires
sous le titre de *don gratuit*. Ces secours n'ont
d'abord été accordés que pour des occasions pressantes. Telle fut celle de la guerre de 1621 contre
les prétendus réformés ; du siège de la Rochelle en
1628 ; de la guerre contre l'Espagne en 1636 (*).
Ensuite il ne s'est pas tenu d'assemblée du clergé
soit ordinaire , soit extraordinaire , sans que les
besoins de l'état n'aient engagé à demander une
subvention particulière.

Répartition des Décimes.

La première répartition des Décimes se fait
sur chaque diocèse dans l'assemblée générale du
clergé , & cette répartition s'appelle *département*. Ensuite dans chaque diocèse le bureau des
Décimes (**) distribue sur chaque bénéficier de

(*) On en accordoit aussi pour des cérémonies extraordinaires comme celles du sacre & du mariage des rois.

(**) Voyez à l'article BUREAU ce qui concerne les *bureaux des Décimes*, & observez qu'avant l'établissement
de ces bureaux , les officiers des élections repartissoient les
Décimes comme les autres impositions.

fon diſtrict la ſomme pour laquelle le diocèſe eſt compris dans le département, & cette diſtribution s'appelle *répartition*.

Le plus ancien département dont il nous reſte une trace marquée, eſt celui qui eut lieu en 1516 fous‘François Ier., & dont nous avons parlé. Quoique ce département dût ſervir de règle pour les années ſuivantes, on ne laiſſa pas de s'en écarter en bien des occaſions juſqu'à l'édit du mois de janvier 1599 ; mais pour faire ceſſer tous les différends qui naiſſoient à chaque impoſition ſur l'égalité des taxes, il fut ordonné par l'article 2 de cette loi, « que l'ordre & » département de la Décime accordée en ce » royaume en l'année 1516. ..., ne pourroit » être changé ſous quelque prétexte que ce » fût ».

Malgré cet édit, il paroît qu'on n'a pas toujours été exact à ſe conformer au département dont il s'agit, comme on en peut juger par les procès verbaux de pluſieurs aſſemblées, & cela parce qu'on n'a jamais pu regarder ce département comme conforme à l'état actuel des bénéfices. Le clergé n'a pas néanmoins oſé le réformer de ſon autorité ; il a cru avec fondement qu'il lui falloit des lettres-patentes à cet effet. Il eſt pourtant vrai de dire qu'on n'a point recours à ce département pour ſavoir quelle ſomme un bénéficier ou une communauté doit porter des Décimes, quand il y a eu une cottiſation pendant trente années, à une ſomme différente de celle à laquelle étoit l'impoſition par le premier département, ou quand il y a eu des tranſactions ou des arrêts qui en ont fixé autrement le taux : c'eſt ce qui réſulte d'un édit de 1606 en vertu duquel plufieurs bénéfices qu'on avoit omis par inadvertance de comprendre dans le département de 1516, ou qui avoient été établis depuis le règne de François premier, ont été impofés aux Décimes. On a ordonné la même chofe en 1635 pour les monaftères de nouvelle fondation. Mais obfervez que la part des Décimes qu'ont portée ceux qui ont été impofés en vertu de ces réglemens, a dû tourner au profit des curés dont le revenu eft peu confidérable, & que nos rois ont voulu qu'on déchargeât d'une partie de leurs Décimes ordinaires.

Le département de 1516 n'ayant donc point paru dans la fuite une règle affez jufte pour s'y conformer fans réferve, l'affemblée du clergé en 1641, arrêta qu'on députeroit des commiffaires des provinces de deçà & de delà la Loire pour procéder à un nouveau département. Mais dans ce département on ne comprit point tous les bénéfices de chaque diocèfe ; on n'y impofa pas non plus toutes les fommes qui devoient être levées ; on en laiffa à impofer par les évêques & par les députés aux bureaux des diocèfes fur les bénéfices non compris dans leurs départemens. On fe contenta de taxer les bénéfices dont on crut fuffifamment connoître le revenu, & on renvoya aux évêques & aux députés des diocèfes à faire le régalement des autres bénéfices fur trois pieds différens ; favoir, 1°. du tiers du revenu pour les abbayes, prieurés fimples & conventuels, chapelles & autres bénéfices fimples, 2°. de la fixième partie pour les cures ; 3°. de la dixième pour les chapitres & les communautés.

Ce département n'étant point propre à répondre au vœu du clergé pour une contribution plus égale & moins arbitraire, on a souvent cherché à le rectifier. Les dernières opérations à cet égard, & qui ont réussi, sont celles qui furent confiées en 1755 à M. de la Rochefoucault archevêque de Rouen ; le département qui en est résulté, & auquel on a mis la dernière main en 1765, est celui auquel on se conforme aujourd'hui : les contribuables ne peuvent point le rejeter, du moins en ce qui concerne les subventions extraordinaires, parce que les lettres-patentes qui s'expédient sur les contrats des Décimes & autres subventions, portent presque toujours qu'elles se percevront suivant le rôle qui sera fait dans chaque diocèse, en exécution des départemens de l'assemblée, par les évêques ou leurs vicaires généraux ; les syndics & députés de chaque diocèse, suivant la qualité & le revenu des bénéfices. —

L'imposition que fait le clergé pour les dons gratuits n'a lieu que sur les pays sujets aux Décimes. Il y a même dans ces pays des provinces qui sont abonnées à une somme fixe tant pour les Décimes ordinaires que pour les subventions extraordinaires ; & la règle générale est que le clergé ne puisse les charger au delà, à moins que le roi ne permette de déroger à ces abonnemens, comme cela est arrivé en 1760 & 1762.

Les chevaliers de Malte ont aussi une espèce d'abonnement avec le clergé par une transaction du 10 avril 1606, qu'on nomme *la composition des rhodiens*, du nom de l'île qu'ils habitoient avant qu'ils fussent à Malte. Ces chevaliers se

prétendoient exempts des Décimes lorsqu'ils y
furent affujettis par le clergé lors du contrat de
Poiſſy pour une ſomme de trente-ſept mille
huit cens cinquante - ſept livres. Ils obtinrent
même un arrêt du conſeil de l'année 1568,
qui modéra cette taxe à vingt-ſix mille quatre
cens vingt-huit livres; mais ils furent remis à
la première impoſition en 1573; ce qui donna
lieu à un procès entr'eux & le clergé terminé
par la tranſaction dont nous venons de parler,
ſuivant laquelle ils ſe ſoumirent à une contribution annuelle de la ſomme de vingt-huit mille
livres. Les contrats que le roi paſſe avec le
clergé tous les dix ans, font mention de cette
contribution des chevaliers de Malte : elle ſe
paye entre les mains du receveur général du
clergé, où l'on rapporte quittance de pareille
ſomme du receveur des prévôts des marchands
& échevins de la ville de Paris (*).

(*) La compoſition dont il s'agit ne s'entend que pour
la Décime ordinaire; car le clergé a droit d'exiger que
l'ordre de malte contribue aux ſubventions extraordinaires
comme tous les autres corps & communautés du royaume.
Le roi ne l'y comprend pas ordinairement ; mais voici
comment ſa majeſté s'explique ſur cet article par l'arrêt du
conſeil du 24 mai 1760, revêtu de lettres-patentes : » ne
» ſeront compris dans les départemens (à faire pour l'im-
» poſition de ſeize millions de don gratuit accordé par dé-
» libération du clergé du 30 avril précédent) les grands
» prieurés & commanderies de l'ordre de malte, en con-
» ſidération des dépenſes que les chevaliers ou commandeurs
» ſont obligés de faire pour la défenſe de la chrétienté,
» ſans préjudice toutefois de les impoſer lorſque le clergé le
» jugera à propos, ſuivant le traité fait avec eux ».
Le clergé ſe fit une pareille réſerve à leur égard lors du
contrat de ſubvention extraordinaire de 1700. Dans les

Pour acquitter les subventions extraordinaires, on a pris quelquefois le parti de permettre l'aliénation des biens ecclésiastiques, mais ce moyen qui auroit dans la suite des temps dépouillé l'église d'une partie considérable de son temporel n'est plus en usage. A présent on se renferme dans deux moyens : le premier, de partager le don gratuit en plusieurs années, & de faire payer chaque année aux bénéficiers une partie des fonds. Le second moyen qu'on emploie quand le roi desire d'être secouru sur le champ, ou quand la somme est si considérable qu'on ne pourroit la lever sur les bénéficiers sans les incommoder, est de faire un emprunt au nom du clergé, de la somme qu'on remet dans les coffres du roi, & de constituer des rentes en faveur de ceux qui ont prêté leur argent. On impose ensuite sur les bénéficiers une somme plus forte que celle qui est nécessaire pour acquitter les arrérages de la rente, afin d'employer le surplus à rembourser une partie

___

contrats suivans pour la subvention tenant lieu de capitation & de dixieme ; & dans celui de 1715, les chevaliers de malthe furent compris au nombre de ceux qui devoient porter leur part des impositions.

On a gardé dans le clergé trois formes différentes d'imposer les prieurs & les commandeurs de l'ordre. Quelquefois les rois ont bien voulu régler la somme qu'ils seroient obligés de donner à la décharge du clergé. Dans d'autres occasions les prieurs & les commandeurs, pour éviter toute difficulté, sont convenus d'une certaine somme pour la part que leurs prieurés & leurs commanderies devoient porter. La troisieme forme qu'on a gardée a été de les comprendre à proportion de leurs revenus, dans les rôles des diocèses où leurs commanderies sont situées. C'est ce que nous apprennent les mémoires du clergé.

du principal. Par ce moyen on empêche que les subventions ne deviennent des charges perpétuelles pour les bénéfices (*).

(*) Les lettres-patentes qui permettent l'emprunt, portent ordinairement que les étrangers pourront acquérir les rentes que le clergé constituera à ceux qui lui prêteront leurs deniers, sans que ces rentes ni les capitaux soient sujets au droit d'aubaine par rapport à eux ; de manière que ces étrangers peuvent en disposer même par testament, que leurs héritiers non-regnicoles y succèdent, & que ces mêmes rentes ne sont dans le cas ni de la confiscation ni de la représaille, lors même que ceux qui s'en rendent acquéreurs se trouvent les sujets d'un prince qui fait la guerre à la France ; elles ne sont pas sujettes non plus à être saisies par les créanciers, soit regnicoles, soit étrangers, de ceux en faveur de qui elles sont constituées. Elles ont même une hypothèque solidaire sur tous les biens du clergé : les intérêts s'en payent de six en six mois au bureau de la recette générale du clergé. Ces rentes ne peuvent être retardées, retranchées ni réduites pour quelque cause que ce soit.

Si quelqu'un des rentiers a besoin de son argent, le clergé a le pouvoir d'emprunter au denier vingt la même somme que celle qui compose le capital de ce rentier, & de subroger le nouveau créancier à l'ancien, en marquant dans le nouveau contrat que l'emprunt a été fait pour payer un créancier du clergé, & déclarant dans la quittance que les deniers ont été empruntés de celui en faveur duquel a été passé le nouveau contrat.

C'est ordinairement le président de l'assemblée, qui avec un prélat & les deux agens ont pouvoir du clergé d'emprunter. Quelquefois on permet à quelques-uns des commissaires de passer seuls les contrats en l'absence des autres.

Observez que les emprunts que feroient des corps particuliers ou des communautés ecclésiastiques pour le payement de leurs Décimes ne seroient point valables, parce que ces sortes de charges ainsi que toutes celles qui sont attachées à la jouissance des biens d'église doivent se prendre sur les fruits mêmes, sans quoi les bénéficiers pour se soulager dé-

Quand une fois le montant des subventions est arrêté, la répartition peut s'en faire « sur » tous les bénéfices & sur toutes les commu- » nautés séculières & régulières de l'un & de » l'autre sexe, même des religieux & religieuses » hospitaliers qui ont l'administration de leurs » revenus, & qui ont d'autres biens que ceux » destinés par fondation à l'entretien des pau- » vres.

» Sur les collèges, séminaires nouvellement éta- » blis, menses conventuelles, soit qu'elles soient » composées de fonds ou seulement payées en pen- » sion d'argent, ou autrement, offices claustraux, » dignités dans les églises, chapelles, prestimo- » nies, obits en quelques églises ; paroisses & » chapelles qu'ils soient fondés, maladreries non » réunies à des hôpitaux, fabriques, confréries » même de pénitens ; fondations rurales payant » ou non payant taille, & généralement sur » tous les possédans & jouissans des biens ec- » clésiastiques, de quelque qualité qu'ils soient, » payant ou non payant Décimes ; sur tous les » emplois ecclésiastiques & honoraires, pen- » sions, même sur les gages des chantres & » autres du bas chœur, &c. »

Il faut voir à ce sujet les lettres-patentes des 9 juillet 1715, 14 août 1740, 24 mai 1760.

D'après des dispositions si générales, il est

---

truitoient les bénéfices. Ainsi les successeurs en ce cas sont déchargés envers les créanciers, sauf à ceux-ci à se pour- voir personnellement contre les emprunteurs ou contre leurs héritiers, lorsque les membres de ces corps ou de ces com- munautés sont des ecclésiastiques séculiers.

aifé de voir que tous ceux qui participent aux
biens du clergé font auffi dans le cas de participer
aux charges qu'on lui impofe. Ceux qui
pôffèdent des penfions fur les bénéfices n'en
font pas plus exempts que les titulaires eux-
mêmes. Les taxes qu'ils ont payées n'ont cependant
pas toujours été fur le même pied;
elles ont quelquefois été du douzième de la penfion
par chaque année, quelquefois du tiers en
trois ans, d'autrefois du quart, & il y a eu des
contrats où elles ont été réglées au fixième (*).
Ils doivent payer leur cote - part nonobftant
toute convention dérogatoire; il n'y a d'exception
qu'à l'égard des curés qui ont réfigné pour
caufe de maladie ou après un fervice de quinze
ans. C'eft ce qui réfulte des lettres-parentes du
9 juillet 1715 (**).

- Les curés à portion congrue qu'on peut regarder
comme des penfionnaires, avoient été
fixés à une taxe de cinquante livres par la déclaration
du roi de 1690; mais par les lettres-
patentes du 9 juillet 1715, il fut permis de les
augmenter de dix livres pour leur tenir lieu de
capitation & de dixième; ce qui fait en total
foixante livres. Cette taxe déja affez forte pour
ces eccléfiaftiques qui fupportent le poids de

(*) La délibération de l'affemblée du clergé de 1760,
fixe la contribution des penfionnaires aux trois dixièmes de
leur penfion.

(**) C'eft une queftion qui n'eft pas encore décidée fi
dans le cas où la fomme à laquelle les penfionnaires font
cottifés excède l'impofition du titulaire, celui-ci doit profiter
du furplus de ce que le penfionnaire eft obligé de
fournir, ou fi le penfionnaire peut fe borner à acquitter
la taxe du titulaire. *Voyez les mémoires du clergé.*

miniftère,

miniſtère, peut néanmoins être augmentée ſuivant le contrat paſſé avec le clergé le 27 mai
1742, à l'égard de ceux qui ont des caſuels
conſidérables, des novales ou vertes dîmes, &
cela ſans aucun recours contre les décimateurs.
L'édit du mois de mai 1768 en augmentant la
portion congrue de ces curés, ordonne par
l'article 9 qu'ils continueront de payer les Décimes en proportion du revenu de leurs bénéfices (*).

(*) Sur la queſtion de ſavoir ſi les cures & les bénéfices
dont le patronage dépend de l'ordre de Malte doivent contribuer aux Décimes, on trouve divers préjugés pour l'affirmative dans les rapports de l'Agence en 1740, 1745 &
1750. Les chevaliers de Malte ont cherché à ſoutenir l'exemption de ces bénéfices ſous prétexte de la taxe que l'ordre paye
pour ſes biens, ils ſe ſont même ſouvent pourvus au
grand conſeil pour la défendre; mais le conſeil du roi a toujours jugé que ce tribunal étoit incompétent pour connoître des impoſitions du clergé, & ſa majeſté ſans rien décider
au fond, a toujours ordonné que les rôles du diocèſe dans
lequel ſe trouvoient compris les bénéficiers de l'ordre,
ainſi que les fabriques qui dépendoient de leurs bénéfices
ſeroient exécutés par proviſion : le dernier arrêt rendu à ce
ſujet eſt du 19 juin 1745.

On peut conclure de là qu'on ne doit point s'arrêter à la
note qui ſe trouve ſur l'article Décime dans Deniſart, où il
eſt dit qu'un arrêt du grand conſeil du 19 février 1725 a
jugé que les cures & autres bénéfices de l'ordre de Malte
n'étoient point ſujets aux Décimes & autres impoſitions du
clergé. Il eſt vrai que le grand conſeil étoit originairement
fondé à connoître des Décimes par l'article 2 de l'édit de
Henri II de 1552, mais cette attribution ne ſubſiſte plus
depuis l'établiſſement des chambres eccleſiaſtiques. C'eſt ce
que prouve un arrêt du conſeil privé du 10 juillet 1643, qui
renvoie à la chambre eccléſiaſtique de Reims le procès
d'entre les religieux Bénédictins de la congrégation de
S. Maur & les receveurs des Décimes du diocèſe, nonob-

Le payement des Décimes a souvent donn
lieu à des contestations entre les religieux e
conventualité & leurs abbés depuis le partag
des biens des monastères. L'usage à cet égar
n'est pas uniforme. Il y a des monastères dor
l'abbaye est seule comprise dans la cote de l'im
position ; alors l'abbé la paye entièrement, &
l'on présume que la mense conventuelle n'ayar
pas été séparée de la mense abbatiale, elle n'
pas été comprise dans l'imposition. Mais, dan
les abbayes où l'abbé & les religieux ont de
menses séparées, c'est une obligation des reli
gieux de payer la taxe de leur imposition san
pouvoir la répéter à l'abbé qui jouit du lo
des charges ou du tiers-lot, quand même c
tiers-lot ne seroit point épuisé.

Par un arrêt du parlement de Paris du 8 avri
1702, cité dans le rapport des agens du clergé
de 1705, & rendu entre l'abbé & les religieu
du Gard, diocèse d'Amiens, il a été ordonné
que l'abbé seroit tenu d'acquitter les Décime:
ordinaires & extraordinaires, dons gratuits &

_____

stant l'évocation générale au grand conseil de toutes le
causes de cette congrégation alors unie à l'ordre de Cluni
Au reste on trouve dans Papon & dans Tournet un arré
de la cour des aides du 21 juin 1559, qui a jugé exempte
des Décimes, plusieurs cures dépendantes ou étant à la présentation des grands-prieurs & chevaliers de Saint-Jean de
Jérusalem. On trouve aussi dans la bibliothèque de Bouchel au mot *taxes*, un autre arrêt du conseil privé tenu à
Paris le 13 février 1600, par lequel les curés de la commanderie de la chapelle Vahours ont été déchargés du payement des Décimes & subventions envers le clergé du diocèse de Cahors, avec défenses aux syndic & députés de ce
diocèse de les comprendre dans les rôles subséquens.

autres taxes qui ne font point impofés fur la menfe conventuelle, & que les religieux demeureroient chargés de léur part des rentes nouvelles, dons gratuits & fubventions extraordinaires du clergé qui feroient impofés fur la menfe conventuelle conformément aux contrats du clergé, lettres-patentes & déclarations données en conféquence. Cet arrêt confirme la règle générale, qui veut que les anciennes Décimes foient à la charge du tiers-lot, & par conféquent de l'abbé commendataire; & que les nouvelles impofées fur la menfe conventuelle foient à la charge des religieux fans aucun recours contre le tiers-lot ou l'abbé qui en jouit. C'eſt auffi ce que portent les lettres-patentes de 1758, 1760 & 1762.

Avant les fecours tenant lieu de capitation & de dixième, les eccléfiaftiques n'étoient impofés à aucune fubvention pour leur bien patrimonial; de forte qu'ils ne payoient rien au roi quand ils ne poffédoient aucun bénéfice. On a dérogé à cette règle pour les fubventions extraordinaires de 1710 & 1711, & pour celle de 1715 qui fe paye par des états de diftraction fur le produit des impofitions précédentes à caufe de la réduction des rentes. C'eſt pourquoi on fait porter une partie de la taxe à tous les eccléfiaftiques à proportion des biens laics qu'ils poffedent, même du titre facerdotal fur lequel ils ont été ordonnés-(*).

_____

(*) Sur la queftion fi les biens d'églife qui font foumis à la taille, dans les pays où elle eſt réelle, doivent fupporter encore la charge des Décimes, Defpeiffes en fon *traité des tailles* ne met aucun doute à la négative: cepen-

Les bénéficiers, outre la taxe de leurs béné-fices, portent encore une partie de l'imposition pour leur patrimoine ; & les particuliers qui font taxés en corps avec une communauté, le font encore féparément pour leur patrimoine lorfqu'ils en ont. Chacun doit être taxé dans le lieu de fa réfidence ordinaire pour cette part perfonnelle de l'impofition qui eft dépendante du bénéfice.

Quand il y a des annexes qui dépendent d'un bénéfice, le titulaire doit être taxé au chef-lieu de ce bénéfice. Il en eft de même des bénéfices unis aux communautés. N'importe que ces annexes foient d'un autre diocèfe ou qu'elles foient fituées dans un pays exempt de Decimes. Il n'y a d'exception que pour les bénéfices unis à d'autres bénéfices ou à des communautés im-pofées féparément aux Décimes en 1516, ou aux fubventions extraordinaires par le départe-ment de 1641.

Le chapitre de Notre-Dame d'Autun avoit été impofé à la fubvention tenant lieu de capi-tation, tant pour les biens qu'il avoit dans le pays fujet aux Décimes, que dans le comté de Bourgogne qui en eft exempt. Le clergé du comté de Bourgogne ayant fait un don au roi de quarante-cinq mille livres au lieu de capita-tion, on impofa le chapitre de Notre-Dame d'Autun pour les fonds qu'il poffédoit dans cette

---

dant fon opinion n'a point été encore admife abfolument dans les affemblées du clergé ; mais on peut dire que cette confidération eft toujours un motif finon de décharge abfo-lue, du moins de diminution fur la cotte des contribuables dans les bureaux diocéfains.

province. Le chapitre se plaignit de cette imposition & fit voir qu'il ne devoit point être im-
posé deux fois à cette subvention pour le même
bien. Sur ses plaintes il intervint un arrêt au
conseil du roi le 2 octobre 1702, qui déchargea
le chapitre de la taxe qu'on avoit imposée sur
ses biens de Franche-Comté , & qui ordonna la
restitution des sommes payées.

Un arrêt du conseil d'état du 21 mars 1702 ,
contient plusieurs réglemens pour procurer des
facilités à la contribution des secours extraordinaires tenant lieu de capitation pour les clercs
qui sont enfans mineurs , pour les aumôniers ,
les précepteurs & autres ecclésiastiques.

D Héricourt en ses *lois ecclésiastiques* (*), dit
que les hôpitaux , les maladreries , les fabriques,
les communautés de mendians , & quelques
communautés établies en France depuis peu de
temps, ne sont point compris dans les rôles des
Décimes; mais par les lettres-patentes de 1715,
de 1760 & 1761 que nous avons rapportées
ci-dessus, il n'y a plus d'exemption aujourd'hui
que pour les vrais hôpitaux.

A l'égard des colléges , il faut distinguer ceux
qui sont sous la direction des communautés des
villes où ils sont établis, de ceux dont les revenus sont donnés à une communauté ecclésiastique à la charge d'enseigner : les premiers ne
sont point dans le cas d'être compris aux Décimes ; mais pour les autres , ils sont regardés,
comme biens ecclésiastiques , & en cette qualité
sujets à l'imposition.

Les cardinaux étoient autrefois exempts des

_____

(*) Chapitre des *Décimes* , n. 4.

Décimes dans le temps qu'elles fe levoient en vertu des bulles des papes qui les en exemptoient en termes exprès. Ils ont joui de ce privilége jufqu'à ce que les Décimes aient été payées en vertu de contrats paffés entre le roi & le clergé; mais fa majefté pour les indemnifer, leur a accordé une fomme à-peu-près pareille à celle de leurs Décimes, à prendre fur le receveur-général. Cette fomme fut fixée en 1636 à trente fix mille livres, dont les fix plus anciens cardinaux profitent également.

Les mémoires du clergé nous apprennent que l'exemption des Décimes a été quelquefois accordée aux fils des chanceliers de France. Le premier exemple de cette exemption qui ne dura que deux ans, fut en faveur de l'abbé de Saint - Evroult, fils du chancelier d'Aligre, à qui l'affemblée de 1615 accorda la décharge des Décimes pour les bénéfices qu'il poffédoit. On trouve deux exemples pareils en 1675 & en 1680.

Quand un bénéficier, un corps ou une communauté a été mis hors d'état de payer fa taxe par des événemens extraordinaires & non prévus par les contrats, tels que feroit une incurfion de troupes ennemies, un campement des armées du roi, la décharge qui en réfulte demeure pour le compte de fa majefté. Il n'en eft pas de même des autres accidens particuliers qui ont pour caufe des grêles, des incendies, des inondations; les décharges qui en réfultent n'occupent point les affemblées générales; elles fe traitent dans les bureaux particuliers des diocèfes. Mais pour empêcher qu'il ne foit extorqué de ces décharges fous des prétextes fpécieux, on exige

que la preuve des faits qui peuvent y donner
lieu se fasse devant les tréforiers de France ou
devant le plus prochain juge royal ressortissant
nûment au parlement. Ce juge accorde une
surséance de trois mois au diocèse ou au receveur, & il donne son avis sur la diminution
qu'il croit devoir être accordée. On envoie les
procès-verbaux & l'avis aux agens généraux du
clergé, qui du consentement du syndic & des
députés du bureau du diocèse, sollicitent au
conseil l'arrêt de décharge en faveur des bénéficiers ou des recéveurs. Le roi alors remplace
à l'hôtel-de-ville les sommes dont les diocèses,
les bénéficiers & les receveurs ont été ainsi déchargés.

Les Décimes ont lieu dans toutes les provinces
du royaume, même dans celles qui ont été réunies
à la couronne depuis le département de 1516,
excepté dans les évêchés de Metz, Toul, Ver-
dun & leurs dépendances ; dans l'Artois, la
Flandres françoise, la Franche-Comté, l'Alsace
& le Roussillon, à quoi l'on peut ajouter la
principauté d'Orange (*).

Entre les pays qui ne font pas sujets aux Décimes, il y en a quelques-uns qui se prétendent
exempts de toute imposition ; il y en a d'autres
qui payent quelques droits. En Artois, par
exemple, l'imposition est du centième qui fut
établi sur les fonds par les espagnols en 1569.

(*) Les bénéficiers de la Navarre ont réclamé en 1671
l'exemption des Décimes, mais ils ont été déboutés de
leur demande par un arrêt du conseil d'état du 9 août
1671.

Dans les cas de néceſſité on double & l'on triplɩ ce centième.

Dans le Hainaut les eccléſiaſtiques ſont ſujeɩ à tous les droits qu'on lève ſur les fonds, ſu les beſtiaux & les denrées.

Dans la province de Lille, qui eſt un pay d'états, le peuple fait tous les ans un don a roi ; enſuite l'intendant aſſemble le clergé & ɪ nobleſſe, qui accordent ordinairement le ving tième & demi des biens qu'ils font valoir pɑ leurs mains (*).

On aſſimile aux pays exempts les dioce̔ſɛ abonnés dont nous avons parlé ; mais il y a cet égard, comme on le ſent parfaitement, un grande différence : rien ne change pour les paɣ exempts ; au lieu que pour les pays abonnés l'abonnement peut ceſſer dans un temps ou daɩ un autre.

Du payement des Décimes.

La part que doit porter chaque bénéficier ɩ chaque communauté des pays de Décimes poɩ les ſubventions ordinaires ou extraordinaires, ɛ fixée par le bureau des Décimes établi dans chɑ

. (*) Obſervez à l'égard de la taxe pour les oblats, que ɪ abbayes & les prieurés qui ſont à la nomination du ɩ dans les pays conquis, doivent ſupporter cette impoſitioɩ de même que les bénéfices des provinces aſſujettis aɩ Décimes, parce que la nomination des oblats eſt un aɩ ɕien droit de la couronne qui doit avoir lieu dans toutes ɪ provinces qui en dépendent.

Comme il n'y a point dans ces pays de receveurs d Décimes, les penſions des oblats y ſont perçues par d commis prépoſés à cet effet par le roi ; & s'il ſurvient à ɩ ſujet quelque conteſtation elle doit être portée au graɩ conſeil auquel ſa majeſté en a attribué la connoiſſance.

que diocèfe. Voyez à l'article BUREAU (*des Décimes*) comment ce bureau eft compofé ; quelles font les conteftations.qu'on y décide ; quels font les priviléges des fyndics & des députés qui y affiftent ; comment on fe pourvoit contre une taxe dont on a lieu de fe plaindre. Vous y verrez en même-temps ce que font les bureaux généraux établis pour décider les affaires en dernier effort ; quels font les députés à ces bureaux & leurs priviléges ; comment fe règlent les cas où il furvient des conteftations entre deux bureaux ; fi ces bureaux peuvent donner des défenfes d'exécuter les jugemens qui ordonnent de payer ; comment ils jugent les procès pendans devant eux ; fi l'on peut y faire ufage des requêtes civiles , & où l'on fe pourvoit en caffation des jugemens qui en émanent.

Quand les taxes des bénéficiers ont été arrêtées, on doit fignifier à chacun d'eux un extrait du rôle pour lui faire connoître fa cote-part de l'impofition , & il n'eft rien dû pour cette première fignification , autrement on contreviendroit aux édits de décembre 1582 , & janvier 1599.

Les mois de février & d'octobre font les deux époques où le payement des Décimes eft échu. Après ces deux mois on fait une lifte des contribuables qui n'ont pas payé. Le receveur la remet à l'évêque , à fes grands-vicaires & aux députés de la chambre eccléfiaftique du diocèfe ; & fur cette lifte on règle le nombre de fergens que le receveur pourra employer pour faire les commandemens & les faifies. Ces fergens, dont les falaires font fixés pour chaque jour, font des des procès verbaux , des exploits , des faifies ,

des exécutions ; mais ils font obligés de faire
mention de celles qui font faites le même jour,
& de déclarer ce qu'ils ont reçu ; ils peuvent
recevoir les taxes des bénéficiers , & le receveur eft obligé de paffer en compte les quittances qu'ils en donnent. Toutes ces précautions
ont paru néceffaires pour empêcher de vexer
les eccléfiaftiques & de multiplier les frais fans
fujet.

Les fermiers qui ont un bail général de tous
les revenus d'un bénéfice, peuvent être contraints par corps au payement de toutes les
taxes que le titulaire doit acquitter, & le fermier particulier peut l'être auffi jufqu'à concurrence du prix de fa ferme ; ce qui doit être
exécuté fans avoir égard au payement que les
fermiers pourroient avoir fait par avance aux
titulaires, contre lefquels on leur réferve leur
recours (*).

Pour prévenir les fraudes qu'on pourroit faire
en paffant des baux à vil prix dont on auroit
des contre-lettres, on a permis aux receveurs
des Décimes de faire procéder à un nouveau
bail qui doit être adjugé au plus offrant & dernier enchériffeur.

Quand les fruits du bénéfice fe trouvent affermés, le fergent oblige le fermier de lui donner
copie de fon bail ; il l'établit commiffaire & lui
fait défenfes de vider fes mains de ce qu'il doit
& de ce qu'il pourra devoir dans la fuite, juf-

(*) Les économes qui adminiftrent les biens des bénéfices électifs pendant la vacance , peuvent auffi être contraints par corps au payement des décimes fans pouvoir
s'en difpenfer fous prétexte des frais de leur économat.

qu'à ce que les sommes pour lesquelles la saisie
est faite soient payées ; ensuite il lui donne assignation pour se voir condamner à payer les
Décimes & les subventions pendant le reste du
bail, quoiqu'il ne s'y soit pas obligé en se rendant fermier.

Lorsque les fruits du bénéfice ne sont point
affermés, le sergent après avoir fait la saisie,
publie que l'adjudication des fruits du bénéfice
se fera tel jour & par-devant les juges qui en
doivent connoître, au plus offrant & dernier
enchérisseur. Il met des affiches pour cette adjudication aux lieux où les biens sont situés ; il
laisse copie de son procès verbal au bénéficier
ou à celui qui demeure au chef-lieu du bénéfice,
& au receveur des Décimes afin qu'il fasse procéder au bail.

S'il ne se présente personne pour enchérir,
ou que les enchères ne montent pas assez haut,
les commissaires qu'on établit doivent percevoir
les fruits, & pour cet effet l'on contraint le
bénéficier & les anciens fermiers à donner des
déclarations de tous les droits qui appartiennent
au bénéfice. Le receveur fait rendre compte
aux commissaires ; le reliquat de leur compte
demeure entre ses mains jusqu'à concurrence
des sommes pour lesquelles la saisie a été faite ;
ensuite on juge les contestations sur le compte,
s'il y en a, & on règle contre qui le commissaire
doit se pourvoir pour les frais & les dommages-
intérêts.

Lorsque le revenu du bénéfice ne consiste
qu'en un gros payable en grains ou en une pension en argent, le receveur peut faire saisir le
gros ou la pension, même la portion congrue des

curés. A l'égard des curés de ville qui n'on
d'autre revenu que leur casuel, on établit pou
commissaire le vicaire ou un autre ecclésiastiqu
capable de faire les fonctions curiales, qui l
exerce & qui perçoit les fruits jusqu'à ce qu'
ait reçu dequoi payer les Décimes & les frais d
la saisie.

Les saisies pour les Décimes sont privilé
giées ; & dans la distribution des deniers, l
receveur est préféré à tous les opposans ou sa
sissans, excepté pour ce qui concerne le servic
divin.

Ceux des contribuables qui ont manqué à ac
quitter leur part de la taxe pour certaines sub
ventions, sont obligés de payer, outre les frai
des poursuites & des saisies, l'intérêt au denie
seize (*) de la somme à laquelle ils étoient im
posés, à compter du jour que le terme est échu;
parce que le receveur particulier est lui-même
obligé de payer cet intérêt au receveur général
en cas de délai de sa part d'acquitter au terme
marqué ce que doit tout le diocèse pour cette
subvention extraordinaire.

Quand le receveur a donné à un bénéficier
ou à une communauté des quittances sans au
cune réserve pendant trois années consécutives,
tant pour les Décimes ordinaires que pour les
subventions extraordinaires, les années précé
dentes sont présumées acquittées. L'édit du mois
de janvier 1599 déclare les receveurs non-re
cevables à exiger des arrérages antérieurs. La

___

(*) Cet intérêt se payoit ci-devant au denier douze.
Voyez le mémoire sur les *Décimes* inséré dans *l'encyclopédie.*

même loi porte qu'ils n'en pourront demander aux fucceffeurs aux bénéfices pourvus par le décès du dernier titulaire plus de deux années ; & à ceux qui feront pourvus par réfignation , plus de trois , en juftifiant néanmoins des pour-fuites faites contre le prédéceffeur. Obfervez que le nouveau poffeffeur qui paye des arré-rages antérieurs à fa prife de poffeffion , con-ferve fon recours contre l'ancien titulaire ou contre fes héritiers (*).

Lorfqu'il n'y a point trois années confécu-tives de quittances, ou que ces quittances con-tiennent quelque, réferve , on peut demander jufqu'à trente années de Décimes ordinaires ou extraordinaires à celui qui a poffédé le bénéfice pendant ces années , ou à fes héritiers , parce que cette dette donne au receveur une action perfonnelle qui ne fe prefcrit que par trente ans.

L'édit que nous venons de citer exige que les receveurs faffent mention dans les quittances qu'ils donnent de ce qui a été payé pour chaque efpèce d'impofition , tant par rapport aux Dé-cimes ordinaires que pour les fubventions ex-traordinaires , pour les penfions des oblats & les autres taxes. Ils doivent même expliquer le titre en vertu duquel fe fait l'impofition des deniers extraordinaires , pour quelle année & pour quel terme le payement a été fait.

_____

(*) Un arrêt du confeil d'état du 10 août 1641 , main-tient les archidiacres & doyens ruraux de Normandie , dans la poffeffion d'appofer le fcellé , & d'ufer de faifie fur les biens des curés nouvellement décédés pour fûreté des Dé-cimes qu'ils pourront devoir lors de leur décès.

Par la même raison que les diocèses, comme nous l'avons dit, ne sont point solidaires entr'eux pour les Décimes, les particuliers ne le sont pas non plus : on rejetté les non-valeurs sur tout le diocèse, ainsi que les diminutions qu'un bénéficier a obtenues, jusqu'à concurrence de ce qu'il a payé de son imposition au-delà de la taxe qu'il devoit porter.

Lorsque les non-valeurs procédent d'un événement extraordinaire, & que le produit des impositions doit être porté au trésor royal à mesure qu'il se lève (*), ces non-valeurs sont alors sur le compte du roi comme nous l'avons déja fait remarquer.

Quant à ce qui concerne les receveurs de Décimes, leur établissement, leurs prérogatives, leurs fonctions, leurs devoirs, &c. Tout ceci sera expliqué à l'article RECEVEUR (de *Décimes*).

OBSERVATIONS.

On ne peut faire aucune imposition sur les ecclésiastiques du royaume sous quelque titre & sous quelque prétexte que ce soit, si ce n'est en vertu de lettres-patentes enregistrées dans les cours souveraines : l'édit du mois de janvier 1599 contient à cet égard des défenses positives. Mais, lorsqu'une fois le roi a donné des lettres patentes, il n'est pas nécessaire d'autre approbation ; l'autorité du pape est absolument inutile

_____

(*) Il n'en est pas de même des dons gratuits pour lesquels le clergé fait un emprunt dont il paie la rente ; les non valeurs que surviennent sont autant de rejets qui se font sur le diocèse où elles se présentent.

parce qu'il n'a aucun empire fur le temporel des biens de l'églife gallicane.

On n'accorde des fubventions extraordinaires au roi que dans les affemblées générales du clergé ordinaires ou extraordinaires. Il faut pour que le droit foit accordé valablement, qu'il y ait plus des deux tiers des provinces qui aient été d'avis de le faire ; de forte que fi le tiers des provinces étoit d'avis de ne point donner ou de donner moins, la délibération feroit dref-fée fuivant cet avis. C'eft la règle qne le clergé s'eft propofé de fuivre par le règlement du 4 juillet 1646, arrêté dans une affemblée géné-rale.

Nos rois ont toujours obfervé de ne demander les dons eccléfiaftiques dans les pays de Déci-mes, qu'aux affemblées générales du clergé. Dans les befoins preffans, ils le font affembler extraordinairement à ce fujet.

Un arrêt du confeil d'état du 7 décembre 1657, défend aux réguliers de faire aucune af-femblée fur le fait des Décimes & taxe du clergé autrement qu'en la forme & manière qui s'eft toujours pratiquée, & avec la permiffion de l'évêque diocéfain.

Voyez *les édits de janvier 1599, de décembre 1606, de mai 1768: ; les déclarations de 1582, de 1690, & 2 avril 1768 ; les lettres-patentes du 9 juillet 1715, du 14 août 1740, du 24 mai 1760 ; les arrêts du confeil du 7 décembre 1655, du 10 août 1641, du 9 août 1672, du 21 mars 1702 ; les traités latins des Décimes per Andream Hif-panum, per Petrum de Ravena, per Joan. Franc. Pavinum, & per Petrum Rebuffum: la biblio-thèque canonique ; les œuvres de Pinfon au titre*

DE ONERIBUS ECCLESIARUM ; *le Bret en fon traité de la fouveraineté ; les œuvres diverfes d Patru ; Defpeiffes , Dumoulin , Papon , Tournet Charondas & Filleau fur les Décimes ; Chopin e fon traité* de facrâ politiâ ; *Chorier en fa jurif prudence de Guypape ; Thomaffin en fon traité d la difcipline eccléfiaftique ; le fpicilége de don Lu d'Achery ; la chronique de Saint - Arnoult d Metz ; les anciens & les nouveaux mémoires d clergé ; le dictionnaire des arrêts ; celui des fcien ces ; celui du droit canonique ; les lois eccléfiaft ques de France ; la collection de jurifprudence,* &c Voyez auffi les articles ASSEMBLÉE (*du clergé*) BUREAU (*des Décimes*) ; DON GRATUIT RECEVEUR (*des Décimes*) ; SUBVENTION TAXE. (*Article de M. D A R E A U , avocat a parlement,* &c.)

DÉCIMER. C'eft punir un foldat indiqu par le fort entre dix qui fe font rendus coupable de délits militaires.

On en agit ainfi à l'exemple des romains dans le cas d'un grand nombre de foldats qui on commis des exactions dans un village , & parm lefquels on ne peut diftinguer les plus coupables On trouve néanmoins des exemples où un grand nombre d'accufés ont tous été condamnés mort par le même jugement ; il y en a un du 27 avril 1622 , rendu par le prévôt général de l connétablie de France , affifté des officiers d préfidial de Nantes , contre cinq cens quatre vingt foldats pris à la défaite de l'armée de Sou bife dans l'Ifle-de-Ré (*). Ce n'eft qu'avec hor

___

(*) Voici le difpofitif de ce jugement, extrait du tome 8 du mercure françois, page 561.

reur

reur que nous rappelons à nos contemporains le souvenir de cette exécution barbare sur un si grand nombre de victimes sacrifiées pour appaiser les maux cruels des guerres de religion.

La garnison de Trèves pour avoir capitulé & s'être rendue en 1675 contre les ordres du maréchal de Créqui, fut décimée en punition de son infidélité, ou du moins de son manque de soumission. (*Article de M. DAREAU, avocat au parlement, &c.*)

DÉCISION. Jugement, résolution prise sur quelque objet. Il se dit également des personnes qui décident & des matières qui sont décidées.

Les arbitres donnent des Décisions qui ont l'autorité des jugemens. Les avocats consultans donnent des Décisions sur les questions qui leur sont proposées, mais elles n'ont d'autre autorité que celle d'un avis. Plusieurs auteurs ont donné des précis d'arrêts sous le titre de *Décisions no-*

» Nous disons conformément à l'avis desdits juges présidiaux, que les défendeurs sont & les avons déclarés dûment atteints & convaincus du crime de leze-majesté au premier chef, pour avoir, &c. Pour réparation publique desquels crimes avons condamné & condamnons lesdits.... à être pendus & étranglés à des potences qui seront dressées en la place publique de cette ville de Nantes, pour y demeurer tant que mort s'ensuive, & delà portés & attachés à des arbres sur les grands chemins & avenues de cette ville par l'exécuteur de la haute-justice, &c. Donné en la chambre-criminelle du siège présidial de Nantes, par nous prévôt-général susdit, & prononcé auxdits accusés le 27 avril 1622. *Signé*, FRANCOIS LHUILLIER. «

Voyez l'histoire des guerres civiles pour fait de religion sous le regne de Louis XIII.

tables , *Décisions du palais* , *Décisions sommai-*
res , &c.

DÉCISIONS DU CONSEIL, se dit des résolu-
tions prises au conseil des finances sur les requêtes , mémoires & placets qui y sont pré-
sentés. Ces Décisions sont des arrêtés sommaires
qui se mettent au bas du mémoire ou placet,
sans rendre de jugement en forme.

La multiplicité des affaires portées au conseil
des finances détermine souvent à ne donner
qu'une Décision , afin d'éviter aux parties qui
succombent, les frais du coût & de l'expédition
d'un arrêt , & de la commission du grand sceau
C'est pour cela qu'au conseil des finances , on
juge plus d'affaires par des Décisions que par des
arrêts.

Il faut néanmoins observer que les Décisions
ne sont pas exécutoires comme les arrêts : c'est
pourquoi l'on ne doit point exercer de poursuites telles que des saisies de meubles ou de
fruits en vertu d'une simple Décision.

Ainsi lorsque le fermier des droits du roi muni
d'une Décision du conseil contre une partie,
ne peut pas obtenir à l'amiable le payement de
ce que cette partie lui doit, il faut qu'avant
toute autre poursuite il décerne une contrainte
dans la forme ordinaire , qu'il y fasse mention
de la Décision , & qu'il fasse signifier le tout,
afin de pouvoir ensuite agir valablement par
saisie & exécution en vertu de la contrainte. Il
peut aussi s'adresser au conseil pour demander
un arrêt ; & dans ce cas , le débiteur est ordinairement condamné au coût de l'arrêt qu'il a
occasionné par sa résistance.

On appelle *Décisions de Justinien* , les cinquante ordonnances que cet empereur fit après la publication de son premier code , afin de décider les grandes questions qui partageoient les jurisconsultes.

DÉCISOIRE. Terme qui s'applique à un fait qu'on regarde comme devant seul servir à la Décision d'un procès. Il a à-peu-près la même signification que *décisif*, mais il ne s'emploie ordinairement qu'en parlant du serment d'une partie litigante par lequel se décide la contestation dont il s'agit ; & c'est ce serment qu'on appelle *serment Décisoire* , pour le distinguer des autres sermens qu'on prête en justice, sans que pour cela la contestation soit encore terminée. (*Article de M. D A R E A U , avocat au parlement , &c.*)

DÉCLARATION. C'est en général l'action par laquelle on déclare , on fait connoître.

On distingue en jurisprudence plusieurs sortes de Déclarations dont nous allons parler successivement , après avoir observé que quand on emploie le mot *Déclaration* , sans y ajouter d'autre signification , il signifie ordinairement ce qui est déclaré par quelqu'un dans un acte, soit judiciaire ou extrajudiciaire. On demande acte ou lettres de la Déclaration qu'a faite une partie ou son procureur , & le juge en donne acte : quand cela est fait, la Déclaration ne peut plus être révoquée.

Des Déclarations au profit d'un tiers.

On appelle ainsi l'acte par lequel un particulier déclare que le bien acquis en son nom , ou que la constitution faite à son profit, ou que l'obligation qu'il a acceptée ne lui appartiennent pas, mais à un autre auquel il a feulement prêté fon nom.

Suivant l'article 39 du tarif du 29 feptembre 1722, il n'eft point dû de droit de contrôle pour une Déclaration concernant le tout ou partie du contenu d'un contrat d'acquifition, conftitution, obligation ou autre acte, lorfqu'elle eft renfermée dans le même contrat ou acte. Cette difpofition eft conforme à l'article premier de la Déclaration du roi du 14 juillet 1699, & aux arrêts du confeil des 9 novembre 1700, & 26 juillet 1707.

Mais fi la Déclaration fe fait par un acte particulier, le droit de contrôle doit en être payé fur le pied du tarif cité, comme pour le contrat ou acte à l'occafion duquel elle eft faite & à proportion de la fomme qu'elle contient.

Cette difpofition doit avoir lieu quand même il feroit ftipulé que l'acquifition a été faite pour un ami à élire, & que la Déclaration ne feroit que l'élection de cet ami. Il faudroit payer dans ce cas le droit de contrôle de la Déclaration comme pour l'acte au fujet duquel elle auroit été faite : & cette règle doit être obfervée toutes les fois que la Déclaration eft féparée de l'acte principal, quand même elle feroit datée du même jour que cet acte.

C'eft d'après cette jurifprudence que par décifion du 20 feptembre 1731, le confeil a jugé que le droit de contrôle étoit dû fur tout l'objet d'une Déclaration, portant que l'on ne prétendoit rien dans une quittance de finance expédiée au tréfor royal, attendu que la fomme y contenue appartenoit à un tiers.

Par une autre décifion du 20 juillet 1735

le confeil a jugé que le droit de contrôle d'une
Déclaration portant qu'un billet ou mandement
n'avoit été accepté que pour faire plaifir au ti-
reur, étoit dû fur la fomme portée au mandement.

Par une autre décifion du 25 novembre 1735,
le confeil a jugé que le droit de contrôle étoit
dû felon l'article 39 du tarif, au fujet d'une
Déclaration, par laquelle le nommé Durand,
adjudicataire d'une terre décrétée, avoit reconnu qu'il n'avoit agi que pour le fieur de
Lauffel, confeiller à la cour des comptes de
Montpellier, que tous les payemens avoient été
faits de fes deniers, & qu'il confentoit qu'il prît
poffeffion de la terre.

Par une autre décifion du 25 juillet 1750,
le confeil a jugé que le droit de contrôle devoit
être perçu fur l'objet entier d'une Déclaration
faite par le fieur Gelin, de ne rien prétendre à
la propriété d'un office dont il étoit pourvu
fur la procuration *ad refignandum* de la veuve
du fieur des Bumais précédent titulaire, laquelle
difoit avoir été obligée de donner un homme au
roi pour éviter la perte de l'office.

Par une autre décifion du 8 février 1753, le
confeil a jugé que pour une Déclaration faite le
jour même de l'acquifition d'une terre par le
fieur Gavarret en faveur de la demoifelle Re-
cordère, mais par un acte féparé du contrat, le
droit de contrôle devoit être perçu comme
pour le contrat même.

Et par arrêt du 5 mars 1754, le confeil fans
s'arrêter à une ordonnance de l'intendant de
Languedoc, a jugé que le droit de contrôle
devoit être payé conformément à l'article 39

du tarif du mois de feptembre 1722, au fujet
de la Déclaration que le fieur Daumas avoit
faite le 30 feptembre 1752, que l'acquifition
qu'il avoit faite le 25 du même mois avoit été
au profit des fieurs Melié & Fontannes.

Dans cette efpèce, Daumas avoit acquis pour
un ami élu ou à élire : fa Déclaration & l'acte
d'acquifition avoient été portés en même-temps
au contrôle, & l'intendant avoit jugé que la
Déclaration avoit dû être contrôlée pour dix
fous, comme acte fimple.

Il faut remarquer que les Déclarations que
font les procureurs *ad lites*, qui en leur qualité
fe rendent adjudicataires en juftice, font exem-
tes du contrôle quand elles font faites au greffe
dans la huitaine. La raifon en eft que ces Déclarations font alors réputées judiciaires comme
les adjudications.

La même règle a lieu à l'égard des Déclarations faites dans la huitaine aux greffes des maîtrifes par les adjudicataires des bois du roi,
pour nommer leurs affociés. Elles font auffi
confidérées comme des actes judiciaires, &
par cette raifon exemptes de contrôle. C'eft ce
qui réfulte d'une décifion du confeil du 28 janvier 1730.

Nous allons maintenant examiner en quels
cas les Déclarations faites au profit d'un tiers
donnent ouverture au droit de centième denier
& même aux lods & ventes.

Lorfque la Déclaration eft relative à une acquifition volontaire, on doit confidérer fi le
contrat eft pur & fimple, c'eft-à-dire, fi l'acquéreur a acquis en fon nom feul fans fe réferver
la faculté de défigner un autre acquéreur : dans

ce cas, la Déclaration doit être faite pardevant notaires le jour même du contrat d'acquêt ou dans les vingt-quatre heures, finon elle eft cenfée être une feconde vente qui produit des droits feigneuriaux & celui de centième denier. C'eft ce qui réfulte de plufieurs décifions du confeil. L'une du 16 novembre 1727, a condamné le fieur Colleville à payer le droit de centième denier pour une Déclaration faite en fa faveur un mois après le contrat, par celui au nom duquel l'acquifition avoit été faite. Une autre a prononcé de même le 19 août 1730 contre le fieur Fredeau de Jumeauville, quoique la Déclaration faite en fa faveur ne fût que de deux jours poftérieure au contrat d'acquifition.

Mais par une autre décifion du 10 avril 1736, rendue en faveur de François Berger, le confeil a jugé qu'il n'étoit point dû de droit de centième denier pour une Déclaration faite devant notaires dans les vingt-quatre heures du contrat d'acquifition. Et il a confirmé cette jurifprudence par une décifion du 15 avril 1747, portant que faute de faire Déclaration dans les vingt-quatre heures de la paffation du contrat, il étoit dû pour la Déclaration un fecond droit de centième denier.

Cependant par arrêt du 27 feptembre 1755, le confeil a confirmé une ordonnance du lieutenant du bailliage d'Orléans, par laquelle le fieur Jaupitre avoit été condamné au payement du droit de centième denier, pour une Déclaration paffée en fa faveur devant notaires, le jour même de l'acquifition faite purement & fimplement au nom du fieur Efferte. Les motifs

M iv

de cette décision ont été que la Déclaratio
étoit restée secrette, & que l'acquéreur avo
continué d'agir en son nom ; qu'il avoit pay
les lods & ventes, qu'il avoit fait des emprunt
personnels pour suivre le décret, & qu'il l'avo
fait faire en son nom.

Quand on fait une acquisition pour soi o
pour un ami qui sera nommé, ou bien pour so
& pour un ami à élire, l'acquéreur se réserv
par-là le droit de conserver les biens en to
ou en partie, ou de les faire passer à cel
qu'il nommera : mais il faut pour cela que l
Déclaration ait lieu avant qu'il ait fait aucu
acte de propriété personnelle & dans le temp
fixé par les coutumes qui régissent les biens
sans qu oi cette Déclaration seroit regard
comme une seconde vente.

Lorsque les coutumes ne s'expliquent pas s
cette manière d'acquérir & qu'elles ne la d
fendent pas, la Déclaration doit être faite ava
la prise de possession dans le terme comm
pour venir à la foi, qui est de quarante jour
ou au plus tard dans deux mois. Telle est l'op
nion de Carondas, & c'est ce qui a été jugé p
un arrêt du 20 décembre 1600 que Brillon
rapporté dans son dictionnaire.

Mais si avant ce temps, l'acquéreur avo
rendu foi & hommage, payé les lods & vente
ou pris possession des héritages acquis, il aur
consommé son droit & se feroit reconnu se
pour acquéreur. Ainsi la Déclaration qu'il fero
après un acte personnel de cette sorte, sero
considérée comme une seconde vente.

Cette doctrine adoptée par Brodeau, Brillor
Henrys, Guyot & Poquet de Livonière, a ét

confirmée par un arrêt du parlement de Paris
du 26 mars 1620, rendu dans l'espece suivante :
Un particulier avoit acquis une terre pour lui
& pour celui de ses amis qu'il nommeroit dans
un an : au bout de deux mois il paya les droits
seigneuriaux en son nom & se fit investir seul :
quinze jours après il fit une Déclaration au profit
d'un tiers. On demanda en conséquence de nouveaux droits pour cette Déclaration, & le sénéchal d'Anjou dont l'arrêt cité confirma la
sentence, jugea que ces droits étoient dûs (*).

C'est aussi d'après les mêmes principes que
par arrêt du 10 septembre 1754, le conseil a
réformé une ordonnance de l'intendant d'Amiens
& jugé qu'il étoit dû un droit de centième denier pour une Déclaration faite dans les quarante jours du contrat en faveur du sieur Des-
jardins, par le sieur Belloy, qui avoit acquis
pour lui ou pour l'ami qu'il s'étoit obligé de
nommer dans le temps de la coutume : la raison
de cette décision a été que le sieur Belloy avoit
pris saisine en son nom & payé les droits seigneuriaux avant de faire sa Déclaration, & que
par-là il avoit consommé la faculté qu'il s'étoit
réservée par le contrat.

Remarquez aussi que la Déclaration seroit
regardée comme une nouvelle vente si celui

_____

(*) Observez à ce sujet que par une décision du 5 décembre 1739, le conseil a déchargé le sieur Salmon du droit
de centième denier qu'on lui demandoit au sujet d'une déclaration faite en sa faveur par le sieur Darsy, dans l'an du
contrat, en conséquence de la faculté réservée par le contrat suivant la coutume d'Anjou ; quoique dans l'intervalle
le sieur Darsy eût payé les lods & ventes, mais il n'avoit
fait aucun autre acte de propriété personnelle.

qui y est nommé n'avoit point eu la faculté d'acquérir lors du contrat. La raison en est qu'une Déclaration faite dans le temps utile n'est exempte de droits seigneuriaux qu'à cause que la vente est censée faite à la personne nommée dès l'instant du contrat même : ainsi il faut qu'elle ait pu acquérir dans cet instant.

Il faut encore pour qu'une Déclaration ne soit pas regardée comme une seconde vente, qu'elle soit pure & simple & qu'elle ne diffère aucunement des clauses du contrat : s'il y avoit quelque changement, la vente ne seroit plus censée faite directement à la personne désignée dans la Déclaration, & par conséquent cette Déclaration seroit considérée comme une nouvelle vente.

En conformité de ce principe, le conseil a réformé le 9 mars 1748 deux ordonnances de l'intendant de Tours, & jugé que le droit de centième denier étoit dû pour deux Déclarations faites avec des conditions différentes de celles des contrats d'acquisition. Ces deux Déclarations, dont l'une étoit au profit du sieur Guy de Leyrat des Briotiers, & l'autre au profit du sieur Bouteiller, ont été regardées comme de nouvelles ventes.

Lorsqu'il est dit dans le contrat que l'acquisition est faite pour la personne qui sera déclarée dans un temps, celui qui est dénommé dans le contrat n'est proprement que mandataire : c'est pourquoi il peut faire les premiers actes tendant à faire courir le temps du retrait, en y déclarant expressément qu'il n'agit que pour la personne qu'il désignera. Mais en faisant sa Déclaration dans le temps, & avant de consommer le dernier acte de propriété, le mandataire doit juſtifier d'un mandement exprès, de date antérieure au contrat & en forme probante, ſinon la Déclaration doit être conſidérée comme une ſeconde vente.

Quand la Déclaration eſt faite ſur une adjudication par décret, elle doit avoir lieu avant la conſignation des deniers, parce que l'on conſidère que c'eſt cette conſignation qui transfère la propriété à l'adjudicataire ; ou du moins celui-ci doit déclarer en conſignant, que c'eſt pour lui ou pour un ami qu'il nommera, attendu qu'il eſt néceſſaire qu'il manifeſte ſon intention de ne pas reſter adjudicataire ; enſuite il doit nommer cet ami dans quarante jours, & avant la poſſeſſion ou l'exécution du décret. Telle eſt la doctrine publiée par Guyot & par Pocquet de Livonière dans leurs traités des fiefs.

Le dernier commentateur de la coutume de la Rochelle dit ſur l'article 3 , que ſi l'adjudicataire eſt préſent il doit déclarer à l'inſtant qu'il a enchéri pour une perſonne qu'il nommera, & il eſt tenu de faire cette nomination dans la huitaine : s'il n'eſt pas préſent à l'adjudication, il faut que dans le même délai de huitaine , il déclare s'il a enchéri pour lui ou pour autrui.

En Normandie, l'adjudicataire eſt obligé de conſigner après l'adjudication finale : aux prochains plaids ou aſſiſes , on doit tenir l'état ou l'ordre des créanciers, & procéder à la diſtribution des deniers. Et comme à la première ſéance de l'état on envoie l'adjudicataire en poſſeſſion ſur le vu de la quittance de conſignation, il faut que la Déclaration ſoit faite avant cette première ſéance , ou elle donneroit lieu à de

nouveaux droits , à moins que l'adjudicataire
qui auroit dit en consignant qu'il le faisoit pour
un ami à élire , ne rapportât à cet égard un
mandement en forme. Basnage rapporte un arrêt
du 9 février 1665 , par lequel il fut jugé qu'il
étoit dû de doubles droits dans une affaire où
l'adjudicataire après avoir consigné & possédé
pendant une année, avoit ensuite fait une Déclaration en faveur du sieur Cleronde , qui s'é-
toit obligé de faire tenir l'ordre en son lieu &
place.

Comme les adjudications ne se font en justice
qu'aux procureurs des parties pour lesquelles
ils enchérissent, ces adjudications sont censées
faites aux parties mêmes : c'est pourquoi la Déclaration du procureur adjudicataire ne donne
pas lieu à de nouveaux droits : il est en sa qualité dispensé de représenter un mandement dont
on suppose toujours l'existence par l'acceptation
& la ratification de la partie. Cette Déclaration
faite en justice ou au greffe n'est pas même
sujette au contrôle comme nous l'avons observé
précédemment , mais elle doit être faite dans
la huitaine conformément à l'arrêt de réglement
du parlement de Paris du 26 août 1678 , à
peine contre le procureur d'en répondre en son
propre & privé nom.

Cependant par décision du 10 août 1727 , le
conseil a jugé qu'il n'étoit point dû de centième denier pour la Déclaration d'un procureur en charge , faite plusieurs mois après l'adjudication , mais sans qu'il eût fait aucun acte
de propriété.

Dans une autre espèce, le sieur Gillet procureur au parlement, s'étant , en cette qualité

rendu en 1752, adjudicataire de biens décrétés, fut poursuivi en 1753, pour payer le droit de centième denier de l'adjudication : il opposa qu'il s'étoit pourvu au parlement afin d'obtenir un délai pour faire sa Déclaration en faveur du véritable adjudicataire ; & par une décifion du 24 mai 1753, le conseil ordonna qu'il feroit sa Déclaration dans la huitaine, sinon qu'il feroit contraint au payement du droit.

Et par arrêt du 29 août 1758, le conseil a condamné Jean Grenier à payer le droit de centième denier de biens faisis réellement & adjugés au sieur Cornuau procureur au châtelet, qui n'avoit fait sa Déclaration au profit de Grenier que plus d'un an après : celui-ci disoit pour défense contre la demande du fermier, qu'il avoit donné pouvoir au procureur d'enchérir ; que ce procureur étoit resté adjudicataire le 29 décembre 1756, & avoit fait sa Déclaration le 19 janvier 1758 ; qu'en conséquence de cette Déclaration faite à son profit par le procureur, il avoit levé la sentence d'adjudication dont il avoit payé le droit de centième denier ; qu'ainsi il n'en pouvoit pas devoir un second pour la Déclaration qui n'avoit été retardée que par des considérations particulières. Le fermier soutenoit de son côté que les procureurs n'avoient qu'un délai de huitaine pour faire leur Déclaration, à peine d'en répondre en leur propre & privé nom ; qu'à défaut de Déclaration dans ce délai, ils étoient réputés propriétaires & pouvoient être contraints au payement du prix ; qu'ainsi la Déclaration faite au profit de Grenier après plus d'un an, ne pouvoit être considérée que comme une nouvelle vente.

Suivant l'ufage du châtelet de Paris, la Déclaration doit être faite dans la huitaine aprè le décret levé & fcellé.

Le parlement a jugé par deux arrêts des août & 20 décembre 1600, qu'une Déclaratiq faite deux mois après l'adjudication , devo être confidérée comme un nouveau contrat dai les coutumes qui n'avoient aucune difpofition cet égard.

Guyot dit dans fon traité des fiefs, que quan celui qui paroît adjudicataire par la Déclaratio du procureur *ad lites*, a un pouvoir par écr d'un autre, il n'y a point de mutation en quelqu temps qu'il faffe fa Déclaration, fi le pouvo eft fpécial ; mais que fi le pouvoir eft général, on doit diftinguer fi celui qui paroît adjudica taire s'eft mis en poffeffion, s'il a fait la foi, si a pris faifine en fon nom, & avoir égard à l'in tervalle ; & que dans tous les cas il faut que prix foit le même, fans quoi la Déclaration do être réputée une feconde vente : enfin cet au teur dit que fans mandement, il faut un bre intervalle de quinzaine au plus, & que l'adjudi cataire n'ait fait aucun acte perfonnel de pro priété.

Lorfque l'adjudicaire n'a pas figné la Décla ration faite à fon profit par le procureur *ad lites*, la confignation eft le premier acte qu'il fait oi il prend l'adjudication fur fon compte : il fuffi alors de déclarer que c'eft pour lui ou pour un ami qu'il nommera.

Le confeil a rendu le 21 août 1736, une dé cifion conforme à cette règle, en faveur de René-Jean de la Planche, au fujet d'une Décla ration faite en fon nom le 16 décembre 1721, par un adjudicataire d'héritages faisis réellement & vendus judiciairement en la juridiction de la comté pairie de Laval le 25 octobre de la même année, attendu que cet adjudicataire s'étoit réfervé la faculté de nommer un ou plufieurs amis dans l'an.

Au mois de mai 1755, il fut fait au parlement de Paris une adjudication de dix maifons au fieur Sénéchal, procureur, qui déclara les avoir acquifes pour le nommé Bariec : celui-ci fit le même jour pardevant notaires, une Déclaration portant que de ces maifons il y en avoit deux pour Hialard, duquel il reconnut avoir reçu une fomme tant pour principal que pour fa part des lods & du droit de centième denier de l'adjudication. Sur la demande faite à Hialard du droit de centième denier de ces deux maifons, il répondit qu'il ne s'agiffoit que d'un partage de biens acquis par des affociés fous le nom de l'un d'eux, & que le droit ayant été payé pour l'adjudication, il n'en pouvoit être dû un fecond pour la Déclaration faite le jour même que le procureur adjudicataire avoit fait la fienne en faveur de Bariec. Le fermier foutint au contraire qu'il s'agiffoit d'une revente ; que le prix de l'adjudication étoit de fix mille quatre cens livres ; que Bariec avoit reçu quatre mille fix cens vingt livres de Hialard pour deux maifons, & trois mille cinq cens livres d'un autre particulier pour deux autres maifons ; enforte qu'il lui reftoit fix maifons qui ne lui coûtoient rien ; & que fi dans l'acte en forme de Déclaration il avoit fpécifié qu'il avoit reçu trois mille deux cens livres de Hialard pour fa part des frais, ce n'avoit été que pour déguifer le prix de la re-

vente, puifque la totalité des frais ne mont
qu'à fept cent foixante-dix-huit livres. Sur ce
conteftation, le confeil décida le 18 novemb
1756, que le droit de centième denier étoit
par Hialard.

Pocquet de Livonière dit dans fon traité (
fiefs, que quand l'adjudication eft faite à
autre qu'à un procureur en charge, on d
examiner fi l'adjudicataire eft chargé d'un ma
dement par écrit, auquel cas on doit le regard
comme mandataire; & que s'il ne repréfen
point de mandement & qu'il faffe fa Déclar
tion peu de temps après l'adjudication, comr
dans deux mois, fans être entré en poffeffio
on doit fuppofer un ordre verbal ; mais que
la Déclaration eft faite après un long intervall
fans qu'il paroiffe de mandement, ou après
poffeffion de l'adjudicataire ou quelqu'autre a(
de propriété, les feigneurs peuvent exiger (
doubles droits. Pocquet de Livonière cite
l'appui de cette décifion, Ricard, Chopin,
Rocheflavin & Dumoulin.

Des Déclarations pures & fimples.

La Déclaration pure & fimple eft celle qu
donne une perfonne intéreffée dans le fait do
il eft quefttion, lorfque cette Déclaration n'e
tranflative ni attributive d'aucun droit à un tier

Une Déclaration pure & fimple qui n'a ra
port à aucun contrat ou acte, celle d'appel
jugement des juges inférieurs, ou pour que
qu'autre caufe que ce puiffe être, font affujet
ties par l'article 40 du tarif du 29 feptembr
1722, à payer feize fous pour droit de con
trôle.

Suivan

Suivant l'article 8 du réglement du 19 mars 1743, les Déclarations annuelles que les usagers fourniffent aux greffes des maîtrifes des feigneurs, contenant le nombre de leurs beftiaux, doivent être préalablement contrôlées, & le droit payé à raifon de feize fous pour la Déclaration de chaque paroiffe ou hameau ufager.

Le confeil a décidé le 15 juillet 1730, que le droit de contrôle ne devoit être perçu que fur le pied d'acte fimple pour la Déclaration faite par un particulier, que les biens d'une autre perfonne étoient francs & quittes de toutes dettes & hypothèques envers lui.

Par une autre décifion du 12 feptembre 1733, le confeil a jugé que les Déclarations fournies par des feigneurs particuliers, en vertu d'arrêt de la chambre des comptes, de ce qu'ils poffédoient dans la mouvance du roi, pour parvenir à la liquidation de biens échangés avec fa majefté, devoient être contrôlées comme Déclarations pures & fimples, à raifon de feize fous.

Suivant l'article 8 de la Déclaration du roi du 29 août 1724, concernant les regrats, les Déclarations que les chefs de famille font obligés de fournir aux afféeurs, colleeurs, maîtres, échevins & fyndics, tant des paroiffes de vente volontaire de fel, que de celles qui ne font pas fujettes à l'impôt, du nombre des perfonnes dont la famille eft compofée, ainfi que de leurs domeftiques, ne font affujetties au droit de contrôle que fur le pied de deux fous pour chaque Déclaration.

Le confeil a jugé le 2 octobre 1734, que les Déclarations que font les particuliers qui poffedent des biens dans différentes paroiffes

& qu'ils font fignifier aux habitans tant des p
roiffes où ils veulent être impofés à la tail
pour le tout, qu'à ceux des paroiffes où fo
fitués leurs héritages, n'étoient pas fu ettes
contrôle, parce qu'elles ne pouvoient êt
faites qu'aux greffes des élections ; & q
comme telles., elles étoient réputées actes j
diciaires.

Comme la coutume de Normandie défe
au mari d'avantager fa femme directement
indirectement, on a prétendu qu'on devoit u
garder comme une Déclaration pure & fimp
celle qu'un homme marié dans cette provin
avoit faite, qu'il étoit échu des fucceffions m
bilières à fon époufe dont il n'avoit point f
de remplacement, parce qu'il les avoit en
ployées à fon commerce : mais fans confidér
cet acte comme un avantage, il eft évident qu
fournit à la femme une action pour répéter l
chofes qui font échues : il faut donc en tirer
conféquence que le droit de contrôle eft e
gible fur le pied de la valeur de ces chof
L'intendant de Rouen a décidé en conform
de cette règle le 23 mars 1743, contre Nicol
Auvray.

Des Déclarations à fournir par les nouvea
poffeffeurs de biens immeubles.

L'article 25 de l'édit du mois de décemb
1703, a ordonné que les nouveaux poffeffeu
de biens immeubles échus par fucceffion coll
térale & tenus en fief ou en cenfive, du roi o
des feigneurs particuliers, feroient obligés d'e
faire leurs Déclarations aux greffes des infinu
tions laïques dans fix mois, à compter du jo
de l'ouverture de chaque fucceffion, & d'e

payer le droit de centième denier. Et l'article 26 a prononcé la peine du triple droit contre ceux qui négligeroient de faire ces Déclarations.

L'article 16 de la Déclaration du 19 juillet 1704 a ordonné que tous les biens, même ceux qui étoient tenus en franc-aleu, franc-bourgage & franche-bourgeoisie, ou qui suivant les coutumes & usages n'étoient sujets à aucun droit lors des mutations, seroient compris dans les Déclarations dont il s'agit & assujettis au droit de centième denier.

L'article 10 de la Déclaration du 20 mars 1708 a ordonné que les nouveaux possesseurs de biens immeubles, soit que la nouvelle possession leur fût acquise par donation testamentaire ou autre titre, soit qu'elle leur fût échue par succession collatérale, & qu'ils fussent héritiers purs & simples ou bénéficiaires, seroient tenus de faire leurs Déclarations & de payer les droits dans les délais & sous les peines portées par l'édit de 1703.

Et un arrêt du conseil rendu en réglement le 15 septembre 1722, a ordonné que les héritiers en ligne collatérale, donataires, légataires, institués, substitués & autres nouveaux possesseurs de biens immeubles sujets au droit de centième denier, seroient tenus dans les délais prescrits par les précédens réglemens, de faire dans le bureau le plus prochain de la situation des biens, une Déclaration exacte de la consistance & valeur des mêmes biens, & d'en représenter les titres de propriété & les derniers baux à ferme, pour être procédé à la liquidation du droit de centième denier.

N ij

Les Déclarations dont il s'agit doivent fu
vant le même arrêt, être fignées des nouveau
poffeffeurs & certifiées véritables, avec affi
mation qu'il n'y a été omis aucun bien fujet a
droit de centième denier, & que la valeur q
a été déclarée eft la jufte valeur.

Cette loi veut d'ailleurs qu'en cas d'omiffic
ou de fauffe Déclaration, ceux qui les auroi
faites encourent une amende de trois cens l
vres & foient condamnés à payer le triple droi
fans que ces peines puiffent être remifes, mode
rées ni réputées comminatoires fous quelqu
prétexte que ce foit.

Enfin l'arrêt permet au fermier & à fes con
mis ou prépofés, de faire procéder fi bon leu
femble, par experts convenus ou nommés d'ot
fice, à l'eftimation de la valeur des biens men
tionnés dans les Déclarations. Les frais de ce
eftimations doivent être fupportés par les rede
vables indépendamment de l'amende & du triple
droit lorfque les biens fe trouvent être de plu
grande valeur qu'ils n'ont été déclarés.

L'exécution de ces réglemens a été ordonné
toutes les fois qu'il s'eft élevé des conteftation
pour en éluder les difpofitions. C'eft ainfi qu
par arrêt du 2 octobre 1714, rendu contr
l'évêque de Metz, héritier bénéficiaire du du
de Coaflin fon frère, le confeil a ordonné qu'i
feroit une Déclaration de tous les biens de l
fucceffion & qu'il en repréfenteroit les titres.

Par un autre arrêt du 20 juin 1721, le con
feil fans s'arrêter aux offres faites d'une fomme
par le duc de Luynes, fans Déclaration dé
taillée, a ordonné qu'il fourniroit une Déclaration détaillée des biens qui lui étoient échu

par la fucceffion de la ducheffe de Nemours, &
qu'il en payeroit le centième denier.

Le confeil a auffi décidé le 6 mai 1730 contre
les héritiers du fieur Hérault, que les Déclarations devoient être faites & les droits payés
dans les bureaux où les biens étoient fitués.

Et par deux autres décifions des 6 feptembre
1733, & 22 mars 1749, rendus contre le mar-
quis de Beaupreau & contre le fieur Rigault,
le confeil a jugé que l'héritier devoit néceffairement faire fa Déclaration & rapporter les
titres.

Des Déclarations au papier terrier.

Une Déclaration de cette forte eft un acte
par lequel un cenfitaire fournit au feigneur une
énumération détaillée des héritages qu'il poffède
dans fa cenfive, & des redevances auxquelles
ces biens font fujets.

Cette Déclaration fe nomme auffi *Déclaration
cenfuelle*, & *Déclaration d'héritages.*

Quand le feigneur a obtenu des lettres de
terrier, le cenfitaire doit paffer fa Déclaration
au terrier, auquel cas il eft dû au notaire par le
cenfitaire, cinq fous pour le premier article, &
fix blancs pour chacun des articles fuivans.

Le feigneur qui n'a point obtenu de lettres de
terrier, peut néanmoins obliger chaque cenfitaire à lui paffer Déclaration tous les vingt-neuf
ans, pour la confervation de la quotité du cens
& des autres droits : toute la différence eft que
dans ce cas, le cenfitaire peut paffer fa Déclaration devant tel notaire qu'il juge à propos.

Les Déclarations dont il s'agit qui font au-
deffous de dix articles, ne doivent que cinq fous
de droit de contrôle ; mais lorfqu'elles font de

dix articles & au-deſſus, elles doivent dix ſous,
C'eſt ce qui réſulte de l'article 41 du tarif de
29 ſeptembre 1722.

Par arrêt du 30 avril 1718, le conſeil a dé
claré nulle une Déclaration judiciaire reçue au
aſſiſes de la commanderie de Saint-Remy d'An
gers, faute d'avoir été contrôlée, & a prononcé
l'amende de deux cens livres contre chacun de
contrevenans.

Les reconnoiſſances ou Déclarations de
rentes ſeigneuriales qui ſe font aux tenues de
gages - pleiges en Normandie, ſont des acte
néceſſairement judiciaires, & par conſéquent
exempts de contrôle. Cela a été ainſi jugé par
arrêt du 3 juillet 1731. Au reſte, ces actes n'em
pêchent pas les ſeigneurs de faire des terrier
& de faire fournir des Déclarations ainſi que
des aveux & dénombremens lors des muta
tions.

Il ſuffit pour la validité des Déclarations a
papier terrier, qu'elles ſoient contrôlées dan
les trois mois de la date, lorſqu'elles ont été
reçues par l'officier chargé de toutes celles q
ſe font au terrier. C'eſt ce que le conſeil a dé
cidé par arrêt du 25 juillet 1724.

Il n'eſt dû qu'un ſeul droit de contrôle pour
une Déclaration paſſée au papier terrier par
pluſieurs tenanciers ſolidaires. C'eſt ce qui ré
ſulte d'une déciſion du conſeil rendue le 1
juillet 1730 en faveur du duc de la Force.

Mais ſi les tenanciers ne ſont pas ſolidaires,
il eſt dû autant de droits qu'il y a de tenancier
différens. Le conſeil l'a ainſi décidé le 15 ma
1734 ſur un mémoire du comte de la Roque.

Des Déclarations en matière de traites.

Une Déclaration de cette espèce est un état ou facture circonstanciée de ce qui est contenu dans les balles & ballots, ou caisses que les voituriers conduisent dans les bureaux d'entrée ou de sortie.

Quoique les dispositions de l'ordonnance de 1687 paruslent prévenir toutes les contestations entre les marchands & les commis des bureaux, l'expérience ayant appris qu'elles n'étoient encore que trop fréquentes, le roi fit dresser au conseil en 1723, un réglement composé de neuf articles, qui expliquent, modifient ou confirment l'ordonnance de 1687, & dont il est d'autant plus à propos de donner ici la substance, que la matière des Déclarations des marchandises, est une des plus importantes du commerce.

: « Article I. Les Déclarations contiendront la » quantité, le poids, le nombre & la mesure » des marchandises, le nom du marchand ou du » facteur qui les envoie, de celui à qui elles sont » adressées, le lieu du chargement & celui de » la destination, & les marques & numéros » des ballots feront mis en marge des Déclara- » tions.

· » II. Les Déclarations feront faites relative- » ment au tarif, c'est-à-dire que le capitaine » du vaisseau, le marchand & le voiturier fe- » ront tenus de déclarer au poids les marchan- » dises dont les droits doivent être payés au ' » poids; à la mesure, celles qui doivent se payer » à la mesure; & au nombre, celles qui doivent » se payer au nombre.

» III. Les Déclarations feront réputées en- » tières par rapport aux marchandises dont les

N iv

» droits fe payent au poids, lorfque le poids (
» ces marchandifes n'excédera que du dixièm
» celui qui aura été déclaré, en payant les droi
» de cet excédent, qui ne pourra être fujet (
» à faifie ni à confifcation ; mais lorfque l'exc(
» dent fera au-deffus du dixième, tout ce q
» fera au-deffus du poids déclaré fera acquis (
» confifqué au profit du fermier, avec amend(
» de trois cens livres pour chaque contraven
» tion.

. » IV. Dans la difpofition du précédent article
» ne feront point compris les fers, les cuivres
» les plombs & les étains, dont l'excédent n(
» pourra être au-deffus du vingtième du poid
» qui aura été déclaré, en payant les droi(
» dudit excédent, lequel ne pourra être faifi n
» confifqué qu'en cas qu'il fe trouvât au-deffu
» dudit vingtième, ainfi qu'il eft dit à l'articl(
. » précédent & fous la même peine.

» V. Les Déclarations de toutes les marchan-
» difes dont les droits fe payent au nombre
» feront auffi réputées entières lorfqu'elles n(
» fe trouveront excéder que du dixième l(
» nombre déclaré, en payant les droits d(
» l'excédent, qui ne pourra être faifi ni con-
» fifqué qu'en cas qu'il fe trouve au-deffus dudi(
» dixième, & ce fous les peines portées pai
» l'article 3.

» VI. A l'égard des fucres bruts, des fyrops,
» huiles & beurres qui font marchandifes fu-
» jettes à déchet & à coulage, les droits n'en
» feront payés que fur le pied du poids effectif,
» fans que les marchands foient fujets à en dé-
» clarer le poids, mais feulement à rapporter
» les Déclarations du poids faites au lieu du

» chargement , & de repréfenter les mêmes
» quantités de pipes, bariques & autres futailles
» & vaiffeaux en bon état.

» VII. Les voituriers & conducteurs des
» marchandifes, foit par eau ou par terre, qui
» n'auront pas en main leurs factures ou Dé-
» clarations à leur arrivée, feront tenus de faire
» leurs Déclarations fur le regiftre , du nombre
» de leurs ballots, & des marques & numéros qui
» y feront, à la charge de faire ou de rapporter
» dans quinzaine fi c'eft par terre, & dans fix
» femaines fi c'eft par eau, une Déclaration des
» marchandifes en détail , & cependant ils laif-
» feront leurs ballots dans le bureau ; & ce
» temps paffé fans avoir fait ou rapporté une
» Déclaration en détail, les marchandifes feront
» confifquées , & les voituriers - conducteurs
» condamnés à trois cens livres d'amende.

» VIII. Lorfque les marchandifes auront été
» mouillées pendant le voyage , & que le poids
» en fera augmenté au-delà de cinq pour cent,
» il fera fait réfaction du poids dont elles au-
» ront augmenté au - delà de celui qu'elles
» auroient dû naturellement pefer fi elles n'a-
» voient pas été mouillées ; & pour vérifier le
» poids jufte & faire ladite réfaction, le mar-
» chand fera tenu de repréfenter fa facture ; &
» fi l'augmentation du poids ne va qu'à cinq
» pour cent & au-deffous, le fermier ne fera
» point tenu d'en faire réfaction.

» IX. Seront au furplus les autres articles du
» titre 2 de l'ordonnance de 1687, exécutés
» felon leur forme & teneur, en ce qui n'y eft
» point dérogé par le préfent réglement ».

Obfervez fur l'article 5 du réglement que nous

venons de rapporter, que plufieurs marchand
ayant voulu lui donner de l'extenfion en préten
dant que les vins, eau-de-vie & autres liqueur
devoient être compris dans la difpofition qu'i
renferme, & par conféquent qu'un tonneau d
vin d'excédent fur une Déclaration de dix ton
neaux ne pouvoit être faifi, attendu qu'un te
excédent n'étoit point au-deffus du dixième de l
quantité des tonneaux déclarés, le confeil rendi
le 4 avril 1724, un arrêt portant que tout excé
dent des Déclarations qui fe trouveroit fur le nom
bre des tonneaux, barriques, futailles ou autre
vaiffeaux de vin, eau-de-vie ou liqueur, quand
même il feroit au-deffous du dixième de la tot
lité de la Déclaration, feroit fujet à confifcatio
comme marchandife non déclarée, avec amend
de trois cens livres.

Le maître des ports de la ville de Roue
ayant par deux fentences des 7 & 18 décembre
1723, ordonné la confifcation d'excédens trou
vés fur des Déclarations faites par deux négo
cians de cette ville, & prononcé feulement cin
quante livres d'amende au-lieu des trois cen
portées par l'arrêt & les lettres-patentes d
1723, le confeil par arrêt du 8 février fuivant
caffa ces fentences, condamna ces négocians à
l'amende de trois cens livres, & fit défenfes a
maître des ports de modérer à l'avenir les
amendes encourues pour excédent de Déclara
tions, fous quelque prétexte que ce fût.

Le nommé Rottureau de la Melinière ayant
fait une fauffe Déclaration au bureau de Saint
Elier, fes marchandifes furent faifies par procè
verbal du 20 mars 1723. Ce particulier pour
éviter la confifcation qui devoit être prononcé

en vertu de l'article 13 du titre 2 de l'ordonnance du mois de février 1687, offrit de prouver qu'il avoit fait une Déclaration entière des marchandises dont il s'agissoit : le juge des traites de Laval l'admit par sentence du 16 avril suivant à faire cette preuve, sauf au fermier à faire preuve du contraire : quelques témoins ayant déposé en faveur de Rottureau de la Melinière, le même juge rendit le 21 juin une sentence définitive par laquelle il accorda la main-levée des marchandises saisies en payant les droits, & condamna le fermier aux dépens. Mais comme cette procédure étoit contraire aux dispositions de l'ordonnance & des réglemens concernant les fermes, le conseil rendit un arrêt le 14 décembre 1723, par lequel il cassa les sentences du juge de Laval, prononça la confiscation des marchandises saisies, avec amende de trois cens livres, & fit défense aux juges des traites & à tout autre juge des fermes, tant de première instance que d'appel, d'admettre aucune preuve testimoniale tendante à détruire les Déclarations, soumissions & autres engagemens des redevables des droits, à peine d'interdiction, de cassation de procédure, & de tous dépens, dommages & intérêts. Il fut en même-temps ordonné que cet arrêt seroit publié & enregistré dans tous les greffes des élections, traites & greniers à sel.

Des Déclarations en matière de droits d'aides.

Suivant l'ordonnance des aides de 1680, il est défendu à quelque personne que ce soit, de faire entrer dans Paris aucune boisson avant d'en avoir fait la Déclaration, à peine de confiscation & de cent livres d'amende, que la Déclaration du roi du 17 février 1688 a permis aux juges de modérer à vingt-cinq livres & non au deſſous.

Les Déclarations de vin amené, ſoit par eau, ſoit par terre, doivent être faites ſous les mêmes peines, à l'inſtant de l'arrivée aux bureaux des barrières, des portes & des ports ; & tout ce qui eſt trouvé ſans Déclaration au-delà du bureau où l'on a dû en faire une, eſt dans le cas de la confiſcation.

Les Déclarations ne doivent être faites que par les voituriers, marchands ou leurs facteurs, ou par les propriétaires qui conduiſent leur vin en perſonne, & non par d'autres. Il eſt même défendu à tout particulier d'aller ſous la qualité de déchargeur de vin, au-devant des voituriers qui le conduiſent, pour retirer leurs lettres de voiture, ſe charger de faire les Déclarations aux entrées, & même de s'introduire dans les bureaux pour cet effet, à peine du fouët, du banniſſement & de cent livres d'amende pour la première fois, & des galères pour trois ans en cas de récidive.

Avant cette diſpoſition de l'ordonnance, il arrivoit que de prétendus déchargeurs de concert avec les voituriers, faiſoient de fauſſes Déclarations, qui lorſqu'elles venoient enſuite à être découvertes, étoient déſavouées par les voituriers, ce qui donnoit occaſion à la fraude ou du moins à des conteſtations. Or comme les droits ſe perçoivent ſur les Déclarations, il faut qu'elles ſoient certaines & invariables, & par conſéquent elles ne doivent être faites que par ceux qui ſont obligés d'en répondre.

Les Déclarations doivent contenir la quantité

du vin, les noms, surnoms, qualités & demeures de ceux à qui il appartient, le lieu du crû, le lieu où il a été chargé & celui où il doit être encavé : il faut aussi que ces Déclarations soient signées par le propriétaire ou conducteur s'ils savent signer, sinon il doit en être fait mention sur le registre ; le tout à peine de confiscation & de cent livres d'amende que les juges ont la liberté de modérer à vingt cinq livres.

Suivant un arrêt du conseil du 7 octobre 1755, les Déclarations portées sur les registres du fermier doivent faire foi en justice.

Le vin qui se trouve excéder la quantité portée par les Déclarations doit être confisqué, ainsi que celui qui n'a pas été déclaré, quand même il seroit en évidence. C'est ce qui résulte de l'article 2 du titre 7 de l'ordonnance de 1680.

Cette disposition ne décidoit pas si une Déclaration fausse par rapport à la contenance des vaisseaux où étoient les boissons, emportoit la confiscation du total des vaisseaux faussement déclarés, ou si l'on ne devoit comprendre dans la confiscation que la quantité trouvée effective au-delà de la Déclaration : mais le conseil a jugé cette question par deux arrêts des 5 janvier & 12 février 1723, qui ont prononcé la confiscation en entier de neuf demi-queues de vin, déclarées demi-muids à l'entrée de Paris, & de vingt-six bottes de cidre déclarés à l'entrée de Rouen au-dessous de leur contenance. Le conseil a jugé de même par un autre arrêt du 4 avril 1724, rendu au sujet de la subvention par doublement. Et cette jurisprudence a été suivie par la cour des aides dans deux arrêts qu'elle a

rendus, l'un le 13 mai 1749, & l'autre le 2
janvier 1750, contre deux marchands de la vil
d'Orléans. Ces arrêts ont jugé que les Déclara
tions faites dans les bureaux devoient être vraie
dans tout ce qu'elles contenoient, ce qui d
conforme à l'article 24 du titre commun de l'o
donnance de juillet 1681.

Dans tous les lieux où les droits d'aides o
cours, il eſt défendu à tout particulier, mên
à ceux qui ſont exempts des droits d'aides, d'er
lever aucun vin de leurs caves, celliers ou au
tres lieux pour le conduire ailleurs, ſans en fai
Déclaration au bureau du fermier. Cette Décla
ration doit contenir la quantité des boiſſons,
lieu où on les charge, celui où on les condu
avec les noms, ſurnoms & demeures, tant de
propriétaires que des particuliers à qui elle
ſont adreſſées. Et en même-temps il faut prendr
dans ce bureau un congé de remuage conform
à la Déclaration, ou ſi c'eſt dans un pays d'aide
où le gros n'ait pas cours, un acquit des droi
de courtiers jaugeurs; le tout à peine de conſi
cation des boiſſons & équipages ſervant à la
conduire, & d'une amende de cent livres qu
les juges peuvent modérer au quart & non au
deſſous.

Pour recevoir les Déclarations dont il s'agit
les commis ſont obligés de ſe trouver au bureau
depuis cinq heures du matin juſqu'à midi, &
depuis deux heures après midi juſqu'à huit heure
du ſoir, dans les mois d'avril, mai, juin, juillet
août & ſeptembre; & dans les autres mois,
depuis ſept heures du matin juſqu'à midi, & de
puis deux heures juſqu'à cinq du ſoir, à peine

de tous dépens , dommages & intérêts dont le
fermier eft déclaré refponfable. •

Lorfque le fermier trouve des obftacles qui
l'empêchent d'établir des buraliftes dans des
lieux où ils font néceffaires, il peut obliger les
habitans de nommer un des plus folvables d'entr'eux pour recevoir les Déclarations & les
droits , moyennant un falaire de fix deniers pour
livre du montant de la recette.

Les particuliers qui veulent vendre des boiffons en détail, font obligés avant de commencer
leur débit , de déclarer non-feulement les boiffons qu'ils ont deffein de vendre , mais encore
toutes celles qu'ils ont en leur poffeffion , dans
une ou plufieurs caves. Cette Déclaration doit
être faite aux bureaux de recette des lieux où
il y en a d'établis , & aux commis aux exercices
dans les lieux où il n'y a point de bureau. Il
doit y être fait mention du lieu où ils entendent
faire la vente de leurs boiffons , fi c'eft à pot
ou à affiette (*) , & fi elles font de leur crû ou
d'achat : il faut qu'ils retirent un acte de cette
Déclaration, que les commis font obligés de
leur délivrer fans frais ; le tout à peine de confifcation des boiffons faifies & d'une amende de

(*) Cette diftinction n'eft pas prefcrite par l'ordonnance
des aides de Rouen , attendu que la Normandie eft fujette
au quattième, & què dans les lieux où ce droit a cours, il
n'y a point de différence entre la vente à pot & la vente à
affiette.

Lorfque dans les pays de huitième on déclare vendu à
pot ce qui eft vendu à affiette , l'amende eft de tiois cens
livres, au lieu qu'elle n'eft que de cent livres pour défaut
de Déclaration, parce que la peine de la fauffe Déclaration
doit être plus forte que celle de l'omiffion.

cent livres, qui felon la Déclaration du 4 fe
tembre 1708, ne peut être modérée de p
d'un quart, au payement de laquelle non-fe
lement les débitans qui font furpris à venc
fans Déclaration, mais encore les acheteurs
fauteurs de la fraude, doivent être folidaireme
contraints comme pour les propres deniers
affaires du roi (*).

Ceux qui veulent vendre des boiffons
détail, doivent après leur Déclaration faite
mettre bouchon ou enfeigne à la porte du li
où ils prétendent faire leur débit, fous parei
peine de confifcation, & de cent livres d
mende.

Cette règle a été établie afin que les comn
ne puffent point fe méprendre & qu'ils co
nuffent parfaitement les lieux indiqués par l
Déclarations.

Dans les pays de quatrième, les particulie
qui vendent en détail font obligés de déclar
aux commis toutes les fois qu'ils en font requi
le prix de leur vin, tant de celui qu'ils o
vendu que celui qui eft en perce, & de fign
leur Déclaration fur le regiftre des commis, s'
favent figner; ou pour tenir lieu de fignatur
de déclarer qu'ils ne favent figner; & en c
de refus de leur part, après l'interpellation d
commis, dont il doit être fait mention fur

_____

(*) Les Déclarations dont il s'agit font la bafe du tr
vail des commis. On exige dans les pays de huitiè
qu'elles contiennent fi la vente eft à pot ou à affiette à cau
de la différence des droits, & fi les boiffons font du crû
d'achat, à caufe de l'annuel que ne doivent pas ceux q
ne vendent que le vin de leur crû lorfqu'ils ne tiennent p
cabaret.

regift

regiftre de ces derniers, les droits doivent être payés à raifon du prix écrit par eux fur ce même regiftre.

Obfervez toutefois que quand les débitans n'ont pas figné fur le regiftre des commis, il leur eft permis de faire preuve par témoins qu'ils ont vendu à un prix moindre que celui qui eft porté au regiftre : mais ils font tenus de payer par provifion.

Le fermier eft auffi autorifé de fon côté à prouver par témoins la fauffeté de la Déclaration du prix faite & fignée par les débitans fur les regiftres des commis.

Lorfque cette preuve eft acquife, le vin dont le prix fe trouve avoir été fauffement déclaré doit être confifqué ou fa jufte valeur, & le contrevenant condamné à dix livres d'amende. Au furplus, ceux qui vendent en détail font civilement refponfables des Déclarations & du fait des perfonnes prépofées au débit de leurs boiffons.

Il faut remarquer que le fermier a la liberté de prendre à fon profit les boiffons pour le prix auquel les débitans les ont déclarées, déduction faite des droits de détail, & cela fans préjudice de la preuve de la fauffe Déclaration qu'il eft toujours en droit de faire.

Les bouchers, marchands forains ou autres qui conduifent du bétail vivant ou de la viande pour être confommés dans les lieux où il y a des bureaux établis aux entrées pour les aides ou pour les octrois, doivent déclarer fans fraude dans ces bureaux la qualité & l'âge des beftiaux & en payer les droits à l'inftant de l'arrivée, à peine de trois cens livres d'amende & de con-

fifcation des beftiaux & de la viande non dé
rés, même des chevaux & équipages qui aur
fervi à la fraude.

Dans les autres lieux fujets aux droits,
où il n'y a ni barrières ni bureaux établis
portes, les bouchers, marchands ou autres f
obligés de faire leur Déclaration au bureau
fermier établi dans le lieu, & d'y payer les dr
à l'inftant de l'arrivée avant de pouvoir c
duire leurs beftiaux dans leurs maifons ou
leurs. C'eft ce qui réfulte de différentes lois
tées par M. Lefevre de la Bellande.

Des Déclarations des coupes de bois.

Aux termes de l'article 3 du titre 26 de l'c
donnance des eaux & forêts, & de plufieurs a
rêts du confeil rendus en conféquence, les pa
ticuliers n'étoient obligés à faire une Déclaratic
des bois qu'ils vouloient faire abattre, qu'aut
qu'ils étoient fitués à une certaine diftance de
mer & des rivières navigables : mais par un ar
de réglement du premier mars 1757, le con
a ordonné que tous les propriétaires de bois
futaie, arbres épars, ou baliveaux fur tailli
dans quelque lieu qu'ils fuffent fitués, & à qu
que diftance que ce fût de la mer ou des riviè
navigables, feroient tenus fix mois avant de
couper, d'en faire leur Déclaration au greffe
la maîtrife particulière des lieux où les bois f
roient fitués, à peine de trois mille livres d
mende & de confifcation des bois coupés (

(*) *Voici cette loi :*

Le roi s'étant fait repréfenter en fon confeil l'ord
nance du mois d'août 1669, titre des bois à bâtir appar
nans tant aux eccléfiaftiques, gens de main-morte, co

La Déclaration dont il s'agit doit contenir la

munauté & habitans des paroisses, qu'aux particuliers, l'arrêt du conseil du 21 septembre 1700, servant de réglement pour les bois propres au service de la marine, celui du 23 juillet 1748 qui fait défenses aux communautés ecclésiastiques, séculières, laïques & même aux particuliers propriétaires des bois, de quelque qualité & condition qu'ils soient, de faire abattre aucun arbre futaie ou épars ou baliveau sur taillis qui auroient été marqués du marteau de la marine, sa majesté auroit reconnu que si les précautions prises par l'arrêt du 21 septembre 1700, pour mettre les commissaires de la marine à portée de reconnoître les bois qui pourroient être propres pour ce service, ont paru suffisantes, c'est qu'alors la difficulté du transport qui s'opposoit à l'usage que l'on pouvoit faire de ces bois, rendoit les recherches au-delà de la distance fixée par ce réglement, totalement inutiles ; & que d'ailleurs les ressources étoient beaucoup plus abondantes ; mais la rareté des bois de construction qui augmente de plus en plus, & les facilités que procurent aujourd'hui les grands chemins, au défaut de rivières navigables, ont déterminé sa majesté à autoriser la recherche de ces bois partout où il s'en pourroit trouver, sans considérer les distances de la mer ou des rivières, en obligeant tous les propriétaires qui voudront faire couper leurs bois de futaie, à en faire leur Déclaration six mois auparavant, aux greffes des maîtrises particulières des lieux, à quoi sa majesté desirant pourvoir, oui le rapport, &c.

Le roi étant en son conseil, a ordonné & ordonne que les articles contenus sous les titres des bois à bâtir pour les maisons royales & bâtimens de mer, des bois appartenans aux ecclésiastiques & gens de mains morte, communautés & habitans des paroisses & celui des bois appartenans aux particuliers, de l'ordonnance des eaux & forêts du mois d'août 1669, ensemble l'arrêt du conseil du 21 septembre 1700, seront exécutés selon leur forme & teneur; & iceux interprétant en tant que besoin est ou seroit, ordonné & ordonne que tous propriétaires de bois de futaie, arbres épars, ou baliveaux sur taillis dans quelques lieux & endroits qu'ils soient situés, & à quelque distance que ce soit

quantité, la qualité, l'effence, l'âge & la fitu

---

de la mer ou des rivières navigables, feront tenus fix m
avant de les couper d'en faire leur Déclaration au greffe
la maîtrife particulière des eaux & forêts des-lieux & fa
mention de la quantité, qualité, effence, âge & fituau
defdits bois, à peine de 3000 livres d'amende & de conf
cations des bois coupés, fans que ces Déclarations puiff
être faites ailleurs qu'aux greffes des maîtrifes royales de
l'étendue defquelles les bois feront fitués. Fait en conf
quence fa majefté très expreffes inhibitions & défenfe
tous greffiers des juftices feigneuriales, fous quelques ti,
& qualifications qu'elles foient connues, de recevoir c
Déclarations à peine de nullité & de 500 livres d'amer
qui ne pourra être réputée comminatoire; enjoint fa maje
aux greffiers des maîtrifes de fe conformer au furplus
ce qui eft prefcrit par l'article 5 de l'arrêt du confeil du
feptembre 1700; ordonne pareillement fa majefté que l'an
du confeil du 23 juillet 1748, fera exécuté felon fa for
& teneur; en conféquence fait fa majefté très-expreffes
hibitions & défenfes aux communautés ecc1éfiaftiques, f
culières, régulières & laïques, même aux particuliers pr
propriétaires des bois de quelque qualité & condition qu
foient de faire abattre à l'avenir, fous quelque prétexte c
ce foit, les arbres futaie ou épars, baliveaux fur taillis
auront été marqués du marteau de la marine pour le fervi
foit préfent, foit à venir de ladite marine, à peine de co
fifcation defdits arbres & baliveaux, & de 3000 livres d
mende pour la première contravention, qui ne pourra é
réputée comminatoire, & de plus grande peine en cas
récidive; enjoint fa majefté aux fieurs grands maîtres d
eaux & forêts, & aux officiers des maîtrifes particulières,
rechercher ceux qui contreviendront au préfent arrêt & t
aux grands-maîtres qu'aux officiers defdites maîtrifes
tenir chacun en droit foi, la main à l'exécution d'icel
ordonne qu'à la diligence des procureurs de fa majefté du
les maîtrifes, il fera lu, publié, affiché & fignifié parte
& à qui il appartiendra, & exécute nonobftant oppofit
ou autres empêchemens généralement quelconques, po
lefquels ne fera différé, & dont fi aucuns interviennent,

tion des bois à couper ; & elle ne peut être faite ailleurs qu'au greffe de la maîtrise dans l'étendue de laquelle ces bois sont situés ; le tout à peine de nullité.

Les Déclarations faites en la forme prescrite, aux greffes des maîtrises, & même les permissions que les particuliers obtiennent du roi pour la coupe de leurs bois, ne peuvent servir que pour un an : c'est pourquoi ceux qui ont négligé d'en faire usage dans ce temps, sont obligés de faire une nouvelle Déclaration ou d'obtenir une nouvelle permission. C'est ce qui résulte d'une décision énoncée dans une lettre écrite à toutes les maîrises du royaume le 24 novembre 1744 (*).

Suivant un arrêt du conseil du 2 décembre 1738, il n'est dû pour l'enregistrement & l'expédition de chaque Déclaration que dix sous.

majesté s'en est, & à son conseil, réservée la connoissance & icelle interdit à toutes ses cours & autres juges. Fait au conseil d'état du roi, tenu pour la finance, à Versailles, le premier mars mil sept cent cinquante-sept. *Signé*, BERGERT.

(*) *Voici cette lettre.*

M. le contrôleur général est informé, Messieurs, que plusieurs particuliers font couper journellement de leurs bois, sous prétexte qu'ils ont obtenu la permission du conseil d'en disposer, ou qu'ils en ont fait leur Déclaration au greffe de la maîtrise particulière des eaux & forêts du ressort quelques années auparavant ; & d'autant que l'intention du roi est que ces sortes de permissions ou Déclarations ne subsistent que pendant un an, à compter du jour de leurs dates, M. le contrôleur général me charge de vous mander de n'avoir dorénavant aucun égard aux permissions du conseil qui auront été enregistrées au greffe de votre maîtrise, ni aux Déclarations qui auront été faites pour coupe de bois, lorsqu'elles se trouveront surannées. Ayez soin de vous conformer au présent ordre, & de m'en accuser la réception. Je suis, Messieurs, entièrement à vous. *Signé*, DE BAUDRY.

Il eſt défendu aux juges des ſeigneurs de donn
des permiſſions de couper des bois, & à leu
greffiers de recevoir à ce ſujet aucune Déc
ration, ſous peine de mille livres d'amende co
tre les juges, & de cinquante livres contre
greffiers.

Il eſt pareillement défendu à tout particul
de ſe-ſervir de pareilles permiſſions ou Déc
rations, ſous peine de cent livres d'amende
de confiſcation des bois qui auroient pu ê
abattus en conſéquence. Toutes ces diſpoſitiø
ſont fondées ſur divers arrêts du conſeil des
ſeptembre 1700, 6 ſeptembre 1723, 10 m
1735, 26 décembre 1741, 7 décembre 17
& premier mars 1757.

Les particuliers qui ont des bois taillis joign
les forêts du roi ſont tenus de déclarer au gre
de la maîtriſe du reſſort, la qualité & la qua
tité qu'ils veulent en vendre chaque année,
peine d'amende arbitraire & de confiſcatio
C'eſt ce que porte l'article 4 du titre 26
l'ordonnance des eaux & forêts.

Des Déclarations d'hypothèque.

La Déclaration d'hypothèque eſt ce qui ten
déclarer un héritage affecté & hypothéqué à qu
que créance. On forme une demande en Déc
ration d'hypothèque, quand on a un droit acq
& exigible ſur l'héritage ; au lieu que quand
n'a qu'un droit éventuel, on forme ſeulement
demande en interruption de preſcription. La é
mande en Déclaration d'hypothèque doit ê
formée avant que la preſcription ne ſoit é
quiſe (*).

_____

(*) *Formule d'une demande en Déclaration d'hy*
thèque. L'an, &c. A la requête du ſieur Paul, &c. Je

Celui qui eſt aſſigné en Déclaration d'hypo-

huiſſier ſouſſigné, certifie avoir donné aſſignation au ſieur Pierre, à comparoir, &c.... pour répondre ſur ce que par ſentence du châtelet de Paris du.... le ſieur Jean, lors propriétaire d'une maiſon ſiſe à.... depuis acquiſe de lui par ledit ſieur Pierre, a été condamné à payer au demandeur la ſomme de 500 livres pour les cauſes y énoncées, intérêts & frais; en conſéquence le demandeur conclut à ce que ladite maiſon ſoit déclarée, affectée & hypothéquée au payement de ladite ſomme, intérêts & frais; & que ledit ſieur Pierre ſoit condamné comme propriétaire d'icelle, à payer au demandeur ladite ſomme de 500 livres, enſemble les intérêts échus & à écheoir juſqu'à l'actuel payement, ſuivant l'ordonnance, ſi mieux il n'aime délaiſſer en juſtice ladite maiſon pour être vendue par décret au plus offrant & dernier enchériſſeur, en la manière ordinaire & accoutumée ſur le curateur qui ſera créé au délaiſſement, pour, ſur le prix de ladite vente être le demandeur payé ſur & en dé- duction de ſon dû, tant en principal, intérêts que frais, & pour en outre répondre, &c. & ai ſignifié que ſile. A.... &c.

Si la demande en Déclaration d'hypothèque étoit for- mée en conſéquence d'un contrat de conſtitution, comme on ne pourroit exiger le rembourſement du principal, parce qu'il eſt aliéné, il faut demander la continuation du paye- ment de la rente, & par conſéquent un titre nouvel. Voici la forme :

L'an, &c. à la requête du ſieur Paul, &c. Je.... huiſ- ſier ſouſſigné certifie avoir donné aſſignation au ſieur Pierre, propriétaire d'une maiſon ſiſe à.... &c. pour répondre ſur ce que par contrat paſſé devant Me.... & ſon confrere, notaires à Paris, le.... le ſieur Jean, lors propriétaire de ladite maiſon, lui a conſtitué 200 livres de rente, au prin- cipal de 4000 livres au payement de laquelle il a hypothé- qué ladite maiſon; en conſéquence voir dire, ledit ſieur Pierre, que ladite maiſon ſera & demeurera hypothéquée au payement de ladite rente, tant qu'elle aura cours, & ſe voir condamner, comme propriétaire d'icelle, à la payer & continuer audit ſieur Paul, lui en paſſer titre nouvel & re- connoiſſance devant notaires, &c. (Le ſurplus comme ci- deſſus).

O iv

thèque doit pour son intérêt appeler son vende
en garantie avant contestation en cause pour êt
déchargé des arrérages de la rente, s'il s'ag
d'un tel objet ; sinon il peut se trouver dans l
cas de payer les arrérages échus de son temp
suivant l'article 102 de la coutume de Paris.

Lorsque le garant ne fournit point de moye
suffisant pour repousser la demande en Décl
ration d'hypothèque, le propriétaire doit aba
donner l'héritage avant la contestation en caus
pour les raisons qu'on a dites.

Comme la coutume citée n'exige pas qu
l'abandon se fasse en jugement, on peut le fai
au greffe par un acte (*).

Des Déclarations de dépens.

Une Déclaration de dépens est un état d
dépens dus par celui qui y a été condamné (*

(*) *Formule de cet acte :*

Aujourd'hui est comparu au greffe le sieur Pierre, ass
de Me. B. ... son procureur, lequel pour éviter les po
suites de la demande contre lui formée par le sieur Paul,
Déclaration d'hypothèque sur la maison ci-après désignée
en conséquence de l'option à lui déférée par la coutun
a déclaré qu'aux risques, périls & fortune du sieur Je
il délaisse en justice une maison sise à. ... qu'il a acqu
dudit sieur Jean, contre lequel il se réserve tous ses dr
& actions résultans de l'éviction de ladite propriété
maison, ainsi que l'hypothèque & privilége qu'il a
icelle, dont & de tout ce que dessus, il a requis acte à
accordé lesdit jour & an, & a signé au registre.

(**) *Formule d'une Déclaration de dépens.*

Déclaration de dépens auxquels le sieur. ... a été co
damné envers. ... par sentence rendue au châtelet de Pa
le. ...

Premièrement pour contrôle du billet, *suivant le r*
du contrôleur.

Le demandeur en taxe doit fignifier la Déclaration de dépens au défendeur & lui en donner copie. C'eft une difpofition de l'article 5 du titre 31 de l'ordonnance de 1667. Cette loi a fixé la jurifprudence qui n'avoit rien d'uniforme fur ce point auparavant. Au parlement on ne fignifioit point la Déclaration, on la mettoit feule-

Pour le confeil avant la requête, trente fous.

Pour la requête du.... afin de permiffion de faifir, vingt-un fous.

Pour l'exploit de faifie & arrêt du.... papier, contrôle & droit de l'huiffier, trente fous.

Pour la préfentation, contrôle & journée, dix fous.

Pour le défaut concluant & journée, fept fous fix deniers.

Pour l'exploit de dénonciation du.... trente fous.

Pour la préfentation, dix fous.

Pour le défaut & journée, fept fous fix deniers.

Pour le confeil fur une requête verbal, trente fous.

Pour la plaidoirie de l'avocat, trois livres.

Pour la journée de la fentence ci-après, cinq fous.

Pour la minute d'icelle, douze fous fix deniers.

Pour le coût de ladite fentence du.... copie, fignification & contrôle....

Pour la copie, fignification & fommation pour parvenir à la taxe....

Pour le contrôle des dépens....

Pour les affiftances....

Pour les commiffaires....

Pour les tiers....

Pour le fyndic....

Pour l'exécutoire, fignature & fcel....

Pour le premier commandement.

Ce modèle fuffit pour donner une idée générale. On conçoit bien que les Déclarations de dépens doivent varier à l'infini, fuivant les différentes efpèces de demandes & les incidens qui peuvent naître dans le cours des conteftations.

ment en original entre les mains du procureur
du défendeur, avec les pièces juſtificatives. Aux
requêtes du palais on mettoit bien le *ſignifié &*
baillé copie ſur la Déclaration, mais cette copie
ne ſe donnoit jamais ; il n'y avoit qu'aux requêtes
de l'hôtel au ſouverain où l'on ſignifioit & donnoit copie de la Déclaration de dépens.

Aujourd'hui cette obligation eſt impoſée à tou
les tribunaux du royaume : mais il arrive ſouven
qu'il y a pluſieurs condamnés aux dépens par un
ſeul & même jugement. Doit-on en ce cas mul
tiplier la ſignification de la Déclaration, autan
de fois qu'il y a de perſonnes condamnées
Comme ces ſortes de ſignifications ſe font a
domicile des procureurs, il eſt certain qu'on n
doit faire qu'une ſignification de la Déclaratio
de dépens, lorſque les condamnés ſont défendu
par un ſeul & même procureur. Mais lorſqu'i
s'étoient ſervis dans la conteſtation du miniſtèr
de différens procureurs, c'étoit-là véritablemer
le point de la difficulté. Cependant on en trouv
une ſolution bien nette & bien préciſe dans l'arr
de règlement du 17 janvier 1661. Pour cela l
cour a diſtingué deux cas ; 1°. celui où le
condamnés pour leſquels différens procureu
occuperoient, auroient un ſeul & même intérét
2°. celui où ils auroient des intérêts différen
Lorſqu'il y aura pluſieurs condamnés qui occuperoi
par différens procureurs, & que les articles les con
cerneront conjointement, la copie de la Déclaratio
(porte le règlement) *ne ſera donnée qu'à l'ancie*
procureur, en le déclarant néanmoins aux autr
procureurs par un ſimple aĉte ; & en cas que l'intér
des condamnés ſoit diſtinĉt & ſéparé, ne leur ſer
donné à chacun copie que des articles qui les r
gardent.

Comme les droits d'affiſtance des procureurs dans les Déclarations & taxes de dépens ſont proportionnés à la quotité des articles, on a craint que dans la vue de multiplier leurs émolumens, ces officiers ne cherchaſſent à augmenter le nombre des articles, en employant, par exemple, dans l'un une pièce pour l'avoir dreſſée ; dans un ſuivant, l'expédition de cette même pièce ; dans un autre article, la copie & ſignification : pratique qui avoit lieu avant l'ordonnance, d'après le règlement même de 1665, & qui contribuoit à augmenter de beaucoup les frais de taxe déjà aſſez conſidérables par euxmêmes : c'eſt pourquoi l'ordonnance voulant les reſtreindre dans de juſtes bornes, autant qu'il eſt poſſible, veut par l'article 7 du titre cité ; qu'on ne compoſe qu'un ſeul & même article de tout ce qui a rapport à une même pièce, & qu'on cumule dans cet article le coût de la pièce en général, tant pour l'avoir dreſſée, que pour ſon expédition, copie & ſignification, & autres droits qui peuvent la concerner. Pour retenir à cet égard les procureurs dans l'exacte obſervation de la loi, par la conſidération de leurs propres intérêts, l'ordonnance veut non-ſeulement qu'on raye les articles qui ſeroient en contravention, mais encore qu'on déduiſe au procureur contrevenant ſes droits ſur autant de bons articles qu'il en aura inféré de mauvais & de ſujets à être rayés dans ſa Déclaration : mais cette dernière peine a rarement lieu ; on ſe contente de rayer les articles contraires à l'ordonnance, & le ſurplus de ce qu'elle preſcrit n'eſt regardé dans l'uſage que comme comminatoire.

Après que le demandeur a fait fignifier fa
Déclaration de dépens au procureur adverfe,
celui-ci en prend communication, s'il le juge à
propos, ainfi que des pièces juftificatives, examine & marque par un figne les articles qu'il
juge ne devoir pas paffer en taxe, ou les réduit
s'il les trouve trop forts. *Voyez auffi les articles*
TAXE *&* DÉPENS.

Des Déclarations de dommages & intérêts.

Une Déclaration de dommages & intérêts eft
l'état qu'une partie fait fignifier à l'autre, des
dommages & intérêts qui lui ont été adjugés,
lorfque le jugement ne les a pas fixés à une
fomme certaine, mais a feulement condamné une
partie aux dommages & intérêts de l'autre, à
donner par Déclaration (*).

L'article premier du titre 32 de l'ordonnance
du mois d'avril 1667 contient à cet égard deux
difpofitions principales. D'abord celui qui pourfuit la liquidation des dommages & intérêts à

(*) *Formule d'une Déclaration de dommages & intérêts.*
Déclaration des dommages & intérêts auxquels par fentence du châtelet de Paris, du.... le fieur Pierre a été condamné envers le fieur Paul, & dont la teneur fuit :
Pour la valeur de trente bottes de luzerne détruite par le
paffage des chevaux dudit fieur Pierre, fur une partie d'une
pièce de luzerne appartenante audit fieur Paul, évaluées à
neuf livres, fur le piedde fix fous la botte, ci. . 9 livres.
Pour perte de récolte defdites bottes de luzerne, jufqu'à
ce que la pièce de luzerne foit dans l'état où elle étoit au
jour du paffage des chevaux, évaluées à deux années, à
neuf livres pour chaque année, fur le même pied de fix fous
la botte, fait dix-huit livres, ci. . . . . . . 18 livres.
Total, vingt-fept livres, ci. . . . . 27 livres.
On exprime ainfi tous les articles dont on fait réfulter
des torts ; & lorfqu'ils font juftifiés par des pièces, on
ajoute, ainfi qu'il eft juftifié par (telle pièce) &c.

lui adjugés, eſt aſtreint à donner copie au défendeur de la Déclaration de ſes dommages &
intérêts, en même temps que du jugement qui
les lui adjuge, afin que le défendeur connoiſſe
& la quotité de ces dommages & intérêts, & le
titre en vertu duquel ils ſont exigés, & qu'il
puiſſe prendre ſes meſures en conſéquence, pour
aller au devant des frais de taxe.

Mais comme la Déclaration ſeroit par elle-
même inſuffiſante pour inſtruire le défendeur de
la légitimité des différens articles qui la compoſent, ſi l'on ne lui donnoit en même temps
connoiſſance des pièces juſtificatives, l'ordonnance par la ſeconde partie de ſa diſpoſition
impoſe à celui qui pourſuit la liquidation, l'obligation indiſpenſable de communiquer au défendeur ces pièces juſtificatives en originaux,
ſous le récépiſſé de ſon procureur, afin qu'il
puiſſe les examiner à loiſir & en faire lui-même
l'application à chacun des articles de la Déclaration auxquels elles ſont relatives. Mais pour
prévenir en même temps l'abus que le défendeur
pourroit faire de cette facilité, en retenant trop
long-temps ces pièces pour retarder la liquidation, le légiſlateur a fixé pour cette communication un délai de quinzaine. Lorſque cette
quinzaine eſt expirée, le procureur qui s'eſt
chargé des pièces ſous ſon récépiſſé peut être
contraint par corps à les rendre & à payer une
amende de ſoixante livres, outre les dommages
& intérêts des parties réſultans du ſéjour &
d'autres cauſes, de quoi il eſt reſponſable en ſon
pur & privé nom, ſans qu'aucune de ces peines
puiſſe être remiſe ni modérée, ſous quelque prétexte que ce ſoit.

Des lettres de Déclaration.

On appelle ainsi des lettres-patentes accordé
à ceux qui après avoir été long-temps abse
hors du royaume, & avoir en quelque sorte a
diqué leur patrie, reviennent en France. Comr
ils ne sont pas étrangers, ils n'ont pas besoin (
lettres de naturalité, mais de lettres de Déclar
tion pour purger le vice de la longue absence.

Des Déclarations de guerre.

Chez les Romains une Déclaration de guer
étoit un acte public fait par les hérauts ou fécia
qui signifioient aux ennemis les griefs qu'on avo
contre eux, & qu'on les exhortoit d'abord
réparer, sans quoi on leur déclaroit la guerre. S
au bout de trente-trois jours l'offenseur ne doi
noit pas satisfaction à l'offensé, le héraut retou
noit déclarer qu'on alloit délibérer à Rome sur le
moyens de se faire rendre la satisfaction refusée
& dès que la guerre avoit été résolue dans l
sénat, le héraut retournoit pour la troisième foi
sur les frontières du pays ennemi, & là, e
présence au moins de trois personnes, il pro
nonçoit la formule de la Déclaration de guerre
après quoi il lançoit sur les terres de ce peupl
une javeline, ce qui étoit regardé comme l
premier acte d'hostilité.

Aujourd'hui une Déclaration de guerre consist
dans un manifeste par lequel un prince déclar
la guerre à un autre prince.

Des Déclarations du roi.

Une Déclaration de cette sorte est une loi par
laquelle le roi explique, réforme ou révoque un
édit, une ordonnance.

Les Déclarations du roi sont des lettres-
patentes de la grande chancellerie, scellées du

grand fceau de cire jaune, fur une double queue de parchemin, & qui commencent par ces mots : *A tous ceux qui ces préfentes lettres verront.* Elles font datées du jour, du mois & de l'année ; en quoi elles diffèrent des édits & ordonnances qui ne font datés que du mois & de l'année, & commencent par ces mots: *A tous préfens & à venir.* Les Déclarations doivent être enregiftrées dans les cours, & publiées par leur autorité, pour avoir force de loi.

Voyez *le tarif du* 29 *feptembre* 1722 ; *la Déclaration du* 14 *juillet* 1699 ; *les arrêts du confeil des* 9 *novembre* 1700 & 26 *juillet* 1707 ; *le traité des fiefs de Guyot, & celui de Pocquet de Livonière; les arrêtés de Lamoignon; Carondas en fes réponfes ; le dictionnaire des arrêts ; Brodeau fur Louet; les œuvres de Henrys ; Ricard, Chopin & Dumoulin fur Paris; la Rocheflavin ; des droits feigneuriaux; la déclaration du* 29 *août* 1724 ; *l'édit du mois de décembre* 1703; *les déclarations des* 19 *juillet* 1704 & 20 *mars* 1708 ; *l'arrêt de règlement du confeil du* 15 *feptembre* 1722 ; *l'ordonnance des fermes du mois de février* 1687 ; *le règlement du confeil du mois d'août* 1723; *l'arrêt du confeil du* 14 *décembre* 1723 ; *l'ordonnance des aides de juin* 1680 & *celle de juillet* 1681 ; *la déclaration du* 17 *février* 1688; *le traité général des droits d'aides ; l'ordonnance du mois d'avril* 1667, & *les commentateurs; le praticien du châtelet; le dictionnaire raifonné des domaines; l'encyclopédie, &c.* Voyez auffi les articles CONTRÔLE, CENTIÈME DENIER, SUCCESSION, FRANC-FIEF, ADJUDICATION, VENTE, TERRIER, VIN, EAU-DE-VIE, VENTE, DÉTAIL, QUATRIÈME, HUITIÈME, TAXE, DÉPENS, DOMMAGES ET INTÉRÊTS, DROITS RÉSERVÉS, &c.

DÉCLINATOIRE. C'eſt la requiſition p^a laquelle une partie traduite devant un juge, de mande qu'on la renvoie devant un autre jug qu'elle prétend être ſeul en droit de connoîtr de l'affaire pour laquelle le Déclinatoire eſt pro poſé.

Le Déclinatoire peut avoir lieu à raiſon de l qualité de la perſonne qui le propoſe, ou de l nature de l'affaire pour laquelle il eſt propoſ *Voyez à ce ſujet l'article* COMPÉTENCE.

On peut décliner une juridiction en matièr civile & en matière criminelle.

En matière civile, lorſque le Déclinatoire n peut avoir lieu que par des conſidérations tirée de la qualité des perſonnes ; par exemple, raiſon de ce qu'on a un privilège pour n'êtr traduit que devant certains juges, ou à raiſon d ce qu'on n'eſt point domicilié dans la juridictio du juge devant lequel on eſt traduit, ce Décl natoire doit être propoſé avant que les défenſe ſur le fond aient été fournies; car après s'être défendu, après avoir conteſté devant le juge c'eſt lui avoir accordé toute compétence, & l'on n'eſt plus recevable à décliner ſa juridic tion (*). Obſervez néanmoins qu'en ce cas l

_____

(*) *Formule d'un Déclinatoire en matière civile.*

A Monſieur, &c.

Remontre humblement Jacques, &c.

Diſant qu'il a été aſſigné devant vous par exploit de... à la requête de Pierre, &c.... aux fins de ſe voir co damner au payement, &c.... mais comme il n'eſt poi domicilié dans le détroit de votre juridiction, & que da les affaires perſonnelles ſon véritable juge eſt celui de l juſtice de.... où il a ſa réſidence de fait & de droit depu

jug

juge du domicile du défendeur ne devant point souffrir de la négligence ou de l'indifférence de son justiciable à demander son renvoi, peut revendiquer la cause dans l'état où elle se trouve, jusqu'au moment même où elle est en état de recevoir sa décision. Mais le simple juge de privilége ne le peut point, parce qu'on ne peut forcer personne à user de son privilége malgré soi.

Quand le Déclinatoire est motivé sur la nature de l'affaire en elle-même, & que cette affaire

———————————————————

nombre d'années, malgré toute l'idée avantageuse qu'il a de votre justice & de votre équité, ses intérêts domestiques ne lui permettent pas d'entrer en contestation avec sa partie adverse dans un tribunal trop éloigné de sa demeure, & prend la liberté de vous donner la présente requête pour être renvoyé devant son juge naturel.

A ces causes, il vous plaise, Monsieur, ordonner qu'on en viendra à votre prochaine audience, pour voir dire que la cause dont il s'agit & les parties seront renvoyées devant le juge de.... pour y être procédé en la manière accoutumée, & que ledit Pierre sera condamné aux dépens sur le présent Déclinatoire. Permettre au surplus de faire signifier la présente requête à Me.... procureur constitué dudit sieur Pierre.... à l'effet des conclusions ci-dessus, & vous ferez justice.

Ordonnance. Soit signifié & viennent, fait à.... le....

On fait donner copie de la requête & de l'ordonnance ci-dessus, & la signification s'en fait en ces termes:

Le 7 janvier 1718, signifié à Me.... procureur, à domicile, parlant à (son clerc).

Lorsqu'on ne veut point employer la forme de la requête, on peut se servir de celle d'un simple acte ordinaire de procédure : on peut même se contenter d'une réquisition verbale à l'audience : on suit en pareil cas l'usage introduit dans chaque siége.

Tome XVII.   P

n'eſt nullement de la compétence du juge devant lequel elle eſt portée, comme lorſque s'agiſſant d'une demande en retrait lignager, elle eſt intentée devant des élus ou des juges d'eaux & forêts, au lieu d'être portée devant les juges ordinaires, ce Déclinatoire peut être propoſé en tout état de cauſe; le demandeur lui-même peut le propoſer, parce que l'article premier du titre 6 de l'ordonnance de 1667 déclare nuls les jugemens rendus par des juges dont l'incompétence eſt abſolue. Il eſt même enjoint à ces juges de renvoyer d'office ces ſortes d'affaires, ſous peine d'être pris à partie. Voyez ce qui eſt dit à ce ſujet au commencement de l'article CAUSE.

Le juge devant lequel on eſt traduit, eſt compétent pour décider s'il y a lieu à accorder ou à réfuſer le renvoi qui fait le ſujet du Déclinatoire; il eſt pour cette partie juge en quelque façon dans ſa propre cauſe, & en cela peut-être y a-t-il un certain inconvénient, parce que les juges ont pour l'ordinaire plus de penchant à retenir les cauſes qu'à les renvoyer: mais cet inconvénient eſt très-léger, attendu qu'on a la voie de l'appel comme de deni de renvoi, & même de la priſe à partie ſi le juge retient indûment l'affaire.

Un Déclinatoire propoſé doit faire ſurſeoir toute pourſuite (*) juſqu'à ce qu'il ait été ſtatué

____

(*) Il faudroit qu'il fût queſtion d'un cas bien preſſant pour procéder & pour ſtatuer ſur quelque chef proviſoire nonobſtant un Déclinatoire, mais il eſt des cas où la néceſſité contraint la loi. Au ſurplus les actes purement conſervatoires ne doivent point ſouffrir de difficulté.

fur cette exception, parce qu'avant de procéder devant un juge, il eſt naturel qu'on ſache ſi la connoiſſance de l'affaire doit lui reſter ou non. Mais afin qu'une partie n'abuſe point de cette voie pour retarder contr'elle une juſte condamnation, il eſt enjoint à tous les juges, par l'article 3 du titre 6 de l'ordonnance citée, « de » juger ſommairement à l'audience les renvois, » incompétences & Déclinatoires qui ſeront » requis & propoſés ſous prétexte de litiſpen-» dance, connexité ou autrement, ſans appointer » les parties lors même qu'il en ſera délibéré ſur » le regiſtre, ni réſerver & joindre au principal » pour y être préalablement ou autrement fait » droit. »

Il peut arriver cependant que les faits qui ſervent de fondement à un Déclinatoire, ne ſoient pas ſuffiſamment éclaircis pour y ſtatuer ſur le champ. Un cas pareil peut ſe rencontrer, par exemple, lorſque les parties ne ſont point d'accord ſur le véritable domicile de celui qui demande d'être renvoyé devant ſon juge, ſous prétexte qu'il n'eſt point juſticiable du tribunal devant lequel il a été traduit. Rien n'empêche alors d'ordonner qu'avant faire droit, les parties feront reſpectivement preuve par titres ou par témoins, des faits par elles articulés ; mais cette preuve doit ſe faire dans un court délai, parce que, d'après le texte de l'ordonnance, tout ce qui concerne un Déclinatoire doit être traité ſommairement : on peut tout au plus ordonner un délibéré, & ce délibéré dans tous les cas doit ſe juger ſans épices.

Obſervez que dans les matières conſulaires, lorſqu'il n'y a pas lieu au Déclinatoire propoſé, les juges peuvent par la même sentence qui d[é]boute le défendeur de sa demande en renvo[yer] statuer sur le fond de l'action. Ils y sont autori[sés] par l'article 13 du titre 12 de l'ordonnance [de] 1673. Il y a même à ce sujet un arrêt du cons[eil] du 22 janvier 1718, revêtu de lettres-paten[tes] du 7 mars de la même année, enregistrées [au] parlement de Toulouse le 2 avril suivant, [en] faveur des juges-consuls de Montpellier.

Lorsqu'on s'est laissé condamner par défau[t] & que l'on comparoît ensuite pour proposer s[on] Déclinatoire, on n'en doit pas moins les frais [de] contumace, parce que bien ou mal assigné [on] devoit comparoître.

Quels sont les cas où un Déclinatoire pe[ut] être proposé avec fondement ? c'est ce qu'[on] apprendra aux articles COMPÉTENCE [&] INCOMPÉTENCE.

Lorsqu'il a été statué sur un Déclinatoir[e] celui qui a lieu de se plaindre de ce qu'il a é[té] accordé ou de ce qu'il a été refusé, peut inter[-] jeter appel du jugement qui prononce sur [le] Déclinatoire ; & lorsqu'il n'émane point d'[un] tribunal qui juge en dernier ressort, on peut [se] pourvoir à la cour supérieure où ressortit [le] tribunal.

Lorsqu'un jugement émanoit d'un présidia[l] il falloit ci-devant se pourvoir au grand conse[il] parce que ce tribunal étoit préposé pour régl[er] la compétence entre les présidiaux & les pa[r-] lemens ; mais depuis l'édit du mois d'août 17[ ] c'est au parquet des gens du roi de la cour [de] parlement dans le ressort de laquelle se trou[ve] le présidial, qu'il faut avoir recours.

Dans le cas où l'on s'est pourvu par la voie [de]

l'appel devant la cour où reſſortit le tribunal d'où eſt émané le jugement qui prononce ſur le Déclinatoire propoſé pour être renvoyé dans une juridiction étrangère à cette cour, comme lorſqu'il s'agit d'être renvoyé d'un bailliage dans une élection, on ne laiſſe pas d'être en droit de ſe pourvoir au conſeil, quand même ſur cet appel le jugement auroit été confirmé par arrêt; l'article 20 du titre 2 de l'ordonnance de 1737 concernant les règlemens de juges, le porte formellement. Mais lorſque le Déclinatoire n'avoit pour objet que d'être renvoyé dans une autre juridiction dépendante de la même cour que celle d'où dépend la juridiction que l'on a déclinée, l'arrêt qui ſtatue ſur l'appel concernant ce Déclinatoire, fait une loi irrévocable entre les parties.

Lorſque la conteſtation ſur un Déclinatoire eſt pour raiſon de deux juſtices reſſortiſſantes à un même bailliage, il paroît plus conforme à l'ordre des juridictions de porter dans le bailliage l'appel de déni de renvoi. M. Jouſſe ſemble ne le penſer ainſi que pour les appels d'incompétence; mais ſi ces ſortes d'appels peuvent y être portés, nous ne voyons aucune raiſon pour en écarter ceux qui n'ont pour objet qu'un déni de renvoi. Il eſt vrai que l'article 4 du titre 6 de l'ordonnance de 1667 dit que les appellations de deni de renvoi & d'incompétence ſe videront ſans retard par l'avis des avocats & des procureurs généraux, ce qui porte à penſer que ces ſortes d'appels ſont dans le cas d'être relevés directement aux cours ſouveraines : mais cet article ne doit ſans doute être entendu que des cas où la juridiction dans laquelle

P iij

on veut être renvoyé eft d'un bailliage différen
de celui d'où dépend la juridiction où le renvo
eft demandé, autrement l'article cité mettan
l'appel d'incompétence fur la même ligne qu
l'appel de deni de renvoi, M. Jouffe n'auroi
point été fondé à établir une diftinction entr
ces deux fortes d'appels pour dire que le pre
mier peut fe porter au bailliage, & que l'autr
doit fe relever directement dans les cours.

Au furplus, ces fortes d'appels, dit le mêm
auteur, n'empêchent nullement tout ce qui e
d'inftruction jufqu'au jugement définitif excluf
vement. Mais fi par l'arrêt rendu fur le Décli
natoire le juge eft déclaré incompétent, cet
inftruction eft dans le cas d'être déclarée null
C'eft ce qui réfulte d'un arrêt du 6 févrie
1703 rapporté au journal des audiences.

Les appels dont il s'agit ne font donc fufper
fifs que pour le jugement définitif; mais dans l
cas où l'appelant ne fe met pas en état de fan
juger fon appel, le juge à qui le renvoi a é
demandé peut à la réquifition de l'autre part
déterminer un délai raifonnable dans lequel l'ar
pelant fera tenu de le faire juger, en ajoutar
que faute de l'avoir fait dans ce temps-là, il fer
prononcé fur le principal; & en effet, après c
délai écoulé, on peut paffer au jugement d
fond; fans quoi nombre de plaideurs abuferoier
de la voie d'un appel de cette forte pour élude
ou pour retarder une jufte condamnation.

En matière criminelle, l'accufé peut pour plu
fieurs cas propofer fon Déclinatoire, & de
mander fon renvoi. Il le peut, 1°. lorfqu'étar
privilégié, il eft pourfuivi à la requête d'un
partie privée; il eft alors fondé à demande

d'être renvoyé devant le juge de son privilége.
2°. Lorsque le juge devant lequel il est accusé
est incompétent pour connoître de l'accusation.
3°. Lorsqu'il est poursuivi dans deux tribunaux
différens pour le même fait , ou lorsque ce fait
dépend d'une première accusation dont un autre
juge est déja saisi.

M. Jousse regarde comme un autre moyen de
Déclinatoire celui où l'accusé est poursuivi par
droit de prévention devant le juge supérieur,
avant l'échéance du délai après lequel seulement
ce juge peut s'emparer de la connoissance du
délit.

L'accusé peut jusqu'à la confrontation proposer son Déclinatoire ; mais il ne le peut plus
après qu'il a entendu la lecture d'une dépofition. C'est ce que porte l'article 3 du titre 1 de
l'ordonance de 1670 (*). Obfervez néanmoins
que lorsque le juge est incompétent par la nature de l'accufation, comme le filence de l'accufé ne fauroit lui donner une compétence qu'il
n'avoit pas , il n'en est pas moins obligé de renvoyer de lui-même l'affaire devant le juge à qui
la connoissance en appartient ; & l'accufé en
tout état de caufe est fondé à propofer son Déclinatoire , lorsque le juge manque à faire d'office ce que les règles exigent en pareil cas : l'accufé peut auffi dans le même cas, au lieu de

_____

(*) On fait à ce fujet une exception pour les ecclésiaf-
tiques : on prétend que lois même du dernier interrogatoire fur la fellette ils peuvent propofer leur Déclinatoire.
C'est une obfervation de M. Joufse d'après plufieurs autorités , mais antérieures à l'ordonnance de 1670 qui ne fait
aucune diftinction.

demander fon renvoi, appeler de tout ce q[ue]
a été fait par le juge comme de juge incomp[é]
rent.

Quand un accufé a propofé fon Déclinatoire[,]
il faut avant de paffer outre, qu'il y foit ftatu[é]
par le tribunal entier dans les trois jours apr[ès]
qu'il en a été requis, à peine de nullité des pro[-]
cédures qui auroient été faites depuis la réqui[-]
fition, des dommages-intérêts des parties, [&]
même d'interdiction contre les juges.

Le Déclinatoire peut être propofé, ou pa[r]
une requête (*), ou par un acte fignifié au greffe[,]
ou verbalement lors de l'interrogatoire. Quan[d]
il eft propofé lors de l'interrogatoire, le jug[e]
ne doit point exiger que l'accufé réponde avan[t]
qu'il ait été décédé fi ce Déclinatoire eft fond[é]
ou non : il doit fe borner à dreffer procès-verb[al]
de la réquifition de l'accufé, & à ordonner qu[e]
ce procès-verbal fera communiqué au miniftèr[e]

_____

(*) *Formule d'un déclinatoire en matière criminelle.*
On peut préfenter une requête à-peu-près dans le ftyl[e]
de celle dont nous avons donné la formule pour les mati[è]
res civiles : toute la méthode confifte à développer l[es]
moyens pour lefquels on décline la jurididction & on la t[er]
mine de cette façon.

» A ces caufes, il vous plaife, Monfieur, renvoyer [le]
» fuppliant & les pièces de l'accufation contre lui intent[ée]
» devant, &c. ... pour y être procédé ainfi qu'il appar[-]
» tiendra, fous la réferve de tous fes moyens de fait & [de]
» droit, & vous rendrez juftice ».

Ordonnance. » Soit communiqué au procureur du roi [&]
» à partie civile (s'il y en a), fait &c. ».

On prend d'abord la réponfe de la partie civile, enfui[te]
le procureur du roi donne fes conclufions, après quoi l'af[-]
faire fe porte à la chambre, & l'on ftatue fur le déclina[-]
toire.

public & à la partie civile s'il y en a, pour ensuite y être statué ainsi qu'il appartiendra ; mais
si après que ce Déclinatoire a été rejeté, l'accusé refusoit de répondre, on pourroit lui faire
son procès comme à un muet volontaire.

Le Déclinatoire qui a été proposé devant les
officiers d'un présidial ou d'une maréchaussée
doit se décider par le jugement de compétence.

Lorsqu'un accusé a contesté qu'il fut dans le
cas d'être jugé présidialement ou prévotale-
ment, & qu'il a été débouté de son exception,
il est autorisé à se pourvoir contre le jugement
de compétence. L'article 3 du titre 3 de l'ordonnance de 1737 concernant les règlemens de
juges en matière criminelle, commence par dire
que lorsque les accusés auront été déboutés des
Déclinatoires par eux proposés, ils ne pourront
se pourvoir en réglement de juges, si ce n'est
qu'il ait été informé & décrété pour le même
fait par une autre cour ou juridiction d'un autre
ressort ; mais il ajoute : « Le tout sans préjudice
» auxdits accusés de se pourvoir par les voies
» de droit contre les arrêts ou jugemens en der-
» nier ressort qui les auront déboutés de leur
» Déclinatoire ; ce qu'ils pourront faire lors
» même qu'aucune autre juridiction n'aura in-
» formé & décrété contr'eux pour le même
» fait ».

Quand l'article que nous venons de citer dit
que les accusés qui auront été déboutés des Déclinatoires par eux proposés ne pourront se
pourvoir en réglement de juges, si ce n'est qu'il
ait été informé & décrété pour le même fait
par une autre cour ou juridiction d'un autre ressort, ceci doit s'entendre à peu près suivant

l'explication que nous avons donnée pour le
Déclinatoires en matière civile, c'eſt-à-dire
qu'il faut commencer par ſe pourvoir par appel
à la cour dont dépend la juridiction qui a refuſé le renvoi, à moins qu'il n'ait été informé
& décrété pour le même fait dans la juridiction
d'un autre reſſort, auquel cas on peut ſe pourvoir en réglement de juges.

Lorſqu'un accuſé traduit devant un juge ſubalterne demande ſon renvoi devant un autre
juge ſubalterne, & que la juridiction de chacun
de ces juges relève d'un même bailliage ou d'une
même ſénéchauſſée, rien n'empêche qu'on n'y
puiſſe porter l'appel d'un déni de renvoi en matière criminelle (*).

Le Déclinatoire propoſé arrête bien, comme
nous l'avons dit, toute procédure juſqu'à ce
qu'il ait été ſtatué ſur la demande en renvoi
mais lorſqu'une fois il a été prononcé ſur ce Déclinatoire, aucune appellation, pas même d
juge incompétent, ne peut plus arrêter ni l'exécution des décrets, ni l'inſtruction, ni même l
jugement du fond. C'eſt ce que porte textuellement l'article 3 du titre 26 de l'ordonnance d
1670 ; & cela de crainte que les preuves ne dé-
périſſent, & que les accuſés n'abuſent de cett
voie pour échapper aux condamnations dont i
ſe ſentent menacés : mais obſervez que ſi au for
le juge ſe trouve abſolument incompétent pa
la nature de l'accuſation, tout ce qu'il aura fa
n'en ſera pas moins dans le cas d'être déclaré n

_____

(*) Voyez ce que nous venons de dire à ce ſujet
matière civile.

avec dommages-intérêts, &c. parce que cette incompétence ne se couvre jamais.

Lorsque l'accusé est décrété, il ne paroît pas nécessaire qu'il comparoisse en personne pour demander son renvoi : n'étant pas obligé de répondre jusqu'à ce qu'il ait été statué sur son Déclinatoire (*), il peut le proposer, comme nous l'avons dit, ou par un acte signifié au greffe, ou par une requête avec le ministère d'un procureur.

Un accusateur n'a pas le même avantage qu'un accusé pour demander le renvoi de la connoissance de l'affaire devant un autre juge que celui auquel il a eu recours en premier lieu, quand même celui devant lequel il voudroit porter l'affaire seroit le juge de l'endroit où le délit a été commis. C'est ce que décide formellement l'article 2 du titre 1 de l'ordonnance de 1670. Au reste, cela ne doit pas s'entendre du cas où des circonstances pressantes ont obligé de recourir au juge le plus prochain. Un conseiller au parlement avoit rendu plainte dans le cas d'un flagrant-délit devant un commissaire du châtelet de Paris : cette plainte ne fut point pour lui un obstacle à faire renvoyer l'affaire au parlement où elle fut jugée conformément aux priviléges des officiers de cette cour.

Ce que porte l'article cité ne doit pas s'en-

(*) Il y a une ancienne ordonnance du roi Jean de l'année 1355, qui porte (art. 1) que celui qui est cité en jugement devant un juge incompétent n'est pas obligé de répondre : *qui vocatur in judicia apud judicem incompetentem, non tenetur respondere*.

tendre non plus du cas où le juge auquel on s'est d'abord adressé est absolument incompétent pour connoître de l'affaire : l'accusateur peut se désister de sa première plainte, comme ayant été donnée par erreur devant un juge qui n'étoit point compétent, & la porter de nouveau devant celui qui est en droit d'en connoître.

Remarquez qu'en fait de Déclinatoire soit au criminel, soit au civil, rien n'empêche que le renvoi qu'on n'a point accordé à la partie qui le demandoit, ne puisse l'être à un tiers qui a intérêt que l'affaire soit renvoyée dans une autre juridiction : ainsi le procureur du roi d'une prévôté royale, ou le seigneur d'une justice subalterne peuvent demander ce renvoi en tout état de cause lorsque l'affaire appartient réellement à leur juridiction ; mais ce n'est plus ce qu'on appelle un Déclinatoire, c'est une revendication de leur part.

Remarquez encore que ceux qui proposent un Déclinatoire sous prétexte de privilége, ne sont point dans le cas d'obtenir leur renvoi, lorsque le fait pour lequel ils sont traduits en justice emporte une dérogation à leur privilége ou une privation de leurs immunités. Ainsi un ecclésiastique qui est traduit devant des juges de gabelle pour fauxsaunage, ne peut point demander d'être renvoyé devant son official ; un gentilhomme qui tire des lettres de change devient justiciable des juges consuls, &c.

Un privilégié qui se rend cessionnaire d'une affaire contestée ne peut pas non plus exciper de son privilége après que son cédant a laissé passer le temps où il pouvoit former son Déclinatoire sans l'avoir fait. On trouve à ce sujet dans Papon un arrêt du 16 mars 1575, qui l'a ainſi jugé, & cela avec fondement, de crainte qu'un plaideur pour fatiguer ſa partie, n'agiſſe ſous le nom interpoſé d'un ceſſionnaire privilégié. On peut voir au ſurplus à ce ſujet l'article 11 du titre 4 de l'ordonnance de 1669. L'article 32 du même titre porte que « ſi celui qui » n'eſt point privilégié fait aſſigner ou renvoyer » une cauſe pardevant des juges de privilége, » il ſera condamné par le jugement ou arrêt qui » interviendra ſur le Déclinatoire, en ſoixante- » quinze livres d'amende, applicable moitié au » roi, moitié à la partie, qui ſera acquiſe de » plein droit, dont il ſera délivré exécutoire au » greffe, encore que par omiſſion ou autrement » elle n'eût point été adjugée par le jugement » ou arrêt ».

A l'égard des autres Déclinatoires propoſés autrement que pour cauſe de privilége & dans leſquels on ſuccombe, il n'y a point d'amende. On eſt même aſſez dans l'uſage de réſerver les dépens pour y ſtatuer en jugeant le principal. On peut cependant, & même on doit les prononcer tout de ſuite en prononçant ſur le Déclinatoire, lorſqu'il eſt évident que la conteſtation eſt dénuée de toute apparence de fondement.

Voyez *les ordonnances de 1667, de 1669, de 1670 & de 1737; le journal des audiences;* M. *Jouffe en ſes matières civiles & criminelles, &c.* Voyez auſſi les articles COMPÉTENCE, COMMITTIMUS, INCOMPÉTENCE, PRIVILÉGIÉ, RENVOI, REVENDICATION, &c. (*Article de* M. *DAREAU, avocat, &c.*)

DÉCONFITURE. C'eſt l'inſolvabilité d'u débiteur dont les biens ſont inſuffiſans pour paye tous ſes créanciers.

Dans le cas de Déconfiture, les deniers pro venans de la vente des meubles du débiteur do vent être diſtribués aux créanciers par contri bution au ſou la livre, ſans qu'il y ait aucun préférence pour le premier ſaiſiſſant. C'eſt c qui réſulte de l'article 179 de la coutume d Paris (*).

Suivant l'article 180, la Déconfiture a lie lorſque les biens du débiteur tant meubles qu'in meubles ne ſuffiſent pas pour payer les créan ciers apparens.

Si pour empêcher la contribution il s'élevoi un différent entre les créanciers ſur la ſuffiſanc ou inſuffiſance des biens dont il s'agit, les pre miers en diligence pourroient prendre les de niers des meubles qu'ils auroient fait ſaiſir, mai ils feroient tenus de donner caution de les rappor ter pour être mis en contribution, dans le ca où le ſurplus ne ſuffiroit pas pour payer les autre créanciers. Cela eſt ainſi décidé par l'article qu'on vient de citer.

Ces diſpoſitions de la coutume de Paris for ment le droit commun du royaume; mais en Normandie on n'a point d'égard à la Déconfi ture, & le prix des biens tant meubles qu'im

(*) *Cet article eſt ainſi conçu :*
Toutefois en cas de Déconfiture, chacun créancier vient à contribution au ſol la livre, ſur les biens meubles du débiteur, & n'y a point de préférence ou prérogative pour quelque cauſe que ce ſoit, encore qu'aucun des créanciers eût fait premier ſaiſir.

meubles, se distribue toujours par ordre d'hypothèque, quand il y a des créanciers hypothécaires.

DÉCRET. Ce mot signifie en général ordre, ordonnance, jugement.

Il y a plusieurs collections d'anciens canons auxquelles on a donné le nom de Décret. Il y a le recueil ou le Décret de Bouchard de Wormes, celui d'Yves de Chartres & celui de Gratien.

La collection de Bouchard est très-défectueuse, parce que l'auteur n'a pas consulté les originaux des pièces dont il l'a composée, & qu'il s'est fié aux compilations antérieures. Il lui est même quelquefois arrivé de n'avoir point compris le sens des pièces qu'il a consultées. Yves de Chartres n'est pas un guide plus sûr, puisqu'il a emprunté beaucoup de choses de Bouchard de Wormes, & qu'il se contente souvent de le copier mot à mot.

Le Décret de Gratien mérite la préférence sur les autres compilations précédentes, par l'étendue des matières & par l'ordre qui y règne. Gratien, moine bénédictin, fit son recueil en 1154, sous le pontificat d'Eugène III; il l'intitula *concordia discordantium canonum*, parce que l'Auteur s'applique en effet à concilier les canons qui semblent se contredire. Quoique cette collection soit la meilleure, elle est cependant remplie de beaucoup de fautes. On en fit au quinzième siècle une correction qui a été achevée en 1580, mais où il y a encore bien des choses à desirer. Quelques canonistes prétendent que ce Décret a été approuvé & confirmé par Eugène III; mais les plus célèbres interprètes

font d'un avis contraire. Toutes les décifion
qu'il contient n'ont qu'une autorité doctrinale
ne font pas loi. Les canons dont il eft compof
tirent leur force de leur fource & non de
collection : il eft compofé de trois parties. L
première renferme deux objets principaux ; l
principes du droit & les perfonnes. La fecond
partie traite des jugemens. La troifième , q
eft intitulée *de confecratione*, traite des chof
facrées. Les meilleurs Auteurs que l'on puif
confulter fur le Décret de Gratien font Antoi
Auguftin, *de emendatione Gratiani*, avec les n
tes de Baluze ; Vanefpen, nouvelle édition
Louvain, 1753, qui non feulement a fait fur
Décret de Gratien un commentaire abrégé tr
eftimé, mais encore des remarques utiles f
les canons des anciens conciles : enfin Dacti
qui a commenté affez au long tout le Décret

Décrets des conciles, fe dit des décifions d
conciles, foit généraux, nationaux ou provi
ciaux. Ces décifions font ainfi appelées, par
que le concile prononce ordinairement en c
termes : *decrevit fancta fynodus*. Toutes les dé
fions, tant celles qui regardent le dogme &
foi, que celles qui concernent la difcipline e
cléfiaftique, font comprifes fous le nom de D
crets. On donne cependant plus ordinaireme
le nom de canon à ce qui concerne le dog
& la foi, & le nom de Décret aux réglemé
qui ne touchent que la difcipline.

Décrets des facultés, fe dit des délibératio
& décifions formées dans l'affemblée d'une f
culté pour régler quelque point de difcipline.

Décrets de Sorbone, fe dit d'une décifion de
facul

faculté de théologie de Paris, dont les affemblées fe font en la maifon de Sorbone.

Décret irritant, fe dit de la difpofition d'une loi ou d'un jugement qui déclare nul de plein droit tout ce qui pourroit être fait au contraire de ce qu'elle ordonne par une difpofition précédente : on l'appelle auffi *claufe irritante*. En matière de bulle & en matière de commende, on regarde comme Décret irritant le Décret qui ordonne le retour en règle.

DÉCRET, fe dit en matière criminelle d'un jugement rendu contre un accufé pour l'obliger à prêter fon interrogatoire fur l'accufation intentée contre lui, & quelquefois pour s'affurer de fa perfonne.

On diftingue trois fortes de Decrets, le Décret d'affigné pour être oui, le Décret d'ajournement perfonnel & le Décret de prife de corps.

Voyez *à cet égard les articles* ASSIGNÉ POUR ÊTRE OUI, AJOURNEMENT PERSONNEL & PRISE DE CORPS.

DÉCRET D'IMMEUBLES. On diftingue deux fortes de Décrets d'immeubles ; favoir, le Décret volontaire & le Décret forcé.

Le Décret volontaire étoit celui qu'un acquéreur faifoit faire afin de purger les hypothèques, droits réels ou fervitudes que l'on pouvoit avoir fur les biens par lui acquis.

Lorfqu'un acquéreur craignoit de n'avoir pas fes fûretés, il ftipuloit ordinairement qu'il pourroit faire un Décret volontaire, & qu'il ne feroit tenu de payer le prix de fon acquifition qu'après que le Décret auroit été fcellé fans aucune oppofition fubfiftante.

Pour parvenir à ce Décret volontaire, (
paſſoit une obligation en brevet d'une ſomn
exigible au profit d'un tiers, qui en donnoit
l'inſtant une contre-lettre, & en vertu de cet
obligation, celui qui en paroiſſoit créancier f
ſoit ſaiſir réellement le bien dont il s'agiſſoit,
en pourſuivoit la vente par Décret.

Les formalités de ce Décret étoient les mêm
que celles du Décret forcé, ſi ce n'eſt que quar
le Décret volontaire ſe pourſuivoit ſur l'acqu
reur., on devoit marquer dans la procédure qu
étoit le vendeur, afin que ſes créanciers fuſſe
avertis de former leur oppoſition.

L'adjudication par Décret volontaire ne faiſc
par rapport au vendeur & à l'acquéreur qu'i
même titre qui ne leur donnoit pas plus (
droits qu'ils n'en avoient en vertu du contra
Ainſi quand l'adjudication étoit faite à un pr
plus haut que celui du contrat, le vendeur (
pouvoit pas pour cela exiger plus que le pr
porté par le contrat; mais les créanciers oppc
ſans pouvoient obliger l'adjudicataire de pay
le prix ſuivant l'adjudication, parce que le cor
trat ne faiſoit point leur loi.

Si l'acquéreur avoit payé quelques créancic
délégués ou non par le contrat, & qu'ils n'eu
ſent pas été privilégiés ou les plus anciens,
étoit obligé de payer une ſeconde fois les mi
mes ſommes aux créanciers oppoſans, s'il y (
avoit; & ſi le Décret volontaire devenoit forc
ce qui arrivoit lorſqu'il y avoit des oppoſitic
ſubſiſtantes au Décret qui n'étoient point cor
verties en ſaiſies & arrêts ſur le prix, en ce c
l'acquéreur devoit lui-même former oppoſitic
au Décret, afin d'être colloqué en ſon rang po
les ſommes qu'il avoit payées.

L'adjudication par Décret volontaire ne produifoit point de nouveaux droits au profit du feigneur ; mais fi le prix de l'adjudication étoit plus fort que le prix porté par le contrat, il étoit au choix du feigneur de prendre fes droits fur le pied du contrat ou de l'adjudication.

Le vendeur qui étoit léfé d'outre moitié pouvoit revenir dans les dix ans du contrat, nonobftant qu'il y eût eu un Décret volontaire.

Cette forte de Décret n'ayant paru au légiflateur qu'une formalité longue & fimulée qu'on n'avoit introduite que pour fuppléer au défaut d'une loi qui fixât d'une manière invariable l'ordre & la ftabilité des hypothèques, & qui traçât une route fûre & facile pour les conferver, enforte que d'un côté les acquéreurs puffent traiter avec folidité & fe libérer valablement, & que d'un autre côté les vendeurs puffent recevoir le prix de leur bien, le feu roi fe propofa de remplir cet objet par fon édit du mois de juin 1771.

Cette loi a fubftitué à la formalité des Décrets volontaires celle des lettres de ratification que les acquéreurs peuvent prendre dans les chancelleries établies à ce fujet pour purger les hypothèques & priviléges. Voyez *les articles* HYPOTHÈQUE & RATIFICATION.

L'article 37 de l'édit cité a en conféquence abrogé l'ufage des Décrets volontaires, fans que pour aucune caufe ni fous aucun prétexte on put en faire à l'avenir, à peine de nullité.

Le *Décret forcé* eft celui par le moyen duquel les créanciers qui ont fait faifir réellement les iens de leur débiteur les font vendre judiciairement au plus offrant & dernier enchériffeur.

La vente par Décret s'appelle dans quelques

provinces *fubhaſtation*, & elle a beaucoup d
rapport à la fubhaſtation que les Romains pra
tiquoient à l'égard des immeubles des débiteur
qui ne payoient point ce qu'ils devoient à leur
créanciers. En effet, la fubhaſtation ne ſe faiſoi
à Rome qu'en vertu d'une ordonnance du pré
teur, après différentes proclamations par le
officiers publics, & l'adjudication des biens ſ
faiſoit au plus offrant & dernier enchériſſeur ſu
la place publique, auprès d'une pique que l'o
mettoit en terre pour marque de l'autorité e
vertu de laquelle la vente ſe faiſoit.

Il y avoit des cas, ſuivant le droit romain
dans leſquels il étoit permis au créancier de ve
dre lui-même le bien qui lui avoit été affeð
& hypothéqué, & qui ſervoit d'aſſurance de
detre ; mais il falloit pour cela que ce fût l
premier créancier ſur le bien qui le vendît,
qu'il eût fait faire des ſommations au débiteur

Ces deux eſpèces de vente forcée, l'une fait
par le créancier, l'autre par la juſtice, ont en
core été en uſage en France ſous la troiſièm
race de nos rois ; car les établiſſemens de ſai
Louis portent que le créancier ayant fait ſom
mer ſon débiteur de vendre ſon bien pour a
quitter la dette, peut quarante jours après ve
dre lui-même le bien. Beaumanoir nous appren
d'un autre côté que dans le Beauvoiſis, qu
rante jours après que le débiteur avoit é
ſommé de vendre ſon bien, le ſeigneur hau
juſticier le faiſoit vendre & en diſtribuoit le pr
aux créanciers. Depuis ce temps-là l'uſage
faire vendre en juſtice les biens d'un débiteu
dont on ne peut être payé, eſt devenu unive
ſel ; mais les formalités qu'il a été néceſſai

d'établir, foit en faveur des créanciers pour qu'ils puffent veiller à la confervation de leurs droits, foit en faveur des débiteurs pour que les biens ne fuffent point adjugés à trop vil prix, ont été différentes, fuivant les coutumes; il y avoit même plufieurs coutumes qui gardoient le filence fur des points effentiels dans une manière fi importante; d'autres n'en parloient point du tout : dans cet embarras, il y avoit fur la même queftion des ufages différens dans les tribunaux; ces ufages étoient même toujours incertains, & un créancier qui avoit fait de grands frais pour être payé de ce qui lui étoit dû, fe voyoit fouvent condamné aux dépens pour des défauts de procédure qu'il lui étoit prefqu'impoffible d'éviter.

Il étoit de l'intérêt de l'état d'apporter quelque remède à ce défordre. François premier commença cette réformation par quelques difpofitions de fes ordonnances, fur-tout de celle de 1539 ; mais le réglement le plus important fur cette matière eft celui du roi Henri II de l'an 1551, dont nous avons parlé à l'article CRIÉE.

Il faut joindre à cet édit par rapport aux juridictions qui font du reffort du parlement de Paris, les édits & les Déclarations poftérieurs fur la vente par Décret des offices, fur les fonctions des commiffaires aux faifies réelles & fur quelques autres fujets. Quant aux difpofitions des coutumes fur les faifies réelles & fur les Décrets, elles ne doivent point être fuivies quand elles font contraires aux difpofitions de l'édit de 1551 & des ordonnances poftérieures, parce que toute ordonnance déroge tacitement

à toute coutume contraire ; mais fi la coutume
oblige à certaines formalités qui peuvent fe con
cilier avec celles que prefcrivent l'édit de 1551
& les ordonnances poftérieures , il faut les obferver exactement, parce que l'édit de Henri II
& les ordonnances poftérieures n'abrogent pas
les lois, les ftyles & les ufages différens, comme
le fait l'ordonnance de 1667 pour la procédure
Outre les ordonnances & la coutume, on doit
encore fuivre dans le reffort du parlement de
Paris les arrêts de réglement de ce parlement,
rendus en différentes occafions fur des queftions
qui ont rapport à cette matière.

On excepte de ces règles générales pour le
reffort du parlement de Paris, le comté d'Artois, parce que François premier ayant cédé
par le traité de Madrid, à l'empereur Charles V,
la fouveraineté de ce comté, il refta fous la domination de la maifon d'Autriche jufqu'à ce que
le roi Louis XIV ayant pris les villes d'Arras,
d'Hefdin, de Lens & de Bapaume, rentra dans
tous les droits de fouveraineté qui lui furent
confervés par le traité des Pyrenées du 7 novembre 16,9 ; c'eft pourquoi l'édit de 1551 n'a
point été publié en Artois : au-lieu de cet édit,
on y fuit les placards ou ordonnances qui ont
été publiés en différens temps fur la matière des
Décrets par les princes de la maifon d'Autriche
& les ordonnances générales de France enregi-
trées au confeil d'Artois depuis 1659.

Il en eft de même des villes & des feigneuries qui compofent à préfent le reffort du parlement de Flandres (*) : on y fuit pour les Dé-

_____

(*) On a vu à l'article CLAIN, que l'effet de la faifie

crets les difpofitions des coutumes des lieux ,

---

réelle fe borne en Hainaut à la régie des immeubles faifis , fans qu'on puiffe jamais en faire décréter la propriété, à moins que le débiteur ne s'en deshérite. Ce qui s'obferve fur ce point dans la châtellenie de Lille n'eft pas moins remarquable. Voici ce que porte l'article 30 du titre premier de la coutume.

»Lefdits hauts-jufticiers ou vicomtiers par leurs loix & »juftices peuvent faire vendre, crier & fubhafter par Dé-»cret & exécution de juftice, les profits & revenus de cent »ans & un jour, des fiefs & héritages tenus d'eux & dépen-»dans, en y gardant & obfervant les devoirs en tels cas re-»quis; & ne peuvent vendre le fond & propriété d'iceux »fiefs & héritages, n'eft qu'à cette fin ils foient par exprès »rapportés & hoftigiés ».

Ce qu'il y a de fingulier dans cet article, c'eft qu'il n'eft obfervé qu'au bailliage de la falle de Lille , & aux fiéges feigneuriaux fubalternes : à la gouvernance, on peut en vertu d'un titre exécutoire faire décréter les immeubles, quoique le débiteur ne s'en foit pas deshérité; mais il ne faut pas croire qu'un créancier puiffe fe pourvoir au bail-liage ou à la gouvernance à fon choix. La compétence de ces deux fiéges eft réglée exactement. Voyez l'article Gou-VERNANCE.

On a cependant cherché à éluder ces règlemens, & voici comme on s'y prenoit. On obtenoit au bailliage une fen-tence qu'on laiffoit furanner : on affignoit le condamné à la gouvernance pour la lui faire reconnoître , & enfuite on fe fervoit de fa reconnoiffance comme d'un titre exécutoire émané de la gouvernance, pour faire décréter la propriété de fes biens. Mais il eft évident que cette pratique étoit abufive : la reconnoiffance n'étoit qu'un acceffoire de la fen-tence, elle étoit donc de même nature & ne pouvoit par conféquent produire plus d'effet.

On n'entrera point ici dans le détail des formalités qui doivent précéder & accompagner la vente judiciaire des revenus de cent ans & un jour, on peut les voir dans les articles 20 & fuivans du titre 23. Il fuffit de remarquer trois chofes relatives à cette matière.

Q iv

& les placards des princes de la maison d'Au

1°. Cette jouissance de cent ans & un jour étoit un
source de procès qui s'élevoient à la fin du terme entre le
héritiers des propriétaires, & ceux des adjudicataires. C
fut pour y remédier qu'un placard du 19 Décembre 1618
ordonna qu'à l'avenir on ne pourroit plus décréter que le
revenus de vingt-neuf ans & un jour, ce qui s'observe en
core aujourd'hui.

2°. Si l'adjudicataire vend la propriété de l'immeuble
quoiqu'il n'en ait que la jouissance pour un tems, l'ache
teur ne pourra prescrire contre le propriétaire ou ses hér
tiers, parce que ceux-ci ne peuvent agir avant que le tem
de l'adjudication ne soit expiré. Or, il est de principe qu
la prescription ne court pas contre celui qui est dans l'im
puissance d'agir. Le parlement de Flandres l'a ainsi jug
par arrêt du 13 janvier 1700. Cette question ne peut pl
se présenter depuis que le placard de 1618 a limité à 2
ans la faculté de décréter les revenus des immeubles d'u
débiteur, parce que dans cette coutume on ne peut prescri
que par le laps de 30 ans.

3°. Cette vente ne donne point ouverture aux droits se
gneuriaux; l'article 52 du titre premier de la même cou
tume le décide ainsi.

Le style du parlement de Flandre, les coutemes du Cam
bresis, de la châtellenie de Lille, & plusieurs autres ordon
nent qu'au moment indiqué pour l'adjudication on allum
une chandelle, qu'on reçoive les enchères tandis qu'el
brûle, & que celui qui sera dernier enchérisseur lorsqu'el
s'éteindra reste adjudicataire. Cette disposition a été imag
née pour prévenir les fraudes que pourroit commettre l'hui
sier en adjugeant avec précipitation l'héritage à un de s
amis. Mais en évitant cet abus, on en a fait naître d'autre
la formalité de vendre à l'extinction de la chandelle est s
jette à deux désordres: premierement elle favorise les mo
nopoles; on voit souvent les acheteurs garder le silence
laisser languir les enchères jusqu'à ce que la chandelle so
fort diminuée, & comme alors il y a trop peu de temps po
enchérir, le bien ne peut être vendu sa valeur. En secon
lieu, il peut arriver dans le temps où il ne reste plus de

triche, pourvu qu'il n'y ait point été dérogé par

---

chandelle qu'une flamme foible & incertaine, que ceux qui
se trouvent auprès en accélèrent l'extinction par une toux
affectée. Ces inconvéniens ont été cause qu'on s'est relâché
en plusieurs endroits sur cette formalité : cet usage quoique
contraire aux lois municipales, n'a rien que de juste, & l'on
doit le maintenir partout où il est établi.

On a demandé si le Décret emporte deshéritance & adhéritance, de manière que l'adjudicataire acquière sans œuvre de loi, la propriété & la possession de l'héritage décrété.
Plusieurs coutumes de Flandres, citées par Vandenhane dans
la table générale, au mot DÉCRET, ont décidé pour l'affirmative. Il en est de même en Hainaut, parce qu'en cette
province le Décret est la suite de la deshéritance du débiteur,
& que l'adjudication ne se fait que par l'autorité des mêmes
juges qui reçoivent les œuvres de loi, c'est-à-dire des baillis
& hommes de fiefs, s'il s'agit d'un fief ; des alloëriers, s'il
s'agit d'un franc-aleu ; & des échevins, s'il s'agit d'un main-
ferme. Mathieu, auteur Flamand, soutient que cette opinion
doit être reçue partout où il n'y a point de loi contraire : il
se fonde sur le paragraphe dernier du titre *de officio judicis*
dans les instituts, portant que l'adjudication faite par un
juge transfère la propriété sans tradition. On peut encore
appuyer ce système de l'article 37 de l'édit perpétuel de
1611, qui semble donner aux Décrets la même force qu'aux
œuvres de loi, en ce qu'il décide que l'an du retrait court
du jour de l'adhéritance dans les ventes volontaires, & du
jour du Décret dans les ventes judiciaires. On trouve dans
Christin & dans Cuvelier deux arrêts du grand conseil de
Malines conformes à ce sentiment. L'un est du 29 janvier
1594, l'autre de 1599.

· L'opinion contraire paroît cependant plus analogue aux
principes reçus dans les pays de nantissement, & sur-tout
dans les pays-bas. Toutes les traditions feintes autorisées par
le droit romain sont abrogées dans ces provinces, tant par
le placard de Charles Quint, du 10 mai 1529, que par l'article 24 de l'édit perpétuel de 1611. Si l'article 37 de cette
dernière loi fait courir l'an du retrait du jour du Décret, ce
n'est point parce que le Décret adhérite, c'est parce que les

formalités qui précèdent & accompagnent l'adjudication
font aſſez connoître pour que la publicité de l'aliénation
dépende pas des œuvres de loi. Un arrêté du conſeil de Bri
bant du 8 juillet 1519, a fait de cette opinion une loi po
tout le reſſort de cette cour, & elle s'y eſt conformée p
arrêt du 6 avril 1650, comme nous l'apprend Stockman
Le grand conſeil de Malines l'a même ainſi décidé par arr
du 24 janvier 1694, rapporté dans le recueil de Cuveliez
Le ſtyle du conſeil ſouverain de Hollande porte, artic
191, que la poſſeſſion doit être donnée à l'adjudicataire p
celui qui en a le pouvoir, c'eſt-à-dire par le juge du lieu o
l'immeuble eſt ſitué. L'article 108 du ſtyle du parlemen
de Flandres, décide également que dans les ventes par Dé
cret, il faut deshéritance & adhéritance, de manière cepen
dant que l'huiſſier après avoir pratiqué la ſaiſie peut faire l
deshéritance au nom du débiteur : cette diſpoſition doit ſer
vir de règle dans toutes les adjudications qui ſe font pa
l'autorité de ce tribunal, à moins que la coutume du lie
n'y ſoit contraire, comme celles que l'on a citées ci-deſſus

La coutume de la châtellenie de Lille, titre 23, artic
13, & celle de la gouvernance de Douai, chapitre 19, a
ticle 7, attribuent au Décret la force de deshériter le débi
teur, ſans qu'il ſoit néceſſaire que l'huiſſier faſſe la desh
ritance en ſon nom : mais elles ne lui attribuent pas ell
d'adhériter l'adjudicataire : car l'article 14 de l'une, & l'a
ticle 8 de l'autre ajoutent : « Par l'adjudication de Décre
» l'acheteur ou dernier enchériſſeur n'eſt réputé ſaiſi ni hé
» ritier des fiefs, maiſons & héritages, tant & juſques à c
» que la poſſeſſion lui ait été baillée par la loi & juſtice d
» ſeigneur dont ils ſont tenus ». Cuvelier rapporte un arrê
rendu par le grand conſeil de Malines, le 15 avril 1594
qui l'a ainſi jugé pour la terre de Bouvignies, régie par l
coutume de la gouvernance de Douai.

Ainſi il y a une différence dans la châtellenie de Lill
entre le Décret qui tombe ſur la propriété, & celui qui
tombe que ſur la jouiſſance de vingt-neuf ans & un jou
car dans ce dernier, l'adjudicataire *n'eſt tenu ſoi faire réal*
ſer par adhéritement, ou autrement éſdits fiefs, maiſons
héritages. Ce ſont les termes de l'article 26 du titre 23.

lement de Flandres depuis la réunion de ces pays
à la couronne.

Une différence bien plus remarquable eft celle que met
la coutume de Douai entre les Décrets & les ventes volontaires. L'article 4 du chapitre 13 porte que *le décret paffé &*
adjugé, en doit être baillé la poffeffion & faifine réelle,
foncière & propriétaire au dernier enchériffeur, par rante
& bâton, par la juftice de la prévôté, ou de Saint-Albin,
fil'héritage y eft fitué, en préfence defdits échevins en nom-
bre de fept pour le moins : au lieu que fuivant l'article 2 du
chapitre 3, *toutes ventes & dons entre vifs d'héritages*
paffés & reconnus pardevant échevins de ladite ville en
nombre de deux du moins.... engendrent faifine & droit
réel & de propriété, en poffeffion foncière defdits héritages
vendus ou donnés, au profit des acheteurs ou donataires,
fans être requis faire autres folemnités ou devoirs de juftice
par rame ou bâton.
Suivant la jurifprudence du parlement de Flandre, le Décret ne purge point la propriété, à moins que les pourfuites
n'aient été fignifiées fpécialement au propriétaire. M. de Flines
rapporte un arrêt qui l'a ainfi décidé, entre la veuve Fon-
taine & Martin de Bray. De Ghewiet en rapporte un autre
du 18 mai 1703. Il en eft de même des fidéicommis ; de
forte que le Décret ne purge que les hypothèques & les
autres charges *fuperficielles.* Telle eft la règle que fuit ce
tribunal dans les coutumes qui font muettes fur cet objet.
Celle de la châtellenie de Lille femble aller plus loin encore : elle décide généralement, titre 23, article 13, qu'un
Décret *ne peut préjudicier au fond à ceux non y ayans*
été fpéciale-nent ajournés. Mais cette difpofition n'a rien que
de conforme à la jurifprudence du parlement de Flandres :
par ces mots, *ne peut préjudicier au fond,* la coutume
veut feulement dire qu'un Décret ne purge pas les charges
foncières. Ce qu'il y a de certain, c'eft qu'il purge les hypothèques, comme il réfulte de l'article 5 du titre fuivant
& d'une enquête par turbes, tenue à Lille, dans laquelle
tous les praticiens ont dépofé qu'un créancier hypothéquaire
qui n'a pas été colloqué dans la fentence d'ordre, peut s'en
relever par le moyen d'une requête civile ou relief précis ;

. Le parlement de Normandie n'a jamais fuiv l'édit de 1551, fous prétexte que les Normand avoient pour les Décrets des formalités particulières prefcrites par l'ordonnance de l'échiquier de l'an 1462, qui avoit été inférée dan la nouvelle rédaction de leur coutume ; c'eft pourquoi quand le parlement de Rouen procéd à l'enregistrement de l'article 49 de l'ordonnance de Moulins, qui prefcrit l'exécution d l'édit de 1551, il ajouta par l'arrêt du 31 aoû 1568, que l'ufage jufqu'alors obfervé dans l Normandie pour les Décrets, feroit exactemen fuivi. S'étant préfentée au parlement de Paris l queftion de favoir fi un Décret fait en Normandie fuivant le réglement de 1462 étoit valable, la caufe fut appointée au confeil le

---

mais *qu'il peut feulement s'adreffer fur les deniers ou fu ceux qui les ont reçus.*

A Tournai le Décret ne purge pas non plus les charge foncières, fuivant l'article premier du titre *des ventes néceffaires* de la coutume de cette ville.

Il en eft autrement dans celle de Douai. L'article 5 d chapitre 13, porte qu'après l'adjudication & la diftributio des deniers, l'héritage eft déchargé de toutes les prétentions que d'autres pourroient y avoir, *foit en propriété, fûreté & hypothèque ou autrement.*

Dumées dit qu'en Haynaut le Décret purge la propriété les fubftitutions & le douaire.

Voyez *les lois & les coutumes citées dans cette note; Deghewiet, en fes inftitutions au droit belgique ; les arrêts de Pollet, de Desjaunaux, de Flines, de Cuvelier; les décifions de Chriftin ; Mathæus de auctionibus ; Afandi de effufticarione, Vandenhane, fur les coutumes de Flandres, &c.* Voyez auffi les articles DEVOIRS DE LOI, CLAIN, CRIÉES, &c. (*Note de M. MERLIN, avocat au parlement*).

août. Mais depuis ce temps-là , le roi Henri IV ayant donné des lettres-patentes pour faire réformer le titre des Décrets du parlement de Rouen, fans affujettir cette province à l'édit de 1551 , les différentes difpofitions de ce titre font exactement fuivies au parlement de Rouen, & les Décrets des biens faits en Normandie fuivant les formalités prefcrites par la coutume & par l'arrêt de réglement du parlement de Rouen de l'année 1666 , ne peuvent être conteftés dans un autre parlement fous prétexte que l'on n'a point fuivi l'édit de 1551.

Hevin dit avoir vu agiter la queftion de favoir fi en Bretagne l'édit de 1551 devoit être fuivi : la raifon qui en faifoit douter étoit que le parlement de cette province n'avoit été établi qu'en 1553 : mais cette difficulté fe trouve levée par la vérification que cette cour a faite le 30 octobre 1566, de l'ordonnance de Moulins, dont l'article 49 porte que l'édit des criées de 1551 fera exactement obfervé. D'ailleurs le même parlement a révoqué par l'arrêt d'enregiftrement le réglement provifionnel fait fur cette matière en 1543. Ainfi tout Décret fait en Bretagne fans les formalités prefcrites par l'édit de 1551 ; feroit abfolument nul.

On a été long-temps avant que l'édit de 1551 s'obfervât dans les refforts des parlemens de Touloufe & de Bordeaux; mais cette loi y eft aujourd'hui fuivie : on y a néanmoins confervé quelques ufages, fur-tout au parlement de Touloufe , qui fur quelques points des Décrets en rendent la jurifprudence différente de celle du parlement de Paris.

C'eft pour fixer fur ces articles la jurifpru-

dence du parlement de Touloufe, & pour
rendre uniforme avec celle de la chambre d
comptes de Montpellier, que le roi a don
une déclaration le 16 janvier 1736, port
réglement pour les adjudications par Décret
Languedoc.

Par rapport au parlement de Dauphiné,
faut obferver que l'article 49 de l'ordonnar
de Moulins n'y a été enregiftré qu'avec la m
dification que les créanciers qui voudroient
faire payer de ce qui leur feroit dû, pourroi
fe pourvoir fur les immeubles de leurs dé
teurs, fuivant la forme prefcrite par l'ordo
nance de 1551, ou par la voie de la fimp
fubhaftation, en fuivant le réglement de D
phiné fait en 1547; mais dans la fuite on
trouvé plus d'avantage à faire vendre les bie
fuivant les formalités prefcrites par l'édit
Henri II, que fuivant le réglement de Da
phiné, parce que les acquéreurs font bien ai
de fe mettre à couvert des actions hypoth
caires qui ne font point éteintes par la fimp
fubhaftation.

L'édit de 1551 n'eft pareillement pas fu
en Provence, comme on a pu le remarquer
l'article COLLOCATION.

Cette loi n'eft pas connue non plus en L
roine : on y fuit en matière de Décrets d'i
meubles les difpofitions de l'ordonnance du d
Léopold du mois de novembre 1707.

Mais devant quel juge le Décret d'un in
meuble doit-il être pourfuivi ? Pour réfoud
cette queftion, il faut d'abord examiner le ti
en vertu duquel on veut pourfuivre : fi c't
une obligation paffée par-devant notaires,

Décret doit se faire par-devant le juge à qui la connoissance de l'obligation même est attribuée : c'est-à-dire que si le scel sous lequel l'obligation a été passée est attributif de juridiction, il faut faire le Décret dans le tribunal sous le scel duquel l'acte a été passé. Si le scel de l'obligation n'est point attributif de juridiction, on peut procèder au Décret devant le juge du domicile du débiteur, ou devant le juge du lieu où les biens sont situés, attendu que l'action pour se faire payer d'une dette par la saisie réelle, est une action mixte pour laquelle on doit suivre le tribunal du défendeur ou celui de la situation du fonds. Si l'on a saisi réellement en vertu d'une sentence d'un juge subalterne, royal ou seigneurial, qui n'ait point le privilége de connoître de ce qui concerne l'exécution de ses jugemens, on poursuit le Décret devant le juge ordinaire de la partie. Mais si l'on a saisi en vertu d'un arrêt, faut-il porter le Décret devant les juges qui ont rendu cet arrêt, ou faut-il ne le regarder que comme on regarderoit tout autre titre, & procéder devant le juge du défendeur ?

Sur cette question, ou peut dire en faveur des premiers juges, qu'un arrêt de cour souveraine est, par rapport à celui qui l'a obtenu, un titre qui n'est point différent, quant à l'effet, d'une obligation que son débiteur auroit volontairement passée par-devant notaire, & par conséquent que la saisie réelle faite en exécution de l'arrêt, doit être portée devant le juge naturel des parties. Dès-que le juge supérieur a prononcé sur l'appel, il a rempli son ministère, il a consommé son droit ; c'est pourquoi l'ordonnance de Blois défend aux présidiaux & aux

cours souveraines de se retenir l'exécution d
leurs arrêts & jugemens, & qu'elle leur enjoin
de renvoyer cette exécution au juge dont e
appel s'il a bien jugé, ou au juge qui tient l
siége immédiatement après lui, au cas que
sentence ait été infirmée. L'ordonnance de 161
veut aussi que les exécutions d'arrêts des cou
souveraines intervenus sur les sentences défin
tives des juges subalternes, soient faites par l
juges des lieux du domicile des parties, ou de
situation des biens dont il est question, ou par
plus prochain en cas de récusation, sans que l
parties puissent être obligées de procéder a
parlement sur l'exécution des arrêts, à moi
qu'il n'y soit question de les interpréter.

Ceux qui soutiennent que les juges supérieu
doivent demeurer juges des Décrets faits e
vertu de leurs jugemens, disent que de dro
commun, tout juge a le pouvoir de faire mett
son jugement à exécution ; c'est pourquoi Lo
XI a voulu que les arrêts, condamnations
appointemens du parlement de Paris, & l
sentences des requêtes du palais, circonstan
& dépendances, fussent exécutés en tout li
contre toutes sortes de personnes, sans qu'auc
autre juge dans le ressort de qui on voudroit
faire exécuter, pût en retenir cour, juridictio
ni connoissance en aucune manière, à peine
nullité de tout ce qui pourroit être fait.

Si l'on objecte contre ce dernier sentime
qu'il est de l'intérêt des parties que le Déc
se fasse devant les premiers juges afin que l
frais soient moins considérables, on répond
la part de ceux qui croient qu'en ce cas il
procéder au parlement, que cette augmenta

de dépenfe fe trouve bien compenfée par l'avantage qu'ont les parties d'éviter la multiplicité des degrés de juridiction, qui confomment fouvent en frais la portion la plus confidérable du prix des biens décrétés.

Dans cette diverfité de raifons, & même de difpofitions d'ordonnances, il faut fuivre l'ufage du plus grand nombre des tribunaux du royaume, où l'on tenoit pour maxime avant l'ordonnance de Blois, que les Décrets devoient être portés devant les juges fupérieurs quand le bien avoit été faifi en vertu de leurs jugemens. L'ordonnance de Blois qui a été fi ponctuellement exécutée en d'autres articles, n'ayant pu faire changer cette ancienne maxime, il n'eft point furprenant que l'ordonnance de 1629 qui avoit été enregiftrée en un lit de juftice, fans obferver les formalités qui étoient alors en ufage, n'ait point été fuivie en cette difpofition non plus qu'en plufieurs autres.

Il faut donc regarder à préfent comme un principe de droit commun, fur-tout pour le parlement de Paris, ce que porte l'article premier de l'arrêt de réglement de ce parlement, publié en jugement le 23 novembre 1598 : que *les adjudications par Décret des immeubles mis en criées en exécution d'arrêts & exécutoires de la cour, feront faites en icelle. . . . . . : & ce qui fera mis en criées par vertu d'obligations & contrats, pardevant les juges auxquels l'exécution d'iceux appartient.* Meffieurs des requêtes de l'hôtel & du palais font auffi en poffeffion, comme étant lu corps du parlement, de connoître des Décrets qui fe pourfuivent en exécution de leurs jugemens.

La déclaration du roi du 21 août 1732, portant réglement entre le parlement de Bretagne, les requêtes du palais & les préfidiaux de cette province, décide expreffément que les officiers des requêtes du palais du parlement de Bretagne, *connoîtront des faifies réelles, baux judiciaires, ventes & adjudications d'immeubles, ordre & diftribution des Décrets qui fe feront en exécution des jugemens par eux rendus.*

Ces règles générales fur la compétence des juges en matière de Décret, fouffrent plufieurs exceptions : 1°. par rapport aux juges, entre lefquels il y en a plufieurs qui ne peuvent connoître des Décrets : 2°. par rapport à plufieurs efpèces d'immeubles, dont le Décret ne doit être fait que devant les juges auxquels la connoiffance en eft particulièrement attribuée : 3°. par rapport à la fituation des biens dans des pays d'où les Décrets ne peuvent être évoqués, ou dans des coutumes où ils font tellement regardés comme réels, qu'il n'eft pas permis de les faire devant d'autres juges que celui dans le territoire duquel le bien eft fitué.

Entre les juges devant lefquels les Décrets ne peuvent être portés, il faut d'abord mettre ceux des officialités eccléfiaftiques ; car nos rois n'ont donné & confervé à l'églife la juridiction contentieufe, qu'à condition qu'elle ne connoîtroit, entre quelques perfonnes que ce fût, d'aucune action réelle ou mixte ; c'eft-à-dire, de celles où la réalité eft mêlée avec quelque droit perfonnel ; d'où vient que, fuivant l'article 9 de l'ordonnance de 1559, le juge d'églife n'eft point compétent pour prononcer fur la reconnoiffance d'une obligation, quand cette reconnoiffance doit emporter hypothéque fur les biens du clerc qui a paffé l'obligation. La pourfuite d'un Décret eft une action mixte, mais dans laquelle il y a encore plus de réalité que dans une fimple reconnoiffance de billets.

Ainfi quand le bien d'un clerc eft faifi réellement en vertu d'une obligation qu'il a paffée pardevant notaire, ou en exécution d'une fentence du juge d'églife, fuivie d'un paréatis du juge laïc, il faut porter la faifie réelle & le Décret devant le juge laïc qui en connoîtroit entre des laïcs.

Il en eft de même des juges-confuls établis pour décider tous les différends entre marchands au fujet de leur commerce ; car quoique les faifies & les ventes des biens puiffent être faites en vertu des fentences des juridictions confulaires, s'il faut paffer outre, les criées & l'interpofition des Décrets fe font par l'autorité des juges des lieux, auxquels le roi enjoint expreffément de tenir la main à la perfection des criées & à l'adjudication des héritages faifis. C'eft la difpofition de l'article 12 de l'édit du mois de novembre 1563, portant établiffement d'une juridiction confulaire dans la ville de Paris ; les autres juridictions confulaires du royaume ont été établies à l'exemple de celles de Paris, avec les mêmes droits & les mêmes reftrictions.

Il faut excepter de cette règle la confervation de Lyon, qui quoique juftice confulaire, a le droit de connoître des Décrets pourfuivis en vertu des jugemens qu'elle a rendus. C'eft ce qui réfulte de l'article 4 de l'édit du mois de juillet 1660.

Mais cette exemption ne s'étend pas aux prieurs & confuls des bourfes de Rouen, de Bordeaux & de Touloufe, quoiqu'ils aient été créés à l'inftar de la confervation de Lyon. Ces juges ne connoiffent point des Décrets faits en vertu de leurs jugemens, parce qu'il n'a pas été dérogé en leur faveur à l'article 12 de l'édit du mois de novembre 1563. Le parlement de Touloufe l'a ainfi jugé par arrêt du premier mai 1647 contre un marchand de Carcaffonne.

On a auffi jugé au confeil privé du roi au profit du préfidial de Rennes, que le prévôt de cette ville ne pouvoit connoître des Décrets, parce que cet officier n'avoit été établi en 1456, que pour décider les caufes mobilières des habitans de Rennes.

Il en eft de même des lieutenans criminels, qui ne font établis que pour inftruire le procès aux accufés & pour punir les coupables. S'il y a quelque faifie réelle à faire en exécution de leurs jugemens, même pour une condamnation prononcée contre un criminel, la pourfuite s'en doit faire devant un autre juge. C'eft fur ce principe qu'eft intervenu un arrêt célébre rendu en la quatrième chambre des enquêtes, au mois de février 1578, par lequel une adjudication par Décret a été caffée fur le feul motif que l'adjudication & la procédure pour y parvenir, avoient été faites devant le lieutenant criminel d'Angers.

Les prévôts des maréchaux & plufieurs autres juges ne peuvent connoître des Décrets. En général les criées ne peuvent être portées devant les juges dont la juridiction eft reftreinte à certaines efpèces d'affaires particulières, à moins que les ordonnances ou un ufage conftant ne leur donnent cette prérogative.

A l'égard des prefidiaux, les Décrets peuvent être portés devant eux, mais ils ne doivent point en connoître en dernier reffort; car pour que les préfidiaux jugent une affaire fans appel, il faut que tout ce que l'on demande au défendeur foit limité à fomme de deux mille livres ou de huit cens livres de rente, conformément à l'édit du mois de novembre 1774, & que les juges déclarent par le premier appointement qu'ils prétendent en connoître fans appel; ce qui ne peut fe faire en matière de Décret, attendu qu'il n'eft pas poffible de fixer à quoi fera porté l'héritage décrété, & à quelle fomme monteront les oppofitions que l'on pourra former au Décret. Cette doctrine eft d'ailleurs fondée fur un arrêt du premier juillet 1602, par lequel le parlement de Paris a fait défenfe au préfidial du Mans de prononcer en dernier reffort dans le cas d'adjudication par Décret.

Les Décrets peuvent auffi être portés devant les juges des feigneurs haut-jufticiers, quoique plufieurs auteurs aient prétendu que cette règle ne devoit avoir lieu qu'à l'égard des juftices feigneuriales dont les appellations fe portoient directement au parlement. Ces auteurs fe font à la vérité fondés fur deux arrêts de réglement, dont l'un rendu aux grands jours tenus à Clermont le 30 janvier 1666, porte que les Décrets ne peuvent être faits que devant les juges royaux ou dans les juftices des duchés pairies qui reffortiffent au parlement. Le fecond, qui eft du 31 mai 1683, renvoie à la prévôté du Mans un Décret commencé devant le juge de

Tours, puis il ajoute que les arrêts & réglemens qui portent que les Décrets ne pourron
être pourſuivis que dans les juridictions royale
ou dans les juſtices des pairies nuement reſſortiſſantes en la cour ſeront exécutés, & que
l'arrêt ſera lu & publié, l'audience tenant, et
la ſénéchauſſée & prévôté du Mans.

Mais malgré ces autorités, les auteurs le
mieux inſtruits de nos uſages ont toujours penſé
que les Décrets pouvoient ſe pourſuivre devant
les juges des ſeigneurs haut-juſticiers. En effet
le roi ayant donné le droit de haute juſtice à
un très-grand nombre de ſeigneurs; los officier
de ces ſeigneurs peuvent connoître de touté
les affaires dont le roi n'a pas réſervé la connoiſſance à ſes officiers par ſes ordonnances, ou
qu'un uſage conſtant & immémorial n'a poin
miſes au nombre des cas royaux : or, le Décré
des biens d'un particulier n'eſt pas regardé
comme un cas royal, & on ne l'a point jug
tel, lorſque les arrêts de 1666 & de 1683 on
été rendus, puiſqu'on en a conſervé la connoiſſance aux juges des pairies. Il n'y a poin
non plus d'ordonnance qui attribue les Décret
aux juges royaux, à l'excluſion de ceux de
ſeigneurs haut-juſticiers; ſi ces officiers manquoient à obſerver les formalités preſcrites pou
cette procédure par les ordonnances ou par le
coutumes, on interjeteroit appel de leurs ſentences comme on le pourroit faire de celles de
juges royaux qui n'auroient point obſervé ce
lois. Le pourſuivant & les créanciers, qui on
intérêt que le bien décrété ſoit porté par le
enchères à ſon juſte prix, doivent avoir ſoin d
faire trouver un nombre ſuffiſant d'enchériſſeu
avant l'adjudication.

Le lieutenant général de Noyon ayant fait défenses au juge de Magny, & à tout autre juge haut-justicier, de faire aucune adjudication par Décret, la dame de Magny interjeta appel de ce réglement. M. Talon, avocat général, qui porta la parole en cette affaire, dit qu'il n'y avoit point de doute que les seigneurs haut-justiciers ne pussent valablement connoître des Décrets concernant les héritages situés dans l'étendue de leur juridication. L'arrêt intervenu sur cette contestation le 18 décembre 1629, renvoya le Décret dont il s'agissoit devant le juge de Magny pour procéder à l'adjudication.

La Thaumassière sur l'article 58 du titre 9 de la coutume de Berry, rapporte un arrêt du 2 septembre 1675, qui a renvoyé les saisies réelles & les criées de la terre d'Enjoint, pardevant le juge de Graçay, & qui a fait défense aux officiers du bailliage d'Issoudun, d'évoquer les Décrets pendans en la justice seigneuriale de Graçay. Il y a eu un arrêt pareil au précédent, rendu en faveur du bailli de l'évêché d'Amiens: celui qui a été rendu le 24 mars 1688 en faveur du chapitre de Brioude contre les officiers de la sénéchaussée de Riom, mérite une attention particulière ; car après avoir fait des défenses aux officiers de la sénéchaussée de connoître en première instance des criées & des adjudications par Décret des immeubles saisis dans l'étendue de la justice de Brioude, on a ordonné que l'arrêt seroit lu en la sénéchaussée & siège présidial de Riom.

Enfin le parlement de Paris rendit un arrêt célébre le 7 août 1690, par lequel en infirmant une sentence du juge de Bellême, il renvoya les procédures d'une saifie réelle pardevant le juge de Nogent-le-Rotrou.

Ainfi le réglement des grands jours de Clermont, & celui de 1683, qui étoient contraires à l'aneienne jurifprudence, ont été abrogés par d'autres réglemens plus conformes aux véritables principes.

On a jugé au parlement de Metz le 14 novembre 1639, en faveur des officiers de Vappy, que les juges des feigneurs·haut-jufticiers font compétens pour faire les Décrets des biens fitués dans leurs feigneuries, à la charge de mettre des pannonceaux aux armes du roi.

Il faut cependant obferver que dans les lieux où les juges royaux ont un droit de prévention en toutes fortes de matières fur ceux des feigneurs, ils peuvent ufer de ce droit pour les Décrets comme pour les autres affaires.

L'édit du mois d'août 1669 & la déclaration du 21 janvier 1685, attribuent aux cours des aides le Décret, l'adjudication, l'ordre & la diftribution du prix des offices & des autres biens immeubles des comptables qui font redevables, tant pour refte de leurs comptes & manîment, que pour toute autre fomme due au roi, foit par des rôles arrêtés au confeil, foit par des arrêts du confeil ou des chambres des comptes.

Lorfque la faifie réelle des immeubles des officiers comptables eft faite pour le roi à la requête des procureurs généraux de la cour des aides, on la porte directement à ce tribunal; mais lorfque la faifie réelle a été commencée à la requête des créanciers particuliers des comptables, les faififfans peuvent pourfuivre devant les juges ordinaires. La déclaration du 21 janvier 1685, les a même difpenfés de la formalité à laquelle les aſſujettiſſoit l'article 8 de l'edit de 1669, de faire ſignifier la ſaiſie au procureur général de la cour des aides, & de retirer ſon conſentement par écrit, à peine de nullité de l'adjudication. C'eſt aux procureurs généraux des cours des aides à veiller à ce que les biens des comptables qui ſe trouvent redevables envers le roi ne ſoient point décrétés en d'autres tribunaux, & à en faire évoquer les ſaiſies réelles. Lorſqu'ils préſentent leur requête à l'effet de l'évocation des criées, des Décrets ou des ordres, ils doivent y attacher des extraits en bonne forme, des jugemens de clôture des comptes contenant les Décrets & charges, ou les arrêts de condamnation rendus contre les comptables; ſi l'on n'avoit point ſatisfait à ces formalités, les cours des aides ne pourroient évoquer les Décrets. L'arrêt qui contient l'évocation doit ſubroger le procureur général à la pourſuite du Décret.

C'eſt la cour des aides dans le reſſort de laquelle la partie ſaiſie a exercé ſon office de comptable, qui a droit d'évoquer le Décret; car le roi a dérogé par la déclaration de 1585, à l'article 6 de l'édit de 1669, qui attribuoit les Décrets des biens des comptables aux cours des aides ſéantes dans les villes où les chambres des comptes ſont établies.

Il n'y a que les immeubles ou les biens réputés immeubles qui puiſſent être vendus par Décret. Par exemple, les uſtenſiles mis dans une maiſon par le propriétaire pour perpétuelle demeure, & qu'on ne peut tranſporter ſans frac-

tion & fans détérioration, ou fans en défaffer
bler les parties, tels qu'un preffoir, font n
gardés comme ne faifant qu'un tout avec
maifon, & peuvent être vendus par Décret ave
elle. Plufieurs jurifconfultes ont étendu cen
règle, conformément aux coutumes de Nive
nois & de Reims, à l'artillerie deftinée pourl
défenfe d'un château & aux ornemens qui fe
vent à la chapelle.

Il n'en eft pas de même des effets mobilie
qui font réputés immeubles par fiction, fa
faire partie du fonds. Ainfi, quelque ftipulatic
qu'on ait faite dans un contrat de mariage po:
rendre propre une fomme mobilière à une femm
à fes enfans & à fes parens collatéraux, l
créanciers de la femme ne peuvent jamais fai
faifir cette fomme réellement, parce que la fi
tion qui n'a été faite que pour empêcher qu
cette fomme ne tombât dans la communaute
ou que le mari n'en profitât dans la fucceffio
de fes enfans, n'a pu rendre cet effet immeub!
hors du cas de la fiction. On doit décider par!
même raifon, qu'une fomme qui provient c
rembourfement d'une rente propre à un mineu
ne peut être faifie réellement ; car le princip
du droit coutumier, qui fait regarder cen
fomme comme un immeuble, même comm
un propre, ne regarde que la fucceffion du m
neur.

Mais pour qu'un fonds puiffe être vendu pa
Décret, il faut qu'il foit dans le commerce
Ainfi le Décret d'une églife ou d'un monaftèr
ne peut avoir lieu pour la dette d'une commu
nauté religieufe, parce que ces biens étant cor
facrés à Dieu font hors du commerce conforme

mément aux principes du droit romain & du droit canonique.

Obfervez toutefois que fi le fonds fur lequel on a conftruit une maifon religieufe n'étoit point payé, ou que le prix des bâtimens fût dû aux ouvriers, elle pourroit être faifie réellement par le propriétaire du fonds ou par les ouvriers. C'eft ce que le parlement a jugé par arrêt du 15 février 1650, contre les religieufes de l'Annonciade des dix Vertus établies à Paris dans le fauxbourg Saint-Germain.

On ne permet pas non plus de décréter les biens appartenans aux communautés tant qu'on peut faire payer les créanciers par des impofitions fur les particuliers : la raifon en eft qu'on ne doit point aliéner ces biens fans néceffité, furtout quand ils font deftinés pour la nourriture des troupeaux. C'eft fur ce principe que par un arrêt du 23 avril 1651, la cour des aides de Paris donna main-levée aux habitans de Saint-Souplet de la faifie réelle de leurs communes. On ordonna par le même arrêt, que l'on impoferoit la fomme de cinq cens livres fur les habitans de la paroiffe pour acquitter la dette qui avoit donné lieu à la faifie réelle.

Il eft de principe qu'un immeuble ne peut être décrété que fur celui qui en eft propriétaire : mais cette règle exige l'explication fuivante :

Lorfque l'immeuble a été faifi réellement fur celui qui n'en étoit pas propriétaire, & que celui à qui il appartenoit en eft refté paifible poffeffeur jufqu'à l'adjudication, la faifie réelle, les criées & l'adjudication ne peuvent faire aucun préjudice au véritable propriétaire : car pour qu'un bien puiffe être valablement adjugé

DÉCRÉTALES. On appelle ainſi les épître
& lettres écrites par d'anciens papes pour faire
quelque réglement.

Ces réponſes décident des points de doctrine
c'eſt pourquoi on leur a donné le nom de Dé
crétales. Depuis Gratien juſqu'à Grégoire IX
c'eſt-à-dire, pendant ſoixante-dix ans, il avoi
déja paru huit compilations différentes de Dé
crétales. Grégoire IX, pour former un co
pontifical à l'inſtar du code de Juſtinien, fit
cinq de ces compilations, une ſeule qui por
aujourd'hui ſon nom. Cette compilation eſt ap
pelée *extrà*, parce qu'elle eſt ſéparée du Dé
cret de Gratien, qui ſeul compoſoit auparava
le corps des canons : elle eſt diviſée en cin
livres ; chaque livre eſt diviſé en titres,
chaque titre en capitules.

Le droit canonique romain des Décrétal
n'a point en France force de loi. Quelques cou
eccléſiaſtiques du royaume ayant voulu intro
duire la procédure des Décrétales pour régl
des formes judiciaires dans les officialités,
regarda leur deſſein comme une entrepriſe
l'autorité du roi, & leurs ſentences furent d
clarées abuſives.

On a appelé *fauſſes Décrétales*, celles qui
trouvent raſſemblées dans la collection qui por
le nom d'Iſidore Mercator.

On ignore cependant l'époque préciſe
cette collection & quel en eſt le véritable a
teur. Le cardinal d'Aguirre croit que les fauſſ
Décrétales ont été compoſées par Iſidore évê
que de Séville, qu'on a depuis canoniſé, & q
tient un rang diſtingué parmi les docteurs
l'égliſe. Mais cette opinion paroît d'autant moi

fondée, que la collection dont il s'agit renferme plusieurs monumens qui n'ont vu le jour qu'après la mort d'Isidore arrivée en 636. Tels sont les canons du sixième concile général tenu en 680 ; ceux des conciles de Tolède, depuis le sixième, qui est de 638, jusqu'au dix-septième, &c.

DÉCRI. Cri public par lequel on défend de faire usage dans le commerce de certaines monnoies d'or, d'argent, &c. Voyez MONNOIE.

DÉDICACE. On donne ce nom à la cérémonie qu'on fait pour consacrer une église ou un autel.

L'usage des Dédicaces est très-ancien. Les hébreux appeloient cette cérémonie, *hhanuchach*, qui signifie imitation, ou suivant les septante, renouvellement.

On trouve dans l'écriture sainte des Dédicaces du tabernacle, des autels, du premier & du second temple, & même des maisons des particuliers. On y voit encore des Dédicaces des vases, des ornemens, des prêtres & des lévites. Dans la religion chrétienne, on nomme ces sortes de cérémonies, *consécrations*, *bénédictions*, *ordinations*, & non *Dédicace* ; parce que ce terme n'est employé que lorsqu'il s'agit de la consécration d'un lieu spécialement destiné au service divin.

La fête de la Dédicace dans l'église romaine est l'anniversaire du jour où une église a été consacrée. Ce fut sous le règne de Constantin, & lorsque la paix fut rendue à l'église, qu'on commença à faire la cérémonie de la Dédicace des eglifes avec solemnité. Avant cette époque, les Dédicaces se faisoient sans aucun appareil.

Conftantin ordonna que ces cérémonies fuſſen faites avec la plus grande pompe & le plus gran éclat. On aſſembloit pluſieurs évêques pour c' lébrer cette fête qui duroit pluſieurs jours, pen dant leſquels ces prélats faiſoient le ſervice di vin & prononçoient des diſcours *ſur le but* la fin de cette cérémonie.* Euſèbe nous a conſervé deſcription des Dédicaces des égliſes de Tyr & d Jéruſalem. On jugea depuis cette conſécration néceſſaire, qu'il n'étoit pas permis de célébre dans une égliſe qui n'étoit pas dédiée. Auſſi l ennemis de ſaint Athanaſe lui firent un crim d'avoir aſſemblé le peuple dans une égliſe qu n'avoit point été conſacrée.

Depuis le neuvième ſiècle on a obſervé dif férentes cérémonies pour la Dédicace des égli ſes ; mais elle a toujours été une des fonction epiſcopales. Elle eſt ordinairement accompagné d'une octave ſolemnelle. Chaque jour l'évêqu officie, ſi c'eſt dans une grande ville ; & u prêtre par lui délégué, ſi c'eſt dans une petit ville ou dans la campagne : pendant l'octave il y a tous les jours un ſermon ſur l'objet de cérémonie.

Comme les Dédicaces exigent une grand pompe, il y a beaucoup d'égliſes, ſurtout dan les campagnes, qui ſont ſeulement bénites alors elles prennent la Dédicace de la cathé drale ou de la métropole dont elles dépenden

On faiſoit auſſi autrefois la Dédicace des fon baptiſmaux. Nous trouvons une preuve de c uſage dans *le ſacramentaire* du pape Gelaſe.

Quand une égliſe eſt conſtruite, elle doit êtr conſacrée. On attribue le rit de cette conſé cration au pape Silveſtre, parce que, ſuivan

le

les hiftoriens, c'eft le premier pape qui ait fait cette cérémonie. Il la fit pour l'églife du fauveur, bâtie par Conftantin dans fon palais de Latran, & qui fut dédiée à faint Pierre & à faint Paul.

Il eft défendu par les conciles de Carthage, de Paris fous Louis-le-Débonnaire, de Mayence, d'Agde & d'Epaone, de confacrer le pain de l'euchariftie & d'expofer le faint facrement dans les églifes & fur les autels qui n'ont pas été confacrés par les évêques.

Suivant la difpofition du chapitre *nemo de confecr. dift. 1.* du concile d'Orléans, l'évêque a feul droit de confacrer une églife.

Nous regardons comme une maxime qui fait partie des libertés de l'églife gallicane, que le pape n'a point droit de déléguer un commiffaire pour confacrer une églife au préjudice de l'évêque diocéfain.

Voyez *la difcipline de l'églife par le père Thomaffin ; les mémoires du clergé ; le dictionnaire canonique,* &c. Voyez auffi les articles AUTEL, ÉGLISE, ÉVÊQUE, BÉNÉDICTION, CONSÉCRATION, &c. (*Cet article eft de M.* DESESSARTS, *avocat au parlement*).

DÉDICACE (LIBRAIRIE). On donne le nom de Dédicace à une épître qu'un auteur adreffe à une perfonne à laquelle il fait hommage de fon livre.

Nous avons peu d'épîtres dédicatoires qui méritent d'être lues. La plupart renferment des éloges bas & rampans qui deshonorent l'homme de lettres. Comme c'étoit un ufage autrefois de dédier prefque tous les ouvrages, & que fou-

vent on imprimoit des épîtres dédicatoires qu
n'avoient été ni lues ni approuvées par ceu
auxquels elles étoient adreffées ; pour remédie
à cet abus, on a défendu aux imprimeurs d'im
primer aucune épître dédicatoire, à moins qu
l'auteur ne leur ait remis l'agrément par écri
de la perfonne à laquelle il a dédié fon livre.

Par cette précaution fage, les perfonnes dif
tinguées ne font plus expofées à recevoir de
éloges infipides fans leur aveu.

Voyez *le manuel du libraire & de l'auteu*
Voyez auffi les articles LIBRAIRE, LIVRE, IM
primeur. (*Cet article eft de M.* DESESSARTS
avocat au parlement).

DÉDOMMAGEMENT. C'eft l'indemnité
qu'exige un dommage caufé à quelqu'un dans fe
biens, *dans fon honneur ou dans fa perfonne.*

Il eft dans les principes de l'équité natu
relle que celui qui fait du tort à autrui l
répare dans toute l'étendue qu'il eft poffible d
le réparer. Mais c'eft ce qui fera plus particu
lièrement expliqué aux articles INDEMNITÉ
DOMMAGE, DOMMAGES-INTÉRÊTS, RÉPARA
TION, &c. (*Article de M.* DAREAU, *&c.*)

DÉDUCTION. Ce terme fe dit d'un
fomme ou d'une dépenfe que l'on eft en droi
de précompter fur la créance dont on eft débi
teur.

On eft en droit, par exemple, de déduire fu
des fermages les vingtièmes, les décimes &
même quelquefois les rentes qu'on a été oblige
de payer à l'acquit du bailleur, lorfqu'on n'ef
point convenu qu'on fupporteroit ces charge
fans Déduction. On déduit de même les dépen
fes inopinées qu'on a été dans le cas de faire

pour empêcher un bâtiment de tomber en ruine, ou pour toute autre caufe néceffaire. On déduit auffi dans un compte de tutelle les frais & les avances légitimes qu'on a été obligé de faire pour des mineurs, foit pour leur entretien, foit pour la régie de leurs biens ou pour le paye‑ment de leurs dettes : en un mot, Déduction & compenfation font à peu près la même chofe; il y a feulement cette différence, qu'on fe fert du terme de *Déduction* quand on précompte fur une créance la partie qui en a été acquittée, & de *compenfation* quand on oppofe à cette même créance une autre créance d'un genre différent. Voyez l'article COMPENSATION. Les principes qui y font développés s'appliquent à tout ce que nous pourrions dire ici de la Dé‑duction. (*Article de M. DAREAU, avocat, &c.*)

DÉFAILLANT. C'eft celui qui ne com‑paroît pas, qui ne fe trouve pas à l'affignation donnée en juftice. Voyez DÉFAUT.

DEFAUT. C'eft le jugement rendu fur la demande de l'une des parties, fans que l'autre ait été ouie.

Il y a deux fortes de Défauts & congés prin‑cipaix; favoir, les Défauts faute de comparoir & les défauts faute de défendre.

Il y a en outre ce qu'on appelle les petits Défauts, qui font les Défauts faute de plaider & faute de conclure.

Le Défaut faute de comparoir s'obtient contre le défendeur quand il ne fe préfente point dans les délais de l'ordonnance, fur l'affignation qui lui a été donnée.

Le Défaut faute de défendre s'accorde lorfque le défendeur, apres s'être préfenté, ne fignifie

S ij

point ſes moyens de défenſe contre la de
mande.

Le Défaut faute de plaider a lieu lorſqu'aprè
les défenſes fournies, le demandeur ou le défen
deur. ne paroiſſent point à l'audience pour
plaider ou faire plaider leur cauſe.

Quant au Défaut faute de produire, on l'ap
pelle plus communément forcluſion; ainſi voye
cet article.

Les Défauts faute de comparoir ou de dé
fendre ne s'obtiennent jamais que contre le dé
fendeur, parce qu'il n'y a que lui qui puiſſe êtr
en demeure de comparoir ou de défendre; ma
le Défaut faute de plaider peut s'obtenir tar
par le défendeur que par le demandeur, attend
que l'un ou l'autre peut être en demeure de pa
roître à l'audience pour plaider.

Avant l'ordonnance de 1667, rien n'étoit plu
compliqué que la procédure uſitée pour obten
un Défaut faute de comparoir.

On diſtinguoit alors deux ſortes d'ajourne
mens ; ſavoir, l'ajournement avec intimation &
l'ajournement ſimple.

Si l'ajournement étoit avec intimation,
Défaut qui intervenoit en conſéquence adjuge
à l'inſtant le profit. Cet ajournement n'étoit a
toriſé que dans les matières ſommaires & priv
légiées, qui requéroient célérité, & pour raiſ
deſquelles il y auroit eu péril dans la demeur

Sur l'ajournement ſimple, au contraire, q
ſeul avoit lieu dans les matières ordinaires, o
obtenoit un premier Défaut, après quoi on ré
journoit le défendeur avec intimation, & on le
voit un ſecond Défaut ſur ce réajournement
enſuite le demandeur produiſoit les deux ajou

nemens & les deux Défauts, & le tout vu, le
juge déclaroit les Défauts bien & duement obtenus, déboutoit le défaillant de toute exception & défenfe, & admettoit le demandeur à
vérifier fa demande. En vertu de ce jugement
de débouté de défenfes, on ajournoit encore de
nouveau le défaillant, pour *voir produire titres &
exploits*, & ce n'étoit qu'après toute cette procédure préparatoire qu'intervenoit la fentence
définitive qui faifoit droit fur le fond de la demande.

Le légiflateur n'ayant vu dans cette multiplicité de procédures qu'un circuit inutile à l'inftruction des juges, & ruineux pour les parties,
a abrogé par l'article 2 du titre 5 de l'ordonnance citée les réajournemens & les déboutés
de défenfe. Il a d'ailleurs réduit la procédure
néceffaire à l'obtention des Défauts, foit faute
de comparoir, foit faute de défendre, à quelque
chofe d'extrêmement fimple ; car fi dans les délais prefcrits par l'article 5 du titre 3 le défendeur ne fe préfente point ou ne fournit point de
défenfe, il n'eft pas néceffaire de le conftituer
davantage en demeure par aucun acte ni aucune
fommation : l'expiration des délais fuffit au demandeur pour pouvoir obtenir fon Défaut & en
faire juger le profit.

Le délai que l'ordonnance accorde au défendeur pour conftituer procureur & pour fournir
des défenfes eft de huitaine après l'échéance de
l'affignation : lorfque cette huitaine eft écoulée,
le demandeur eft en droit de lever un Défaut
au greffe ; mais il ne peut le faire juger fans laiffer encore écouler un nouveau délai, qui eft de

huitaine pour les perſonnes qu'on a aſſignées huitaine ou à quinzaine, & de la moitié du premier délai pour celles qu'on a ajournées à plus long terme. Ainſi un défendeur aſſigné à ſix ſemaines a d'abord huitaine en ſus pour conſtituer procureur & fournir des défenſes ; il a enſuite la moitié du premier délai, qui eſt de trois ſemaines ; enſorte qu'avant qu'on puiſſe faire juger un défaut contre lui, il faut qu'il ſe ſoit écoulé dix ſemaines.

Lorſque le défendeur avoit conſtitué procureur ſans fournir des défenſes, le demandeur étoit autoriſé par l'article 3 du titre 5 à prendre Défaut à l'audience ; mais aujourd'hui tous les Défauts doivent être pris, en quelque juridiction que ce ſoit, au greffe des préſentations, à l'exception ſeulement du Défaut faute de plaider qui ſe donne à l'audience. C'eſt ce qui réſulte de l'article 6 de la déclaration du roi du 12 juillet 1695. Cette loi a ordonné que les greffiers des préſentations expédieroient & délivreroient les Défauts & congés faute de comparoître, faute de défendre & de conclure, & généralement tous les Défauts qu'il convenoit d'expédier & de délivrer dans le cours de la procédure, & que le profit de ces Défauts ne pourroit être adjugé qu'ils n'euſſent été levés au greffe des préſentations, à peine de nullité (*)

(*) *Formule d'un défaut faute de comparoir ou faute défendre aux requêtes de l'hôtel ou du palais.*

Extrait des regiſtres des requêtes du palais (ou de l'hôtel du....

Défaut à.... demandeur aux fins de ſon exploit.... comparant par Me.... ſon procureur.

Contre.... défendeur & défaillant à faute de comp

Si dans l'espace de temps qui s'écoule entre

---

roir (ou *défendr.*) après que les délais de l'ordonnance sont expirés, délivré le....

Formule de sentence sur le profit du Défaut..

Vu par la cour le Défaut faute de comparoir (*ou de défendre*) obtenu au greffe des présentations d'icelle par.... demandeur aux fins de son exploit en date du.... tendant à ce que.... comparant par Me ... son procureur. Contre... défendeur & défaillant, faute de comparoir (*ou de défendre*) Vu aussi la demande sur le profit dudit Défaut & titres & pièces. Tout considéré, dit a été que la cour déclare le Défaut bien & duement obtenu, & adjugeant le profit d'icelui, condamne le défaillant.... & aux dépens dudit Défaut & de tout ce qui a suivi....

Pour lever un Défaut au greffe du châtelet, le procureur du demandeur remet après les délais, son exploit au greffier qui écrit sur le registre qu'il tient des Défauts, ces mots : Défaut à Me.... procureur du sieur.... demandeur, contre le sieur.... défendeur. Ensuite il met sur l'exploit, 1°. le nom de l'huissier qui l'a fait avec la date : 2°. l'échéance du délai de l'assignation : 3°. celle du délai donné au défendeur pour constituer procureur & se défendre.

Le procureur du demandeur dresse ensuite la minute du Défaut, la signe, & le greffier l'expédie de la manière suivante :

Vu le Défaut faute de comparoir obtenu au greffe du châtelet, le.... par Me.... procureur de.... demandeur aux fins de l'exploit fait à sa requête, le.... par.... huissier en cette cour, contrôlé à Paris le.... & présenté, tendant à ce que le défendeur ci-après nommé soit condamné à lui payer la somme de.... contenue en son billet qu'il seroit tenu de venir reconnoître avec intérêts & dépens. Contre.... défendeur & défaillant. Vu le billet & exploit de demande susdatés; oui le rapport de M.... Conseiller en cette cour. Nous disons que ledit Défaut est bon, bien & duement obtenu; & pour le profit condamnons le défaillant à payer au demandeur la somme de.... contenue en son billet

le Défaut pris & le jugement du Défaut, le défendeur conftitue procureur, fournit fes défenfes & en communique les pièces juftificatives, le demandeur ne peut pàs faire juger fon Défaut, mais il peut en demander les dépens.

Lorfqu'une des parties ou fon procureur ne comparoît point à l'audience, il faut diftinguer fi c'eft le demandeur ou le défendeur : fi c'eft le demandeur, le juge doit accorder au défendeur comparant un Défaut qu'on appelle *congé* & pour le profit, le décharger de la demande, fi c'eft le défendeur qui ne comparoît pas, le demandeur obtient Défaut, & pour le profit le juge lui accorde fes conclufions, fi elles fe trouvent juftes & bien vérifiées. C'eft ce que prefcrit l'article 4 du titre 14 de l'ordonnance de 1667.

Obfervez néanmoins que fi la partie contre laquelle il a été obtenu un Défaut fe préfente à la même audience, & demande que ce Défaut foit rabattu, le juge peut l'ordonner, auquel cas le Défaut ne produit aucun effet : c'eft ce qui réfulte de l'article 5 du titre qu'on vient de citer.

Ceux contre qui il a été rendu des jugemens par Défaut, foit faute de comparoir, foit faute de plaider, peuvent les attaquer par la voie de l'oppofition (*), dans la huitaine du jour qu'ils

---

fufdaté que nous avons tenu pour reconnu, aux intérêts de ladite fomme, fuivant l'ordonnance & aux dépens; ce qui fera exécuté fans préjudice de l'appel, & foit fignifié.

(*) *Requête d'oppofition aux requêtes de l'hôtel ou du palais.*

Extrait des regiftres des requêtes du palais (*ou de l'hôtel*) du....

ont été signifiées : surquoi il faut observer qu'au

Sur ce que Me.... procureur de.... a requis qu'il plût
à la cour recevoir ledit.... opposant à la sentence par Défaut, faute de comparoir (*ou de défendre*) surprise par....
le.... & signifiée le.... faisant droit sur ladite opposition,
déclarer la procédure sur laquelle ladite sentence a été obtenue, nulle ; au principal, ordonner que les parties en viendront au premier jour , & condamner ledit.... aux dépens.

Ordonnance. La cour ordonne que les parties en viendront au premier jour, & soit signifié.

Sentence sur l'opposition.

La cour du consentement du défendeur reçoit le défaillant opposant à la sentence par défaut , & faute de comparoir (*ou de défendre*) en refondant néanmoins les dépens
du contumace , & fournissant de défenses dans trois jours ;
sinon & à faute de ce faire , ordonne que lesdits frais seront
taxés en la manière accoutumée, condamne en outre ledit...
aux dépens de l'incident.

Requête d'opposition formée au châtelet dans la huitaine.

Au premier jour à venir plaider à l'audience du parc civil
du châtelet de Paris par Me.... procureur de.... sur la
requête de Me.... procureur de.... à ce qu'il soit dit qu'il sera
reçu opposant à l'exécution de la sentence surprise contre
ledit.... par Défaut le... signifié le.... laquelle sera déclarée
nulle ; que ledit.... sera déchargé des condamnations contre lui
prononcées par ladite sentence avec dépens, & aller en avant.
Fait au châtelet le. ...

Requête d'opposition formée après la huitaine.

Au premier jour à venir plaider à l'audience du parc civil
du châtelet de Paris par Me.... procureur de.... sur la requête de.... procureur de.... à ce qu'il soit dit que ledit...
aura lettres de ce qu'il interjette appel de la sentence contre
lui surprise par Défaut le.... signifié le.... & de la con-
version qu'il fait de son appel en opposition à ladite sentence,
laquelle sera déclarée nulle, & en conséquence ledit....
déchargé des condamnations contre lui prononcées avec
dépens , & aller en avant. Fait au châtelet, le....

palais on reçoit les oppofitions aux jugemens p
Défaut faute de fe préfenter, même après la hui
taine, en refondant les dépens de contumace
mais cette indulgence n'a pas lieu pour les Dé
fauts faute de plaider. On ne reçoit point no
plus d'oppofition, même dans la huitaine, con
tre les arrêts rendus à tour de rôle, attend
que la publication du rôle rend inexcufable l
négligence des parties qui ne fe préfentent pa
pour plaider. Remarquez au furplus qu'au gran
confeil on ne connoît point à l'égard de l'oppo
fition après la huitaine, la diftinction admife a
palais entre les arrêts faute de fe préfenter &
les arrêts faute de plaider : ce tribunal fe ren
fermant dans l'obfervation ftricte de l'article 3 d
titre 35 de l'ordonnance, profcrit indiftincte
ment toute oppofition formée après la huitain
contre les uns ou les autres.

Au parlement de Rouen on peut encore l
neuvième jour donner des requêtes d'oppofitio
contre les arrêts rendus par Défaut. C'eft c
qui réfulte de divers arrêts rendus par cett
cour.

Le même parlement a rendu un arrêt de régle
ment le 18 novembre 1722, par lequel il a fai
défenfe aux procureurs de préfenter aucune re
quête en oppofition contre l'exécution des arrê
rendus par Défaut à l'audience, qu'ils n'aien
auparavant confulté un avocat qui fe foit charg
de foutenir l'oppofition, & dont le nom foit dé
claré par la requête, à peine de tous dépens
dommages & intérêts envers le défendeur,
quoi tout procureur qui figne de pareilles re
quêtes doit être perfonnellement condamné dar
le cas de défaveu de l'avocat par lui nommé.

On admettoit autrefois fuccessivement aux requêtes du palais des oppositions aux deux premières fentences par Défaut, & la troisième feule étoit réputée contradictoire, & ne pouvoit être attaquée que par la voie de l'appel : mais cette jurisprudence a été changée par l'article 3 des lettres-patentes du 24 mai 1770, qui s'exprime ainsi :

« Toute fentence intervenue fur opposition »à une première fentence faute de défendre »ne pourra être attaquée que par la voie de »l'appel ».

Cette règle s'obferve au parlement & dans les autres cours fouveraines : le fecond Défaut y eft fatal, & l'on n'a que les voies de caffation ou de requête civile pour en faire anéantir l'effet.

Au châtelet, lorfque la fentence par Défaut n'a point été rendue préfidialement, on admet l'oppofition, même après la huitaine de la fignification, fans diftinguer, comme au parlement, fi le Défaut a été prononcé faute de comparoir ou faute de plaider ; mais s'il s'agit d'une fentence par Défaut rendue préfidialement, & qu'on ait laiffé écouler la huitaine depuis la fignification de cette fentence, elle eft réputée contradictoire, & l'on ne peut réclamer contre que par la voie de la requête civile.

Divers arrêts ont jugé que les fentences ou arrêts rendus par défaut & fufceptibles d'oppofition, ne pouvoient être mis à exécution qu'après la huitaine, pendant laquelle on a le droit d'y former oppofition.

Le parlement de Rennes a jugé par arrêt du

10 décembre 1710, que les premiers arrêts par Défaut ne devoient être délivrés qu'aux procureurs, & que ceux-ci ne pouvoient les remettre à leurs parties qu'après l'expiration de la huitaine, pendant laquelle on a la liberté de former opposition.

Observez cependant que cette règle ne s'étend pas aux sentences des juridictions consulaires: ces sentences peuvent être mises à exécution aussitôt qu'elles ont été signifiées.

Les Défauts & congés ne pouvant, selon la déclaration du roi du 12 juillet 1695, être expédiés & délivrés que par les greffiers des présentations, il faut en conclure que les droits de ces Défauts doivent être perçus dans tous les sièges où la perception des droits de présentation a été ordonnée.

Les droits principaux des Défauts & congés ont été fixés par la déclaration qu'on vient de citer. Suivant cette loi, il est dû dans les cours supérieures, deux livres douze sous pour les Défauts faute de comparoir, & quinze sous pour tout autre Défaut: aux requêtes de l'hôtel & du palais, trente-deux sous pour les Défauts faute de comparoir, & dix sous pour les autres: dans les présidiaux, vingt sous pour les Défauts faute de comparoir, & sept sous six deniers pour les autres ; & dans les autres sièges ordinaires ou extraordinaires, quinze sous pour les Défauts faute de comparoir, & cinq sous pour les autres.

Ces droits ne sont pas les mêmes en Provence : il est dû au parlement d'Aix six sous huit deniers pour les Défauts faute de comparoir, & deux sous huit deniers pour les autres ; à la

chambre des comptes, cinq fous pour les uns
& pour les autres ; & dans les fiéges royaux inférieurs de cette province, treize fous quatre
deniers pour les Défauts faute de comparoir , &
cinq fous quatre deniers pour les autres. C'eft
ce qui réfulte de la déclaration du roi du 13 mars
1696.

Outre les droits principaux dont on vient de
parler , il eft dû celui de contrôle de chaque
Défaut ou congé , à raifon de deux fous dans
les fiéges où le droit de préfentation a été réduit à cinq fous par l'arrêt du confeil du 24 janvier 1696 , & de trois fous dans les cours &
autres fiéges.

On a vu précédemment que la déclaration
du 12 juillet 1695 avoit défendu, fous peine de
nullité , d'adjuger le profit des Défauts, à moins
qu'ils n'euffent été levés au greffe des préfentations : mais comme cette peine de nullité n'in-
téreffoit pas les procureurs, & qu'ainfi elle étoit
infuffifante pour les obliger à fe conformer à la
loi, il eft intervenu plufieurs réglemens poftérieurs qui ont prononcé des amendes contre les
contrevenans : nous allons en rendre compte.

Par arrêt du 8 novembre 1701 , le confeil a
ordonné l'exécution de la déclaration de 1695 ,
& y ajoutant, a fait défenfe aux procureurs de
pourfuivre & de faire juger le profit des Dé-
fants & congés, à moins qu'ils n'euffent été
levés au greffe des préfentations, à peine contre
chaque contrevant d'une amende de trois cens
livres, qui ne pourroit être remife ni modérée
fous quelque prétexte que ce fût.

Le fubdélégué de l'intendance de Champagne
à Châlons , n'ayant prononcé qu'une amende

de trois livres contre Plouvié, procureur, & Lorrain, greffier au préfidial de Châlons, pour avoir pourfuivi & expédié une fentence qui adjugeoit le profit d'un Défaut avant qu'il eût été levé au greffe des préfentations, le confeil par arrêt du 4 août 1722, caffa cette ordonnance, & prononça l'amende de trois cens livres contre chacun des contrevenans, avec défenfe aux juges, fous peine d'interdiction, d'adjuger le profit d'aucun Défaut ou congé avant qu'il leur eût été juftifié de l'expédition levée au greffe des préfentations.

Comme on étoit dans l'ufage en Normandie de prendre les Défauts à l'audience, le confeil rendit le 15 feptembre 1719, un arrêt par lequel il fit défenfe aux procureurs, tant du parlement que des juridictions royales du reffort, de pourfuivre & faire juger le profit d'aucun Défaut, & aux greffiers d'expédier aucun arrêt ou jugement adjugeant le profit d'un Défaut, à moins que ce Défaut n'eût été levé au greffe des préfentations, à peine contre chaque contrevenant, d'une amende de cinq cens livres qu'il demeureroit encourue en vertu du même arrêt & fans qu'il en fût befoin d'autre.

Les procureurs du bailliage de Rouen ont depuis cette loi, prétendu que lorfqu'ils avoient pris un Défaut faute de comparoir, fi le défendeur fe préfentoit dans le délai fixé pour en faire juger le profit & ne fournifoit pas fes défenfes, ils n'étoient pas obligés de lever au greffe des préfentations le Défaut faute de défendre, & qu'il fuffifoit qu'ils le priffent à l'audience; mais cette prétention a été profcrite par une ordonnance de l'intendant de Rouen fondée tant sur l'article 6 de la déclaration de 1695, que sur l'arrêt du conseil du 14 juin 1749.

L'édit du mois de décembre 1707 qui a fixé le droit de contrôle des présentations, Défauts & congés, a défendu aux greffiers d'expédier ces Défauts, aux procureurs de s'en servir, & aux huissiers de les signifier, à moins qu'ils n'eussent été préalablement contrôlés, & cela à peine de nullité, & de cinq cens livres d'amende pour chaque contravention.

Un arrêt du conseil du 24 juillet 1717, rendu au sujet des élections, a pareillement défendu aux greffiers d'expédier aucune sentence d'audience, ou autre que le Défaut faute de comparoir, de défendre ou autre, n'eut été levé au greffe, & les droits ainsi que ceux de contrôle payés ; à l'effet de quoi ces officiers sont tenus de dater les Défauts dans les sentences ; le tout à peine de trois cens livres d'amende pour chaque contravention.

Par un autre arrêt du 23 décembre 1721, le conseil a défendu aux greffiers des juridictions consulaires de Châlons, Reims & Troyes, de délivrer aucune sentence ou jugement, que les droits des Défauts & ceux de contrôle de ces Défauts n'eussent été payés, à peine contre ces officiers, d'en répondre en leur propre & privé nom, & de trois cens livres d'amende.

Par un autre arrêt du 14 juillet 1722, le conseil a condamné le sieur Bigot, greffier de la juridiction consulaire du Mans, à tenir compte au fermier des greffes, des droits de Défauts & congés, avec défense au même greffier de s'immiscer à l'avenir dans la perception de ces droits, & a ordonné qu'ils seroient perçus à raison de

dix-fept fous chacun, y compris le contrôle
conformément à la déclaration du 12 juille
1695 , & à l'édit du mois de décembre 1707.

Par un autre arrêt du 24 juillet 1725 , l
confeil a ordonné que Baffet, chargé de la régi
des greffes, jouiroit dans les juridictions conf
laires de Riom , Clermont , Bittoin , Thiers
Montferrand & Brioude , des droits de Défau
& congés fixés à quinze fous par la déclaratio
de 1695 , & du contrôle des mêmes actes ,
raifon de deux fous , fuivant l'édit du mois d
décembre 1707 , & a défendu aux greffiers d
ces juridictions de troubler Baffet dans la pe
ception de ces droits, & de delivrer aucun ju
gement qu'ils n'aient été payés , à peine d'e
répondre en leur propre & privé nom , & d
trois cens livres d'amende pour chaque contr
vention.

Enfin par un autre arrêt du 11 décembre 172
le confeil a ordonné que les édits, déclarations
réglemens & arrêts concernant les préfenta
tions, Défauts & congés, & le contrôle de ce
actes , feroient exécutés felon leur forme &
teneur , dans les bourfes ou confulats des vill
de Touloufe & de Montpellier , à la diligenc
de Baffet, chargé de la régie des fermes ; &
a été fait défenfe aux juges & fyndics de ce
juridictions, de troubler le même Baffet ou f
commis, dans la perception des droits dont
s'agit.

Remarquez que ce dernier arrêt a été rend
contradictoirement avec les fyndics des bourf
ou confulats dont on vient de parler ; lefque
foutenoient que l'introduction des préfentatio
& Défauts étoit inutile dans les juridiction
confulaires

confulaires, dont l'objet étoit d'accélérer les affaires du commerce ; que le Défaut emportant profit fe donnoit à l'audience, & que deux arrêts des 5 janvier 1701, & 12 décembre 1702, avoient décidé que les droits dont il eft queftion, n'auroient point lieu dans les mêmes bourfes ou confulats.

Tout ce que nous avons dit jufqu'ici ne peut s'appliquer ni au parlement de Lorraine, ni aux juridictions de fon reffort : on fuit dans cette province pour l'inftruction de la procédure, les formes prefcrites par l'ordonnance du duc Léopold du mois de novembre 1707.

Ainfi lorfqu'au jour de l'affignation le demandeur, l'appelant ou l'oppofant ne comparoiffent pas à l'audience, le juge doit donner Défaut congé au défendeur ou à l'intimé ; & pour le profit, débouter le demandeur de fa demande, l'oppofant de fon oppofition, ou déclarer l'appelant déchu de fon appel. C'eft ce qui réfulte de l'article 5 du titre 2 de l'ordonnance citée.

Si c'eft le défendeur qui ne comparoiffe pas, l'article 6 veut que le juge donne Défaut, ordonne que le défaillant fera réaffigné, & le condamne aux dépens préjudiciaux qui doivent être taxés fur le champ fans pouvoir être remis en définitive, fi la procédure eft valable. Les délais pour la réaffignation doivent être les mêmes que pour l'affignation.

Lorfque le défendeur ne comparoît pas fur la réaffignation, le juge donne un fecond Défaut ; & pour le profit, il adjuge au demandeur es conclufions, s'il les trouve bien juftifiées ; l'effet de quoi les pièces doivent être vues,

fi cela eft néceffaire. Telles font les difpofitio
de l'article 7.

Obfervez néanmoins qu'en matière de recon
noiffance de promeffe, ou fur une demand
tendante à faire déclarer une obligation, u
contrat ou autre titre exécutoire contre un hé
ritier, comme il l'étoit contre la perfonne
laquelle il a fuccédé, ou fur une action en r
prife d'inftance, & conftitution de nouve
procureur, ou pour faire taxer des dépens ; o
pour voir accepter la charge de commiffaire
gardien ou fequeftre ; ou pour faire accordé
une provifion d'alimens, & fur d'autres actio
de pareille nature, on doit adjuger au dema
deur fes conclufions pour le profit du premi
Défaut. C'eft ce que prefcrit l'article 8.

« Pour empêcher la multiplicarion des fr
» au jugement des Défauts, porte l'article
» voulons qu'ils foient jugés à l'audience,
» moins qu'il n'y ait plus de trois chefs de d
» mandes ; auquel cas les juges pourront ordo
» ner que pour adjuger le profit du Défau
» les pièces feront vues, fans néanmoins qu
» ce cas ils puiffent prendre d'autres droits q
» celui qui aura été configné pour l'audienc
» & fans rien innover au jugement des Défau
» obtenus à la barre de notre cour fouverain
» dont les commiffaires pourront ordonner,
» cas de difficulté, que le demandeur donne
» fa demande, qui fera pareillement jugée
» pièces vues, & fans autres frais que d'un dr
» d'audience,,

Celui qui a été condamné par Défaut d
former fon oppofition dans la quinzaine du jo
de la fignification faite à partie ou domicile,

s'agit d'une sentence ; & dans le mois, s'il est question d'un arrêt : après ce délai on ne peut se pourvoir que par appel contre les sentences, & par requête civile ou demande en cassation, contre les arrêts.

Si le Défaut a été valablement obtenu, le défaillant n'y peut être reçu opposant qu'en refondant les dépens préjudiciaux qui ne peuvent être remis en définitive. Mais si le Défaut a été mal obtenu, on peut y être reçu opposant sans refusion de dépens. Tout ce qu'on vient de dire est fondé sur l'article 6 du titre 12.

Lorsque le Défaut est un premier Défaut qui emporte pour le profit une réassignation, on peut y former opposition incidente sur le barreau, quand la cause est portée à l'audience sur la réassignation, & il doit y être fait droit sans autre formalité.

Si au contraire le Défaut emporte pour le profit un jugement sur le principal, on ne peut y être reçu opposant que par requête (*).

(*) *Voici la forme de procédure qu'on observe en cas pareil.*

Requête en opposition à un jugement par Défaut.

Supplie humblement H. . . .

Disant qu'il a été assigné à la requête de N. . . . à comparoir à l'audience du. . . . pour se voir condamner à. . . . (*Il faut exprimer la cause de la demande*) comme le délai n'a pas été compétent, ou que, &c. (*Il faut aussi dire pourquoi on n'a pu comparoir*). Le suppliant est obligé de se pourvoir contre ledit jugement pour le faire rapporter sans refusion de dépens.

Ce considéré, Messieurs, il vous plaise recevoir le suppliant opposant à ladite sentence ou jugement du. . . . ayant égard à son opposition & y faisant droit, ordonner que ladite sentence sera rapportée sans refusion de dépens, *ou en*

T ij

* L'article COMPARUTION renferme à-pe[u]
près toutes les règles obfervées au parlement[de]
Flandres par rapport aux Défauts. Il ne no[us]
refte que quelques obfervations à faire fur [ce]
fujet.

C'eft un principe conftant dans la jurifpr[u]
dence belgique, que l'on ne peut appeler [de]
jugemens rendus par Défaut. L'axiome *contum[ax]*
non appellat, eft en pleine vigueur dans ces pr[o]
vinces. Le condamné n'eft cependant pas f[ans]
reffource ; il peut lever en chancellerie des l[et]
tres de commutation d'appel en oppofition , [&]
faire inftruire la caufe contradictoirement pa[r le]
même juge.

La défenfe d'appeler des jugemens rendus p[ar]
Défaut n'a pas lieu quand le Défaut n'a pas [été]
valablement encouru ; en ce cas on peut appel[er]
non pas à la vérité pour faire juger le fond [de]
la caufe par le juge d'appel ; mais pour fa[ire]
déclarer nul & irrégulier le décretement [de]
Défaut , & faire ordonner que la caufe s'in[ftruife]

___

refondant les depens, & au principal renvoyer le fuppl[iant]
de la demande formée contre lui avec dépens, & pour p[ro]
céder fur ladite oppofition , ordonner que les parties au[x]
audience au premier jour, & ferez bien.

Décret. Reçu oppofant & pour procéder fur l'oppofi[tion]
viennent les parties à l'audience du. . . .

Jugement fur cette oppofition.

Entre M. . . . oppofant d'une part, & N. . . . défen[deur]
d'autre.

Nous avons reçu la partie de Me. oppofante à la fent[ence]
du. . . . fans refufion de dépens, *ou en refondant les dép[ens]*
& au principal, (on prononce condamnation contre l[e dé]
fendeur, f. la demande eft bien fondée, ou on le renvoy[e de]
la même demande , fi la matière s'y trouve difpofée.)

uira de nouveau, comme s'il n'étoit intervenu aucun jugement. C'eſt ce qu'a jugé le parlement de Flandres par un arrêt du 13 janvier 1777, dont voici l'eſpèce.

Le ſieur Canone d'Hereque s'étant pourvu en complainte contre le ſieur Douay, l'huiſſier inſtruiſit la cauſe, entendit les témoins, & aſſigna les parties à l'audience des conſeillers-commiſſaires, ſuivant la pratique du parlement de Flandres. Le jour de l'aſſignation venu, les procureurs reſpectifs des deux parties convinrent de ne pas ſe préſenter, parce qu'ils n'avoient pas les inſtructions néceſſaires. Celui du ſieur Douay ſe préſenta à l'audience ſuivante ſans avertir l'autre, demanda Défaut ; & pour le profit, conclut à ce que le ſieur Canone fût déclaré déchu de ſa complainte, conformément à l'article 5 du chapitre 4 du ſtyle. Les commiſſaires lui adjugèrent ſes concluſions. Le ſieur Canone après la ſignification de ce jugement, en appela en pleine cour. On lui oppoſa la maxime *contumax non appellat* : il répondit que ſon appel n'ayant pas le fond de la cauſe pour objet, mais ſeulement l'obtention & le décretement du Défaut, on ne pouvoit faire valoir cet axiome contre lui. L'arrêt cité, rendu à l'audience de la première chambre, reçut l'appel ſans égard à la fin de non-recevoir, infirma le jugement des commiſſaires, & renvoya les parties à l'audience des mêmes juges pour y plaider ſur la complainte.

On a demandé ſi l'héritier doit être aſſigné en repriſe pour faire adjuger le profit d'un Défaut obtenu contre le défunt. Le parlement de Flandres a jugé pour la négative, par

un arrêt rendu en faveur de Jean Becquet. C
le quarante-quatrième du recueil de M. d'H
manville.

- Voyez les articles COMPARUIT, COMP
RUTION, CONSEILLERS - COMMISSAIRES A
AUDIENCES, COMPLAINTE, DOUAI, A
PEL, &c. *.

. L'article premier du titre 2 de la fecon
partie du réglement du confeil du 28 juin 17
porte que quand le défendeur ou l'intimé affi
au confeil ne fe fera pas préfenté dans les dé
marqués au titre précédent, ou qu'il n'aura
fait fignifier fon acte de préfentation conforn
ment à ce qui eft ordonné par l'article 14
même titre, le demandeur pourra, huitaine ap
l'échéance de l'affignation, lever un Défaut
greffe.

Lorfqu'il y a plufieurs parties affignées
vertu des mêmes lettres à différens délais,
vocat du demandeur ou de l'appelant ne p
prendre un Défaut contre aucune des par
avant l'échéance de toutes les affignations
l'expiration du temps prefcrit pour lever
Défaut. Telles font les difpofitions de l'art
deux.

L'article 3 porte que l'avocat du demand
qui voudra lever un Défaut, fera tenu d'y co
prendre toutes les parties qui n'auront pas co
paru, finon les parties qui fe feront préfent
pourront obtenir un arrêt portant permiffion
lever ce Défaut, le tout aux frais du demand
& fauf à être prononcé contre lui ou contre
avocat, s'il y échet, telle condamnation
dommages & intérêts qu'il appartiendra.

Si le demandeur a laiffé paffer une année

tière depuis l'affignation donnée, fans faire aucune pourfuite, il ne peut point lever de Défaut
fur cette affignation, fous peine de nullité, à
moins toutefois que l'un des défendeurs ne fe
foit préfenté : dans ce cas il peut être pris,
même après l'année de l'affignation, un Défaut
contre les autres défendeurs défaillans. C'eft ce
qui réfulte de l'article 4.

Suivant l'article 5, lorfque le Défaut a été
levé, il doit être remis à un maître des requêtes
avec une requête pour en demander le profit.
Il faut que les pièces juftificatives de la demande
foient jointes à cette requête qui ne doit pas
excéder quatre rôles.

Le Défaut doit être jugé fans aucune autre
formalité ni procédure, après qu'il en a été communiqué à l'affemblée des maîtres des requêtes
étant en quartier au confeil ; & cependant l'arrêt ne peut être rendu que trois jours après la
date du Défaut. Cela eft ainfi réglé par l'article 6.

Le Défaut fur une affignation en reprife d'inftance ou en conftitution de nouvel avocat, &
tout autre Défaut levé contre des parties défaillantes lorfque d'autres parties ont comparu,
demeure joint de droit au principal, & doit
être jugé avec l'inftance par un feul & même
arrêt. Ce font les difpofitions de l'article 7.

Les parties défaillantes ne peuvent être refti-
tuées contre les arrêts par Défaut, que par lettres du grand fceau ou par arrêt du confeil. Et
la partie qui veut fe pourvoir par cette voie,
doit avant toute chofe offrir à l'avocat qui a
obtenu l'arrêt par Défaut, la fomme de cent
livres pour la réfufion des frais jufqu'au jour des

offres. Cela eſt ainſi preſcrit par les articles 9 & 10.

L'article 11 veut qu'en rapportant la quittance de l'avocat ou l'acte des offres portant conſignation des cent livres dont il s'agit entre les mains de l'huiſſier, la partie ſoit reſtituée par lettres ou par arrêt qu'elle eſt obligée de faire ſignifier à l'avocat de la partie adverſe dans les délais preſcrits. Ces délais qui ſe comptent du jour de la ſignification de l'arrêt par Défaut faite à la perſonne ou domicile du défaillant, ſont de trois mois, quand l'aſſignation a été donnée à deux mois; de deux mois, quand elle a été donnée à un mois, & d'un mois quand elle a été donnée à quinzaine; le tout ſuivant la diſtinction portée par l'article 3 du titre des aſſignations: & à l'égard des parties domiciliées dans les reſſorts des conſeils ſupérieurs mentionnés dans l'article ſuivant, outre les délais des aſſignations dont il y eſt fait mention, il doit être accordé ſix mois de plus pour obtenir & faire ſignifier l'arrêt de reſtitution.

Après les délais dont on vient de parler, le défaillant ne peut plus être reçu à ſe pourvoir par aucune autre voie que celle de la demande en caſſation; & l'avocat de la partie qui a obtenu l'arrêt par Défaut, peut rendre les pièces que cette partie lui avoit remiſes. C'eſt ce que porte l'article 12.

Suivant l'article 13, la voie de reſtitution contre les arrêts rendus par Défaut en matière d'évocation & de réglement de juges, ne peut point être admiſe ou ne doit produire aucun effet, ſi après la ſignification de ces arrêts & avant celle des lettres ou arrêts de reſtitution il eſt intervenu ſentence ou arrêt définitif ſur la conteſtation principale dans le tribunal où l'affaire a été renvoyée.

Et l'article 14 veut qu'il ne ſoit pareillement accordé aucune reſtitution contre les arrêts donnés par Défaut à l'égard de quelques-unes des parties de l'inſtance, lorſqu'ils ont été rendus contradictoirement avec d'autres parties qui avoient le même intérêt que les parties défaillantes. De tels arrêts ne peuvent être attaqués que par la voie de la demande en caſſation.

Les ſommes payées pour la réfuſion des dépens, & les frais faits à l'occaſion de la reſtitution demandée, ne peuvent être répétés par le demandeur en reſtitution, lors même qu'on lui a adjugé des dépens ; ſi ce n'eſt toutefois que la procédure ſur laquelle le Défaut a été obtenu, n'ait été déclarée nulle. C'eſt ce qui réſulte de l'article 15.

L'article 16 veut que les diſpoſitions que nous venons de rapporter à l'égard des reſtitutions contre les arrêts par Défaut, ſoient pareillement obſervées au ſujet des arrêts rendus faute d'avoir répondu aux requêtes inſérées dans les arrêts de ſoit communiqué dûment ſignifiés.

Voyez *l'ordonnance du mois d'avril 1667, & les commentateurs ; le traité de l'adminiſtration de la juſtice civile ; le praticien du châtelet ; les déclarations des 12 juillet 1695, & 13 mars 1696 ; l'édit du mois de décembre 1707 ; les arrêts du conſeil des 8 novembre 1701, 24 juillet 1717, 15 ſeptembre 1719, 23 décembre 1721, 14 juillet & 4 août 1722, 24 juillet, & 11 décembre 1725 ; l'ordonnance du duc Léopold de Lorraine, du mois*

de novembre 1707 ; le réglement du conseil, du 2
juin 1738, &c. Voyez aussi les articles Ajour-
NEMENT, DÉLAI, REQUÊTE CIVILE, CASSA-
TION, EXCEPTION, PRÉSENTATION, &c
(*Ce qui est dans cet article entre deux astérisque*
appartient à M. MERLIN, avocat, &c.)

DÉFENDEUR. C'est celui a qui l'on fait une
demande en justice.

On doit laisser au Défendeur copie de l'exploit & des pièces justificatives de la demande

Si le Défendeur ne se présente pas à l'échéance
de l'assignation, le Demandeur peut obtenir
défaut contre lui : & si le demandeur ne comparoît pas, le Défendeur demande congé contre
lui, & pour le profit d'être renvoyé de la demande avec dépens.

Quand il y a du doute sur la demande, on
incline plutôt pour le Défendeur que pour le
demandeur.

On appelle *Défendeur au fond*, ou *Défendeur*
au principal, celui qui est en même-temps demandeur, relativement à quelque incident sur la
forme. Et *Défendeur en la forme*, celui qui défend
a un incident de cette sorte.

On appelle *Défendeur originaire* en matière
de garantie, celui contre lequel on a formé
quelque demande, pour laquelle il prétend
avoir un garant auquel il a dénoncé la demande.

Si le Défendeur originaire qui a un recours
de garantie formelle à exercer, défend de son
chef sur la demande contre lui intentée, faute
par le garant de vouloir prendre son fait &
cause ; & que ce Défendeur originaire obtient
gain de cause sur la demande principale ;

demandeur originaire doit être condamné aux dépens envers lui. A l'égard des dépens faits entre le garant & le Défendeur originaire, il est constant, que si la garantie est bien fondée, c'est au garant à supporter les dépens, mais si cette garantie étoit mal fondée, ce seroit au Défendeur originaire à les payer.

Dans le cas où la demande originaire est sans fondement, & où la demande en garantie est bien dirigée, on pourroit douter si le demandeur originaire doit indemniser le garant des dépens auxquels il est condamné envers le Défendeur originaire ; mais il faut dire que non : car ou le garant sur la demande en sommation conteste la garantie, ou il ne la conteste point. Dans le premier cas, s'il la conteste sans fondement, les frais de contestation doivent tomber sur lui sans espérance de recours ; mais s'il ne la conteste pas, alors il n'y a plus de dépens. Il faut cependant en excepter les frais de la demande en sommation, & ceux des significations nécessaires faites au garant ; lesquels devant être supportés par le garant, il est juste qu'il en soit indemnifé par le demandeur originaire, puisque c'est lui qui a occasionné mal-à-propos ces dépens. On a coutume dans ces cas, pour éviter le circuit d'action, de condamner par un seul jugement le demandeur originaire tant aux dépens faits entre lui & le Défendeur, qu'à ceux que le Défendeur a été obligé de faire contre son garant, autres que ceux de contestation ; & pour cela on compense les dépens entre le Défendeur originaire & le garant, & l'on ordonne que ces dépens seront supportés par le demandeur originaire.

Si la garantie étoit mal fondée, quoique le Défendeur en garantie ne la contestât point, ce seroit au Défendeur originaire à payer les dépens, tant de la demande en sommation, que des autres significations faites au garant, parce que ce Défendeur originaire auroit fait ces frais mal-à-propos & sans fondement ; & dans ce cas, le garant pourroit exercer les droits du Défendeur originaire, si ce Défendeur obtenoit gain de cause au fond contre le demandeur originaire.

Voyez *l'ordonnance de 1667 & les commentateurs* ; Voyez aussi les articles GARANT, DEMANDE, ACTION, &c.

DÉFENDS. Terme de coutume & de la juridiction des eaux & forêts qui signifie une chose dont l'usage est actuellement défendu.

L'article 13 du titre 25 de l'ordonnance des eaux & forêts veut que les bois abroutis soient récépés aux frais des communautés & tenus en Défends comme tous les autres taillis jusqu'à ce que le rejet soit au moins de six ans.

La coutume de Normandie contient un titre de *banon* & *Défends* ; *banon* signifie ce qui est permis, & *Défends* est opposé à *banon*.

Dans cette coutume le terme de Défends se prend aussi pour le temps pendant lequel les terres sont en défense.

Les dispositions de ce titre font que toutes les terres cultivées & ensemencées, sont en Défends en tout temps, jusqu'à ce que les fruits soient recueillis.

Que les près, terres vides & non cultivées, sont en Défends depuis la mi-mars jusqu'à la sainte croix en septembre, & qu'en autre temps elles font commünes, fi elles né font clofes ou défendues d'ancienneté.

Que les chevres, porcs & autres bêtes malfaifantes, font en tout temps en Défends.

Enfin que les bois font toujours en Défends à la réferve de ceux qui ont droit de coutume & ufage, lefquels en peuvent ufer fuivant l'ordonnance.

Voyez *l'ordonnance du mois d'août 1669*, & *les articles 81, 82, 83, 84 & 85 de la coutume de Normandie.*

DÉFENSABLE. L'ordonnance des eaux & forêts appelle *lieux Défenfables*, les endroits des forêts où le bois eft affez fort pour être a l'abri de l'attaque des beftiaux & qu'ils ne puiffent y caufer aucun dommage.

L'âge auquel les taillis doivent être déclarés Défenfables varie felon les différens pays. L'ordonnance n'a point fixé ce temps : elle s'en rapporte fur ce point a la prudence des grands maîtres & des officiers des maîtrifes, comme il paroît par les articles 1 & 3 du titre 19.

Un réglement de la maîtrife des eaux & forêts d'Orléans, du 20 janvier 1720, fixe ce temps a cinq ans pour les bêtes aumailles, & a trois ans pour les chevaux.

Les endroits où il y a eu délivrance de chablis, ou d'autre arbres, doivent être exceptés des lieux Défenfables, à caufe des rejetons qui naiffent fur les fouches.

De même quand il arrive quelque incendie dans une forêt, les ufagers ne doivent pas y mener paître leurs beftiaux, fi ce n'eft après un certain temps. C'eft ce qui réfulte d'un arrêt du conseil du 29 juin 1728 lequel après un incendie considérable arrivé dans la forêt de Fontainebleau fit défense aux usagers d'y mener avant quatre ou cinq ans, paître leurs bestiaux dans les endroits incendiés.

Quelques coutumes emploient le terme *Défensable*, pour désigner les héritages qui ne sont jamais sujets au pâturage de la communauté ou qui n'y sont assujettis que pendant une certaine partie de l'année.

Voyez *l'ordonnance des eaux & forêts*, &c. Voyez aussi les articles TAILLIS, USAGE, PATURAGE, &c.

DÉFENSE. Action par laquelle on repousse une attaque, un outrage, ou par laquelle on résiste.

La Défense est naturelle à l'homme ; elle lui est permise toutes les fois qu'il peut en user d'une manière irréprochable. Si injustement attaqué on ne peut conserver sa vie qu'aux dépens de celle de son agresseur, on est excusable de lui avoir donné la mort, quel que soit cet agresseur.

Remarquez que nous parlons d'une attaque injuste & d'une Défense irréprochable. Ainsi un homme qui surpris en adultère par le mari de sa femme, & qui pour se soustraire à la fureur de ce mari se saisiroit de son épée & la lui passeroit au travers du corps ne pourroit pas être regardé comme ayant repoussé une attaque injuste, parce qu'il seroit le seul coupable de s'être mis dans le cas d'exciter par un crime la fureur du mari. C'est aussi sur ce fondement qu'un homme adultère fut condamné a mort au parlement de Bordeaux en 1620, pour avoir tué un mari au moment où il alloit éprouver tous les effets de sa colère.

On ne pourroit pas dire non plus avoir repoussé une attaque injuste en repoussant des ministres de justice qui viendroient exécuter un décret de prise de corps, quand même on auroit eu à craindre une condamnation capitale ; parce que toute Défense contre l'autorité publique est déja un crime par elle-même, crime encore bien plus grave lorsqu'il a été suivi d'un homicide.

On ne peut pas dire non plus que la Défense est irréprochable lorsqu'elle excède les bornes de la modération dans laquelle on devoit se renfermer. Ainsi ce n'est point se défendre légitimement d'une attaque indiscrete que de porter des mains meurtrières sur celui qui en est l'auteur, lorsqu'on pouvoit y parer avec plus de modération.

On doit être aussi plus modéré dans la Défense de son bien que dans celle de sa personne : parce que vous voyez entrer quelqu'un dans votre héritage à mauvaise intention, vous n'êtes pas autorisé pour cela à lui tirer un coup de fusil ; par la même raison lorsqu'un voleur se jette sur vous pour vous ravir votre bourse, vous n'êtes excusable de la défendre en le tuant, qu'autant que vous avez lieu de craindre qu'il n'en veuille en même-temps à votre vie.

On a mis en question si une femme pour la Défense de son honneur pouvoit tuer légitimement celui qui vouloit abuser d'elle par violence lorsqu'elle ne pouvoit se garantir autrement de l'injure qu'on lui faisoit ; & il a été décidé

qu'une Défense pareille étoit plus digne d'élog
que de blâme.

On est autorisé à user d'une Défense légi
time non seulement pour soi, mais encore pou
autrui; il y a même des cas où l'on est oblig
de le faire. Si je vois un malheureux en proie au
mauvais traitemens d'un injuste aggresseur,
puis légitimement venir à sa Défense, je pui
de même le protéger dans ses biens contre
rapine & l'usurpation. Un fils est obligé de d
fendre son pere, un mari sa femme, un serv
teur son maître; les citoyens sont obligés
venir au secours de leurs officiers municipaux
de leurs magistrats & de tous ceux qui les gou
vernent tant au spirituel qu'au temporel
cette obligation se tire des principes de la l
naturelle.

Observez qu'une défense n'est légitime qu
dans le moment de l'attaque: c'est dans ce se
moment qu'il est permis de se faire justice, par
qu'on risqueroit des inconvéniens irréparable
d'attendre le secours de l'autorité publiqu
Lorsque le moment de l'attaque est passé, o
ne peut plus légitimement rechercher son a
versaire pour se faire justice à soi même d
griefs qu'on peut avoir contre lui: ce ne sero
plus une Défense, ce seroit une vengeance i
pardonnable, parce que la vengeance n'est pe
mise à personne. La seule voie qu'on puisse alo
employer pour raison du tort dont on peut se plai
dre, est de recourir à l'autorité du magistrat.

Lorsque dans une Défense on a eu le ma
heur de tuer son adversaire, & que cette D
fense est sans reproche, on accorde facileme
la rémission d'un pareil homicide. Les lettr
nécessai

néceſſaires en pareil cas , s'obtiennent dans les chancelleries des cours de parlement, ainſi qu'il réſulte de l'article 5 du titre 16 de l'ordonnance de 1670 , & d'une déclaration du 22 novembre 1683.

Mais il ne ſuffit pas d'alléguer qu'on a porté le coup mortel , à ſon corps défendant , il faut que cette vérité ſe manifeſte ou du moins puiſſe ſuffiſamment ſe préſumer des circonſtances. Il s'eſt trouvé des cas où pour colorer un aſſaſſinat prémédité on a commencé par attaquer ſon adverſaire par des propos , pour avoir enſuite droit de le tuer ſous prétexte d'une querelle , d'une diſpute , &c. on ne peut point dire qu'en pareil cas on a repouſſé une attaque injuſte dès qu'on eſt coupable de l'avoir provoquée.

Lorſqu'on a excédé les bornes d'une juſte modération , & qu'on pouvoit ſe défendre de l'attaque d'un adverſaire autrement qu'en lui donnant la mort , ſi néanmoins cette attaque ſe trouve injuſte dans ſon principe , on ne laiſſe pas de trouver grâce aux yeux du ſouverain de la peine attachée à l'homicide , parce qu'on ſait que l'homme n'eſt ſouvent pas aſſez maître de lui pour ſe contenir : mais il eſt toujours réſervé aux cours en entérinant les lettres de grâce ou de pardon qu'on leur préſente , de punir ce défaut de juſte modération , ſuivant qu'il paroît par les circonſtances qu'on devoit être plus ou moins modéré. C'eſt ce qui fait auſſi que nonobſtant ces lettres de grâce , on ordonne ſouvent que le coupable s'abſtiendra pendant un certain temps , & quelquefois pendant toute la vie de reparoître dans les lieux où le défunt avoit fa demeure, ou dans ceux où l'homicide a été commis, foit pour donner à la famille la fatisfaction de n'avoir point fous fes yeux le meurtrier d'un de fes parens, ou au public celle d'être délivré de la préfence d'un homme contre lequel on n'a pu s'empêcher de concevoir une certaine indignation.

Obfervez qu'en fait de modération on exige encore davantage dans la Défenfe d'un citoyen envers un magiftrat, d'un fils envers fon père, d'un ferviteur envers fon maître, que d'un particulier envers d'autres particuliers auxquels il n'eft point fubordonné. Mais ces confidérations & nombre d'autres dépendent entièrement de la fageffe & des lumières des magiftrats. *Voyez* les articles HOMICIDE, INJURE, (*Article de M.* DAREAU, *avocat,* &c.)

DÉFENSES. Ce font les moyens de fait ou de droit que l'on emploie au palais en matière civile & en matière criminelle contre une action ou contre une accufation.

On apppelle auffi *Défenfes*, les jugemens qu'on obtient d'un tribunal fupérieur pour empêcher de mettre à exécution ce qui a été prononcé par des juges inférieurs.

En matière civile, dans toutes les caufes principales qui font pourfuivies aux requêtes de l'hôtel ou du palais, dans les cours des monnoies, dans les fièges des grands-maîtres des eaux & forêts, dans les fièges préfidiaux, dans les bailliages & les fénéchauffées, dans les fièges des confervations des privilèges des univerfités, dans les prévotés & les châtellenies royales, le défendeur eft tenu aux termes de l'article 1 du titre 5 de l'ordonnance de 1667, de faire fignifier

fier fes Défenfes dans les délais à lui accordés felon la diftance des lieux après le jour de l'affignation échue (*) & d'y joindre copie des pièces juftificatives fur lefquelles fes Défenfes font établies ; & il eft dit par l'article 3 du même titre que fi ces Défenfes ne font point fournies dans le temps marqué, le demandeur prendra fon défaut pour en faire adjuger le profit fur le champ à l'audience, fi la demande fe trouve jufte & bien vérifiée. Les articles 2 & 4 du titre 11 de la même ordonnance concernant la procédure qu'on doit tenir dans les cours de parlement, au grand-confeil & dans les cours des aides, exigent auffi que dans ces tribunaux après le délai des affignations échu, on fourniffe fes défenfes.

Avant de défendre au fond, on doit commencer par propofer les exceptions déclinatoires, les exceptions dilatoires, les fins de non recevoir, les nullités & les autres exceptions qui peuvent fe préfenter pour y être préalablement fait droit, parce que quand une fois on a difcuté le fond fans avoir propofé ces exceptions préliminaires, on n'eft plus recevable à les faire valoir. Voyez l'article EXCEPTIONS.

Rien n'empêche cependant que la même pièce d'écritures qui contient les Défenfes, ne renferme auffi les exceptions peremptoires: »dans »les Défenfes, dit l'article 5 du titre 5 de l'or-»donnance citée, feront employées les fins de »non-recevoir, nullité des exploits, ou autres

***

(*) Voyez fur ces délais le titre 3 de la même ordonnance.

» exceptions péremptoires, fi aucunes y a, pou
» y être préalablement fait droit. » Obferve
que l'ordonnance ne parle que des exception
péremptoires; car lorfqu'il s'agit d'undéclinatoir
qui eft la première des exceptions à propofer,
comme cette exception n'eft point peremptoir
on doit d'abord la faire valoir féparément : outr
qu'il feroit inutile d'entrer dans les Défenfes a
fond avant qu'il fût ftatué fur cette exception
c'eft qu'on rifqueroit par là de fe faire déclare
non recevable dans l'appel de deni du renvo
qu'on voudroit interjeter en conféquence d
déclinatoire refufé.

Il en eft de même des exceptions dilatoires
un particulier qui eft affigné en qualité d'hér
tier, ou qu'on pourfuit avant l'expiration de
délais que lui accorde l'ordonnance pour fair
inventaire & pour délibérer s'il acceptera la fuc
ceffion, doit auffi commencer par demander fé
parément que le délai que lui donne la loi, lu
foit entièrement accordé avant d'être oblig
de s'expliquer fur la demande formée conti
lui. Il feroit pareillement inutile & même dan
gereux de propofer par anticipation des Défenf
au fond par le même acte qu'on propoferoit fé
exceptions dilatoires. Il n'y a donc que le
moyens de nullité, les fins de non-recevoir &
les exceptions peremptoires qui puiffent êti
employées en même-temps que les Défenfes a
fond.

L'ordonnance veut que les Défenfes que l'o
fournit foient fignées du procureur ; ce qui e
fagement ordonné afin d'ôter tout prétexte d
retracter les aveux d'où le demandeur pourro
tirer des inductions pour fa caufe. Mais il e

quelque fois à propos que ces Défenses soient signées aussi de la partie, afin que le procureur ne soit point exposé à être désavoué dans ce qu'il accorde ou dans ce qu'il dénie au nom de cette partie ; si la partie ne signe point ou ne peut signer, le procureur doit être muni de pouvoirs suffisans pour n'être point compromis. Voyez à ce sujet l'article DÉSAVEU.

Dans les justices seigneuriales, dans les officialités, dans les élections, dans les greniers à sel, dans les juridictions consulaires, dans les matières sommaires & provisoires & dans les causes incidentes, quel que soit le tribunal où pend l'affaire principale à laquelle elles se rapportent, on n'est point obligé de fournir de Défenses par écrit, le défendeur ou en personne (*) ou par le ministère de son procureur peut proposer verbalement ses moyens à l'audience.

En matiere criminelle, l'accusé propose ses Défenses par ses reponses aux interrogatoires qu'on lui fait subir : il peut dire dans ce moment tout ce qu'il sait pour sa justification.

Lorsque l'affaire est renvoyée à l'audience, il n'est point obligé, de faire signifier de Défenses ; il peut se contenter de faire plaider les moyens qui se présentent en sa faveur.

Lorsqu'au lieu d'être renvoyée à l'audience l'affaire a été réglée à l'extraordinaire, il peut après le récolement & la confrontation proposer ses faits justificatifs. Voyez cet article.

Défenses d'exécuter un jugement ou une ordon-

_____

(*) Dans les juridictions bien entendu où les parties sont reçues à plaider en personne.

nance. Ces Défenses émanent du juge supérieur
auprès duquel on s'est pourvu par la voie de
l'appel pour faire surseoir l'exécution de ce qui
est ordonné par un juge inférieur.

Ces Défenses peuvent avoir lieu en matière
civile & en matière criminelle.

Elles ont lieu en matière civile, lorsque la
condamnation n'est fondée sur aucun titre ou
que l'objet n'en est ni sommaire ni provisoire,
& que le juge a mal à propos ordonné l'exécution provisoire de sa sentence. Dans ce cas on
peut obtenir dans le siege supérieur où l'appel
de la condamnation doit être porté, ou dans les
cours si cet appel doit y ressortir immédiatement, des Défenses de la mettre à exécution.

Mais dans les cas où les sentences des premiers juges doivent s'exécuter par provision (*)
l'article 16 du titre 17 de l'ordonnance de 1667
défend expressément aux cours & à tous les
autres juges d'accorder des Défenses ou des
surséances » & si aucunes étoient obtenues nous
» les avons dès-à-présent, *dit le législateur*, dé-
» clarées nulles ; & voulons que sans y avoir
» égard, & sans qu'il soit besoin d'en demander
» main-levée, les sentences soient exécutées
» nonobstant tous jugemens, ordonnances ou
» arrêts contraires, & que les parties qui auront
» présenté les requêtes à fin de Défenses ou de
» surséances, & les procureurs qui les auront
» signées, ou qui en auront fait demande en l'au-
» dience ou autrement, soient condamnés cha-
» cun en cent livres d'amende, applicable moitié

_____

(*) Ces cas sont déterminés par les articles 12, 13,
& 15 du titre 17 de l'ordonnance de 1667.

»à la partie, & l'autre moitié aux pauvres, lef-
»quelles amendes ne pourront être remifes ni
» modérées. «

Rien de plus précis, comme on le voit, que
cet article, & rien cependant de plus mal exécuté ; car fous pretexte d'être en droit d'examiner fi l'exécution provifoire d'une fentence a
été regulièrement prononcée ou non, les cours
& les autres juges ne refufent prefque jamais
des Défenfes ou des furféances dans les cas mê-
même les plus provifoires : abus qu'on peut dire
porté à l'excès : quoique ces Défenfes ou furféances foient déclarées nulles par l'ordonnance,
on ne laiffe pourtant pas d'y déferer, & l'ufage
eft tel aujourd'hui qu'il faut néceffairement y
former oppofition & les faire lever.

Obfervez néanmoins que ces Défenfes ne
doivent jamais être prifes à la rigueur, & au
point d'empêcher les actes confervatoires dans
les cas où il y auroit du péril dans la demeure.

On obtient auffi des défenfes en matière criminelle comme en matière civile. On en obtient.

1°. Contre les fentences de provifion ; mais
il faut pour cela qu'on ait vu les charges &
informations, le rapport des médecins & des
chirurgiens & que le tout ait été communiqué
au miniftère public ; & encore ces Défenfes ne
doivent-elles avoir d'effet à l'égard de la provifion qu'autant que cela eft expreffément ordonné.
Telles font les difpofitions de l'article 8 du titre
12 de l'ordonnance de 1670.

2°. Contre la continuation de l'inftruction
des procès criminels ; mais il faut pour cela le
vû des charges & informations & les conclufions du miniftère public, à moins qu'il n'y ait

fimplement qu'un décret d'ajournement perfo
nel ; dans ce cas lorfque le titre d'accufati
ne peut tendre à aucune peine afflictive ou inf
mante, on accorde aifément des Défenfes del
mettre à exécution, même fans avoir vu l
charges & informations ; mais fi les décrets o
été décernés par des juges eccléfiaftiques ou p
des juges féculiers contre des officiers po
malverfation dans leurs fonctions, ou qu'il y a
des co-accufés décretés de prife de corps, il n
peut point être accordé de Défenfes que l
charges & informations n'aient été vues (*).

Il a été queftion en 1730 de favoir fi lorfqu
l'official & le juge féculier inftruifoient conjoin
tement contre un eccléfiaftique, le métropolitai
pouvoit donner des Défenfes d'exécuter un
fentence rendue par cet official. La fenten
dont il s'agiffoit, émanoit de l'official de Li
moges féant à Guéret, dans le temps qu'il in
truifoit contre un eccléfiaftique conjointeme
avec le lieutenant criminel de Dorat ; & pa
l'arrêt intervenu fur cette queftion au parleme
de Paris le 12 janvier 1731, il a été décidé qu
le métropolitain avoit pu valablement accord
des Défenfes, parce que l'autorité de la co
étoit fuffifante pour empêcher le juge eccléfia

(*) C'eft ce qui réfulte d'une déclaration de 1680 &
l'article 40 de l'édit de 1695, concernant la difcipline eccl
fiaftique. Il y a même à ce fujet un arrêt du parlement
Paris du 17 janvier 1728, concernant l'official métropo
tain de Bordeaux, féant à Poitiers, par lequel il lui f
enjoint d'obferver les ordonnances, notament la déclaratio
dont il s'agit & l'article 40 de l'édit de 1695, avec prohib
tion d'accorder à l'avenir des défenfes d'exécuter des décr
d'ajournement perfonnel, fans avoir vu les charges & i
formations.

tique de rien faire contre l'intérêt public , dans
le cas où il excéderoit les bornes de son ministère.

Obfervez au furplus qu'un fimple arrêt de
Défenfes contre l'exécution d'un décret , ne
releve pas de plein droit un eccléfiaftique ni
un officier de l'interdiction qu'emporte par elle
même la feule fignification de ce décret , fi
l'arrêt ne l'en releve en même-temps expreffément.

Les cas où l'on ne peut accorder des Défenfes
en matière criminelle font ceux où il s'agit de
l'exécution d'un jugement qui déboute de l'oppofition formée à la publication d'un monitoire ;
& de l'exécution provifoire d'une fentence qui
ne porte que des condamnations pécuniaires ,
lorfque dit l'ordonnance » outre les dépens dans
» les juftices des feigneurs elles n'excèdent pas
» la fomme de quarante livres envers la partie
» & de vingt livres envers le feigneur. Dans
» les juridictions royales qui ne reffortiffent
» nûment au parlement, fi elles n'excèdent cin-
» quante livres envers la partie & vingt cinq
» livres envers (le roi) , & dans les bailliages &
» fénéchauffées où il y a préfidial , fièges des
» duchés & pairies , & autres reffortiffans nû-
» ment aux cours de parlement, cent livres en-
» vers la partie & cinquante livres envers (le
» roi) » ; dans ces deux cas l'ordonnance déclare
nulles de plein droit les Défenfes qui pourroient
être obtenues au préjudice de ce qu'elle contient à cet égard, comme on peut s'en convaincre par l'article 9 du titre 7 & par les articles 6
& 8 du titre 25. Mais on ne laiffe pas d'obtenir
de ces Défenfes; & quelque abufives qu'elles

foient en pareil cas, comme nous l'avons obfervé en parlant des Défenfes en matière civile, on ne s'en croit pas moins obligé d'y déférer.

Remarquez au furplus que pour obtenir des Défenfes foit au civil foit au criminel, il faut que copie de la pièce dont on veut faire arrêter l'exécution foit jointe à la requête que l'on donne à cet effet. Voyez l'article ARRÊT *de Défenfes.*

Défenfes au contraire : c'eft une difpofition inférée dans un jugement pour dire qu'on laiffe la liberté à l'une des parties de répondre par écrit à ce qui a pu être dit à fon préjudice. Cette difpofition comme étant de droit, eft prefque toujours réputée fous-entendue quand elle a été omife.

Défenfes par attenuation, fe dit des exceptions que pouvoit autrefois propofer un accufé pour détruire les preuves & moyens employés contre lui. Ces fortes de Défenfes ont été abrogées par l'ordonnance criminelle ; mais l'accufé peut repondre par requête fignifiée en donnant copie de fes pièces juftificatives, fans néanmoins que le défaut de préfenter cette requête puiffe retarder le jugement du procès.

Défenfes générales, fe dit des lettres de chancellerie, ou d'un jugement obtenu par un débiteur contre fes créanciers, pour faire homologuer le contrat qu'il a fait avec la plus grande partie d'entr'eux, ou pour faire entériner les lettres de répi qui lui ont été accordées. Remarquez que ceux qui ont obtenu de ces fortes de Défenfes & qui en ont fait ufage, ne peuvent plus parvenir à aucune charge municipale ou fonction publique qu'ils n'aient obtenu des lettres de réhabilitation, & prouvé qu'ils ont

depuis entièrement payé leurs créanciers. Voyez
fur ces Défenfes générales le titre 9 de l'ordonnance de 1673, le titre 6 des répis de l'ordonnance du mois d'août 1669 & l'article 14 de
la déclaration du 23 décembre 1699. Tous ces
règlemens feront dévelopés à l'article RÉPI.

Voyez *les ordonnances de 1667, 1670, &
1673 ; la déclaration de 1680 ; l'édit de 1693*, &c.
Voyez auffi les articles ARRÊT (*de Défenfes*)
EXCEPTIONS , &c. (*Article de M. DAREAU,
avocat* , &c.)

DÉFENSEUR. C'eft celui qui eft chargé de
la défenfe d'un client.

Ce titre de *Défenfeur* appartient principalement à l'avocat & fubfidiairement au procureur,
dans le moment où l'un d'eux plaide la caufe de
fa partie à l'audience. Mais hors de la plaidoirie
on ne fe fert plus du terme de *Défenfeur*, fi ce
n'eft dans les écritures & dans les mémoires.

Un Défenfeur , quel qu'il foit , ne doit employer que des moyens honnêtes pour le foutien de la caufe de fon client : il doit s'abftenir
de tout ce qui eft injurieux & étranger à la
défenfe dont il eft chargé. Autant il mérite la
protection de la juftice quand il fe renferme dans
les bornes de fon miniftère , autant il peut en
exciter l'indignation lorfqu'il s'écarte de fon
devoir pour fervir la paffion de fon client & fe
rendre l'organe de l'impofture & de la calomnie.
Voyez ce que nous avons dit à ce fujet à l'article AVOCAT , & ce que nous aurons encore
occafion de dire à l'article MÉMOIRE.

Défenfeur, a été autrefois le titre attaché à
un office connu dans l'églife & dans l'empire.
Cet officier qui étoit au rang des dignitaires,

étoit chargé par état de veiller au bien public, de protéger les pauvres & les malheureux, & de défendre les intérêts des églises & des monastères.

On appeloit aussi *Défenseur*, du temps de Justinien, un homme préposé pour tenir registre des différens actes concerna t l'église. Souvent ce Défenseur étoit un simple laïque. (*Article de M. D RE U, avocat,* &c.).

DÉFICIT. Terme latin usité au palais pour exprimer quelque chose qui manque. On dit par exemple, que *telle & telle pièce d'une production font en Déficit.* On dit pareillement qu'*une somme est en Déficit,* dans la caisse d'un trésorier ou receveur public. Voyez PRODUCTION, RECEVEUR, &c.

DÉFINITEUR. C'est le titre qu'on donne dans certains ordres religieux à ceux qui sont choisis parmi les supérieurs & religieux de même ordre, assemblés pour le chapitre général ou provincial, à l'effet de régler les affaires de l'ordre ou de la province ou congrégation. Pendant la tenue du chapitre, toute l'autorité est commise aux Définiteurs pour faire les réglemens, définitions, statuts, décrets qu'ils jugent convenables au bien du corps. Ce sont eux aussi qui font les élections des supérieurs pour les maisons de leur ordre.

Le lieu où s'assemblent les Définiteurs s'appelle le définitoire. On donne aussi quelquefois ce nom à l'assemblée des Définiteurs ; c'est proprement le tribunal de l'ordre par lequel toutes les affaires purement régulières sont jugées.

Il y a deux sortes de Définiteurs ; savoir, les Définiteurs généraux & les Définiteurs parti culiers. Les Définiteurs généraux font ceux que chaque chapitre provincial députe au chapitre général pour régler les affaires de tout l'ordre. L'aſſemblée de ces Définiteurs s'appelle le définitoire général. Les Définiteurs particuliers font ceux que chaque monaſtere députe au chapitre provincial, pour y tenir le définitoire dans lequel ſe règlent les affaires de la province.

L'uſage des différens ordres religieux n'eſt pas uniforme pour l'élection, ni pour le nombre & les prérogatives des Définiteurs.

Dans pluſieurs ordres & congrégations, les Définiteurs font ordinairement choiſis en nombre impair, de ſept, neuf, quinze, ou plus : dans l'ordre de Cîteaux, il y en a vingt-cinq ; dans celui de Cluni, quinze ; dans la congrégation de Saint-Maur, neuf ; dans celui de Saint-Vanne, il n'y en a que ſept.

Dans cette dernière congrégation, ils font choiſis par tous ceux qui compoſent le chapitre, ſoit ſupérieurs, ſoit députés des communautés ; mais ces derniers ne peuvent être Définiteurs ; ils n'ont que voix active.

L'élection des Définiteurs dans la congrégation de Saint-Maur, ſe fait par les ſeuls ſupérieurs qui font députés au chapitre général en des aſſemblées particulières tenues avant celle du chapitre, & qu'on appelle dières.

Dans l'ordre de Cluni, ils font choiſis par ceux qui étoient Définiteurs au chapitre précédent, & ainſi ſucceſſivement d'un chapitre à l'autre ; enſorte que ceux qui étoient Définiteurs au chapitre précédent, n'ont plus au chapitre ſuivant que voix active, & ne peuvent être choiſis pour être de nouveau Définiteurs.

Comme il y a deux obfervances dans l'ordre de Cluni, des quinze Définiteurs, huit font de l'ancienne obfervance, & fept de l'étroite ; ils s'uniffent tous pour connoître des affaires communes à l'ordre, & fe féparent pour connoître de ce qui regarde chaque obfervance : tous les réglemens, ftatuts, &c. font rapportés enfuite dans un feul corps au définitoire commun, & font fignés de tous les Définiteurs. Dans l'intervalle d'un chapitre à l'autre, il n'y a ni droit ni prérogative attachés au titre de Définiteurs, fi ce n'eft celui d'affifter au chapitre fuivant.

Les chanoines réguliers de la congrégation de France s'affemblent tous les trois ans par députés dans l'abbaye de fainte Geneviève, pour y faire l'élection d'un abbé général. Ce chapitre compofé de dix-huit députés, eft partagé en trois chambres.

La première & principale qu'on appelle le définitoire, & à laquelle préfide l'abbé, eft compofée de dix Définiteurs choifis par fuffrages fecrets entre les députés. Ils font ainfi appelés, parce qu'ils mettent la dernière main aux réglemens qui dòivent être obfervés dans cette congrégation ; ils nomment les fupérieurs des maifons ; leur fonction ne dure de même que dans les autres ordres dont on a parlé, que pendant la tenue du chapitre, qui eft ordinairement d'environ douze ou quinze jours.

La feconde chambre appelée des décrets, eft celle où l'on forme d'abord les réglemens, qui font enfuite portés au définitoire, lequel les adopte ou rejette, & y met la dernière main.

La troifième chambre enfin, qu'on appelle chambre des comptes, eft celle où l'on examine

les comptes des maifons. Les députés qui compofent cette chambre, après un examen des
comptes, en font le rapport au définitoire,
c'eft-à-dire en la chambre des Définiteurs, lefquels règlent ces comptes.

Pour être Définiteur dans cette congrégation, il faut avoir été prieur au moins neuf
années. Les Définiteurs ont la préféance fur
les autres députés pendant la tenue du chapitre.

Suivant les conftitutions de l'étroite obfervance pour les réformés de l'ordre des Carmes,
approuvées & confirmées par Urbain VIII,
avec les articles ajoutés par Innocent X, &
publiées par décret du chapitre général tenu à
Rome en 1645, dont la troifième partie traite
du chapitre provincial, voici ce qui s'obferye
par rapport aux Définiteurs, fuivant le chapitre 3, intitulé *de electione Definitorum*.

Il eft dit que l'on élira pour Définiteurs ceux
qui feront les plus recommandables par leur
prudence, expérience, doctrine & fainteté;
qu'ils feront les aides du provincial, lequel
fera tenu de fe fervir de leur fecours & de leur
confeil pour le gouvernement de la province;
de manière qu'il ne pourra point fans raifon,
s'écarter de leur avis; que cette élection fera
faite par tous ceux qui font *de gremio;* que les
fuffrages feront fecrets, & que l'on choifira
quatre des religieux auffi du même ordre, qui
n'aient point été Définiteurs au dernier chapitre; que celui qui aura le plus de voix fera
e premier; celui qui en aura enfuite le plus
era le fecond, & ainfi des autres; que fi plu-

fieurs fe trouvent avoir égalité de fuffrages,
plus ancien en profeffion fera Définiteur.

L'élection étant faite, elle doit être publ
par le préfident du chapitre, lequel déclare c
les Définiteurs élus ont autorité de décic
toutes les affaires qui fe préfenteront pend;
la tenue du chapitre ; enforte que ces Défi
teurs ainfi élus ont tout pouvoir de la part
chapitre, excepté lorfqu'il s'agit de faire c
réglemens qui concernent toute la province
car en ces matières, tous ceux qui font du ch
pitre ont droit de fuffrage, & l'on y doit mên
procéder par fuffrages fecrets fi cela paroît pl
convenable.

Les Définiteurs ainfi élus & annoncés con
mencent auffitôt à être comme affiftans aupr
du provincial & du préfident. On publie au
les noms de ceux qui ont eu après eux le pl
de fuffrages, & on les infcrit dans le livre de
province, felon le nombre des fuffrages qu
chacun d'eux a eus, afin que l'on puiffe e
prendre parmi eux pour fuppléer le nombre d;
Définiteurs, fi quelqu'un d'eux venoit à êr
élu provincial ou à décéder, ou fe trouvoit ab
fent par quelqu'autre empêchement.

Aucun ne peut être élu Définiteur qu'il n
foit prêtre, qu'il n'ait cinq années accomplie
de profeffion, & qu'il ne foit âgé de trente an
au moins.

Pendant le chapitre & les congrégations or
affemblées annuelles, les Définiteurs tiennent le
premier rang, après le provincial ; hors le cha
pitre, ils ont rang après le prieur, le fous-prieur
& le maître des novices ; dans leurs couvens,

il

ils font néanmoins foumis en tout , & doivent recevoir de leurs prieurs les monitions & corrections , comme les autres religieux auxquels ils doivent l'exemple. Les conftitutions ne veulent pas qu'on les appelle Définiteurs dans le couvent ; mais ce dernier article ne s'obferve pas.

Ceux qui ont eu voix dans l'élection du difcret ou religieux qui accompagne le prieur ou vicaire au chapitre provincial , ne peuvent avoir voix dans le chapitre pour l'élection des Définiteurs , excepté le préfident & fon affiftant , qu'il choifit lui-même felon fa confcience , pourvu qu'il foit de la province & du nombre de ceux qui obfervent les ftatuts.

Telles font les règles prefcrites pour les Définiteurs par les conftitutions dont on vient de parler.

Il feroit fuperflu d'entrer dans le détail de ce qui fe pratique à cet égard dans les autres ordres ; ce qu'on vient de dire fuffit pour en donner une idée.

DÉFINITIF. C'eft ce qui décide, ce qui termine une conteftation. Un arrêt définitif , une fentence définitive font oppofés aux arrêts ou fentences interlocutoires qui ordonnent quelque chofe pour l'inftruction ou en attendant le jugement du fond des conteftations.

On dit *en définitive* , pour dire , par jugement Définitif.

DÉFLORATION. C'eft l'action par laquelle on ravit à une fille fa virginité.

Un fait pareil eft regardé parmi nous comme un crime capital dans deux cas : le premier , lorfqu'on attente à la pudicité d'une perfonne du

fexe malgré elle, & c'eft ce qu'on appelle ex
tement un viol; le fecond, lorfque fans ufer
violence, on fait des entreprifes contre la vi
ginité d'une jeune perfonne qui n'eft point e
core nubile.

La Défloration avec violence eft, mife av
raifon au rang des crimes capitaux : outre qu'
offenfe fingulièrement les mœurs, c'eft qu'
fait une plus grande injure à une perfonne
lui ravir ainfi fon honneur, qu'on ne lui en fer
en lui raviffant à force ouverte fa fortune;
comme le vol à force ouverte eft dans le
d'être puni d'une peine capitale, le crime do
il s'agit ne mérite fans doute pas plus d'ind
gence.

C'eft auffi avec fondement qu'on punit
dernier fupplice l'attentat commis à la pudic
d'une jeune perfonne qui n'eft point encore n
bile, quand même elle fe feroit prêtée à la tu
pitude de celui qui a cherché à la déflorer. L
bonnes mœurs, la fûreté publique & l'honne
des familles font fingulièrement intéreffés à
que l'on féviffe contre les coupables avec
dernière féverité. En 1775, un particulier a é
pendu par arrêt du parlement, en la juftice
Montmartre près Paris, pour avoir défloré u
jeune fille d'environ neuf ans.

Lorfque la Défloration s'exerce envers u
fille formée & fans violence, c'eft alors ce qu'
appelle fornication; crime contre les mœur
plus ou moins féverement puniffable, fuivant
qualité des parties & les fuites qu'il a eues. L
punition s'en borne ordinairement à une aumô
& à des dommages-intérêts, à moins que p
le mariage on ne répare le tort fait à la fille.

entraîne auſſi quelquefois des peines extraordinaires & même capitales ſuivant les circonſtances. Un valet, par exemple, qui ſéduit la fille
de ſon maître dans un temps où cette jeune
perſonne n'a encore aucune expérience, peut
être puni de mort; c'eſt ce qui réſulte de l'article 3 d'une déclaration du 22 novembre 1730.
Voyez à ce ſujet les articles FORNICATION,
SÉDUCTION, &c. (*Article de M.* DAREAU,
avocat au parlement, &c.).

DÉFRICHEMENT. Action d'arracher
les brouſſailles, les épines, &c. d'une terre inculte pour la mettre en valeur.

L'agriculture ayant dans tous les temps mé-
rité l'attention du gouvernement, nous voyons
que des lois anciennes ont attribué aux particuliers qui entreprenoient de défricher des
terres incultes, pluſieurs exemptions ou privilèges proportionnés à l'utilité de leurs travaux :
on peut citer à ce ſujet l'édit de Henri IV du
8 avril 1599, enregiſtré au parlement le 15
novembre ſuivant ; un autre édit de Louis XIII
enregiſtré le 25 août 1613 ; deux déclarations
des 4 mai 1641 & 20 juillet 1643 ; une autre
déclaration donnée par le feu roi le 14 juin
1764, & enfin la déclaration du 13 août 1766,
qui forme le dernier état de la juriſprudence ſur
la matière dont il s'agit, & que nous allons ana-
lyſer :

Par l'article premier de cette dernière loi,
les terres, de quelque qualité & eſpèce qu'elles
ſoient, qni depuis quarante ans n'ont donné,
ſelon la notoriété publique des lieux, aucune
récolte, ſont réputées terres incultes.

Ceux qui veulent entreprendre de défricher

ces terres & de les mettre en valeur, font tenus
pour jouir des priviléges attachés à ce genre de
travail, de déclarer au greffe de la juftice royale
des lieux, & à celui de l'élection, la quantité
de terres qu'ils prétendent défricher, & d'en
indiquer les tenans & les aboutiffans ; à l'effet
de quoi ils doivent payer dix fous à chaque
greffier pour l'enregiftrement de leur déclaration. Il faut d'ailleurs qu'ils faffent afficher une
copie de cette déclaration à la principale porte
de l'églife paroiffiale, à l'iffue de la meffe de
paroiffe, un jour de dimanche ou de fête par un
huiffier, fergent ou autre officier public requis
à cet effet, dont il doit être dreffé procès-
verbal.

Ces formalités prefcrites par les articles 1
& 3, ont particulièrement pour objet de mettre
les décimateurs, les curés & les habitans en
état de vérifier les déclarations dont il s'agit &
de fe pourvoir le cas échéant, favoir, les décimateurs & les curés pour raifon de la dixme,
devant les juges ordinaires ; & les habitans pour
raifon de la taille, devant les élus (*).

L'article 4 veut que les entrepreneurs de
Défrichemens, les décimateurs, les curés &
les habitans puiffent fe faire délivrer lorfqu'ils
le jugent à propos, des copies de ces déclara-

(*) Obfervez que par une déclaration du 7 novembre
1775, le roi a fixé à fix mois le délai pendant lequel les décimateurs, les curés & les communautés d'habitans, pourroient être admis à contredire les déclarations de Défrichemens. Ce délai court du jour du procès-verbal d'affiche de
chaque déclaration. Après ce temps les entrepreneurs de
Défrichemens ne peuvent plus être inquiétés au fujet de la
dixme, ni pour raifon de la taille.

tions, en payant au greffier deux fous fix deniers par rôle ordinaire.

Ceux qui ont défriché des terres incultes & qui ont obfervé les formalités dont on a parlé, doivent jouïr pour raifon de ces terres, de l'exemption des dixmes, de la taille & de toute autre impofition, même des vingtièmes, pendant l'efpace de quinze années, à compter du mois d'octobre qui a fuivi la déclaration qu'ils ont faite des terres qu'ils prétendoient défricher.

Obfervez toutefois que ces priviléges n'auroient pas lieu à l'égard de ceux qui étant propriétaires, ufufruitiers, ou fermiers de terres actuellement en valeur, en auroient abandonné la culture pour entreprendre des Défrichemens. C'eft ce qui réfulte de l'article 5, par lequel le roi s'eft d'ailleurs réfervé de proroger la durée des exemptions, fi après avoir entendu les décimateurs, les curés & les habitans, la nature & l'importance des Défrichemens paroiffoient l'exiger.

Obfervez auffi que l'exemption des dixmes ne peut avoir lieu plus long-temps que celle de la taille, des vingtièmes & des autres impofitions. C'eft ce que porte l'article 6.

Suivant l'article 7, les propriétaires des terreins à défricher, ainfi que leurs ceffionnaires ou fermiers, ne doivent aucun droit d'infinuation ni de centième ou demi-centième denier pour les baux par eux faits relativément à l'exploitation de ces terreins; quoiqu'ils foient pour un terme au-deffus de neuf années jufqu'à vingt-fept, & même vingt-neuf ans.

Les difpofitions qu'on vient de rapporter ne

X iij

doivent point s'appliquer aux Défrichemens d
montagnes, ni des landes & bruyères, ou plac
vaines & vagues qui font aux rives des bois
des forêts : l'article 8 veut qu'à cet égard l'o
donnance du mois d'août 1669, & les autr
arrêts & réglemens qui ont rapport à cette m
tière, continuent d'être exécutés felon le
forme & teneur.

Les étrangers occupés aux Défricheme
dont il s'agit, ou qui fe rendent en France po
y travailler, foit comme entrepreneurs, fo
en qualité de fermiers ou de fimples journaliers
font réputés regnicoles, & comme tels ils do
vent jouir de tous les avantages dont jouiffe
les propres fujets du roi. Il faut néanmoins q
pour cet effet ces étrangers aient élu leur d
micile ordinaire fur les lieux où fe font les D
frichemens, & qu'ils aient déclaré devant l
juges royaux du reffort, qu'ils entendent y r
fider au moins pendant fix années. Ils font d'a
leurs tenus après ce temps, de juftifier a
mêmes juges par un certificat en bonne form
qui doit être dépofé au greffe, & figné du cu
& de deux des fyndics ou collecteurs, qu'i
ont été employés fans difcontinuation aux tr
vaux dont il s'agit ; de quoi les juges font ob
gés de leur donner acte fans frais, à l'exce
tion de ceux du greffe, qui font fixés à tr
livres. C'eft ce qui réfulte des articles ne
& dix.

L'article onze porte que fi quelques-uns d
ces étrangers viennent à décéder dans le cou
de fix années, à compter du jour qu'ils auro
fait aux juges royaux la déclaration dont on
parlé, leur fucceffion fera délivrée à leurs e

fans ou parens domiciliés en France , & même
à l'égard du mobilier feulement , à ceux qui
font domiciliés en pays étranger (*).

(*) *Il a été rendu le 2 octobre 1766 , un arrêt du con-*
feil en interprétation de la déclaration dont il s'agit :
voici ce qu'il porte :

Sur ce qu'il a été repréfenté au roi, étant en fon confeil,
qu'entre autres difpofirions , la déclaration du 13 août
1766, porte que ceux qui défricheront des terres incultes, jouiront, pour raifon de ces terreins, pendant l'efpace
de quinze années, de l'exemption des dixmes, tailles &
autres impofitions généralement quelconques, même des
vingtièmes, tant qu'ils auront cours : que les propriétaires
des terreins incultes, leurs ceffionnaires ou fermiers, ont
été difpenfés encore de payer les droits d'infinuation, centième denier , pour les lieux par eux faits relativement à
l'exploitation de ces terreins, quoiqu'ils foient pour un
terme au-deffus de neuf années jufqu'à vingt-fept , &
même vingt-neuf ans, mais que ces taux ne font pas les
feuls actes que les Défrichemens donneront lieu de paffer :
qu'un particulier qui aura entrepris de mettre en valeur
une certaine quantité de terres, ne pourra le plus fouvent
y parvenir, qu'en concédant une partie de ces terres à d'autres perfonnes, ou en les affociant à fon exploitation : que
les traités qui feront faits en conféquence, les ventes, ceffions & tranfports, fubrogations, & autres actes femblables, paroiffent mériter autant de faveur que les baux de
vingt-neuf années & au-deffus; qu'ainfi ces différens actes
devroient jouir de la même exemption : que cependant
cette exemption eft bornée aux baux uniquement, & qu'elle
n'a même pour objet que les droits de centième & demi-
centième denier, enforte que ceux de contrôle des baux &
autres actes continueront à être perçus fur le pied réglé
par le tarif du 10 feptembre 1772 , fi fa majefté ne fe
portoit pas à les affranchir : qu'indépendamment du contrôle & du centième denier, il fe préfentera quelquefois
des cas où les actes relatifs aux Défrichemens, donneront
ouverture aux droits de franc-fiefs & amortiffemens, ce
qui pourroit, (fi l'exemption de ces droits n'étoit pas pro-

. Cette loi a été enregiſtrée au parlement d

noncée égalemènt ,) arrêter les entrepreneurs dans leu
opérations, & les rendre plus difficiles : qu'enfin les colo
& autres particuliers employés aux Défrichemens , feru
tenus de payer la capitation, parce que cette impoſition é
perſonnelle ; mais qu'il paroîtroit à propos de la fixer mo
dérément , afin d'encourager de plus en plus les explo
tatious. Sur quoi ſa majeſté voulant faire connoître ſes in
tentions & donner de nouvelles marques de ſa proteſtion
à ceux qui entreprendront le Défrichement des ten
incultes. Vû la déclaration du 13 août 1766 : oui l
rapport du ſieur de l'Averdy , conſeiller-ordinaire , a
conſeil royal , contrôleur général des finances , le ro
étant en ſon conſeil , a ordonné & ordonne ce qui ſuit :

A R T I C L E P R E M I E R.

Les propriétaires des terres incultes, qui entreprendro
de les mettre en valeur , leurs ceſſionnaires , ſucceſſeu
ou ayant cauſe, jouiront, pendant le temps porté par l
déclaration du 13 août 1766 , de tous les privilèges &
exemptions qui leur ont été accordés, en rempliſſant l
formalités ordonnées par les articles II & III de cette dé
claration.

II. Jouiront auſſi les étrangers qui ſeront employés au
Défrichemens, des privilèges particuliers qui leur ont é
preſcrits par la même déclaration.

III. Les ceſſionnaires ou ayant cauſes des entrepreneu
des Défrichemens, qui ne ſeront pas nobles, jouiront e
outre pendant quarante années, d'exemption des droits d
francs-fiefs pour tous les terreins défrichés ; & s'il eſt étab
dans l'étendue deſdits Défrichemens, des égliſes paroiſſial
ou des chapelles ſuccurſales, il ne ſera payé aucun dro
d'amortiſſement pour raiſon de ces établiſſemens.

IV. Tous les actes qui ſeront paſſés pendant le mêm
eſpace de quarante années, par les propriétaires des terr
incultes, leurs ſucceſſeurs, ceſſionnaires ou ayant cauſe
ſoit entr'eux ou avec d'autres particuliers, pour raiſon d
Défrichemens, ſeront contrôlés, ſans qu'il puiſſe être exig

Paris le 22 août 1766, « à la charge, porte
» l'arrêt d'enregiftrement, qu'il ne pourra être
» entrepris aucun Défrichement que du gré,
» confentement ou conceffion des propriétaires
» des terreins incultes, ou des feigneurs, à
» l'égard des terres abandonnées ; & fans que
» la qualification de terres incultes, donnée par
» l'article premier à celles qui depuis quarante
» ans n'auroient produit aucune récolte, il puiffe
» être tiré aucune conféquence relativement aux
» conteftations fur la nature & qualité des dix-
» mes, qui pourront s'élever après l'expiration
» de l'exemption de dixmes, ordonnée par la
» déclaration dont il s'agit ».

Par des lettres-patentes du 30 mai 1767, il a
auffi été accordé des encouragemens tels à-peu-
près que ceux dont on vient de parler, à ceux

---

autres ni plus grands droits de contrôle que dix fous pour
chacun acte, de quelque nature ou efpèce qu'il foit.

V. Et dans le cas ou quelques-uns des actes mentionnés
en l'article précédent, donneront ouverture aux droits d'infinuation, centième & demi-centième denier ; ces droits
ne feront payés que fur le pied feulement d'un denier par
arpent, fans néanmoins qu'ils puiffent être perçus pour les
baux de vingt-neuf ans & au-deffous, conformément à
l'article VII de la déclaration du 13 août 1766.

VII. Les colons & autres perfonnes employées aux
Défrichemens, feront taxés à la capitation par les fieurs
intendans & commiffaires départis dans les provinces &
généralités du royaume, à raifon de vingt-fous feulement
pour chacun. Enjoint fa majefté auxdits fieurs intendans
& commiffaires départis, de tenir la main à l'exécution
du préfent arrêt, qui feta imprimé, publié & affiché partout où befoin feta. Fait au confeil d'état du roi, fa
majefté y étant, tenu à Verfailles le deuxième jour d'octobre mil fept cent foixante-fix. *Signé*, Phelypeaux.

qui entreprénnent des Défrichemens ou defféchemens dans la province d'Artois (*).

(*) *Voici ces lettres-patentes.*

Louis, &c. Salut. Par arrêt rendu en notre conseil le
20 février dernier, nous avons accordé à ceux qui, dans
la province d'Artois, entreprendront des desséchemens, ou
des Défrichemens, & aux étrangers qui viendront dans
cette province pour s'occuper de ces travaux, les différens
avantages dont jouissent dans le surplus de notre royaume,
ceux qui se livrent à ce genre d'entreprises; & par autre
arrêt de notre conseil du 17 du présent mois, nous avons
ordonné que toutes lettres-patentes nécessaires, pour l'exécution dudit arrêt du 20 février, seroient expediées. A ces
causes, après avoir fait voir en notre conseil ledit arrêt
du 20 février, ci-attaché sous le contre-scel de notre
chancellerie, nous avons, par ces présentes, signées de
notre main, ordonné & ordonnons, voulons & nous plaît
ce qui suit :

ARTICLE PREMIER.

Il sera libre à tous propriétaires de marais, palus &
terres inondées, ainsi qu'à ceux qui ont pris ou prendront
de ces terreins par baux emphitéotiques, à temps ou à
perpétuité, à droit de cens ou de champart, de faire le
desséchement de ces marais, palus & terres inondées, vérification préalablement faite de l'état & consistance de ces
terreins par un procès-verbal, qui en sera dressé par notre
plus prochain juge, en présence de toutes les parties inté-
ressées, ou elles duement appellées.

II. En observant ces formalités, lesdits propriétaires
ou emphitéotes jouiront, eux, leurs fermiers ou métayers
pendant vingt années, de l'exemption de toutes impositions,
dixmes & faux-frais de paroisses pour raison desdits terreins seulement, laquelle dixme après ledit temps, soit
qu'elle appartienne au clergé ou à des seigneurs séculiers,
ne sera payée qu'à raison de cinquante gerbes l'une.

III. Les terres, de quelque qualité & espece qu'elles soient,
qui, depuis quarante ans, suivant la notoriété publique
des lieux, n'auront donné aucune récolte, seront réputées
terres incultes.

Le roi a pareillement accordé pour la Bre-

IV. Tous ceux qui voudront défricher ou faire défricher des terres incultes, & les mettre en valeur, de quelque manière que ce soit, seront tenus, pour jouir des priviléges ci-après énoncés, de déclarer au greffe de notre justice, dont dépendent lesdits terreins, la quantité desdites terres, avec leurs tenans & aboutissans. Permettons à ceux qui auroient entrepris lesdits Défrichemens depuis le premier janvier 1762, de faire les mêmes déclarations, à compter de la publication des présentes, & il sera par eux payé dix sous au Greffier pour l'enregistrement & expédition de leur déclaration.

V. Pour mettre les décimateurs, curés & habitans à portée de connoître & vérifier lesdites déclarations, & se pourvoir s'il y a lieu, ceux qui voudront entreprendre des Défrichemens ou ceux qui en auroient entrepris à compter du premier janvier 1762, seront tenus de faire afficher une copie de leur déclaration à la principale porte de l'église paroissiale, à l'issue de la messe de paroisse, un jour de dimanche ou fête, par un huissier, sergent ou autre officier public requis à cet effet, dont il sera dressé procès verbal.

VI. Les entrepreneurs des Défrichemens, les décimateurs, curés & habitans, pourront se faire délivrer toutes les fois qu'ils le jugeront à propos des copies de ces déclarations, en payant au Greffier qui les délivrera deux sous six deniers par rôle ordinaire : défendons au greffier de percevoir autres & plus grands droits pour raison de l'enregistrement & expédition desdites déclarations, sous quelque prétexte que ce puisse être, à peine de concussion.

VII. Voulons qu'en observant les formalités prescrites par les articles 4 & 5, ceux qui défricheront lesdites terres incultes, jouissent pour raison de ces terreins seulement, pendant l'espace de quinze années, de l'exemption des dixmes & autres impositions généralement quelconques, même des vingtiemes, tant qu'ils auront cours, & ce à compter du mois d'octobre qui suivra la déclaration faite en exécution de l'article 4 ci-dessus. Voulons en conséquence que les chevaux, domestiques & ouvriers employés seulement auxdits desséchemens ou Défrichemens, ne puissent être cotisés dans aucune assiette de faux-frais de paroisses, sous quelque prétexte que ce soit.

VIII. L'exemption de dixmes & faux-frais de paroisses pour les défrichemens ne pourra avoir lieu plus long-temps que celle des impositions qui se lèvent à notre profit, de sorte qu'après l'expiration de quinze années les terres nouvellement défrichées seront assujetties au payement, tant desdites dixmes, que des autres impositions, suivant le taux & en la manière qui sera par nous ordonnée, nous réservant au surplus de proroger lesdites exemptions au-delà dudit terme, si après avoir entendu les décimateurs, curés & habitans, la nature & l'importance desdits Défrichemens paroissent l'exiger.

IX. Les propriétaires de ces terreins, de même que de ceux à dessécher, leurs cessionnaires ou fermiers, ne seront tenus de payer aucun droit d'insinuation, centième ni demi-centième denier, pour les baux par eux faits relativement à l'exploitation de ces terreins quoiqu'ils soient pour un terme au-dessus de neuf années jusqu'à vingt-sept & même vingt-neuf ans.

X. N'entendons néanmoins rien innover aux dispositions de l'ordonnance du mois d'août 1669, ni déroger aux arrêts & règlemens précédemment rendus sur les Défrichemens des montagnes, landes & bruyeres, places vaines & vagues aux rives des bois & forêts, lesquels continueront d'être exécutés selon leur forme & teneur.

XI. Les étrangers actuellement occupés auxdits Défrichemens ou dessechemens, ou qui se rendront en France pour se livrer à ces travaux, soit qu'ils y soient employé comme entrepreneurs, soit en qualité de fermiers ou de simples journaliers, seront réputés regnicoles, & comme tels, jouiront de tous les avantages dont jouissent nos propres sujets: ordonnons qu'ils puissent disposer de leurs biens tant par donation entrevifs, que par testament, codicile & tous autres actes de dernière volonté, en faveur de leur enfans, parens & autres domiciliés en France, même à l'égard du mobilier seulement en faveur de leurs enfans parens & autres domiciliés en pays étrangers, en se conformant cependant aux lois & coutumes des lieux de leur domicile, ou à celles qui se trouveront régir les lieux où le

priviléges femblables à ceux dont jouiffent dans le refte du royaume ceux qui défrichent & mettent en valeur des terres incultes ou inondées.

S'étant élevé des conteftations fur l'exécution de cette déclaration, les députés & le procureur général fyndic des états de la province de Bretagne, préfentèrent en 1774 un mémoire au roi, contenant,

Que fans avoir égard à la déclaration du 6 juin 1768, concernant les deffléchemens & les Défrichemens, l'adjudicataire des fermes fai-

---

biens immeubles feront fitués, renonçant tant pour nous que pour nos fuccefleurs, à tous droits d'aubaine, deshérence & à tous autres à nous appartenans fur la fucceffion des étrangers qui décèdent dans notre royaume.

XII. Les étrangers ne feront néanmoins tenus pour regnicoles, que lorfqu'ils auront élu leur domicile ordinaire fur les lieux, où il fera fait des Défrichemens ou des deffléchemens, & qu'ils auront déclaré devant nos juges du reffort, qu'ils entendent y fixer leur domicile pour l'efpace au moins de fix années, & lorfqu'ils auront juftifié après ledit temps auxdits juges par un certificat en bonne forme, qui fera dépofé au greffe, figné du curé & de deux des fyndics ou collecteurs, qu'ils ont été employés fans difcontinuation auxdits travaux, dont il leur fera donné acte par lefdits juges fans frais excepté ceux du greffe, que nous avons fixés à trois livres.

XIII. Si quelqu'un defdits étrangers venoit à décéder dans le cours defdites fix années, à compter du jour qu'ils auront fait leur déclaration devant lefdits juges, les enfans, parens ou autres domiciliés en France, appelés à recueillir leur fucceffion, & même à l'égard du mobilier feulement, ceux domiciliés en pays étrangers en auront délivrance, en juftifiant par un certificat en la forme prefcrite par l'article précédent, que lefdits étrangers étoient employés auxdits Défrichemens ou defféchemens. Si vous mandons, &c.

soit percevoir des droits de contrôle & de centième denier, des contrats & actes qui avoient
pour objet des terres incultes ou inondées, sur
le capital au denier vingt des rentes, & sur les
deniers d'entrée, toutes les fois qu'il n'étoit pas
littéralement exprimé dans les actes de concession, que les terres étoient vaines & vagues,
ou qu'il n'étoit pas justifié par la notoriété publique, que ces terres n'avoient rapporté aucune récolte depuis quarante ans ; qu'il n'y avoit
pas eu de déclarations passées aux greffes, de la
quantité & qualité des terres, & que ces déclarations n'avoient pas été affichées ; qu'une pareille perception n'étoit propre qu'à mettre des
obstacles aux avantages dont le feu roi avoit
bien voulu, à la sollicitation des états, faire
jouir les entrepreneurs des Défrichemens &
dessèchemens ; que le bien de l'agriculture exigeoit qu'il fût ordonné que les modérations accordées par la déclaration de 1768, auroient
lieu généralement pour tout acte d'afféagement
qui auroit pour objet un terrein inculte ou inon-
dé ; que vouloir qu'il fût justifié par la notoriété
publique, que les terreins n'avoient rien produit depuis quarante ans, c'étoit se préparer
un motif pour percevoir des droits qui ne seroient pas dûs ; que les préposés de la ferme
supposeroient toujours que suivant la notoriété
publique, les terreins auroient rapporté des ré-
coltes depuis quarante années ; qu'il résulteroit
de-là une infinité de contestations & de procès
qu'il étoit certainement dans l'intention de sa
majesté de prévenir, & que les articles de la
déclaration de 1768 concernant les formalités à
observer postérieurement aux actes de conces-

fion, n'intéreffoient en aucune manière les droits
de contrôle & de centième denier, qui étant
fixés par l'article 11 de cette déclaration, pour
tous les actes fans exception, de quelque nature
& efpèce qu'ils fuffent, ne pourroient être perçus d'une manière différente fans nuire à l'agriculture, dont les avantages étoient infiniment
fupérieurs & préférables.

Ce mémoire ayant été communiqué à l'adjudicataire des fermes générales unies, il a répondu, que l'article premier de la déclaration
du 6 juin 1768 réputoit incultes les terres, de
quelque qualité & efpèce qu'elles fuffent, qui
depuis quarante ans n'avoient donné aucune récolte, fuivant la notoriété publique des lieux ;
que les articles 3 & 4 ordonnoient que tous
les entrepreneurs de Défrichemens ou deſſéche-
mens quelconques, qui voudroient jouir des
priviléges accordés par la même déclaration,
(lefquels confiftoient dans l'exemption des dixmes, fouages, vingtièmes & autres taxes &
impofitions, enfemble dans la réduction des
droits de contrôle & de centième denier),
feroient tenus de déclarer au greffe de la juftice
royale des lieux, la quantité, & autant qu'il
feroit poffible, l'état actuel & la qualité des
terres qu'ils defireroient mettre en valeur, avec
les tenans & aboutiffans ; de faire afficher une
copie de cette déclaration à la principale porte
de l'églife paroiffiale, & d'en faire dreffer un
procès verbal par un officier public, afin de
mettre les décimateurs, curés, habitans & autres intéreffés, à portée de la vérifier ; que l'article 11 s'expliquoit en ces termes : « Tous les
» actes qui feront paffés pendant l'efpace de

» quarante années par les propriétaires des terre
» incultes ou inondées, leurs fucceffeurs, cef
» fionnaires ou ayans caufe, foit entr'eux ou
» avec des particuliers, pour raifon des Défri
» chemens ou defféchemens, feront contrôlés,
» fans qu'il puiffe être exigé autre ni plus grand
» droit de contrôle que dix fous pour chaque
» acte, de quelque nature ou efpèce qu'il foit,
» dans le cas où quelques-uns de ces actes don-
» neroient ouverture aux droits d'infinuation,
» centième & demi-centième denier, ces droit
» ne feront payés que fur le pied d'un denier pa
» chaque journal de quatre-vingt cordes » ; que
cette déclaration étoit claire & précife ; qu'il
en réfultoit abfolument que pour jouir des pri
viléges qu'elle accordoit, & par conféquent de
la réduction des droits de contrôle & de cen
tième denier, qui faifoit partie de ces privilé
ges, il ne fuffifoit pas qu'un acte annonçât qu
les terreins à l'occafion defquels il étoit paffé
étoient incultes ; qu'il falloit juftifier que l'o
avoit fait faire les déclarations & publication
ordonnées pour conftater la nature & la véri
table qualité des héritages de ce genre ; que l
loi ne faifant aucune diftinction entre les droit
de fa majefté & les autres exemptions qu'elle
prononçoit, la néceffité de remplir les forma
lités qu'elle prefcrivoit, ne portoit pas moi
fur les droits de contrôle & de centième de
nier, que fur toute autre taxe & impofition
que la confervation de ces droits exigeoit qu
la non-culture des terres fût réelle ; que la mo
dération n'avoit été accordée qu'à cette con
dition ; qu'elle ne pouvoit dès-lors avoir lié
qu'autant que l'on avoit paffé les déclaration
qu

qui feules pouvoient conduire à s'affurer s'il s'agiffoit effectivement de terres incultes ; que fans cela, il arriveroit que les droits des parti‑culiers feroient feuls confervés, tandis que ceux de fa majefté qui étoient d'une nature plus pri‑vilégiée, pourroient être anéantis par la fimple énonciation de terres incultes qui feroit inférée dans les actes, quoique dans le fait il y eût moins de quarante ans qu'elles fuffent fans cul‑ture, & que ce ne foit cependant que dans le cas feulement où les terres n'ont rien produit pendant quarante années, qu'elles font réputées terres incultes, d'après la difpofition bien ex‑preffe de l'article premier de la déclaration de 1768 ; que rien n'empêchoit un acquéreur de faire faire les publications prefcrites par cette déclaration, foit avant de contracter, foit même dans la quinzaine fixée pour le contrôle de fon contrat ; que d'ailleurs s'il ne paffoit fa décla‑ration qu'après que fon titre de propriété feroit contrôlé, il pourroit demander que les droits perçus fuffent réduits ; mais qu'il devoit com‑mencer par acquitter ces droits dans leur inté‑grité, fi au moment du contrôle fa déclaration n'étoit point paffée, non‑feulement parce que ce n'étoit qu'à cette formalité que la faveur étoit attachée, mais encore parce que la provi‑fion étoit toujours dûe à fa majefté ; qu'il im‑pliqueroit même contradiction qu'un terrein fût affujetti, faute de déclaration, à la dixme, au fouage, aux vingtièmes, même aux franc‑fiefs, & qu'il ne fût pas fujet en même‑temps aux droits de contrôle & de centième denier, fur le pied fixé par les réglemens.

Sur cette conteftation eft intervenu au confeil

d'état du roi un arrêt le 27 octobre 1776, par lequel il a été ordonné que les acquéreurs de terres incultes ou inondées, qui lors de leur acquisitions n'auroient pas rempli les formalités prescrites par la déclaration du 6 juin 1768 (*) seroient tenus de payer provisoirement les droits de contrôle & de centième denier des contrats & actes passés en leur faveur, à raison des sommes qui en formeroient le prix ; sauf à eux à rapporter dans la première année de leur possession, les déclarations & publications ordonnées pour jouir des priviléges accordés aux entrepreneurs de Défrichemens ou desséchemens auquel cas le droit de contrôle seroit réduit dix sous pour chaque acte ; celui de centième denier, à un denier par journal de terre, & ce qui auroit été perçu au-delà seroit restitué.

L'article 23 du titre 23 de l'ordonnance des eaux & forêts, défend aux propriétaires des bois sujets aux droits de grurie, grairie, tiers & danger, de défricher aucune partie de leurs bois sans une permission expresse du roi, sous les peines portées par les ordonnances.

Ces ordonnances sont celles de janvier 1518 & avril 1588. Elles veulent que ceux qui ont défriché des bois appartenant nûment au roi ou dans lesquels sa majesté a intérêt, soient privés de tout droit dans ces bois, & condamnés à une amende arbitraire, à tenir prison, rétablir à leurs frais les lieux dans leur premier

(*) Ces formalités sont les mêmes que celles qui sont spécifiées dans la déclaration du 13 août 1766 & dans les lettres-patentes données pour l'Artois le 30 mai 1767.

état, & à tous les dépens, dommeges & intérêts du roi.

L'article 18 du titre 3 de l'ordonnance du mois d'août 1669, défend aux grands maîtres de permettre qu'il soit fait aucun Défrichement dans les forêts du roi, sous peine d'amende arbitraire, & de tous dépens, dommages & intérêts.

Comme il n'y a dans cette ordonnance aucune disposition formelle qui défende aux ecclésiastiques & aux particuliers de défricher leurs bois, il y a été pourvu par différens arrêts du conseil, & particulièrement par ceux des 28 juin 1701, 9 novembre 1703, 7 novembre 1713, 16 mai 1724, & 22 juin 1729. Ce dernier arrêt a fait défense aux bénéficiers, aux communautés, aux économes, recteurs, administrateurs & principaux des colléges, hôpitaux & maladreries, aux commandeurs & procureurs de l'ordre de Malte & à tout autre, de défricher aucun bois, soit futaie ou taillis, sans une permission du roi, à peine de trois mille livres d'amende pour chaque arpent de futaie, de trois cens livres pour chaque arpent de taillis, & d'être obligés de rétablir les lieux en bois à leurs frais.

Un autre arrêt du 29 mars 1735 a ordonné expressément l'exécution du précédent, & défendu à toute personne indistinctement de défricher, faire défricher, ou souffrir qu'il soit défriché aucun bois ni pâtis appartenant aux communautés de paroisse, à peine de mille livres d'amende, de confiscation des terres défrichées, & de prison contre les habitans, outre l'obligation de rétablir les lieux à leurs frais.

Par un autre arrêt du 25 février 1749, il
été défendu aux officiers de la maîtrise de Me
de permettre, sous quelque prétexte que ce fût
aucun Défrichement de bois appartenant au
communautés soit ecclésiastiques, soit laïques
ou aux particuliers, à peine d'interdiction, &
d'une amende de trois mille livres.

Enfin par un autre arrêt du 12 octobre 1756
rendu sur les représentations du syndic généra
de la province de Languedoc, il a été défend
de défricher dans cette province aucune ter
plantée en bois sur les montagnes ou dans l
plaine, pour quelque cause que ce fût, sou
peine de cinquante livres d'amende pour chaqu
arpent de Défrichement, & d'être la terre défri
chée remise en bois aux frais de ceux qui auroien
fait faire le Défrichement.

Cet arrêt a aussi fait défense sous les même
peines, de faire aucun Défrichement de landes
bruyères, garrigues & autres terreins situés su
le penchant des montagnes ou collines, & d
les cultiver. Il a en même-temps ordonné qu
les terres de cette qualité situées dans les pla
nes, & toutes les autres dont les communauté
avoient la propriété ou l'usage pour nourri
leurs bestiaux, ne pourroient être défrichées
sinon en vertu d'une permission expresse d
roi.

Suivant le même arrêt, les contrevenans doi
vent être poursuivis à la requête des consuls de
communautés & des syndics des diocèses, pai
devant les officiers des maîtrises particulières d
lieux ; & en cas de négligence de ces consuls &
syndics, à la requête des procureurs du roi dan
ces siéges : il doit être statué sommairement su

ces contraventions à la première affignation, & elles font cenfées fuffifamment conftatées au moyen des procès-verbaux dreffés, foit par un officier des maîtrifes, foit par les maire & confuls, foit par les experts jurés des villes, ou par toute autre perfonne commife à cet effet : les amendes doivent appartenir au roi, & les dommages & intérêts aux communautés : au refte, il eft permis à tout particulier intéreffé à la confervation des pâturages communs, de pourfuivre en fon nom ceux qui contreviennent aux difpofitions qu'on vient de rapporter ; & dans ce cas, on doit adjuger au pourfuivant à titre de dédommagement, le tiers des dommages & intérêts.

Voyez *les lois citées*, & les articles PATURAGE, USAGE, BOIS, MARAIS, DESSÉCHEMENT, &c.

DÉGAT. C'eft le ravage que commettent les beftiaux de quelqu'un dans les héritages d'autrui.

Plufieurs coutumes ont des difpofitions particulières à ce fujet. Suivant le chapitre 29 de celle de la Marche, celui qui trouve des bêtes faifant du Dégât dans fon héritage, peut les prendre & les garder vingt-quatre heures pour être payé de la *méfaite coutumière* (*), ou du dommage caufé, à fon choix. Il en eft cru à fon ferment fur le temps où il les a trouvées, & fur le fait qu'il les a trouvées lui caufant du dommage. La prife des beftiaux eft déja par

(*) Cette *méfaite coutumière* eft une eftimation que fait la coutume elle-même du dommage relativement à l'efpèce de la bête qui l'a caufé,

elle-même un fait qui autorife à s'en rapporte
à fa déclaration.

Si le propriétaire des bêtes les réclame dan
les vingt-quatre heures, on eft obligé de les l
remettre, à la charge par lui de donner un ga
ou une caution du payement du dommage
Quand.les bêtes ne font point réclamées, o
doit dix heures après les vingt-quatre, les dé
noncer à la juftice; & fi enfin perfonne ne l
revendique, elles appartiennent au feigneur hau
jufticier, en payant le dommage caufé & l
frais de pâture.

Lorfqu'on n'a pu faifir les beftiaux trouvé
en *méfaite*, on n'en eft pas moins cru à fon fe
ment de les avoir trouvés faifant du dommag
& de n'avoir pu les emmener.

- On n'en eft pas cru de même fur l'étendu
du dommage: lorfqu'on ne veut pas s'en teni
la *méfaite coutumière*, il faut que ce domma
foit eftimé; & fi l'on paffe quatre jours fan
avoir fait faire cette eftimation (*), on e
obligé de fe contenter de l'eftimation coutumière.

Le refte du chapitre de cette même coutum
parle des amendes qui font dues en pareil cas
la juftice, & met une différence entre les cham

(*) Cette eftimation fe fait d'une manière très-fomma
re: il fuffit d'une fimple fommation au propriétaire des be
tiaux, de convenir d'un expert pour procéder à cette mêm
eftimation, conjointement avec celui que nomme de fo
côté le particulier qui prétend au dédommagement. Le br
délai accordé par la coutume ne permet pas de recouri
une ordonnance de juftice pour cette opération, & ce dél
ne fauroit être fort long, parce qu'après ce temps-là
feroit difficile de reconnoître le dommage dont on fe plain

qui font défenfables & ceux qui ne le font pas :
elle diftingue encore le dommage caufé à garde
faite de celui qui l'eft par des animaux échappés.
Le dommage caufé de nuit eft auffi traité différemment de celui qui eft caufé de jour.

L'ordonnance des eaux & forêts a des difpofitions particulieres au fujet des Dégâts commis
par les beftiaux dans les forêts du roi. Voyez
ce qui a été dit à ce fujet à l'article BESTIAUX.
(*Article de M. DAREAU, avocat au parlement, &c.*)

DÉGRADATION. Ce terme a plufieurs
acceptions. En matière criminelle, on entend
par Dégradation, une deftitution ignominieufe
d'un ordre, d'une qualité ou d'une dignité.

En matière civile, il fignifie le dommage &
la détérioration qu'on a faits à des héritages ou
à des maifons.

En matiére criminelle, il y a la Dégradation
des eccléfiaftiques, la Dégradation des officiers
& la Dégradion de nobleffe.

La Dégradation d'un eccléfiaftique a lieu lorfqu'il eft condamné pour crime à la mort, ou à
une peine corporelle, afflictive & infamante. La
forme de la Dégradation confifte à dépouiller le
coupable de toutes les marques extérieures de
fon caractère.

La Dégradation des perfonnes confacrées au
culte divin a été en ufage chez prefque tous les
peuples & dans les temps les plus reculés. A
Rome, les veftales ne pouvoient être éxécutées
à mort qu'après avoir été dégradées par les pontifes.

La Dégradation étoit auffi en ufage chez les

Y iv

juifs. On en trouve plufieurs exemples dans l'é
criture fainte.

Les romains & les juifs avoient encore admi
une autre efpèce de Dégradation , dont l'effet
étoit feulement de renvoyer la perfonne dégradée à un grade plus éloigné fans la priver e
entier de fon état.

Saint Gerôme cite un exemple de cette Dégradation. Il dit qu'Héraclius , évêque, fut def-
titué de l'épifcopat & réduit à la fimple prêtrife.

Quant à la Dégradation dans l'acception que
nous donnons à ce terme , on regardoit dans la
primitive églife cette formalité comme indifpenfable ; parce qu'on penfoit alors que la jul-
tice ne pouvoit mettre la main fur une perfonne
qui avoit reçu l'onction facrée.

La novelle 83 de Juftinien veut que les
clercs feroient dégradés par l'évêque avant d'être
exécutés.

En France , les prêtres & autres promus aux
ordres facrés , ne pouvoient pas non plus autrefois être exécutés à mort fans avoir été dégradés auparavant. L'ordonnance de 1571 contient
à cet égard une difpofition formelle. :

Les hiftoriens nous ont confervé les formalités qui étoient obfervées dans cette cérémonie.
L'évêque ôtoit en public au criminel les habits
& ornemens eccléfiaftiques , & lui reprochoit
fon indignité. .

Juvenal des Urfins rapporte l'exemple de la Dégradation de deux Auguftins qui avoient trompé
Charles VI fous prétexte de le guérir. Ces religieux furent condamnés à mort en 1398, &
dégradés avant l'exécution de la manière fui-

vante : l'évêque de Paris en habits pontificaux,
se transporta à la place de Grève, où l'on avoit
dressé des échaffauds en face de l'hôtel-de-ville
& de l'église du Saint-Esprit. On avoit construit
un pont de planches qui conduisoit d'une des
fenêtres de la salle du Saint-Esprit sur les échaffauds. Les deux Augustins sortirent par cette
fenêtre qui servoit de porte, & furent conduits
sur les échaffauds, habillés comme s'ils alloient
dire la messe. L'évêque de Paris leur fit d'abord
une exhortation ; ensuite il leur ôta la chasuble,
l'étole, le manipule, l'aube, & on leur rasa
leurs couronnes en sa présence. Après cette
cérémonie, les ministres de la juridiction séculière les dépouillèrent & ne leur laissèrent que
leur chemise & une petite *jacquette* par-dessus.
On les conduisit en cet état aux halles où ils
furent décapités. . . . .

M. Leprêtre soutient qu'un ecclésiastique condamné à mort pour un crime atroce, ne peut
être exécuté sans Dégradation préalable ; mais
les obstacles que les évêques apportoient à
l'exécution des ecclésiastiques condamnés à
mort, ont fait abolir l'usage de la Dégradation.
Les prélats différoient souvent cette cérémonie
& suspendoient ainsi le supplice des criminels.
On a regardé qu'il pouvoit résulter de très-
grands abus de l'ancien usage de la Dégradation
préalable, & ce motif en a déterminé l'abolition.
Ainsi aujourd'hui on ne dégrade point les ecclésiastiques avant de les livrer au bourreau, & leur
execution n'éprouve pas plus de retardement
que celle des autres criminels. -

DÉGRADATION D'UN OFFICIER.
Elle consiste à dépouiller avec ignominie une

perfonne de l'office ou de la dignité dont elle eft revêtue, & à la priver de tous les priviléges & de toutes les prérogatives qui y font attachés.

Cette peine a lieu lorfque l'officier a commis quelque délit qui bleffe l'honneur de fa place, ou quelque prévarication dans fes fonctions, ou enfin quelqu'action contraire aux règles de la délicateffe & de l'honnêteté que fa charge exige.

L'ufage de cette efpèce de Dégradation eft fort ancien. On en trouve une foule d'exemples dans l'antiquité : cependant il eft bien important d'obferver que les anciens n'attachoient pas la même idée que nous au mot *Dégradation*.

Par exemple, il y avoit chez les romains trois fortes de Dégradations pour les foldats; favoir, *militiæ mutatio, de gradu dejectio feu regradatio, & ignominiofa miffio*. La première de ces peines confiftoit dans la tranflation d'un foldat d'un corps dans un autre; la feconde confiftoit dans la privation du grade militaire; & la troifième étoit nne expulfion ignominieufe. Telles étoient les différentes efpèces de Dégradations militaires parmi les romains.

Les offices civils étoient foumis aux mêmes règles; c'eft-à-dire qu'on dégradoit publiquement les officiers qui s'étoient rendus indignes de leurs charges.

Plutarque rapporte que le préteur Lentulus, complice de la conjuration de Catilina, fut dégradé de fon office, & contraint d'ôter en plein fénat fa robe de pourpre & d'en prendre une noire.

Les lois romaines, & furtout la loi *judiciaire*

au code de *dignit.*, ordonnent que les juges convaincus de crimes foient privés des honneurs dont ils jouiffoient, & qu'ils foient mis au rang des plébéiens.

Nous fuivons, à peu de chofe près, les mêmes principes en France.

Lorfque des officiers militaires ou des foldats ont fait quelqu'action contraire à l'honneur, ils font caffés à la tête de leur corps, & dépouillés des marques diftinctives dont ils jouiffoient. Cette efpèce de Dégradation, quoiqu'infamante dans l'opinion publique, ne dépouille point la perfonne ainfi dégradée de la nobleffe, à moins qu'un jugement n'ait formellement prononcé qu'elle demeurera déchue & privée des prérogatives de la nobleffe.

Lorfqu'une perfonne conftituée en dignité eft condamnée à mort ou à quelque peine infamante, on lui ôte, avant l'exécution, les marques d'honneur dont elle eft revêtue. Ce fut ainfi qu'avant l'exécution du maréchal de Biron, M. le chancelier lui ôta le collier de l'ordre du Saint-Efprit. Il lui demanda auffi fon bâton de maréchal de France, mais il lui répondit qu'il n'en avoit jamais porté.

On dégrade également les officiers de juftice lorfqu'ils ont commis des crimes qui deshonorent leur caractère.

Loifeau dans fon traité des offices, rapporte qu'un confeiller au parlement convaincu d'avoir falfifié une enquête, fut privé de fa charge, qu'il fut dépouillè en l'audience publique du parlement, de fa robe rouge, & condamné à faire amende honorable au parquet & à la table de marbre.

Le même auteur cite un second exemple de Dégradation d'un conseiller-clerc au parlement, qui fut dépouillé en 1528 en présence de toutes les chambres, de sa robe rouge, & renvoyé au juge d'église.

Nous trouvons encore un exemple plus récent de Dégradation d'un magistrat. Le 15 avril 1693, un conseiller au parlement fut dégradé publiquement pour les cas résultans du procès. Il fut amené de la conciergerie où il étoit prisonnier, à la grand'chambre sur les neuf heures ; toutes les chambres du parlement étoient assemblées & les portes étoient ouvertes : il étoit revêtu de sa robe rouge, & il avoit son bonnet quarré à la main. Il entendit debout la lecture de son arrêt qui le bannissoit à perpétuité, ordonnoit que sa robe & autres marques de magistrature lui seroient ôtées par les huissiers de service, & le condamnoit à une amende envers le roi & à une réparation envers la partie. Après la lecture de l'arrêt, il remit son bonnet entre les mains d'un huissier & laissa tomber sa robe. Il sortit ensuite de la grand'chambre par le parquet des huissiers, descendit par le grand escalier & rentra dans la conciergerie.

Lorsque les tribunaux veulent imprimer une plus grande flétrissure à un juge qu'ils condamnent à être dégradé, ils ordonnent que sa robe & sa soutane seront déchirées par la main du bourreau.

Loiseau en parlant de la Dégradation qui étoit en usage chez les romains, la distingue en deux espèces : il appelle l'une *verbale* & l'autre *réelle & actuelle*.

Il entend par Dégradation *verbale* la simple

déposition d'un officier, sans cause ni note d'infamie. Nous ne donnons point le nom de Dégradation à cette espèce de déposition, & en
cela notre usage est différent de celui des romains.

La Dégradation réelle qui emporte ignominie
& qui est une véritable peine, est la seule que
nous connoissions.

DÉGRADATION DE NOBLESSE.
C'est la privation de la qualité de noble & des
prérogatives qui y sont attachées.

Cette Dégradation a lieu de plein droit contre
ceux qui sont condamnés à mort, soit naturelle
ou civile. Il n'y a d'exception à cette règle que
pour les personnes qui sont condamnées à être
décapitées, ou à mort, pour un simple délit
militaire, par jugement d'un conseil de guerre
qui n'emporte point infamie. Cette peine a aussi
lieu toutes les fois que le jugement de condamnation déclare le criminel déchu de la qualité
de noble & des priviléges de la noblesse.

DÉGRADATION D'UN BIEN. On
entend par cette espèce de Dégradation la détérioration d'un héritage, d'une maison ou de
tout autre immeuble. Les Dégradations com-
mises donnent ouverture à une action en réparation. Par exemple, si l'on néglige de cultiver
des héritages, si l'on abbat des bois, si l'on
manque d'entretenir des bâtimens, les propriétaires peuvent poursuivre ceux qui jouissent de
ces objets, & les faire condamner à des dommages-intérêts envers eux. Pour fixer la valeur
de la réparation, & estimer le tort que les Dégradations ont occasionné, les juges ordonnent
la visite des lieux par experts, & sur les procès

verbaux d'estimation qui sont rapportés, ils se déterminent à prononcer des condamnations plus ou moins fortes contre les auteurs des Dégradations.

Voyez d'*Héricourt* dans *ses lois ecclésiastiques*; *Thomassin*, dans *son traité de la discipline de l'église*; *Rousseau de la Combe*, dans *son recueil de jurisprudence canonique*; *Brillon*, dans *son dictionnaire des arrêts*; *l'encyclopédie*; *les mémoires du clergé*, &c. Voyez aussi les articles DÉPOSITION, DESTITUTION, DOMMAGES, RÉPARATION, &c. (*Cet article est de M. DESESSARTS, avocat au parlement*).

DEGRÉ. Ce terme se dit des rangs qu'on obtient dans une université.

En France on distingue quatre sortes de Degrés : celui de maître-ès-arts, celui de bachelier, celui de licencié & celui de docteur. La pragmatique & le concordat ont déterminé un temps précis d'étude pour chaque Degré. Aucun gradué ne peut faire usage de ses Degrés à l'effet de requérir des bénéfices, s'il n'a étudié pendant cinq ans dans une université.

Pour obtenir des grades dans l'université de Paris, il faut avoir étudié deux ans en philosophie, trois ans dans une faculté supérieure, avoir copié les cahiers que les professeurs dictent pendant ce temps, & avoir obtenu le Degré de maître-ès-arts. On n'est dispensé d'écrire les cahiers, qu'en présentant un certificat de médecin, qui atteste que l'exercice de l'écriture est nuisible à la santé ; & celui qui a cette dispense doit présenter les cahiers de ses professeurs écrits d'une autre main.

On peut prendre le Degré de maître ou de

docteur - ès - arts, après deux ans de philofophie.

Les féculiers ne parviennent au baccalauréat
en théologie, qu'après cinq ans d'étude, tant
en philofophie qu'en théologie, & après avoir
eu le Degré de maître-ès-arts. Il faut pour cela
une atteftation de vie & mœurs, des lettres de
tonfure, l'extrait-baptiftaire, être né en légitime mariage, & avoir atteint l'âge de vingt-
deux ans. On fupplie alors *pro primo curfu :* c'eft
le premier examen. Le fecond doit être fur cinq
traités de théologie. On n'obtient le Degré de
bachelier qu'après avoir foutenu dans la même
année, une thèfe de cinq heures, appelée *ten-
tative.*

Les réguliers qui afpirent au baccalauréat,
doivent produire des atteftations de trois ans
d'étude. Les prémontrés & les mendians font
obligés de prouver qu'ils ont fait deux ans de
philofophie à Paris fous un profeffeur de leur
ordre, bachelier de Paris. Ils font reconnus maîtres-ès-arts quand ils ont fubi les examens convenables devant les docteurs de leur ordre, que
la faculté de théologie a chargés de ce foin. Les
Jacobins font reçus maîtres-ès-arts dans leur
couvent de la rue Saint-Jacques, par la faculté
de Roberus, qui n'eft compofée que de jeunes
étudians en théologie dans ce collège, à l'exclufion des prêtres.

Un bachelier n'eft admis à la licence qu'au
bout de dix-huit mois, à compter du jour où
il a reçu le baccalauréat, & il fubit deux examens. La faculté de théologie n'admet dans un
cours que cinq Jacobins, quatre cordeliers,
trois Carmes & trois Auguftins. La licence dure

deux ans. On eſt obligé de payer une amende quand on n'aſſiſte pas aux thèſes ; une abſence de deux mois fait renvoyer à la licence ſuivante. On ſoutient trois thèſes pandant ce cours ; la première dure cinq heures , on la nomme *minor ordinaria* ; elle roule ſur la controverſe. La ſeconde, *major ordinoria*, dure dix heures ; elle doit avoir trois colonnes ſur l'écriture ſainte, trois ſur les conciles , & trois ſur l'hiſtoire eccléſiaſtique. La ſorbonnique dure douze heures ſans interruption ; on y traite de la théologie ſcholaſtique , des matières de la grâce , de l'incarnation & des actes humains. Elle n'a lieu que depuis Maironis cordelier provençal , qui ayant été refuſé en 1515 , demanda à donner des preuves de ſa capacité , en ſoutenant thèſe pendant douze heures , ſeul & ſans préſident. La faculté en a fait une loi formelle par ſa concluſion du ſeprembre 1688.

Les deux ans de licence révolus ; les bacheliers obtiennent *miſſionem à ſchola ;* & dans une ſeconde aſſemblée, ils ſignent & jurent d'obſerver les articles de la faculté ſur la foi.

Il étoit d'uſage autrefois de faire des paranymphes ; mais les abus qui s'y gliſſoient y ont fait ſubſtituer des diſcours latins.

Le licencié qui veut être reçu docteur, fait un acte de *veſpéries*, qui n'eſt que de pure cérémonie. Sa thèſe a ſix colonnes : deux ſur l'écriture ſainte, deux ſur l'hiſtoire eccléſiaſtique, & deux ſur la morale. Le lendemain à dix heures , il reçoit le bonnet de docteur dans une ſalle de l'archevêché , par les mains du chancelier ou ſous-chancelier de Notre-Dame. Il ſoutient une thèſe aulique ſous la préſidence de ce chancelier ; enſuite enfuite il va jurer à l'autel des martyrs de l'église métropolitaine, qu'il défendra la foi jufqu'à l'effufion de fon fang.

Un doéteur n'a droit d'affifter aux affemblées de la faculté, qu'après avoir foutenu une thèfe de cinq heures, qu'on nomme *refumpte*. Il faut, pour la foutenir, être doéteur depuis cinq ans. Cette thèfe en fix colonnes, roule fur les points les plus difficiles de l'écriture fainte & les plus conteftés par les hérétiques. Les évêques en font difpenfés.

Le plus ancien des doéteurs préfide dans les affemblées de la faculté, & chacun y eft affis felon fon rang de réception. Parmi les réguliers, deux feulement dans chaque famille opinent *ex capite*. On ne compte point les fuffrages de ceux qui arrivent lorfque la féance eft ouverte, ou qui fortent avant qu'elle foit terminée.

On fait jurer aux augmentans & aux répondans, qu'ils ne fe communiqueront point les difficultés & les réponfes. Les trois doéteurs qui fignent les thèfes avant qu'on les imprime, font refponfables de ce qu'elles pourroient contenir de reprochable.

Outre ces affemblées générales, la faculté tient tous les lundis libres des affemblées particulières.

A l'égard de la faculté de droit, on a réduit à quinze mois le temps d'étude néceffaire pour parvenir aux Degrés de cette faculté; à la fin de la première année, l'étudiant fubit un examen fur les inftitutes de Juftinien. Il foutient fa thèfe, *pro baccalaureatu*, dans le premier trimeftre de la feconde année; & à la fin de la troifième ; il eft admis au Degré de licencié. Les actes probatoires font un examen fur les infti-tutes de Juftinien , fur quelques livres du digefte & fur les élémens du droit canonique , & une thèfe de trois heures. On tire au fort la matière de la thèfe. C'eft d'un côté, un titre des décré-tales de Grégoire IX ; & de l'autre, un titre du droit civil. Il y a encore un examen en forme de thèfe fur le droit françois.

On peut prendre fes Degrés de bachelier & de licencié en droit canon ou en droit civil feu-lement ; mais la dépenfe étant égale, on le prend *in utroque jure ;* on les obtient, *jure communi,* ou *beneficio ætatis.* Il ne faut que fix mois d'étude pour les avoir par bénéfice d'âge ; les actes probatoires font les mêmes, excepté l'exa-men fur le droit françois, dont les bénéficiers d'âge font difpenfés. Ils peuvent commencer leur étude de fix mois, en tel trimeftre de l'année qu'ils jugent à propos ; il eft néceffaire qu'ils aient au moins vingt-quatre ans accomplis. Ceux qui étudient *jure communi,* perdent l'année s'ils négligent de s'infcrire au trimeftre qui commence le jour de la faint Remi.

Un licencié en droit par bénéfice d'âge, n'eft point reçu par la faculté des arts comme fuppôt de cette faculté, à moins qu'il ne foit maître-ès-arts, & de la nation de France, de Picardie ou de Normandie. La faculté de droit prétend que les licenciés *jure communi,* doivent être immatriculés à l'univerfité : la faculté des arts refufe de les admettre.

Ceux qui veulent être aggrégés à la faculté, ou qui afpirent à l'une des douze places de docteurs, fupplient *pro doctoratu ;* & après l'ac-

née révolue du jour de la fupplique, ils foutien-
nent une thèfe & reçoivent le bonnet de docteur. Il y a un ftage ou noviciat d'une année,
qui confifte à affifter aux thèfes pendant ce temps
& à y argumenter.

On a appelé *lettres de Degrés d'étude*, celles
qui atteftent les Degrés que l'on a obtenus dans
une univerfité. Ces lettres font néceffaires pour
jouir du privilége des gradués, foit à l'effet de
requérir les bénéfices, foit à l'effet de les pofféder. On en diftingue de trois fortes : les lettres
de Degrés, les lettres de *quinquennium*, & les
lettres de nomination. Il y a autant de lettres
de Degrés, qu'il y a eu de Degrés différens. La
facilité avec laquelle on accordoit des Degrés
dans plufieurs univerfités, fans faire obferver le
temps d'étude prefcrit par les ordonnances, a
donné lieu à une déclaration du 6 feptembre
1636, par laquelle le roi a ordonné que les gradués rempliroient dans les univerfités du royaume le temps prefcrit par le concordat, par les
ftatuts & les réglemens particuliers de chaque
univerfité, à peine de nullité des titres, & en
outre de déchéance des dignités. Il n'y a d'excepté que ceux qui, en vertu de ces lettres,
ont acquis la pafible poffeffion de trois années.

Les Degrés obtenus dans une faculté de droit
par bénéfice d'âge, donnent la capacité requife
pour pofféder les dignités des églifes cathédrales
& les premières des collégiales ; & même quand
le pourvu d'une dignité n'auroit obtenu le Degré requis que poftérieurement à fa prife de
poffeffion, il feroit préféré à un dévolutaire,

pourvu qu'il eût obtenu ce Degré avant d'être
aſſigné en complainte.

Les Degrés d'étude ſervent à requérir & à
poſſéder certains bénéfices. Ils n'étoient pas néceſſaires autrefois ; les collateurs ſe chargeoient
du choix des meilleurs ſujets. Depuis l'établiſſement des univerſités, il n'y a que des graduès
qui puiſſent poſſéder les archevêchés, les évêchés, les dignités des cathédrales, les prébendes
théologales, les pénitenceries, les écolatreries,
les dignités principales des collégiales, & les
cures dans les villes murées & les lieux conſidérables.

Suivant le concordat, ceux que le roi préſente au pape pour les évêchés, doivent être
docteurs ou licenciés en théologie ou en droit :
on en excepte ceux qui ont l'honneur d'être parens du roi, les religieux qui ont renoncé aux
Degrés, & ceux qui ſont élevés en dignité.

Si cependant un évêché étoit déféré à un non
gradué, les expectans n'auroient aucun droit de
ſe plaindre & de le requérir.

Le concile de Trente engage à ne conférer
qu'à des gradués les dignités, & au moins la
moitié des canonicats des égliſes cathédrales &
collégiales. Notre pragmatique fait la même
exhortation. Le clergé de Paris en obtint la confirmation par édit de 1606. Cet édit a été enregiſtré au parlement de Paris : mais pluſieurs parlemens du royaume & le grand conſeil, ne l'ont
pas enregiſtré.

Il arrive aſſez ordinairement que l'on confond
les deux manières de parler : *avoir des grades*,
& *avoir des Degrés :* cependant elles ſignifient
des choſes très - différentes. *Avoir des grades*,

c'eſt, en France, avoir droit à certains bénéfices en vertu du temps des études faites dans
une univerſité où l'on a reçu le titre de maître-
ès-arts ; & *avoir des Degrés*, c'eſt être outre
cela bachelier, ou licencié, ou docteur. On
peut avoir des Degrés & n'être point gradué,
avec prétention aux bénéfices, comme ſont les
avocats qui ont les Degrés de bacheliers, de
licencié en droit, ſans être maître-ès-arts dans
la faculté de droit ; néanmoins homme gradué
& homme qui a des Degrés, ſont des termes
ſynonimes.

La faculté de médecine a comme la faculté
de droit, ſes Degrés de baccalauréat, de licence
& de doctorat.

La faculté des arts ne reconnoît que deux
Degrés, celui de bachelier ès arts, & celui de
maître-ès-arts.

Voyez *le recueil de juriſprudence canonique ;
le journal des audiences ; les lettres - patentes du
mois d'avril 1698 ; Rebuffe, ſur le concordat ; les
mémoires du clergé ; les ſtatuts de l'univerſité de
Paris ; le dictionnaire de droit canonique ; les lois
eccléſiaſtiques de France ; la déclaration du 6 ſeptembre 1736*, &c. Voyez auſſi les articles PRAG-
MATIQUE, CONCORDAT, CURÉ, GRADUÉ,
MOIS, &c.

DEGRÉS DE PARENTÉ. On appelle
ainſi la diſtance qu'il y a entre ceux qui ſont
unis par les liens du ſang.

Les ſucceſſions étant ordinairement déférées
aux parens les plus proches, il eſt important de
connoître parfaitement les Degrés de parenté,
pour ſavoir à qui l'on doit adjuger une ſuccef-

fion lorfqu'elle eft conteftée entre plufieurs pa
rens.

Cette connoiffance eft auffi néceffaire pour
les mariages qui font défendus aux parens de cer
tains Degrés & permis aux autres.

Il y a deux manières de compter les De
grés de parenté : celle du droit romain &
celle du droit canon ; elles font toutes deux
importantes à connoître ; car nous admettons
en France celle du droit romain à l'égard des
fucceffions, & celle du droit canon à l'égard des
mariages.

Dans l'un & l'autre droit, la parenté eft com
pofée de deux lignes, qui font la directe & la
collatérale.

La ligne directe comprend tous les afcendans
& tous les defcendans.

Les Degrés en font faciles à compter. Car
elle dépend d'une feule règle, qui eft de compter
autant de Degrés qu'il y a de perfonnes, en
comptant celles qui font entre deux, & retran
chant néanmoins toujours une perfonne ; ainfi
le père & le fils font au premier Degré, parce
qu'il n'y a que deux perfonnes, dont une doit
être retranchée ; l'aïeul & le petit-fils au fecond
Degré, parce qu'il y a trois perfonnes ; favoir
l'aïeul, le petit-fils, & le père qui eft entre
deux. Le bifaïeul & l'arrière-petit-fils font au
troifième Degré, & ainfi du refte. Cela s'ap
pelle proprement compter les Degrés par gé
nération ; & en effet, chaque génération fait un
Degré.

Il n'y a aucune différence entre le droit civil
& le droit canon, en ce qui concerne la ligne
directe.

La ligne collatérale eſt compoſée de tous les parens qui ne ſont ni aſcendans ni deſcendans, comme les frères & les ſœurs, les oncles & les tantes, les couſins & les couſines.

Pour compter les Degrés en ligne collatérale ſuivant le droit civil, il faut toujours remonter de part & d'autre, à la ſouche commune de laquelle les parens dont on veut trouver le Degré ſont deſcendus, & compter autant de Degrés quil y a de perſonnes, à l'exception de celui qui fait la ſouche commune, lequel ne ſe compte jamais ; & delà vient que dans le droit civil il n'y a point de premier Degré en ligne collatérale : car pour connoître en quel Degré ſont deux frères entr'eux, on trouve trois perſonnes ; ſavoir, celles des deux frères, qui ſe trouvant deux, compoſent le ſecond Degré, & celle du père qui eſt la ſouche commune, que l'on ne compte point. Si l'on veut ſavoir le Degré de l'oncle & du neveu, il faut remonter juſqu'à l'aïeul du neveu, qui eſt le père de l'oncle & la ſouche commune, & l'on trouvera trois perſonnes, ſans compter cette commune ſouche ; par conſéquent l'oncle & le neveu ſont au troiſième Degré.

L'aïeul eſt auſſi la ſouche commune des couſins germains. Pour remonter à lui des deux côtés, on trouvera quatre Degrés ſans le compter ; ce qui fait que les couſins germains ſont au quatrième Degré. Ces exemples doivent ſuffire pour tout le reſte.

Pour compter les Degrés en ligne collatérale ſuivant le droit canon, il y a deux règles à obſerver. La première eſt, que ſi ceux dont on recherche le Degré ſont également éloignés de

la fouche commune, il faut compter autant d
Degrés entr'eux, qu'il y en a de l'un d'eux à l
fouche commune ; ainfi deux frères font au pre
mier Degré ; car chacun d'eux n'eft éloigné d
père commun que d'un Degré ; les coufins ger
mains font au fecond Degré, parce que chacu
d'eux eft éloigné de deux Degrés de l'aïeul, qu
eft la fouche commune.

La feconde règle eft que fi ceux dont on veu
favoir le Degré ne font pas également éloigné
de la fouche commune, alors il faut compte
les Degrés de celui qui en eft le plus éloigné
ainfi l'oncle & le neveu font entr'eux au fecon
Degré de parenté collatérale ; parce que l
neveu eft éloigné de deux Degrés de fon aïeul
père de l'oncle, qui n'en eft éloigné que d'u
Degré. Le petit neveu eft éloigné de trois De
gres de fon bifaïeul, père du grand oncle, &
par conféquent ils font au troifième Degré, &
ainfi du refte.

Néanmoins quand les Degrés font inégaux
on les compte quelquefois des deux côtés ; pou
mieux expliquer la parenté, on dit, par exem
ple, que l'oncle & le neveu font du premier
au fecond Degré, & que le petit neveu & l
grand oncle font parens du premier au troi
fième.

Il eût fans doute été à propos dans notre
langue, de donner des noms particuliers à tou
les Degrés de parenté ; dans la ligne directe
afcendante, on n'en connoit point au-delà de
celui de trifaïeul ; & dans la defcendante, on
ne parle que des arrière-petits enfans. Dans la
collatérale, on ne nomme que les frères les
oncles, grands oncles, coufins germains ; le

refte ne fe connoît que par les Degrés : coufin au quatrième, au cinquième, au fixième De- grés, &c.

Dans quelques coutumes, comme en Nor- mandie, on ne fuccéde que jufqu'au feptième Degré inclufivement : mais fuivant le droit commun, on fuccéde à l'infini, pourvu que l'on puiffe prouver fa parenté.

Les mariages font défendus entre parens, jufqu'au quatrième Degré inclufivement.

Voyez *Argou dans fes inftitutions au droit françois ; Pothier, traité du contrat de mariage ; l'encyclopédie ; la collection de jurifprudence*, &c. Voyez auffi les articles PARENTÉ, SUCCESSION, DISPENSE, MARIAGE, &c.

DEGRÉS D'AFFINITÉ. C'eft la diftance qu'il y a entre deux perfonnes alliées par ma- riage ou par une conjonction illicite, ou par le facrement du baptême, qui produit une affinité fpirituelle.

Les Degrés de parenté fe comptent par gé- nérations ; ce qui ne peut avoir lieu entre alliés, attendu que l'affinité ne fe forme pas par généra- tion, mais elle fuit la parenté pour la com- putation des Degrés ; de forte que tous les pa- rens du mari font tous alliés de la femme au même Degré qu'ils font parens du mari, & il en eft de même des parens de la femme.

L'affinité en ligne collatérale empêche le ma- riage aux mêmes Degrés que la parenté, mais le pape en peut accorder difpenfe.

A l'égard de l'affinité qui provient d'une con- jonction illicite, elle n'empêche le mariage que jufqu'au fecond Degré.

Voyez *les lois eccléfiaftiques ; le traité du con-*

trat de mariage par Pothier ; l'encyclopédie, &c. Voyez aussi les articles AFFINITÉ, MARIAGE, DISPENSE, &c.

DEGRÉS DE JURIDICTION. Ce mot se dit pour marquer la supériorité qu'une juridiction a sur une autre.

Il y a trois Degrés de juridiction seigneuriale : la basse, la moyenne & la haute-justice ; mais on n'appelle point de la basse justice à la moyenne : on va droit à la haute. Il y a aussi trois Degrés de juridiction royale.

Le premier est celui des châtelains, prévôts royaux ou viguiers, qui connoissent des appellations interjetées des sentences des hauts-justiciers.

Le second est celui des baillis, sénéchaux & présidiaux, qui connoissent des appellations interjetées des sentences des châtelains & prévôts royaux.

Le troisième est celui des parlemens, qui jugent souverainement & en dernier ressort les appellations des baillis, sénéchaux & présidiaux.

Il faut néanmoins remarquer que l'on n'observe ces trois degrés de juridiction que dans les appellations interjetées en matière civile ; car en matière criminelle, où il s'agit d'une condamnation à quelque peine afflictive, l'appel des sentences de tout juge ressortit au parlement, *omisso medio*.

Remarquez encore que quoique dans certains cas on puisse se pourvoir au conseil du roi contre les arrêts des cours souveraines, le conseil ne forme pas un quatrième Degré de juridiction, attendu que les requêtes en cassation ne sont point une voie ordinaire.

Dans certaines matières, dont la connoiſſance eſt attribuée à des juges particuliers, le nombre des Degrés de juridiction ſe compte différemment. Par exemple, en matière d'eaux & foͤts, le premier Degré eſt la gruerie ; le ſecond eſt la maîtriſe ; le troiſième eſt la table de marre, & le quatrième le parlement.

En matière d'amirauté, il n'y a que trois Degrés ; ſavoir, les amirautés particulières, l'amirauté générale, & le parlement.

En matière de tailles, de gabelles & d'aides, il n'y a que deux Degrés de juridiction ; le premier eſt celui des élections, greniers à ſel, juges des traites foraines, juges de la marque des fers, &c. ; le ſecond eſt celui de la cour des aides.

Pour les monnoies, il n'y a pareillement que deux Degrés ; ſavoir, les prévôts des monnoies & les cours des monnoies.

Dans la juridiction eccléſiaſtique, il y a quatre Degrés : le premier eſt celui de l'évêque ; le ſecond, celui du métropolitain ; le troiſième, celui du primat ; & le quatrième, celui du pape.

Ces Degrés de la juridiction eccléſiaſtique doivent toujours être gardés ; on ne va point même par appel, devant un juge ſupérieur, *omiſſo medio*.

Il y a ſeulement une exception, qui conſiſte dans les appels comme d'abus, leſquels ſont portés directement au parlement.

Quelques évêques & archevêques ſont ſoumis immédiatement au ſaint ſiége ; ce qui abrége à leur égard le nombre des Degrés de juridiction.

Quand il y a en cour d'église trois sentences définitives conformes les unes aux autres, on ne peut plus appeler ; ensorte que si ces sentences sont émanées des trois premiers Degrés de juridiction, on n'est pas obligé d'en essuyer un quatrième, qui est celui du pape. -

Voyez *l'ordonnance civile de 1667, & l'ordonnance criminelle de 1670 ; le traité de la justice civile, & celui de la justice criminelle de France; l'encyclopédie ; les arrêts de Brillon ; l'édit des présidiaux ; les lois ecclésiastiques de France; le dictionnaire de droit canonique ; les libertés de l'église gallicane*, &c. Voyez aussi les articles PARLEMENT, PRÉSIDIAL, BAILLIAGE, JUGE, JURIDICTION, APPEL, &c.

DEGRÉS DE SUBSTITUTION. On appelle ainsi les différentes parties de la durée des substitutions, laquelle se compte par Degrés. Chacun de ceux qui recueillent la substitution, forme ce que l'on appelle un Degré.

Les lois romaines n'avoient point fixé la durée des fidéi-commis, que nous appelons substitutions ; ils pouvoient s'étendré à l'infini.

On en usoit aussi de même autrefois en France ; mais l'ordonnance d'Orléans faite en 1560, décida qu'à l'avenir les substitutions n'auroient plus lieu après deux Degrés non compris l'institution.

L'ordonnance de Moulins en 1566, ordonna que les substitutions faites avant l'ordonnance d'Orléans, seroient restreintes au quatrième Degré, outre l'institution & première disposition.

Dans les provinces qui ont été réunies à la

couronne depuis les ordonnances d'Orléans &
de Moulins, les substitutions peuvent encore
s'étendre à l'infini, comme au parlement de
Besançon & dans celui de Pau, ainsi que dans
les provinces de Bresse, Bugey, Gex & Valromey.

L'ordonnance de 1629 est la première qui
ait déterminé la manière de compter les Degrés
de substitution : elle porte, article 124, qu'ils
seront comptés par têtes, & non par souches
& générations ; ensorte que plusieurs frères qui
ont recueilli successivement la substitution, rem-
plissent chacun un Degré.

On observoit néanmoins le contraire au parlement de Toulouse.

La nouvelle ordonnance des substitutions ordonne l'exécution de celle d'Orléans ; & en
conséquence, que toute substitution, par quelqu'acte & en quelques termes qu'elle soit,
ne pourra s'étendre au-delà de deux Degrés,
non compris l'institution ; sans néanmoins déroger à l'article 57 de l'ordonnance de Moulins,
par rapport aux substitutions antérieures à cette
ordonnance :

Que dans les provinces où les substitutions
ont été étendues par l'usage jusqu'à quatre Degrés, outre l'institution, la restriction à deux
Degrés n'aura lieu que pour l'avenir, & non
pour les substitutions faites entre-vifs avant la
publication de cette ordonnance ou par testament, si le testateur est décédé avant cette publication.

Enfin, que c'est sans rien innover, quant à
présent, à l'égard des provinces, où les substitutions n'ont pas encore été restreintes à un cer-

tain nombre de Degrés, fa majefté fe réfervan
d'y pourvoir dans la fuite.

Voyez *les lois citées*, & les articles SUBSTI
TUTION, & SUCCESSION.

DEGRÉS DE NOBLESSE. On appell
ainfi la diftance qu'il y a d'une génération
l'autre depuis le premier anobli. Ces Degré
ne fe comptent qu'en ligne directe, de manié
que l'anobli fait dans fa ligne le premier De
gré, fes enfans font le fecond, fes petits enfan
le troifième, &c.

. Il y a des offices qui tranfmettent la noblef
au premier Degré, c'eft-à-dire, qui communi
quent la nobleffe aux enfans de l'officier lorfqu'i
meurt revêtu de fon office ou qu'il a acquis
droit de vétérance. Tels font les offices de pré
fidens & confeillers des parlemens de Paris, d
Dauphiné, de Befançon, &c. Les offices d
fecrétaire du roi du grand collége; les office
d'échevins, capitouls & jurats, dans les ville
où ils donnent la nobleffe. La plupart des autre
offices qui anobliffent celui qui en eft pourvu
ne tranfmettent la nobleffe aux defcendans d
l'officier qu'au fecond Degré, ou comme on d
ordinairement, *patre & avo confulibus*; c'eft-
dire qu'il faut que le père & le fils aient remp
fucceffivement un office noble chacun pendan
vingt ans, ou qu'ils foient décédés revêtus d
leur office, pour tranfmettre la nobleffe aux p
tits enfans du premier qui a été anobli.

Voyez l'article NOBLESSE.

DÉGUERPISSEMENT. C'eft l'aba
donnement de la poffeffion d'un immeuble fa
par le détenteur pour s'exempter de quelq
charge réelle.

Celui qui a pris un héritage à la charge d'une rente, peut être reçu au Déguerpiffement en payant les arrérages du paffé & le terme fuivant, & en laiffant l'héritage dans l'état où il étoit lorfqu'il l'a pris à rente, quoiqu'il ait hypothéqué tous fes biens à la continuation de la rente, parce que cette promeffe de payer la rente n'a d'effet qu'autant qu'il demeure propriétaire de l'héritage (*).

Un arrêt du confeil privé du 31 mars 1595, jugé que les habitans du fauxbourg Saint-Germain pouvoient déguerpir les maifons prifes à bail à rente, en payant les arrérages échus jufqu'au jour du Déguerpiffement.

Celui qui a pris l'héritage à la charge d'une rente, & qui a promis fournir & faire valoir la

_____

(*) Celui qui veut déguerpir peut paffer un acte au greffe par lequel il déclare qu'il deguerpit un tel héritage ; mais il faut qu'il conftitue procureur pour réitérer cet acte en juftice.

On peut auffi paffer l'acte de déguerpiffement pardevant notaires en la forme fuivante :

Aujourd'hui eft comparu pardevant les notaires fouffignés, Nicolas Delorme, demeurant à ... lequel pour fe élibérer de la fomme de quatre-vingt livres de rente due pour quatre arpens de terre labourable, fis à.... tenant d'une part à.... d'autre à.... par lui pris à rente par contrat du.... paffé à.... déclare qu'il déguerpit, abandonne efdits quatre arpens de terre, confentant que le fieur de la bruyere, ancien propriétaire, rentre en pleine propriété d'iceux, & pour faire fignifier le préfent déguerpiffement audit fieur de la Bruyere, & le réitérer fi befoin eft, en telle juftice & juridiction qu'il conviendra, ledit fieur Delorme a fait & conftitué fon procureur le porteur des préfentes, auquel il donne pouvoir de comparoir devant tous juges, & d'en requérir actes néceffaires; promettant, &c. obligeant, &c. renonçant, &c. Fait & paffé, &c.

rente, & a pour cet effet obligé tous ses biens,
ne peut plus déguerpir, parce qu'il s'est obligé
personnellement à faire ensorte que la rente fût
toujours exigible indépendamment de l'héritage
qui en a été chargé ; c'est ce que signifient ces
mots , *fournir & faire valoir*.

Le premier qui a promis de mettre quelque
amendement, c'est-à-dire , de faire quelques
améliorations à l'héritage chargé de la rente,
& qui n'y a pas satisfait, ne peut pas déguerpir,
parce qu'il est toujours réputé être de mauvaise
foi jusqu'à ce qu'il ait exécuté toutes les clauses
& conditions portées par le bail à rente.

Celui qui a acquis l'héritage du preneur de la
rente peut déguerpir , quand même il auroit acquis à la charge de la rente , & que son auteur
seroit tenu personnellement de la continuation
de la rente , à moins qu'il n'ait promis expressément de faire quelques améliorations, de fournir & faire valoir , ou d'acquitter & garantir son
vendeur.

Le tiers acquéreur de l'héritage , qui a ignoré
la rente dont il étoit chargé , peut déguerpir
avant la plaidoirie de la cause, sans payer d'arrérages, pas même ceux de son temps, & sans
rendre les fruits qu'il a perçus (*) ; mais après

(*) *Formule de Déguerpissement fait par un tiers acquéreur qui a ignoré la rente dont l'héritage étoit chargé*
. Aujourd'hui est comparu pardevant les notaires sous-
gnés.... lequel pour éviter à contestation & être déchargé
de la rente foncière prétendue par.... sur *un tel héritage*,
déclare qu'il déguerpit & abandonne ledit héritage audit...
à ce présent & acceptant, demeurant à.... consentant que
ledit....ancien propriétaire rentre en pleine propriété d'icelui; déclare en outre ledit.... qu'il fait ledit Déguerpisse-

après la contestation en cause, il ne peut plus déguerpir les héritages qu'en payant les arrérages de son temps, jusqu'à concurrence des fruits par lui perçus, si mieux il n'aime rendre ces mêmes fruits.

Dans les coutumes qui n'ont point de dispositions semblables à celle de Paris, le tiers détenteur qui déguerpit, ne doit les arrérages que depuis la contestation : mais s'il a passé titre nouvel, il ne peut plus déguerpir sans payer tous les arrérages qui sont dûs, tant de son temps que du temps de ses auteurs.

Le tiers acquéreur de l'héritage, qui n'a point acquis à la charge de la rente, n'est pas obligé comme le prêteur originaire, à laisser l'héritage au même état qu'il étoit lors du bail à rente, parce qu'il n'a rien fait contre la bonne foi en laissant dépérir un heritage qu'il croyoit lui appartenir sans aucune charge, à moins qu'il n'ait détérioré l'héritage depuis les poursuites faites contre lui.

Il faut que le Déguerpissement soit fait en jugement, si ce n'est que toutes les parties soient d'accord de la faire par un acte moins solemnel.

Après que l'héritage chargé d'une rente fon-

ment aux risques, périls & fortune de *tel* son vendeur, qui ne lui a point déclaré ladite rente foncière, comme aussi sans préjudice audit.... des impenses & améliorations faites audit héritage; & pour faire signifier la présente déclaration audit.... & la réitérer en justice, a fait & constitué son procureur général & spécial maître Antoine, procureur au châtelet, auquel il a donné pouvoir de pour lui & en son nom en faire & requérir acte, même comparoit pardevant M. le lieutenant civil; & là dire & déclarer qu'il déguerpit & renonce audit héritage. Fait & passé, &c.

cière a été déguerpi, le propriétaire de la rente peut, si bon lui semble, s'en mettre en possession de plein droit; il peut aussi faire créer un curateur à l'héritage déguerpi, & le faire vendre par décret; ce qui n'arrive presque jamais; car comme le propriétaire de la rente est toujours le premier créancier, il n'a rien à craindre en reprenant l'héritage, & il évite les frais d'un décret, qui coûtent quelquefois plus que l'héritage ne vaut. S'il se trouve des créanciers qui prétendent que l'héritage est suffisant pour payer & la rente & leurs créances, ils ont la faculté de le faire vendre : mais aussi pour ne pas exposer le propriétaire de la rente au caprice d'un créancier qui voudroit tout consumer en frais, on a coutume d'ordonner que le propriétaire de la rente rentrera dans l'héritage déguerpi, si mieux n'aiment les autres créanciers se soumettre à porter l'héritage à si haut prix que le propriétaire soit payé de sa rente.

Le Prêtre rapporte un arrêt du 4 décembre 1604, qui l'a ainsi jugé en faveur du sieur Normand, contre le sieur Meusnier.

Le tiers acquéreur qui est poursuivi pour une rente foncière, & qui n'a point acquis à la charge de la rente, fait ordinairement assigner son vendeur en garantie dès le commencement du procès & avant de déguerpir, afin que le garant n'ait pas à se plaindre, & que le recours ne souffre aucune difficulté.

En général, tout détenteur peut déguerpir; cependant le tuteur ne peut le faire pour son mineur, qu'en conséquence d'un avis de parent homologué en justice.

Le Déguerpissement du bien de la femme ne

peut être fait par le mari qu'elle n'y ait donné son consentement.

Le bénéficier ne peut déguerpir que dans un cas de nécessité dûment vérifié en justice.

L'article 36 du tarif du 29 septembre 1722 fixe le droit de contrôle du Déguerpissement pour être déchargé de la rente ou redevance dont l'héritage est chargé, sur le pied du capital de la rente au denier vingt. Il faut voir cet article au mot CONTRÔLE pour la quotité du droit, qui est moindre que pour les autres actes.

Le conseil a décidé le 15 décembre 1731, que les jugemens rendus à l'audience, qui donnoient acte du Déguerpissement d'un héritage pour être déchargé de la rente sur l'assignation en déclaration d'hypothéque, étoient des actes judiciaires exempts du contrôle lorsque le Déguerpissement étoit pur & simple.

Le conseil exempte le Déguerpissement du droit de centième denier lorsque le preneur déguerpit avant d'avoir joui & d'avoir exécuté le bail à rente; & cette règle doit avoir lieu, soit que le Déguerpissement soit volontaire ou qu'il soit forcé.

Il paroît qu'il en doit être usé de même à l'égard des lods & ventes ou autres droits seigneuriaux.

Voyez *le traité du Déguerpissement par Loyseau; la coutume de Paris; la bibliothéque de Bouchel; le dictionnaire des sciences; les arrêtés de Lamoignon; Carondas, en ses réponses; les centuries de le Prestre; Brodeau & Duplessis sur Paris; Maillard, sur la coutume d'Artois; le journal du palais; les arrêts de Brillon; les œu-*

vres de *Henrys* ; les *inftitutions au droit françois*,
&c. Voyez *auffi* les articles HYPOTHÉQUE,
RENTE, DÉLAISSEMENT, &c.

DÉGUSTATION. Effai qu'on fait des
liqueurs en les goûtant.

On eft obligé pour faciliter la perception des
droits d'aides, de déclarer la nature & la qualité des boiffons qui y font fujettes ; & lorfque
les commis prépofés à la perception de ces
droits ont lieu de foupçonner de la fraude, ils
peuvent en venir à la Déguftation pour favoir
fi on ne leur a pas déclaré du cidre pour du vin,
ou du vin pour de l'eau-de-vie, &c. ; & ces
commis en font crus dans leurs procès-verbaux
fur la nature de ces boiffons, à la fimple Déguftation qu'ils en ont faite ; ils ont été à cet
égard, déclarés juges déguftateurs, fans être
tenus d'appeler pour cette opération, ni juges,
ni experts, ni gourmets, ni de dépofer au greffe
aucun échantillon des boiffons *déguftées* (*). Ils
doivent feulement faire cette Déguftation en
préfence des contrevenans ou eux dûment appelés, & la faire avec eux ; en les fommant de
goûter pareillement les boiffons qui y donnent
lieu. Cette fommation eft néceffaire, parce que
les parties intéreffées peuvent, par leurs obfervations, faire revenir les commis de leur
erreur. (*Article de M. DAREAU, avocat au parlement*, &c.)

DÉICIDE. C'eft le crime de lèfe-majefté
divine au plus haut degré, dans lequel on eft

_____

(*) Il y a à ce fujet un arrêt de la cour des aides du 17
janvier 169; & un arrêt du confeil du 31 mai de la même
année.

regardé comme coupable de celui que commirent les juifs en donnant la mort à Jesus-Chrift.

Ce n'eft point, qu'à proprement parler, on puiffe encore donner la mort à l'homme Dieu comme les juifs la lui donnèrent. La divinité de Jefus-Chrift eft au-deffus de tous les vains outrages des hommes : mais les facriléges, les profanations bleffent le refpect qu'on lui doit : on trouble le culte public, on fcandalife les fidèles, & ce font ces délits qu'on punit ; punition toujours légitime quand elle n'excéde point le mal que la fociété peut en fouffrir ; car pour la divinité elle-même, il n'appartient pas aux hommes de la venger : il lui eft réfervé de punir ou de pardonner, fuivant l'étendue de fes vengeances ou de fes miféricordes.

Ce feroit donc aujourd'hui une formule ridicule, de déclarer quelqu'un *dûment atteint & convaincu de Déicide* ; mais on peut le déclarer dûment atteint & convaincu d'*impiété*, *de facrilége abominable*, *exécrable*, &c., & le condamner à des peines proportionnées aux faits dont il s'eft rendu coupable. Nous nous étendrons plus particulièrement fur ce fujet à l'article LÈSE-MAJESTÉ (*divine.*) (*Article de M.* DAREAU, *avocat au parlement*, &c.

DÉLAI. C'éft un temps accordé par la loi, ou par la coutume, ou par le juge, ou par les parties pour faire quelque chofe.

Les ordonnances & les coutumes accordent différens Délais pour les ajournemens ou affignations, pour fournir des défenfes, pour prendre un défaut, pour former une oppofition, pour interjeter appel, &c.

Les Délais des assignations données dans les prévôtés & châtellenies royales à des personnes domiciliées au lieu où est établi le siège de la prévôté & châtellenie, doivent être au moins de trois jours & ne peuvent excéder la huitaine.

Mais si le défendeur réside hors de ce lieu, & cependant dans l'étendue du ressort, le Délai de l'assignation doit être au moins de huitaine & il ne peut excéder la quinzaine. C'est ce qui résulte des articles un & deux du titre trois de l'ordonnance du mois d'avril 1667.

A l'égard des présidiaux, des bailliages & des sénéchauffées royales, l'article 3 veut que le Délai des assignations données à ceux qui sont domiciliés où le siège est établi ou dans la distance de dix lieues soit au moins de huitaine sans pouvoir être plus long que de quinzaine. Mais si le défendeur est plus éloigné que de dix lieues, le Délai de l'assignation doit être au moins de quinzaine & au plus de trois semaines.

C'est la proportion de l'étendue de ces juridictions qui a servi de règle au législateur dans la fixation de ces Délais. On sait que la juridiction des prévôtés & châtellenies n'a communément que quelques lieues de circonférence ; ainsi il n'étoit pas nécessaire de donner des Délais bien longs à ceux que l'on y assignoit. Le ressort des présidiaux, des bailliages & des sénéchauffées étant formés de l'arrondissement de plusieurs prévôtés & châtellenies qui y sont subordonnées, il convenoit que les Délais y fussent plus longs.

L'édit de réunion des prévôtés & châtellenies royales aux bailliages donné au mois d'avr

1749, n'ayant rien déterminé sur la question
de savoir si les Délais fixés pour les prévôtés
devoient être observés dans les bailliages relativement aux affaires qui se portoient précédemment aux prévôtés, un commentateur de
l'ordonnance de 1667, a pensé que dans ces
sortes d'affaires on devoit observer les Délais
fixés pour les prévôtés: mais cette opinion nous
paroît mal fondée, d'abord parce que la distinction proposée donneroit lieu à beaucoup de
difficultés: en second lieu, on peut tirer argu-
ment de la déclaration du 20 avril 1750 pour
établir que l'intention du législateur a été que
l'on ne fît aucune différence entre les affaires
que l'on portoit autrefois aux prévotés & celles
qui alloient aux bailliages. En effet, cette loi
qui a été publiée à l'occasion de la réunion
dont il s'agit, porte que les frais & dépens,
droits & vacations des juges & des greffiers,
procureurs, huissiers, sergens, receveurs des
consignations, commissaires aux saisies réelles,
& tous les autres droits sans exception qui se
trouveront légitimement dûs dans les affaires
qui étoient portées précédemment dans les prévôtés, &c. réunies aux bailliages & sénéchaussées ressortissantes immédiatement aux parlemens, seront réglés, taxés & liquidés sur le
même pied & de la même manière que dans
les affaires dont la connoissance appartenoit aux
bailliages, &c. avant la réunion.

Quoique l'ordonnance n'ait rien dit des Délais
qu'on doit observer dans les officialités, l'usage
les a néanmoins assimilés à ceux qui avoient
été réglés pour les prévôtés royales, attendu
que les officialités sont aussi des juridictions

fubalternes qui n'ont ni inférieurs, ni reſſor
d'appel.

- · Quoique les requêtes de l'hôtel, les requête
du palais & les ſièges des conſervations des pri
vilèges des univerſités ne jugent qu'à la charg
de l'appel de même que les bailliages & les ſé
néchauſſées, il a fallu les enviſager ſous u
autre point de vue relativement aux Délais
& apprécier moins les limites de leur pouvoir
que celles de leurs juridictions. En effet, l
juridiction des requêtes du palais & de l'hôte
n'eſt pas ſeulement circonſcrite & limitée dan
le reſſort du parlement, elle s'étend par tout l
royaume, eu égard à ceux qui ont droit de
committimus au grand ſceau. Il en eſt de même
des juges conſervateurs des privilèges des univerſités. On ſait que ceux qui jouiſſent du privilège de ſcolarité, peuvent faire aſſigner devant
les juges de leurs privilèges les parties qui ha-
bitent en quelque lieu du royaume que ce ſoit
indiſtinctement.

Ces conſidérations ont fait admettre pour ces
tribunaux une manière différente de fixer les
Délais des ajournemens. Ce Délai eſt de huitaine
pour ceux qui demeurent dans la ville ou le
ſiège eſt établi ; de quinzaine pour ceux qui
ſont dans les dix lieues ; d'un mois, dans les
cinquante lieues, & de ſix ſemaines au-delà ;
le tout dans le reſſort du même parlement. Si
l'aſſignation eſt donnée hors le reſſort du parlement où la juridiction eſt établie, le Délai eſt
de deux mois indéfiniment. C'eſt ce qui réſulte
de l'article 4 du titre cité.

·· Outre les Délais dont on vient de parler,
l'ordonnance accorde par l'article 5 au défen-

deur, un autre Délai de huitaine tant pour
conftituer procureur que pour fournir les défenfes. Ces Délais étant expirés le demandeur
peut bien lever fon défaut au greffe, mais il ne
fauroit le faire juger fans laiffer encore écouler
un troifième Délai qui eft de huitaine pour ceux
qui font affignés à huitaine ou à quinzaine, &
de la moitié du premier Délai pour ceux qui
font ajournés à plus long terme.

M. Jouffe a obfervé fur cet article que les
Délais n'étant établis qu'en faveur de la partie
affignée, il falloit en conclure qu'elle pouvoit
anticiper ces Délais & donner un avenir pour
plaider au premier jour fans attendre qu'ils
fuffent échus. Il a fondé cette opinion fur l'article 16. du titre premier de la feconde partie du
règlement du 28 juin 1738 concernant la procédure qu'on doit obferver au confeil : mais il
ne paroît pas que M. Jouffe ait tiré de cette loi
une jufte conféquence. On doit bien plutôt comme le remarque M. Serpillon, la regarder
comme une exception à la règle que preferit
l'ordonnance qui veut formellement qu'on obferve à l'égard du demandeur & de l'intimé les
mêmes Délais que ceux qu'elle a accordés au
défendeur.

Les Délais des affignations & des procédures
doivent être francs, c'eft-à-dire qu'on ne doit
pas comprendre les jours des fignifications des
exploits ou actes, ni les jours de l'échéance des
affignations : mais ces Délais courent tous les
autres jours, même les dimanches, les fêtes
folemnelles & durant les vacations. C'eft ce qui
réfulte des articles 6 & 7.

L'article 14 du titre 14 veut que dans les

maîtrifes particulières des eaux & forêts, le connétablie, les élections, les greniers à fel, les traites foraines, les confervations des privilèges des foires, les hôtels de ville & les autres juridictions inférieures lorfque le défendeur a fon domicile dans le lieu où le fiège eft établi, le Délai des affignations ne puiffe être au deffous de vingt-quatre heures, s'il n'y a péril en la demeure, ni excéder trois jours ou huitaine au plus pour ceux qui réfident ailleurs dans la diftance de dix lieues; & que fi le défendeur réfide en un lieu plus éloigné, le Délai foit augmenté à proportion d'un jour pour dix lieues.

Lorfque ces Délais font écoulés, les parties doivent être entendues à l'audience & jugées fur le champ dans ces juridictions, fans qu'elles foient obligées d'employer le miniftère des procureurs. C'eft ce qui réfulte de l'article 15.

Les Délais des affignations aux pêcheurs pour comparoître aux affifes ont été fixés à huitaine par l'article 12 du titre 12 de l'ordonnance du mois d'août 1669.

L'article premier du titre 16 fixe un pareil Délai aux adjudicataires des bois du roi pour convenir du jour des récolemens.

Suivant l'article 19 du titre 15, le Délai entre les dernières publications des ventes des bois du roi & l'adjudication doit être au moins de dix jours.

L'article 25 du même titre veut que les marchands qui fe font rendus adjudicataires des bois du roi aient de Délai jufqu'au midi du lendemain de l'adjudication pour renoncer à leur enchère & faire fignifier leur renonciation.

Le Délai pour fournir caution par l'adjudicataire
des bois du roi n'est que de huit jours précis à
compter du jour de l'adjudication. Si la caution
n'est pas fournie dans ce Délai, le receveur des
bois de sa majesté est tenu le jour suivant de
faire signifier au pénultième enchérisseur qu'il
est substitué au lieu & place de l'adjudicataire
qui a manqué de donner caution, & que dès
ce moment l'adjudication est à sa charge. Cela
est ainsi prescrit par les articles 29 & 30.

Suivant l'article 31, le Délai pour tiercer
ou doubler les ventes ne s'étend que jusqu'à
midi du lendemain de l'adjudication.

Les Délais pour la vidange des ventes doivent être réglés par les grands-maîtres, & il
est défendu aux officiers des maîtrises d'accorder
aucune prorogation de Délai pour coupe & vidange, sous peine d'amende arbitraire & de
privation de leurs charges, sauf aux adjudicataires à se pourvoir au conseil pour y obtenir de
nouveaux Délais s'il y a lieu, sur les avis des
grands maîtres. C'est ce qui résulte des articles
40 & 41.

Le Délai pour relever les appellations des
sentences des gruries aux maîtrises a été fixé à
quinze jours par l'article 2 du titre 14.

A l'égard des appellations des gruries des
seigneurs & des maîtrises particulières, elles
doivent être relevées aux sièges des tables de
marbre dans le délai d'un mois, à compter du jour
de la prononciation ou signification des sentences,
& mises en état d'être jugées dans les trois mois
à compter du même jour; à l'effet de quoi il est
enjoint aux officiers des tables de marbre de
faire le rapport de ces sortes d'affaires dans un

mois pour tout Délai, après qu'elles leur auront été distribuées, à peine d'en répondre en leur pur & privé nom. C'est ce que prescrivent les articles 3 & 8 du même titre.

Observez néanmoins que l'article 53 de l'édit de mai 1716 a prolongé jusqu'à quatre mois le Délai pour faire juger à la table de marbre de Paris les appellations des sentences rendues dans les maîtrises situées au-delà de la Loire.

L'article 52 du même édit veut que les appellans tant des sentences des maîtrises que des tables de marbre fassent juger leurs appellations dans les Délais fixés par l'ordonnance de 1669, Et l'article 54 déclare nuls les jugemens qui pouroient être rendus fur ces appellations après les Délais expirés.

L'ordonnance du mois d'avril 1667 a réglé par le titre onze, les Délais des ajournemens pour les cours souveraines, en suivant toujours pour principe le plus ou moins d'éloignement du domicile de ceux que l'on assigne, eu égard au tribunal fouverain où ils doivent comparoître. Ainsi selon l'article premier de ce titre, ceux qui demeurent dans la même ville où font établies les compagnies fouveraines, doivent être affignés à huitaine : ceux qui font domiciliés hors la ville dans la distance de dix lieues, doivent l'être à quinzaine ; le Délai est d'un mois pour ceux qui ont leur domicile au-delà de dix lieues dans la distance de cinquante lieues, le tout dans le reffort de chaque cour : & hors du reffort, le Délai est deux mois indistinctement. Mais à l'égard du grand conseil, dont le reffort n'est point limité, & dont la juridiction s'étend par-tout le royaume, pour les matières dont la connoiſſance lui eſt attribuée, quand le domicile de la partie aſſignée eſt au-delà des cinquante lieues, on augmente le Délai à raiſon d'un jour par dix lieues.

L'article ſecond veut que dans les cauſes pourſuivies en première inſtance au parlement, au grand conſeil & aux cours des aides, le défendeur ſoit tenu dans les Délais qu'on a ſpécifiés après l'échéance de l'aſſignation, de conſtituer procureur & de fournir ſes défenſes avec copie des pièces juſtificatives.

Si dans le Délai après l'échéance de l'aſſignation le défendeur ne conſtitue pas procureur, ou qu'après avoir conſtitué procureur il ne fourniſſe pas ſes défenſes dans le même Délai avec copie des pièces juſtificatives, le demandeur peut prendre ſon défaut au greffe & huitaine après le donner à juger. C'eſt ce qui réſulte des articles 3 & 4.

Le Délai pour écrire & produire dans un appointement en droit eſt de huitaine, & il y a un pareil Délai pour contredire quand même cela ne ſeroit point exprimé dans l'appointement. Mais dans un appointement à mettre le Délai pour produire n'eſt que de trois jours. Telles ſont les diſpoſitions des articles 12 & 13.

Lorſqu'il s'agit d'une appellation d'une ſentence rendue ſur un appointement en droit ou à mettre, chaque partie eſt tenue dans la huitaine après l'échéance du Délai de l'aſſignation de mettre ſes productions au greffe de la cour ou du ſiège où l'appel reſſortit, & de le faire ſignifier au procureur adverſe. Cela eſt ainſi ordonné par l'article 14.

Si dans le Délai de huitaine, l'une des parties eſt

en demeure de remplir ces obligations, l'article 17 veut que le procès soit jugé sur ce qui se trouve au greffe sans qu'il soit nécessaire de faire aucun commandement, sommation ni autre procédure.

Et l'article 18 porte que dans le même Délai de huitaine après l'échéance de l'assignation pour comparoir, l'intimé sera tenu de mettre au greffe la sentence en forme ou par extrait à son choix, qu'autrement l'appelant pourra sans commandement ni signification préalable lever cette sentence par extrait aux frais de l'intimé.

Suivant l'article 20, les Délais pour fournir griefs & réponses commencent à courir contre l'appelant, dès le jour de la sommation faite à son procureur à cet effet ; & contre l'intimé dès le jour de la signification des griefs de l'appelant. Voyez d'ailleurs ce que nous avons dit a l'article APPOINTEMENT.

Lorsqu'une enquête se fait dans le lieu même où le jugement a été rendu, ou dans la distance de dix lieues, elle doit être commencée dans un Délai de huitaine à compter du jour de la signification du jugement fait à la partie ou son procureur, & parachevée dans la huitaine suivante : s'il y a une plus grande distance, le Délai doit être augmenté d'un jour par dix lieues. Cela est ainsi réglé par l'article 2 du titre 22 de l'ordonnance de 1667, qui autorise d'ailleurs le juge à donner un autre Délai de huitaine pour la confection de l'enquête si la faire le requiert, sans que ce dernier Délai puisse être prorogé.

Observez qu'il est de maxime en pratique que la signification qu'une partie fait du jugement qui l'admet à la preuve, ne fait pas courir contre elle le Délai de faire enquête, & qu'elle ne le fait courir que contre la partie adverse à qui cette signification est faite : c'est pourquoi si cette partie adverse veut faire courir le Délai contre celle qui lui a fait signifier le jugement, il faut qu'à son tour elle le lui fasse signifier : en effet on ne peut se servir des diligences d'une partie pour établir contre elle une fin de non-recevoir. Il a même été jugé au parlement de Rouen par arrêt du 16 mars 1752, que celui qui a commencé son enquête n'a point de Délai fatal pour la finir tant que le jugement qui admet à la preuve ne lui a point été signifié. L'auteur qui a fait imprimer cet arrêt observe que la partie contre laquelle l'enquête avoit été commencée soutenoit que les termes de l'ordonnance *parachevée dans la huitaine suivante*, tomboient sur le dernier jour de la huitaine où l'enquête avoit été commencée, au lieu que l'autre partie prétendoit que le Délai de faire enquête, ne couroit contre une partie que du jour qu'on lui avoit fait signifier le jugement ; qu'il falloit que le demandeur en forclusion fît ses diligences pour l'obtenir ; parce que nul ne se forclot lui même, & que ces mots *parachevée dans la huitaine suivante*, tomboient sur la signification du jugement, & non sur le commencement de l'enquête.

L'article 31 du même titre 22 veut que quand la partie qui a fait faire une enquête refuse d'en faire donner copie & du procès-verbal, l'autre partie ait un Délai de huitaine pour lever le procès-verbal, & un pareil Délai pour lever l'enquête. La même loi porte que si l'enquête a été faite hors du lieu où le différent est pendant, il sera donné un autre Délai selon la diftance, tant pour le voyage que pour le retour de celui qui fera envoyé pour la lever, à raifon d'un jour par dix lieues.

Il faut remarquer que tous les Délais de huitaine dont nous avons fait mention ne font que pour les cours, les préfidiaux & les bailliages ou fénéchauffées royales : fi l'on procède dans toute autre juridiction, même devant les juges eccléfiaftiques ou des duchés pairies, il n'y a qu'un délai de trois jours pour lever le procès-verbal & un de trois autres jours pour lever l'enquête. C'eft ce qui réfulte de l'article 32.

Le Délais fixés pour fe pourvoir en caffation contre les arrêts des cours & les jugemens rendus en dernier reffort font fixés par le titre 4 de la première partie du règlement du confeil du 28 juin 1738.

Voyez ce que nous avons dit à cet égard à l'article CASSATION.

Quant aux Délais des affignations & autres actes ou exploits introductifs d'inftance au confeil, ils font réglés par le titre premier de la feconde partie du règlement qu'on vient de citer.

Ces Délais font de deux mois relativement aux affignations données dans les refforts des parlemens & autres cours de Languedoc, Guyenne, Grenoble, Aix, Pau, Befançon, Bretagne, Alface & Rouffillon, & d'un mois dans les refforts des parlemens & autres cours de Paris, Rouen, Dijon, Metz & Flandres, à l'exception des affignations données dans Paris

& a dix lieues à la ronde pour lesquelles les Délais ne doivent être que de quinzaine.

Dans les reſſorts des conſeils ſupérieurs des îles de ſaint Domingue, de la Martinique & de la Guadeloupe, les Délais des aſſignations doivent être d'un an, & à l'égard des reſſorts des conſeils ſupérieurs de l'île royale, de l'île de Bourbon, de l'île de France & de Pondichery, le règlement veut que le Délai de l'aſſignation ſoit fixé comme il convient ſelon les circonſtances, par les lettres ou par les arrêts portant permiſſion d'aſſigner.

Le jour de l'aſſignation où de la ſignification & celui de l'échéance ne ſont point comptés dans les Délais, & cette règle doit avoir lieu pour tous les Délais dont parle le règlement.

En Lorraine, où l'ordonnance de 1667 n'eſt point ſuivie, les Délais des aſſignations dans les prévôtés, gruries & juſtices ſeigneuriales ſont de quatre jours, y compris le jour de l'aſſignation & celui de l'échéance; & ils ne peuvent être plus longs que de huitaine, même à l'égard des perſonnes qui réſident hors de l'étendue de ces ſièges.

Dans les bailliages & les ſièges bailliagers les Délais ſont de huitaine, y compris pareillement le jour de l'aſſignation & celui de l'échéance, & ils ne peuvent être plus longs que de quinzaine, même à l'égard des perſonnes domiciliées hors du reſſort de ces juridictions. C'eſt ce qui réſulte des articles 1 & 2 du titre 2 de l'ordonnance civile du duc Léopold du mois de novembre 1707.

L'article 3 autoriſe néanmoins les juges a ordonner des aſſignations promptes & à jour

précis dans les affaires provifoires & privilégiées
telles que les actions pour gages, falaires, ali
mens, médicamens, loyers de maifon, main
levée de faifie, reconnoiffance de promeffe pou
fommes légères, & autres affaires femblable
ou dans lefquelles il y auroit du péril en la de
meure. En pareil cas, le juge n'accorde qu'u
bref Délai tel qu'il le juge à propos.

Il eft défendu par l'article 4, a tout huiffie
ou fergent de donner des affignations ou int
mations à longs jours, au-delà des Délais pre
crits par l'ordonnance, à peine de nullité d
l'exploit & de dix francs d'amende.

Si le défendeur propofe une exception de ga
rantie & qu'elle paroiffe bien fondée, on do
lui accorder un Délai compétent pour mett
en caufe le garant : mais s'il laiffe écouler c
Délai fans avoir agi, il doit être procédé a
jugement du différent principal, fauf au défer
deur à pourfuivre la garantie par action féparé
C'eft ce qui réfulte des articles 12 & 13.

Dans les affignations qui fe donnent en cer
tains cas à des créanciers inconnus ou à d'autre
perfonnes, par affiche à la porte de l'auditoir
les Délais doivent être au moins d'un mois,
moins que le juge n'en ait ordonné autremen
Telles font les difpofitions de l'article 19.

A l'égard des affignations données à la cor
fouveraine qui eft aujourd'hui le parlement d
Lorraine, le Délai en eft fixé par l'article 3 d
titre 22 à huit jours pour les perfonnes dom
ciliées à Nanci, à quinze jours pour celles q
font dans la diftance de dix lieues, & à tro
femaines pour celles qui font au-delà de d
lieues dans l'étendue du reffort, fans que le Dé

puiſſe être plus long. La même loi laiſſe aux
chambres des comptes de Lorraine & de Bar
la liberté de décerner les aſſignations à tels Délais qu'elles jugent a propos ſelon la qualité des
affaires.

, * Au parlement de Flandres les Délais des
aſſignations étoient de huitaine pour ceux qui de-
meuroient dans la ville où ſiège cette cour : c'eſt
ce que preſcrivoit l'article 16 de l'arrêt de règlement du 16 ſeptembre 1672. Cet article portoit auſſi que le même Délai auroit lieu pour les
perſonnes domiciliées dans la diſtance de cinq
lieues & au-deſſous, & qu'à l'égard des perſonnes domiciliées dans une plus longue diſtance,
le Délai feroit de quinzaine. Mais ces deux points
ont été changés par un arrêté du 3 avril 1693,
ſuivant lequel les Délais doivent être de quinzaine pour les perſonnes domiciliées hors de la
ville qui eſt le ſiège du parlement, à une diſtance de dix lieues & au deſſous; & de trois
ſemaines pour ceux qui demeurent à une plus
grande diſtance.

Ces diſpoſitions ne regardent que les perſonnes
domiciliées dans le reſſort du parlement. A l'é-
gard des autres, les Délais ſont arbitraires, le
juge doit les régler ſuivant la diſtance plus ou
moins grande de la demeure de la perſonne aſſignée. Tel eſt l'uſage de cette cour, fondé ſur
l'article 55 du chapitre 69 des chartes générales
du Hainaut.

Dans les matières ſommaires & proviſoi-
res, le Délai ordinaire eſt de trois jours, ſuivant l'article 1 du chapitre 2 du ſtyle du parlement, conforme aux chartes générales du
Hainaut, chapitre 44, article 1, & chapitre 78
articles 9 & 10.

Le Délai pour appeler d'une fentence eft de dix jours, & pour relever l'appel de trois mois: cela eft ainfi reglé par l'article 1 du chapitre 10 du ftile : l'article 2 ajoute que fi les coutumes des lieux fixent un terme plus bref pour inter-jeter & relever l'appel, il faut s'y conformer. Dans la coutume de Lille, on eft tenu d'appeler fur le champ, fi l'on eft préfent ; fi l'on eft ab-fent, dans les fept jours de la fignification de la fentence ; & le relief de l'appel doit fe faire dans les trois mois, à peine de foixante fous parifis d'amende. La coutume de la châtellenie de Lille & celle de la gouvernance de Douai ren-ferment les mêmes difpofitions, excepté que le Délai pour relever les appels des fentences ren-dues par les juges reffortiffans à l'une ou à l'autre gouvernance & au bailliage de Lille, n'eft que de quarante jours. Dans la coutume de Douai l'appel doit être formé dans les fept jours & relevé dans les quarante. Dans le Cambrefis les appels des juges qui ne reffortiffent pas nuement au parlement doivent être relevés dans les qua-rante jours ; mais ceux qui font portés directement au parlement ne doivent l'être que dans les trois mois. C'eft ce qui réfulte des articles 1 & 2 du titre 27 de la coutume de cette province. Elle ne fixe point de temps pour interjeter les appels, ainfi il faut fuivre à cet égard la règle prefcrite par le ftile du parlement. En Hainaut, l'appe-lant doit fuivant l'article 4 du chapitre 50 des chartres générales, relever fon appel & pré-fenter la caufe à la première audience qui fe tient après ; mais cette difpofition ne s'obferve pas, & l'on a adopté dans l'ufage le Délai ordi-naire de trois mois.

Ces Délais que le stile du parlement & les coutumes du ressort ont fixé pour les appels, sont sans doute trop courts : s'il est juste que celui qui a gagné sa cause dans un siège inférieur ait un terme après lequel il n'ait plus d'appel à craindre, il ne l'est pas moins que celui qui a été condamné ait un espace de tems assez long pour pouvoir délibérer mûrement sur le parti qu'il doit prendre. Aussi l'usage a-t-il tempéré la rigueur des lois en accordant la faculté d'appeler en tout temps, pourvu que depuis la sentence il ne se soit point passé un temps suffisant pour la prescription. La seule formalité qu'il faut employer pour écarter la fin de non-recevoir, est de lever en chancellerie des lettres royaux appelées *relief précis* ou *requête civile*. C'est ce qu'a jugé le parlement de Flandres par arrêts des 30 octobre 1692, 14 août & 15 décembre 1693, & 30 juin 1723.

Il est de principe en Flandres, comme en France, que quand on assigne à huitaine, à quinzaine, à un mois, &c. sans désigner précisément le jour de la comparution, on ne comprend point dans ces termes les jours des significations des exploits, ni ceux auxquels échoient les assignations. Le conseil souverain de Tournai l'a ainsi jugé par arrêt du 24 mai 1674. Il y a cependant à cette règle une exception qu'il faut remarquer : lorsque les *conseillers-commissaires* en tenant l'audience des vendredis, ordonnent qu'une partie sera assignée à quinzaine, on peut donner l'assignation le même jour pour le second vendredi suivant ; & le défaut qu'on obtient en conséquence, est valable. Le parlement l'a ainsi jugé par arrêt du 23 janvier 1694 au rapport de M. Desjaunaux, & par un autre du 12 juillet de la même année, au rapport de M. de la Place.

On a demandé fi les vacations devoient être comprifes dans les Délais. M. Pollet rapporte un arrêté fans date qui a reglé que le temps prefcrit pour relever l'appel couroit pendant les vacations : & c'eft ce qu'a jugé un arrêt du 15 octobre 1696 rendu dans la coutume de Douai.

En matière d'ajournement à comparoir à l'audience des confeillers-commiffaires, il fut arrêté le 3 avril 1693 dans l'affemblée des trois chambres, qu'on ne déduiroit pas les vacations dans le cas où il n'y auroit pas encore de conteftation & que la caufe ne feroit pas encore liée de la part du défendeur.

En matière d'enquête, les vacations ne font point comptées dans les Délais, comme la jugé un arrêt du 27 octobre 1687, à moins que l'une des parties n'ait obtenu un jugement qui ordonne à l'autre de faire fa preuve dans tel temps, nonobftant les vacations.

Les dimanches & les fêtes font comptés dans tous les Délais, excepté dans ceux de trois jours : encore font-ils comptés dans le terme de trois jours fixé pour l'appel en pleine cour des jugemens rendus par les confeillers-commiffaires aux audiences.

Voyez *le ftile du parlement de Flandres, le règlement du 16 feptembre 1672 ; les chartres générales du Hainaut ; les arrêts de MM. Pollet, Desjaunaux, & de Flines; Deghewiet en fes inftitutions au droit Belgique ; Dumées en fon traité des juridictions*, &c. Voyez auffi les articles COMPARUTION, ENQUÊTE. *

Le débiteur auquel le créancier a accordé pour payer ou pour délivrer des marchandifes un terme quelconque tel qu'un an, un mois, &c. ne peut être pourfuivi qu'après l'expiration de ce terme, attendu qu'il a pour remplir fes engagemens, toute la durée & tous les inftans de l'an, du mois, &c. c'eft pourquoi l'on dit proverbialement que *qui a terme & Délai ne doit rien.*

L'article 1 du titre 7 de l'ordonnance de 1667 veut que l'héritier ait un Délai de trois mois depuis l'ouverture de la fucceffion pour faire l'inventaire, & quarante jours pour délibérer.

Suivant l'article 2 celui qui a été affigné comme héritier en action nouvelle, ou en reprife, ne peut avoir aucun Délai pour délibérer lorfqu'avant l'échéance de l'affignation il y a plus de quarante jours que l'inventaire a été fait en fa préfence ou qu'il y a été dûment appelé.

Si au jour de l'échéance de l'affignation les Délais de trois mois pour faire inventaire & de quarante jours pour délibérer ne font pas écoulés, l'héritier doit avoir ce qui en refte a écouler foit pour procéder à l'inventaire, foit pour faire fa déclaration. C'eft ce qui réfulte de l'article 3.

Et fi l'héritier juftifie que l'inventaire n'a pu être fait dans les trois mois foit parce qu'il a ignoré le décès du défunt, foit à caufe des conteftations qui font furvenues, &c. l'article 4 veut qu'il lui foit accordé à l'audience un Délai convenable pour faire inventaire & quarante jours pour délibérer, fans que l'affaire puiffe être appointée.

La veuve affignée en qualité de commune

doit avoir pour faire inventaire & pour délibérer
les mêmes Délais que ceux qui sont accordés à
l'héritier & sous les mêmes conditions. Telles
sont les dispositions de l'article 5.

Quoique l'acheteur soit convenu avec le vendeur que la vente d'un immeuble ou autre chose
sera résolue si le prix n'en est pas payé dans le Délai
fixé par la convention, cette peine est d'ordinaire
reputée comminatoire, & le juge ne prononce
communément la résolution de la vente qu'après
avoir accordé à l'acheteur un nouveau Délai
pour payer.

Il est de maxime que quand une sentence ou
un arrêt accordent un Délai sans spécifier le
temps auquel il commencera à courir, il ne
court que du jour de la signification de cette
sentence ou arrêt.

Les lois ont aussi accordé des Délais pour un
grand nombre d'autres cas, tels que pour exercer
le retrait lignager, pour contrôler des actes,
pour les faire insinuer, pour payer le centième
denier, pour faire certaines déclarations, &c.
nous parlons de ces différens Délais en traitant
les matières auxquelles ils sont appliqués.

On appelle *Délai fatal* ou *péremptoire*, celui
qui est accordé sans espérance de prolongation.

Voyez *l'ordonnance du mois d'avril 1667 &
les commentateurs ; l'instruction sur les procédures ;
le praticien du châtelet ; le règlement du 28 juin
1738 ; l'ordonnance du duc Léopold de Lorraine
du mois de novembre 1707*, &c. Voyez aussi les
articles DÉFAUT, JUGEMENT, SENTENCE,
APPEL, APPOINTEMENT, TABLE DE MARBRE,
FORCLUSION, ENQUÊTE, BAIL, CONGÉ,
PRESCRIPTION, CASSATION, RÈGLEMENT DE

JUGES, RETRAIT, CONTRÔLE, INSINUATION, DONATION, TESTAMENT, EXPLOIT, RENON-CIATION, INVENTAIRE, DÉCLARATION, BIL-LET, CHANGE, GRACE, PROTÊT, &c. (*Ce qui est dans cet article entre deux astériques appartient à M. MERLIN, avocat, &c.*)

. DÉLAISSEMENT. C'est en termes de commerce maritime, l'acte par lequel un marchand qui a fait assurer des marchandises sur quelque vaisseau, dénonce la perte de ce vaisseau à l'assureur, & lui abandonne les effets pour lesquels l'assurance a été faite, avec sommation de lui payer la somme assurée.

Voyez ce que nous avons dit sur cette matière à l'article ASSURANCE.

DÉLAISSEMENT PAR HYPOTHEQUE, se dit de l'abandonnement d'un immeuble fait par celui qui en est propriétaire, pour se libérer des poursuites d'un créancier auquel cet héritage est hypothéqué (*).

(*) *Formule d'un acte de Délaissement.*

Aujourd'hui est comparu pardevant les notaires, &c. Charles.... demeurant.... lequel déclare que pour éviter les poursuites contre lui faites en déclaration d'hypothèque par N; il a par ces-présentes abandonné & renoncé aux risques, péril & fortune de Louis son garant, une maison & héritages sis à.., qu'il a acquis dudit Louis par contrat du.... moyennant la somme de.... le tout sans préjudice audit Charles, de son recours contre ledit Louis, pour la restitution du prix porté par ledit contrat de vente, frais, mises, loyaux coûts, dommages & intérêts, comme aussi sans préjudice audit Charles des impenses & améliorations par lui faites en ladite maison & héritages présentement déguerpis, & pour faire signifier la présente déclaration audit N. & la réitérer en telle justice & jurisdiction que besoin sera, a fait & constitué son procureur le porteur, auquel il donné pouvoir, &c. Fait & passé, &c.

Il ne faut pas confondre comme font plufieurs praticiens, le Délaiffement par hypothèque avec le déguerpiffement. Ils différent d'abord l'un de l'autre, en ce que le Délaiffement par hypothèque, n'empêche pas que le débiteur ne demeure obligé perfonnellement.

La feconde différence eft que dans le déguerpiffement, le feigneur de la terre à qui le déguerpiffement a été fait peut de plein droit fe mettre en poffeffion de la chofe déguerpie, au lieu que dans le Délaiffement par hypothèque il faut néceffairement faire créer un curateur à la chofe abandonnée, & la faire vendre par décret fur lui.

Celui qui eft pourfuivi hypothécairement & qui eft contraint d'abandonner l'héritage, ne doit jamais payer d'arrérages des rentes fimplement hypothéquées fur l'héritage, à moins qu'il n'ait paffé un titre nouvel; mais il eft obligé de rendre les fruits qu'il a perçus depuis la conteftation en caufe, parce que depuis ce temps il eft poffeffeur de mauvaife foi.

Il n'eft tenu que d'abandonner l'héritage en l'état où il fe trouve, & quand il auroit démoli un bâtiment de conféquence, il ne feroit pas obligé de le rétablir, pourvu qu'il n'eut fait aucune dégradation depuis l'action intentée : la raifon en eft qu'étant propriétaire, il lui a été permis de faire de fa chofe ce qu'il a voulu.

Le Délaiffement par hypothèque doit être fait en juftice, parce qu'il ne profite pas feulement à celui qui a intenté l'action, mais à tous ceux qui ont des hypothèques fur l'héritage abandonné.

Il eft encore plus important de fommer fon

garant en cas de Délaiſſement, qu'en cas de déguerpiſſement, parce que le garant, pour éviter les dommages & intérêts, peut payer les dettes, & faire ceſſer le trouble qui eſt fait à l'acquéreur.

Celui qui eſt contraint d'abandonner un héritage hypothéqué, eſt préféré à tous les autres créanciers ſur le prix de l'héritage, pour les réparations utiles & néceſſaires qu'il y a faites.

Le Délaiſſement opérant une véritable éviction, il eſt juſte que l'acquéreur ait ſon recours contre ſon vendeur, tant pour la reſtitution du prix, que pour ſes dommages & intérêts : il a même en ce cas deux avantages ; l'un eſt que s'il avoit acheté l'héritage trop cher, ou que depuis ſon acquiſition il eût diminué de prix, il ne laiſſe pas de répéter contre ſon vendeur le prix entier qu'il lui a payé, quand même l'héritage délaiſſé feroit moins vendu par décret : l'autre avantage eſt que ſi au contraire l'héritage délaiſſé eſt vendu par décret à plus haut prix que le détenteur ou ſes auteurs ne l'avoient acheté, celui qui a fait le Délaiſſement eſt en droit de répéter contre ſes garans le prix entier de l'adjudication ; parce que s'il n'eût point été évincé, il auroit pu faire une vente volontaire de l'héritage, dont le prix auroit été au moins égal à celui de l'adjudication.

Le Délaiſſement par hypothèque n'opère pas ſeul une mutation de propriétaire & ne produit point de droits ſeigneuriaux ; mais la vente faite après le Délaiſſement donne ouverture à ces droits, ainſi qu'au centième denier.

Il y a ſur cette matière une erreur dans la collection de juriſprudence : on y lit ce qui ſuit

» Quoique le Délaissement opère une muta-
» tion de propriété, il ne donne ouverture
» aucuns droits seigneuriaux ; cependant si
» vente qui suit ordinairement le Délaisseme
» étoit portée à un prix plus considérable qu
» celle qui a précédé, le seigneur auroit
» faculté d'exiger les droits seigneuriaux sur
» pied de la première ou de la seconde ven
» à son choix.

L'acquéreur d'un héritage doit incontestab
ment les droits seigneuriaux relatifs à son acqu
sition : si cet acquéreur poursuivi par les créa
ciers du vendeur fait ensuite le Délaissement d
l'héritage, il n'est point par cet acte, dépouill
de sa propriété & il ne la transmet pas au créa
cier qui l'a troublé par une demande en décla
ration d'hypothèque : jusques là le Délaisseme
ne produit point de droits seigneuriaux, par
qu'il n'y a encore aucune mutation de propri
taire : mais lorsque l'héritage délaissé vient
être vendu par décret il n'y a point de dou
que l'adjudicataire ne soit assujetti comme to
autre acquéreur, à payer les droits seigne
riaux ; en effet la mutation est consommé
Ainsi dans ce cas, le Délaissement par hypoth
que est incontestablement sujet aux droits se
gneuriaux & même à celui de centième deni

Voyez *le traité du déguerpissement par Loyseau
les institutions au droit françois ; le dictionna
des sciences ; la collection de jurisprudence ; le di
tionnaire raisonné des domaines ; Brodeau sur
coutume de Paris,* &c. Voyez aussi les ar
cles DÉGUERPISSEMENT, RENTE, HYPOTH
QUE, &c.

DÉLATEUR. C'eſt celui qui dénonce à la juſtice un crime ou délit & qui en déſigne l'auteur ſans ſe rendre partie civile.

La qualité de Délateur & celle de dénonciateur repréſentent la même choſe : cependant la qualité de Délateur a quelque choſe de plus odieux que celle de dénonciateur.

Les Délateurs furent communs à Rome ſous le règne de Tibère & de quelques autres tyrans: quiconque, remarque M. de Monteſquieu, avoit bien des vices & bien des talens, une ame bien baſſe & un eſprit ambitieux, cherchoit un criminel, dont la condamnation pût plaire au prince; c'étoit la voie pour aller aux honneurs & à la fortune. Les Délateurs avoient le quart des biens de ceux qu'ils faiſoient condamner comme coupables du crime de leze-majeſté.

Sous les bons empereurs, ces hommes funeſtes furent inconnus ou en horreur. Antonin le Pieux en fit mourir pluſieurs ; d'autres furent battus de verges, envoyés en exil, ou mis au rang des eſclaves.

Selon les lois du digeſte & du code, les Délateurs étoient odieux.

En France, les Délateurs ſont proprement ce que nous appelons dénonciateurs. Voyez ce mot.

DÉLÉGATION. Commiſſion donnée à quelqu'un pour connoître d'une affaire, pour la juger.

A Rome où les magiſtrats furent en petit nombre, tant que dura le gouvernement populaire, on leur laiſſa la liberté de commettre d'autres perſonnes pour les ſoulager dans leurs fonctions : mais ſous les empereurs on reconnut

l'abus de ces Délégations en ce que des magi-
trats qui avoient été choisis pour leur capacité
commettoient en leur place des personnes privées
qui pouvoient manquer des qualités nécessaires,
& que d'ailleurs ceux auxquels l'exercice de
l'autorité publique est confié personnellement
ne peuvent pas transférer à d'autres un droit
qu'ils n'ont pas de leur chef.

· Aussi ne trouve-t-on dans tout le code aucune loi qui autorise les magistrats à faire une
Délégation générale & surtout à des personnes
privées. On leur permet seulement de renvoyer
les causes de peu d'importance devant leurs
conseillers ou assesseurs qui étoient des juges
en titre d'office ; & l'appel des sentences de ces
délégués particuliers se portoit devant le magistrat qui leur avoit renvoyé les affaires à
juger.

. En France, les ducs & les comtes eurent
autrefois comme les proconsuls romains, le
gouvernement militaire de leurs provinces &
l'administration de la justice qu'ils déléguoient
à des lieutenans. Les baillis & les sénéchaux qui
succédèrent aux ducs & aux comtes pour l'administration de la justice, eurent bien le pouvoir
de commettre des lieutenans de robe longue,
mais il ne pouvoient pas leur déléguer toute
la juridiction ; ils étoient au contraire obligés
de résider & d'exercer en personne. Louis XII
leur ôta le pouvoir de destituer leurs lieutenans, & François I leur ôta ensuite le droit de
les instituer, au moyen de la vénalité des charges qui fut introduite sous son règne.

- Les juges ne peuvent donc plus aujourd'hui
faire de Délégation générale de leur juridiction

A l'égard des Délégations particulières, elles n'ont lieu qu'en certains cas ; savoir 1°. lorsqu'il s'agit de faire quelque expédition de justice dans un endroit éloigné, comme de faire une enquête ou information : en ce cas, le juge pour le soulagement des parties, les renvoie devant le juge royal le plus prochain. 2°. Dans ce qui est d'instruction, comme pour une enquête, un interrogatoire, un procès-verbal de descente, on commet un des officiers du siège qui peut rendre seul des ordonnances sur le fait de sa commission. 3°. Le juge renvoie quelquefois les parties devant des experts, mais ceux-ci ne donnent qu'un avis ; il en est de même des renvois de certaines causes légères, faits devant un avocat ou devant un procureur. Les appointemens que donne l'avocat ou le procureur ne font que des avis à la reception desquels on peut former opposition.

Les procureurs généraux du roi dans les parlemens commettoient autrefois les procureurs du roi dans les bailliages & sénéchaussées ; c'est delà qu'au parlement, on les qualifie encore de substituts du procureur général, quoique présentement ils aient le titre de procureur du roi : les procureurs généraux commettoient aussi leurs substituts au parlement. Les procureurs du roi des bailliages & sénéchaussées commettoient pareillement des substituts pour eux dans les sièges inférieurs ; c'est pourquoi ils prenoient alors le titre de procureurs généraux ; mais depuis 1522, on a érigé des procureurs du roi en titre d'office dans tous les sièges royaux.

Les commissaires départis par le roi dans les provinces sont considérés comme des délégués

généraux, c'est pourquoi ils peuvent faire des
subdélégations particulières, comme en effet i
ont coutume d'en faire plusieurs à différentes
personnes, qu'on appelle leurs subdélégués.

Les commissions que donnent plusieurs autres
officiers, soit de justice ou de finance, sont encore des espèces de Délégations, mais ceux
qui sont ainsi commis pour quelque fonction
particulière, n'ont point le caractère ni le pouvoir d'officiers publics, à moins qu'ils n'aient
serment en justice, & ne soient institués publiquement pour le fait de la commission qui leur
est désignée ; auquel cas, si ce sont des commis
pour le fait des finances, ils peuvent faire des
procès-verbaux, décerner des contraintes, &c.

Nous connoissons aussi en matière ecclésiastique, les Délégations du pape, pour juger les
appellations à Rome, ou pour fulminer certains
rescrits.

Dans ce cas, il faut que le juge délégué fasse
sa résidence dans le ressort du parlement où
l'affaire a été jugée, afin de ne point troubler
l'ordre des juridictions.

Les juges délégués doivent être gradués en
droit ou en théologie ; il faut qu'ils soient nés,
ou naturalisés dans le royaume.

L'appel d'un jugement rendu par un juge
délégué se porte à Rome, & le pape commet
de nouveaux délégués pour juger sur les lieux
jusqu'à trois sentences conformes ; mais la plainte
du refus de fulminer un rescrit, ou d'accorder
un visa, doit se porter devant le supérieur ecclésiastique immédiat de celui qui a refusé, & non
à Rome.

Les commissaires apostoliques rendent leur
jugement

jugement en françois, & la procédure se fait dans la même langue. Les rescrits délégatoires contiennent ordinairement ces mots, *in omnibus autoritate apostolicá procedatis* ; mais quoique cette clause semble distraire les sujets du roi des mains de leurs juges naturels, on la souffre néanmoins, parce que l'on n'exécute les jugemens des délégués que sous l'autorité du souverain.

DÉLÉGATION, se dit aussi d'un acte par lequel un débiteur donne à son créancier un autre débiteur qui se charge de payer la dette.

La Délégation ne peut se faire sans le consentement de trois personnes ; savoir, du débiteur qui délégue un autre débiteur en sa place, du débiteur qui est délégué, & qui s'oblige envers le créancier, & du créancier qui accepte la nouvelle obligation, & c'est en quoi la Délégation est différente de la cession ou transport ; ici le consentement du débiteur n'est point nécessaire.

Quand la Délégation est acceptée purement & simplement par le créancier, le débiteur qui l'a faite, est déchargé de plein droit : de sorte que quand le débiteur qui a été délégué, seroit insolvable, le créancier qui l'a accepté, n'a plus de recours contre son premier débiteur : aussi voit-on rarement parmi nous des Délégations pures & simples ; un créancier se réserve presque toujours un recours à exercer contre le premier débiteur, dans le cas qu'il ne pourroit pas être payé par le second.

Il y a une autre sorte de Délégation imparfaite qui se fait par le débiteur en l'absence du créancier ; telle est celle qui a lieu dans un contrat de vente, quand le débiteur délègue à fon créancier le prix de l'immeuble vendu. Cette Délégation opère que le prix de la vente ne peut être faifi par aucun créancier au préjudice de celui qui eft délégué.

Il eft dû deux droits de contrôle pour une Délégation acceptée.

C'eft en conféquence de cette règle que par arrêt du 8 mai 1734, le confeil a débouté le fieur Millet de fa demande en reftitution d'un fecond droit de contrôle perçu pour un mandement donné à fon profit par le, duc de Bouflers fur le fieur de Lily fon receveur qui avoit accepté la Délégation.

Par un autre arrêt du 25 novembre 1747, rendu contre le nommé le Moine, le confeil a jugé qu'il étoit dû deux droits de contrôle pour une conftitution de rente contenant une Délégation acceptée par le fermier de l'emprunteur.

Deux autres arrêts du confeil des 25 mars 1738, & 12 feptembre 1741 ont jugé que pour la quittance donnée à un acquéreur par la perfonne à laquelle le prix de l'acquifition avoit été délégué à l'acquit du vendeur, il étoit dû deux droits de contrôle ; l'un pour la quittance de la dette du vendeur & l'autre pour celle du prix de l'acquifition.

Ces arrêts font fondés fur l'article 96 du tarif fuivant lequel on doit percevoir autant de droits de contrôle que les aétes contiennent de difpofitions différentes pour différens faits, & entre différentes parties qui ont des intérêts différens. Or dans l'efpèce propofée la quittance dont il s'agit opère deux effets ; favoir , la décharge de l'acquereur relativement au prix de l'acquifition, & la libération du vendeur qui a fait la Délégation du montant de sa derte : & delà on a tiré la conséquence qu'il étoit dû un droit de contrôle pour chacun de ces objets.

Deux décisions postérieures du conseil ont encore jugé de même : l'une du ·31 octobre 1748 a réformé une ordonnance de l'intendant de Châlons en ce qu'il avoit ordonné la restitution d'un second droit de contrôle perçu pour une quittance donnée au sieur Joppé, acquéreur du sieur Passe, par les créanciers délégués dans le contrat.

La seconde, du 12 août 1751, a débouté le sieur Danthenay de sa demande en restitution de l'un des droits de contrôle perçus sur les quittances que lui avoient données en sa qualité d'acquéreur de la demoiselle Doucet, les créanciers de cette demoiselle Délégués par le contrat..

Mais le 5 septembre 1754, le conseil a confirmé une ordonnance de l'intendant de Dauphiné par laquelle il avoit été jugé qu'il n'étoit dû qu'un droit de contrôle pour la quittance donnée à la veuve Durand par le sieur Chavarel, créancier délégué par le contrat de vente que les sieurs Treillard avoient passé à cette veuve quelque temps auparavant. Le motif de cette décision a été qu'il n'avoit paru qu'une partie dans la quittance.

Il n'est pas douteux que quand la Délégation n'est point acceptée, la quittance qui est donnée ensuite n'opère deux libérations : c'est par cette quittance que le vendeur, premier débiteur, & l'acquéreur se trouvent libérés, l'un de sa dette, & l'autre du prix de son acquisition. Si

la Délégation faite par le contrat étoit dès-lor
acceptée par le créancier du vendeur, il feroi
dû fans difficulté, deux droits de contrôle poi
le contrat, & dans ce cas il n'en feroit dû qu'ur
pour la quittance, attendu qu'elle ne libéreroi
plus que l'acquéreur devenu le débiteur du créan
cier par l'acceptation de la Délégation.

Mais quoique la quittance opére deux libéra
tions, quand la Délégation n'a pas été acceptée
précédemment, ce ne doit pas être une raifon
fuffifante pour affujetir a deux droits de con
trôle cette quittance, furtout lorfqu'il n'y a
point d'autre partie que le créancier qui reçoit de
celui qui fe trouve chargé de le payer : la
Délégation étant une fois faite peut être acceptée poftérieurement par un acte particulier où
le débiteur originaire n'eft nullement néceffaire:
la quittance dans l'efpèce dont il s'agit n'eft
autre chofe que l'acceptation & l'exécution de
la Délégation ; or ces deux difpofitions par un
même acte & entre les mêmes parties ne doivent produire qu'un droit conformément à ce
que régle l'article 96 du tarif qui s'exprime
ainfi à cet égard : « pour les contrats & actes
» qui renfermeront différentes difpofitions con-
» cernant les mêmes parties, il ne fera payé
» qu'un droit, qui fera pris fur le pied de l'ar-
» ticle le plus fort de tous ceux du tarif auquel
» lefdits contrats & actes pourront avoir rap-
» port : » il faut donc conclure que la décifion
du 5 feptembre 1754, eft plus conforme aux
vrais principes que les arrêts de 1738 & 1741,
& les décifions de 1748 & 1751, dont nous
avons parlé.

On a agité la queftion de favoir s'il étoit d'

trois droits de contrôle dans l'efpèce fuivante :
par un contrat de vente l'acquéreur étoit chargé
de rembourfer en déduction du prix de fon acquifition , une rente due par le vendeur , &
cette Délégation avoit été acceptée par le
créancier de la rente : le fermier prétendoit qu'il
étoit dû un droit de contrôle pour la vente , un
fecond, pour l'obligation de l'acquéreur , & un
troifième pour la décharge·donnée par le créancier au débiteur originaire en acceptant l'acquéreur : mais par décifion du 16 mai 1750, le
confeil jugea que la demande du fecond droit
n'étoit nullement fondée , attendu que l'obligation de l'acquéreur faifoit partie de fon acquifition dont le droit de contrôle avoit été perçu
fur la totalité du prix , & par conféquent qu'il
n'étoit dû que deux droits, l'un pour l'acquifition , & l'autre, pour l'acceptation faite de la
Délégation par le créancier à qui l'acquéreur
étoit chargé de rembourfer la rente à la décharge
du vendeur.

Lorfque dans une vente il y a Délégation du
prix en tout ou en partie au profit d'un tiers
qui n'eft pas préfent à l'acte pour accepter, on
doit diftinguer fi le contrat fait connoître qu'il
confte de la dette par un titre en forme, ou
s'il n'y a point de titre antérieur de cette dette :
dans le premier cas , il n'eft dû qu'un droit de
contrôle pour la vente ; mais dans le fecond
cas il eft dû deux droits : la raifon en eft que
dans ce dernier cas, la Délégation quoique
non acceptée, fait un titre & produit une action au créancier pour exiger la fomme délé-
guée.·L'acquéreur eft tellement obligé envers
ce créancier, qu'il ne peut pas payer le prix

au vendeur au préjudice de la Délégation quoique non acceptée. Brillon rapporte un arrêt du 11 juin 1692 qui l'a ainsi jugé en condamnant l'acquéreur à payer une seconde fois.

C'est d'après ce principe qu'est intervenu la décision du conseil du 22 avril 1747, sur la vente que la veuve Barouffel avoit faite aux bénédictins de sainte Livrade qui s'étoient chargés de payer une partie du prix de leur acquisition aux religieuses de l'annonciade de Ville-Neuve d'Agenois pour la dotation d'une fille de la venderesse : il a été jugé qu'il étoit dû un second droit de contrôle pour la Délégation quoique les religieuses ne l'eussent point acceptée.

La Délégation de jouissance de biens immeubles pour un temps indéfini est considérée comme une espèce d'aliénation qui donne ouverture au droit de centième denier.

C'est d'après ce principe, que par arrêt du 29 août 1744, le conseil a confirmé une ordonnance de l'intendant d'Alençon qui avoit condamné le sieur Dubosc à payer le droit de centième denier au sujet de l'acte par lequel le sieur Tourouvre lui avoit délégué les revenus d'une terre pour le payement annuel d'une somme jusqu'au remboursement du capital.

Cette jurisprudence est certaine au conseil qui l'a confirmée par plusieurs autres décisions des 15 avril 1747, 7 septembre 1748, 14 décembre 1752, &c.

Voyez *le digeste & le code ; les œuvres de Despeisses ; les lois civiles de Domat ; le traité de l'administration de la justice civile ; les arrêts de Brillon ; les lois ecclésiastiques de France ; l'ency-*

clopédie ; le tarif du 29 septembre 1722 ; le dictionnaire raisonné des domaines , &c. Voyez aussi
les articles COMMISSAIRE , PAPE , TRANS-
PORT, MANDAT, &c.

DELESTAGE. C'est l'action de délester ou
de décharger un navire de son lest.

Comme il est important que le lest des navires soit jeté dans des endroits où il ne puisse
causer aucun dommage , ni combler les ports ,
ni gêner l'entrée des rivières, le Délestage est
assujetti en France à des règles dont les capitaines ou maîtres ne peuvent s'écarter sans encourir des peines proportionnées au délit.

L'article premier du titre 4 du livre 4 de
l'ordonnance de la marine du mois d'août 1681
veut que tout capitaine ou maître de navire
venant de la mer, soit tenu en faisant son rapport aux officiers de l'amirauté , de déclarer la
quantité de lest qu'il a dans son bord , à peine
de vingt livres d'amende. (*).

En ordonnant cette déclaration on a eu pour
objet non seulement de pourvoir au Délestage ,
mais encore de vérifier par la visite du navire
si le maître a accusé juste , & si relativement
au port de son bâtiment, il ne devoit pas avoir
une plus grande quantité de lest que celle qu'il
a déclarée ; attendu qu'en ce cas il seroit en
contravention , & réputé avoir jeté frauduleu-

(*) Quoique l'ordonnance ne dise pas précisément en
quel temps cette déclaration doit être faite, elle doit néanmoins avoir lieu dans les vingt-quatre heures de l'arrivée,
terme dans lequel le rapport dont il s'agit par l'article cité,
doit être fait en conformité de l'article 4 du titre 10 du livre
premier.

sement une partie de son lest en arrivant dans les rades.

Dans les ports de la marine royale, c'est au capitaine des ports que la déclaration doit être faite. C'est ce qui résulte de l'article 647 de l'ordonnance du 25 mars 1765.

L'article 2 du titre cité de l'ordonnance de 1681, oblige les syndics & échevins des villes ou communautés de désigner & même de fournir s'il en est besoin les lieux ou emplacemens nécessaires pour recevoir le lest, de manière qu'il ne puisse être emporté par la mer.

Après le Délestage des bâtimens, les maîtres des bateaux ou gabarres qui y ont été employés, sont tenus, sous peine de trois livres d'amende de faire leurs déclarations aux officiers de l'amirauté de la quantité de tonneaux de lest qu'ils ont tiré de ces bâtimens. C'est ce que porte l'article 3 (*).

Il faut observer qu'aucun maître de bateau ou gabarre ne peut travailler au lestage ou Délestage sans une permission par écrit du maître de quai ou de la personne commise à cet effet par l'amiral.

Suivant l'article 4, tout maître de bâtiment embarquant ou déchargeant du lest doit étendre une voile qui tienne d'un côté au bord du bâtiment, & de l'autre au bord du bateau ou de la gabarre pour empêcher le lest de tomber dans l'eau, à peine d'un amende de cinquante livres

_____

(*) L'article 650 de l'ordonnance du 25 mars 1765 contient une pareille disposition à l'égard des ports de la marine du roi ; mais la déclaration doit être faite au capitaine de port.

payable par les maîtres des navires & par ceux des bateaux ou gabarres folidairement (*).

· L'article 5 veut que tout marinier puiſſe être employé au leſtage & au Déleſtage des vaiſſeaux, avec les gens de l'équipage.

· Il eſt défendu par l'article 6 à tout capitaine ou maître de navire de jeter ſon leſt dans les ports, canaux, baſſins & rades, à peine de 500 livres d'amende pour la première fois, & de confiſcation de ſon bâtiment en cas de récidive : la même loi défend aux déleſteurs de porter le leſt ailleurs que dans les lieux deſtinés pour cet effet, ſous peine de punition corporelle (**).

L'article 7 défend auſſi ſous les mêmes peines de 500 livres d'amende pour la première fois & de confiſcation du bâtiment en cas de réci-dive, à tout capitaine ou maître de navire de déleſter ſon bâtiment, & aux maîtres ou patrons des gabarres ou bateaux leſteurs de travailler au leſtage & Déleſtage d'aucun vaiſſeau pendant la nuit (***).

On conçoit que ces précautions ont pour objet d'empêcher les déleſteurs de jeter le leſt dans l'eau, comme ils ne manqueroient pas de le faire s'ils n'avoient point de témoins de leur travail, & qu'ils puſſent ainſi l'abréger impunément.

(*) L'article 651 de l'ordonnance du 25 mars 1765, contient une diſpoſition ſemblable pour les ports de la marine royale.

(**) L'article 652 de l'ordonnance du 25 mars 1765, concernant la marine royale, a des diſpoſitions ſemblables.

(***) Ces diſpoſitions ſont répétées dans l'ordonnance du 25 mars 1765.

Il eſt enjoint par l'article 8 au maître de quai de tenir la main à ce que le leſtage ou Déleſtage des vaiſſeaux ſe faſſe conformément à l'ordonnance, à peine d'en répondre en ſon nom, & d'amende arbitraire.

Obſervez toutefois que le ſoin dont il s'agit ne concerne le maître de quai qu'autant que l'amiral n'a pas commis quelqu'autre perſonne, comme il en a le droit, pour veiller au leſtage & au Déleſtage. Cependant dans le cas même ou d'autres que le maître de quai ſont chargés de ce ſoin, il n'eſt pas moins en droit par l'inſpection générale que lui donne ſon emploi ſur la police du Havre, du port & de la rade, de dreſſer procès-verbal des contraventions qui viennent à ſa connoiſſance, & de dénoncer les contrevenans au procureur du roi de l'amirauté, pour qu'il les faſſe punir ſelon les circonſtances.

Suivant l'article 546 de l'ordonnance du 25 mars 1765, les intendans des ports où il y a des établiſſemens pour les vaiſſeaux du roi, ont la connoiſſance du fait du leſtage & du Déleſtage de tous les bâtimens qui mouillent dans ces ports.

Dans les autres ports cette connoiſſance appartient aux officiers de l'amirauté, à l'exception néanmoins de la ville de Bordeaux où les jurats ſont maîtres de quai, & veillent en cette qualité au leſtage & Déleſtage des vaiſſeaux, ſans que l'amirauté ait dans la même ville aucune inſpection ni juridiction à cet égard.

Au ſurplus il faut remarquer qu'il y a une ſorte de leſt utile au public tel que des pierres ou du ſable propres à bâtir, qu'on permet de décharger ſur les quais pour être diſtribué aux perſonnes qui peuvent en avoir beſoin ; mais l'opération ne doit se faire que sous les yeux du maître des quais.

Voyez *les ordonnances citées*, & les articles MAÎTRE DE QUAI, INTENDANT, VAISSEAU, PORT, NAVIGATION, &c.

DÉLIBÉRATION. C'est une résolution prise dans une assemblée.

Pour la validité d'une Délibération, il faut que l'assemblée ait été convoquée dans les règles, que les suffrages aient été libres, & que la Délibération ait été rédigée conformément à ce qui a été arrêté à la pluralité des voix.

Dans les assemblées de créanciers unis en corps de direction, les Délibérations relatives aux affaires communes, doivent être arrêtées à la pluralité des voix ; & pour que ces Délibérations servent de règles contre les créanciers absens ou qui ont refusé d'y souscrire, il faut qu'elles soient faites par des créanciers dont les créances forment les trois quarts au total des créances, & qu'elles soient homologuées en justice avec ceux qui refusent d'y acquiescer.

Observez que cette homologation doit nécessairement être précédée du contrôle de la Délibération.

Les Délibérations prises dans les chapitres des chanoines & des communautés séculières ou régulières de l'un ou de l'autre sexe, & celles qui ont lieu dans les bureaux de régie & d'administration des œuvres & fabriques, des hôpitaux, maisons & œuvres de charité, ne font point assujetties au contrôle lorsqu'il ne s'agit dans ces Délibérations que d'instituer ou destituer des officiers du bas chœur, de régler le service intérieur de l'église, de prononcer quelque correction contre des capitulaires, de députer un chanoine pour suivre un procès ou pour veiller à l'administration des biens ruraux, à la réparation des bâtimens, &c. Mais si ces Délibérations étoient produites en justice autrement que par forme d'exception, & qu'elles servissent de fondement à quelque demande, ou d'autorisation pour passer quelques actes, elles seroient dans le cas d'être contrôlées. C'est ce qui résulte de l'article 2 de l'arrêt du conseil du 30 août 1740.

C'est d'après cette règle, que par décision du 3 août 1758, le conseil a jugé qu'une Délibération passée dans l'assemblée du clergé du diocèse de Rieux, qui autorisoit le syndic à faire un emprunt pour le soulagement des pauvres, auroit dû être contrôlée avant qu'on passât l'acte d'emprunt pardevant notaires; en conséquence, il a été ordonné que le droit de contrôle seroit payé, & cependant la décharge de l'amende encourue a été accordée par grâce & du consentement du fermier, attendu qu'il s'agissoit du soulagement des pauvres.

Les Délibérations des villes & des communautés laïques, où il n'intervient aucune personne tierce qui ait des intérêts différens des leurs, ne sont point assujetties au contrôle. Et il faut observer la même règle à l'égard des Délibérations concernant la police & l'administration intérieure des affaires de ces villes ou communautés. C'est ce qui résulte des arrêts du conseil des 12 octobre 1697, 30 décembre 1727, & 15 octobre 1737.

Si ces Délibérations ont pour objet de nommer quelques députés pour suivre un procès ou pour vaquer à d'autres affaires, & qu'il faille les signifier ou les déposer au greffe des cours ou juridictions, elles sont dans ce cas seulement sujettes au contrôle. C'est ce qui résulte de l'article 6 de l'arrêt du 15 octobre 1737.

Toutes les autres Délibérations des villes ou communautés laïques dans lesquelles il intervient quelque personne tierce qui a des intérêts différens des leurs, doivent être contrôlées dans la quinzaine, à la diligence des greffiers ou secrétaires des hôtels-de-ville, dans les lieux où il y en a d'établis, & ailleurs, à la diligence des officiers, à peine de nullité & de deux cens livres d'amende. C'est ce qui résulte de l'arrêt du 20 décembre 1727, & de celui du 15 octobre 1737.

Le 10 mars 1742, le conseil a réformé une ordonnance de l'intendant de Languedoc, par laquelle il avoit ordonné la restitution d'un droit de contrôle perçu pour une Délibération de communauté faite à l'effet d'emprunter, & a jugé que cette Délibération avoit dû être contrôlée avant l'emprunt comme elle l'avoit été,

Les Délibérations de parens pour autoriser un tuteur à vendre, à acheter, ou à passer d'autres actes semblables en sa qualité de tuteur, doivent être homologuées en justice avant qu'elles puissent produire aucun effet : c'est pourquoi si les parens délibèrent devant le juge, l'acte est purement judiciaire ; & comme tel, exempt de contrôle ; le conseil l'a ainsi décidé le 19 juin 1745 ; mais si la Délibération est faite autrement que devant le juge, il faut qu'elle soit contrôlée avant l'homologation.

Voyez *les lois citées*, & les articles ACTE;

CONTRÔLE, GREFFIER, TUTEUUR, FABRIQUE, &c.

DÉLIBÉRATIVE. On dit *avoir voix Délibérative*, pour dire avoir voix de suffrage dans les Délibérations d'une compagnie.

Les juges dans les parlemens & autres cours, n'ont pas voix Délibérative avant vingt-cinq ans pour les matières civiles, ni avant vingt-sept ans en matière criminelle, à moins d'une dispense d'âge accordée par le prince.

Voix Délibérative est opposée à *voix consultative.* Dans les conciles, les évêques seuls ont voix Délibérative, & les députés du second ordre n'ont que voix consultative.

DÉLIBÉRÉ. On appelle ainsi un jugement rendu après la plaidoirie des parties, par lequel les juges, au lieu de réduire une cause en procès par écrit, ordonnent qu'avant faire droit sur l'affaire qui a été plaidée, il en sera délibéré pour la discuter & examiner plus amplement sur le champ ou dans la chambre du conseil.

Les Délibérés se jugent souvent à l'issue de l'audience ; c'est pourquoi on fait ordinairement laisser les pièces sur le bureau.

Quelquefois on remet le jugement de Délibéré à un autre jour, & alors on nomme un rapporteur du Délibéré, devant lequel on joint les pièces de la cause & les mémoires ; mais on ne peut ni produire de nouvelles pièces, ni former de nouvelles demandes ; c'est la raison pour laquelle on dit que les Délibérés se jugent en l'état qu'ils se trouvent.

Si l'une des parties a quelque nouvelle demande à former depuis le Délibéré, elle doit la porter à l'audience ; & si les juges trouvent qu'il y ait connexité, ils ordonnent sur cette nouvelle demande un *Délibéré*, & *joint au premier Délibéré*.

A la cour des aides, il y a certaines causes légères, comme les appels de surtaux, où il est d'usage d'ordonner des Délibérés ; & quand cette cour fait écrire le jugement de Délibéré, sur la feuille du greffier, sans le prononcer à l'audience, on l'appelle un Délibéré sur le registre.

Un arrêt de la cour des aides de Paris, du 14 décembre 1683, ordonne que les Délibérés sur le registre dans les élections du ressort, seront jugés dans trois jours, & prononcés à l'audience suivante.

DÉLIBÉRER. C'est examiner, consulter en soi-même ou avec les autres, pour prendre une résolution, pour se déterminer.

L'ordonnance du mois d'avril 1667 accorde à l'héritier trois mois depuis l'ouverture de la succession pour faire inventaire, & quarante jours pour Délibérer, c'est-à-dire, pour se déterminer à accepter la succession ou à y renoncer.

L'ordonnance accorde à la veuve assignée en qualité de commune, les mêmes délais qu'à l'héritier, pour faire inventaire & pour Délibérer si elle acceptera la communauté ou si elle y renoncera.

Voyez les articles SUCCESSION, COMMUNAUTÉ, RENONCIATION, DÉLAI, INVENTAIRE, &c.

DÉLINQUANT. C'est en général, celui qui s'est rendu coupable de quelque délit. Ce terme est particulièrement usité en matière d'eaux forêts.

Par fentence de la table de marbre de Paris du 7 feptembre 1592, & par arrêt des juges en dernier reffort du 30 juin 1607, il a été jugé que les Délinquans affignés devoient comparoir en perfonne ; finon qu'ils pouvoient être condamnés par défaut.

Ces décifions font conformes à l'article 161 de l'ordonnance de 1539, & à l'article 4 du réglement donné pour Villers-Cotterets le 6 octobre 1705. Ces lois font défenfe aux juges des eaux & forêts d'admettre les Délinquans affignés fur les rapports des gardes, à répondre par procureur, lorfqu'il s'agit de délits qui peuvent être jugés fur le champ : mais s'il eft reconnu après que les parties affignées ont été ouies en perfonne, que la caufe mérite d'être inftruite, on peut leur permettre de fe défendre par procureur (*).

Lorfqu'un Délinquant eft furpris fur le fait, coupant du bois, le garde doit défigner la qualité du bois dans fon rapport, & fi l'inftrument du délit eft une hache, une ferpe, &c. Et fi le Délinquant a une voiture, il faut énoncer de combien de chevaux elle eft attelée, fi elle eft chargée de bois, &c.

Il faut auffi que le garde fomme le Délinquant de déclarer par quel ordre il abat le bois dont il s'agit, & faire mention de la réponfe.

Si le Délinquant a une voiture & des chevaux, & qu'il n'ait point pris la fuite, le garde doit le fommer de conduire fa voiture jufqu'au

---

(*) On admet aujourd'hui tout Délinquant qui n'eft pas pourfuivi par la voie criminelle, à fe défendre par procureur lorfqu'il le juge à propos.

premie

premier endroit pour la remettre entre les mains d'un gardien. Si le Délinquant obéit, on doit lui donner fur la champ copie du procès-verbal, ainfi qu'au gardien.

Si le Délinquant a pris la fuite auffitôt qu'il a apperçu le garde, celui-ci doit en faire mention dans fon procès-verbal, ainfi que de la route que le Délinquant a prife.

S'il arrive que le Délinquant fe mette en dé-fenfe contre le garde, ce dernier doit pareille-ment en faire mention dans fon procès-verbal, & fpécifier l'efpèce d'arme avec laquelle ce Dé-linquant s'eft mis en défenfe.

L'article 12 du titre 10 de l'ordonnance des eaux & forêts, défend aux gardes de boire avec les Délinquans qui leur font connus, à peine de cent livres d'amende pour la première fois, & de plus grande peine avec deftitution, en cas de récidive.

Voyez *l'ordonnance des eaux & forêts du mois d'août 1669, ainfi que les commentaires ;* & les articles GARDE, RAPPORT, AMENDE, DÉ-LIT, &c.

DÉLIT. Terme par lequel on défigne un crime grave ou léger, & même le dommage que quelqu'un caufe à autrui, foit volontaire-ment ou par accident, foit qu'il y ait eu deffein de nuire.

Les Délits font perfonnels, c'eft-à-dire que chacun eft tenu de fubir la peine & la réparation due pour fon Délit, & que le Délit de l'un ne nuit point aux autres.

Cette dernière maxime reçoit néanmoins trois exceptions. La première eft que le Délit du défunt nuit à fes héritiers pour les amendes, la confiscation & les autres peines pécuniaires qui sont à prendre sur ses biens ; la seconde exception, est que les pères sont tenus civilement des Délits commis par leurs enfans étant en bas âge & sous leur puissance. Les maîtres sont pareillement tenus des Délits de leurs domestiques, & du dommage causé par leurs animaux. Un brasseur a été condamné à faire une pension à un homme estropié par la voiture que conduisoit son garçon brasseur ; la troisième exception, est qu'il y a quelques exemples qu'en punissant le père & le fils pour certains crimes graves, comme celui de lèse-majesté au premier chef, on a étendu l'ignominie jusques sur les ascendans & les descendans, dans la vue d'inspirer plus d'horreur de ces sortes de crimes.

Tout Délit est public ou privé ; il est réputé de la dernière espèce, à moins que la loi ne déclare le contraire.

Un particulier ne peut pas poursuivre la peine d'un Délit, mais seulement la réparation civile & pécuniaire.

On dit communément qu'il n'y a point de compensation en matière de Délit ; mais cela ne doit s'entendre que de la peine afflictive qu'exige la vindicte publique, & non des peines pécuniaires qui dérivent du Délit. Il y a même certains Délits privés qui peuvent se compenser, tel est le dol commis réciproquement par des associés. Il faut en dire autant des injures & des autres Délits légers qui ne méritent point de peine afflictive : le juge a coutume de les compenser en mettant les parties hors de cour.

Le terme de Délit s'emploie particulièrement en matière d'eaux & forêts, pour désigner un contravention aux ordonnances & réglemens.

A l'article AMENDE, nous avons parlé de celles que l'ordonnance du mois d'août 1669 & les réglemens postérieurs ont prononcées au sujet des Délits qui se commettent dans les forêts ou pour faits de chasse & de pêche.

En toute sorte de Délits, les juges doivent condamner les Délinquans à des dommages & intérêts qui doivent être portés au moins à la même somme que l'amende.

· Et outre l'amende & les dommages & intérêts, les chevaux & harnois trouvés chargés des bois de Délit, doivent être confisqués au profit du roi. C'est ce qui résulte des articles 8 & 9 du titre 32 de l'ordonnance citée.

L'article 6 du même titre, veut que dans le cas de récidive de Délits commis depuis le coucher jusqu'au lever du soleil, avec feu ou scie, par les officiers des eaux & forêts, les arpenteurs, gardes, usagers, pâtres, marchands ventiers, bucherons, maîtres de forges, charbonniers, tuiliers & autres employés dans l'exploitation des forêts soient privés, savoir, les officiers de leurs charges, les marchands de leurs ventes, & les usagers de leurs droits & coutumes; & que tous soient bannis à perpétuité des forêts, sans pouvoir espérer d'obtenir des lettres de pardon, rétablissement, commutation ou rappel de ban.

Les marchands, maîtres de forges, fermiers, usagers, riverains, & les autres particuliers qui occupent des maisons, fermes ou autres héritages dans l'enclos & à deux lieues des forêts du roi, sont déclarés civilement responsables

des Délits commis par leurs facteurs, charre
tiers, pâtres & domestiques.

Il y a deux arrêts du conseil conformes
cette disposition de l'article 7 : l'un du 30 jui
1750, a confirmé une sentence de la maîtris
de Moulins, qui avoit condamné le sieur d
Tals, curé de Miliers, pour Délits commis pa
ses domestiques dans la forêt de Messurag
appartenante au roi : l'autre du 6 juillet 1756
a confirmé un jugement rendu par le gran
maître des eaux & forêts de Blois contre l
sieur Duchesne, trésorier de France, pour Délits commis par ses domestiques dans la forêt
de Blois.

La même règle doit s'appliquer aux Délits
commis pour fait de chasse : c'est ce qui a été
jugé par arrêt du 17 mars 1767, sur l'appel
d'une sentence de la maîtrise d'Abbeville. Cette
sentence avoit déclaré la marquise de Reynel
non-recevable dans la demande qu'elle avoit
formée pour que la veuve Duval, fermière,
fût condamnée solidairement à l'amende avec
les nommés Poulain & le Comte ses domestiques, qui avoient tendu des collets pour prendre
du gibier. En vain cette fermière soutint qu'aussitôt qu'elle avoit eu connoissance du Délit elle
avoit renvoyé ses domestiques ; l'arrêt cité infirma la sentence rendue en sa faveur, & la
condamna solidairement, avec ses domestiques,
à l'amende, avec défenses de récidiver sous plus
grande peine.

Les peines prononcées par l'ordonnance au
sujet des Délits commis dans les forêts du roi,
doivent aussi avoir lieu pour les Délits commis
dans les forêts qui appartiennent aux ecclésias-

fiques, aux communautés & aux particuliers.
C'eſt ce qui réſulte tant de l'article 11 du titre
14, que de l'article 5 du titre 26.

Il faut remarquer qu'en matière de Délits
commis dans les forêts ou pour fait de chaſſe
ou de pêche, la compétence des officiers des
maîtriſes ne ſe règle ni par le domicile du défendeur, ni par aucun privilége quel qu'il ſoit,
mais par le lieu du Délit. C'eſt une diſpoſition
de l'article 9 du titre premier.

Les ſergens ſont tenus des Délits commis
dans leurs gardes, lorſqu'ils n'en ont point fait
de rapports au greffe de la maîtriſe ou grurie,
deux jours au plus tard après le Délit commis,
ou qu'ils n'ont pas nommé dans leur rapport les
Délinquans, ni exprimé les lieux où les bois &
arbres de Délit ont été trouvés. C'eſt ce que
porte l'article 9 du titre 10.

Obſervez néanmoins que la diſpoſition de
l'ordonnance qui rend les gardes reſponſables
des Délits lorſqu'ils n'ont pas nommé les Délinquans dans leurs rapports, ne doit pas être priſe
à la rigueur, à moins qu'il ne ſoit prouvé que
le garde a agi par connivence : on conçoit qu'il
y a des cas où il eſt preſque impoſſible que le
garde ait connoiſſance de l'auteur du Délit,
comme quand ce Délit a été commis de nuit ou
en l'abſence du garde : il ſuffit alors qu'il paroiſſe
que le garde a fait tout ce qu'il a pu pour connoître le délinquant.

On diſtingue en matière eccléſiaſtique, trois
ſortes de Délits : le Délit eccléſiaſtique, le
Délit commun, & le Délit ou cas privilégié.

Le Délit purement eccléſiaſtique, eſt celui
qui concerne la diſcipline eccléſiaſtique, & pour

la punition duquel on fe contente de prononcer des peines canoniques.

Tels font tous les Délits fimples que les eccléfiaftiques peuvent commettre dans leurs fonctions, comme la négligence à remplir les devoirs de leur état ; l'indécence dans la manière de célébrer le fervice divin ; le défaut de réfidence dans le lieu du bénéfice ; la débauche ; l'exercice d'un art mécanique, & en général toute contravention aux canons & aux ftatuts de l'églife.

Quoique ces Délits fe pourfuivent ordinairement d'office à la requête du promoteur de l'officialité, ils peuvent néanmoins être pourfuivis fur la plainte des parties privées qui y ont intérêt.

Le Délit commun eft celui qui de fa nature, ne mérite pas de plus grandes peines que celles que l'églife peut infliger.

Et l'on appelle Délit ou cas privilégié, celui qui outre les peines canoniques, mérite des peines afflictives que le juge d'églife ne peut pas prononcer.

Ainfi cette diftinction de Délit commun, & de Délit privilégié, a été introduite pour régler la compétence du juge d'églife & celle du juge féculier : la connoiffance du Délit commun appartient au juge d'églife, & celle du Délit privilégié au juge féculier.

Mais pour bien entendre la fignification des mots *Délit commun* & *Délit privilégié*, & connoître l'abus qu'on en a fait, il faut favoir que chez les romains on appeloit *Délits communs*, tous ceux dont la punition appartenoit aux juges ordinaires ; & *Délits propres à une certaine pro*-

fiffion, les Délits commis contre les devoirs de cette profeffion. Ainfi lorfqu'un militaire commettoit une faute contre le fervice militaire, cette faute étoit un *Délit propre* ; mais s'il s'agiffoit d'un Délit dont la punition fût réglée par une loi commune à tous les autres citoyens, c'étoit un Délit commun.

Avant Conftantin, les eccléfiaftiques n'avoient point de juridiction extérieure contentieufe. Ce prince eft le premier qui ait fait un réglement entre les eccléfiaftiques & les féculiers. Il ordonna que les caufes légères ou qui concerneroient la difcipline eccléfiaftique, feroient traitées dans les affemblées fynodales ; & que l'évêque feroit juge des caufes eccléfiaftiques, entre eccléfiaftiques : il ordonna pareillement qu'en fait de crimes ou Délits, l'évêque jugeroit les eccléfiaftiques, excepté lorfqu'il s'agiroit de crimes graves : la connoiffance de ceux-ci fut réfervée aux juges féculiers, même lorfqu'ils auroient été commis par des évêques. On diftinguoit à leur égard de même que pour les autres eccléfiaftiques, le Délit civil & commun, d'avec celui qu'on appeloit eccléfiaftique. .

Cette diftinction des Délits communs d'avec les Délits eccléfiaftiques, fut obfervée dans le jugement d'Athanafe, évêque d'Alexandrie : il étoit accufé par deux évêques ariens, d'avoir confpiré contre l'empereur Conftantin. Il étoit auffi accufé d'un homicide, & d'avoir voulu violer fon hôteffe : l'empereur le renvoya pour ces crimes devant des juges féculiers qui l'interrogèrent. Mais lorfqu'il fut accufé d'avoir rompu des calices, d'avoir malverfé dans la vifite de fes églifes, & d'avoir ufé de violence envers les prêtres de son diocèse, il fut renvoyé au synode assemblé à Tyr.

Le même ordre fut observé sous les empereurs Constantin & Constantius. En effet Etienne, évêque d'Antioche, qui étoit arien, ayant fait un complot contre les ambassadeurs de Constans, ils demandèrent à l'empereur que le procès fût fait à cet évêque ; & celui-ci ayant demandé son renvoi au synode des évêques, on lui soutint qu'étant accusé de crimes capitaux, il devoit être jugé en cour séculière, ce qui fut ainsi ordonné.

Il est vrai que les mêmes empereurs accordèrent par faveur spéciale aux évêques, de ne pouvoir, pour quelque crime que ce fût, être jugés que par les évêques ; mais cela ne changea rien pour les autres ecclésiastiques ; & dans la suite, les empereurs Valens, Gratien & Valentinien, révoquèrent l'exception qui avoit été faite pour les évêques, & ordonnèrent que les crimes ecclésiastiques, de tous les clercs, soit évêques ou autres seroient jugés dans le synode de leur diocèse ; mais que les crimes communs & civils, qui sont précisément ceux que l'on appelle aujourd'hui improprement *cas privilégiés*, seroient poursuivis devant les juges séculiers.

Les empereurs Honorius & Théodose rétablirent le privilége qui avoit été accordé aux évêques, & l'étendirent même à tous les ecclésiastiques en général, pour quelque Délit que ce fût.

Le tyran nommé Jean, qui essaya d'usurper l'empire d'Occident, révoqua tous les priviléges, & soumit les ecclésiastiques à la justice féculière, tant pour le civil que pour toutes fortes de crimes indiftinctement.

Mais Théodofe & Valentinien II qui fuccédèrent à Honorius, rendirent aux eccléfiaftiques le privilège de ne pouvoir être jugés qu'en la juridiction eccléfiaftique, tant pour le civil que pour le criminel.

Tel fut l'état de la juridiction eccléfiaftique pour les matières criminelles jufqu'au temps de Juftinien. Ce prince par fa novelle 83, diftingue expreffément les Délits civils des Délits eccléfiaftiques. Par les Délits civils, il entend les Délits communs, c'eft-à-dire ceux qui font commis contre les lois civiles, & dont la punition eft réfervée aux lois civiles. C'eft ce que le docte Cujas a remarqué fur cette novelle, où il emploie comme fynonimes ces deux mots, *civil & commun*, & les oppofe au Délit eccléfiaftique.

Juftinien ordonna donc que fi le crime étoit eccléfiaftique & fujet à quelqu'une des peines que l'églife peut infliger, la connoiffance en appartiendroit à l'évêque feul : mais que fi au contraire, le crime étoit civil & commun, le préfident, fi c'étoit en province, ou le préfet du prétoire fi c'étoit dans la ville, en connoîtroient ; & que s'ils jugeoient l'accufé digne de punition, ils le livreroient aux miniftres de la juftice après qu'il auroit été dégradé de l'état de prêtrife par fon évêque.

Peu de temps après, Juftinien changea luimême cet ordre par la novelle 123, où il permit à celui qui accuferoit un eccléfiaftique, de fe pourvoir, pour quelque Délit que ce fût, devant l'évêque. Si le crime fe trouvoit eccléfiaſtique, l'évêque puniſſoit le coupable ſelon les canons ; ſi au contraire l'accuſé ſe trouvoit convaincu d'un crime civil, l'évêque le dégradoit, après quoi le juge laïc faiſoit le procès de l'accuſé.

L'accuſateur pouvoit auſſi ſe pourvoir devant le juge ſéculier ; auquel cas, ſi le crime civil étoit prouvé avant de juger le procès, on le communiquoit à l'évêque ; & ſi celui-ci trouvoit que le Délit fût commun & civil, il dégradoit l'accuſé, qui étoit enſuite remis au juge ſéculier ; mais ſi l'évêque ne trouvoit pas le Délit ſuffiſamment prouvé, ou que la qualité du Délit lui parût équivoque, il ſuſpendoit la dégradation, & les deux juges s'adreſſoient à l'empereur, qui en connoiſſance de cauſe, ordonnoit ce qu'il croyoit convenable.

En France, ſous les deux premières races de nos rois, & même encore aſſez avant ſous la troiſième, les eccléſiaſtiques qui avoient beaucoup empiété ſur la juridiction ſéculière, ne la reconnoiſſoient aucunement pour les matières criminelles, de quelque nature que fût le Délit ; c'eſt pourquoi Prétextat, archevêque de Rouen, étant accuſé par Chilperic de crime de lèſe-majeſté, le roi permit qu'il fût jugé par les évêques & prélats du royaume ; il leur obſerva néanmoins en même-temps, que les juges royaux auroient pu le condamner pour un tel crime.

Grégoire de Tours rapporte pluſieurs exemples ſemblables ; entr'autres, que Salonius & Sagittarius accuſés d'homicide, d'adultère & d'autres crimes énormes, furent renvoyés au jugement des évêques.

On trouve auſſi dans Monſtrelet qu'en 1415, 1460 & 1467, des clercs accuſés de crime de lèſe-majeſté, de ſortiléges, d'homicides, étoient renvoyés au juge d'égliſe, qui les condamnoit à une priſon perpétuelle, & à jeûner au pain & à l'eau.

Les capitulaires de Charlemagne, de Louis-le-Débonnaire, & d'autres princes leurs ſucceſſeurs, contiennent pluſieurs défenſes de pourſuivre les eccléſiaſtiques dans les tribunaux ſéculiers, pour quelque crime que ce ſoit.

Philippe III ordona en 1274, qu'on auroit recours au droit écrit pour ſavoir ſi un clerc accuſé d'homicide ſeroit pourſuivi devant le juge eccléſiaſtique ou laïc.

De tous ces différens faits, il réſulte que l'on n'ignoroit point dès-lors en France la diſtinction des Délits civils & communs, d'avec les Délits eccléſiaſtiques, qui ſe trouve établie par les lois romaines, & notamment par les novelles de Juſtinien, qui forment le dernier état du droit romain ſur cette matière ; que ſi l'on renvoyoit aux évêques la connoiſſance de tous les Délits commis par les eccléſiaſtiques, c'étoit par déférence pour les évêques, & par reſpect pour les anciens décrets des conciles.

Mais bientôt les gens d'égliſe commencèrent à reconnoître l'autorité des juges ſéculiers pour les Délits graves : on en trouve un exemple ſous le règne de Charles V. Pierre d'Eſtaing, évêque de Saint-Flour, & depuis archevêque de Bourges, & cardinal, ayant fait décider dans un ſynode qu'il convoqua à Bourges, que les clercs ne pouvoient être pourſuivis en juftice féculière pour aucun crime, fut contraint de révoquer ce décret & d'en donner fa déclaration par écrit en 1369, laquelle fut reçue par Jean duc de Berri, & enfuite acceptée par le roi.

Il paroît donc par-là que les eccléfiaftiques fe reconnoiffoient dès-lors fujets à la juftice féculière quant aux crimes graves, qu'ils appelèrent improprement Délits privilégiés; comme fi les juges féculiers n'en connoiffoient que par privilége, quoique ce fût tout le contraire, les juges féculiers connoiffant par droit commun de tous les Délits, & les juges d'églife feulement par privilége, des Délits eccléfiaftiques.

L'exercice de la juridiction féculière fur les eccléfiaftiques accufés de cas privilégiés, c'eft-à-dire de crimes graves, & dont la punition n'appartient qu'à la juftice féculière, n'eft même point un ufage particulier à la France, mais un droit commun à toutes les nations chrétiennes.

En Efpagne autrefois, les eccléfiaftiques ne pouvoient être pourfuivis, pour quelque crime que ce fût, que devant le juge d'églife; mais l'impunité qui réfultoit de ce privilége fut caufe que les rois d'Efpagne le révoquèrent par rapport aux crimes atroces, tels que les affaffinats & autres femblables, dont Philippe II, par un édit de 1597, donna pouvoir à fes juges d'informer contre toutes fortes de perfonnes fans exception.

La même chofe eft arrivée en Angleterre, où les eccléfiaftiques accufés de crimes étoient auffi exempts de la juftice féculière : ce privilége occafionnoit un tel défordre, que fous le règne de Henri II, il y eut plus de cent aſſaſſinats commis par des clercs; ce qui engagea ce prince à donner un édit portant que les clercs accuſés de crimes eccléſiaſtiques répondroient devant les juges d'égliſe à cet égard; mais qu'ils répondroient devant les juges féculiers, pour les crimes graves & qualifiés; ce qui fut confirmé par Edouard II.

Damhoudere en ſa pratique de Flandres, obſerve auſſi que les eccléſiaſtiques y ſont ſoumis à la juſtice féculière pour les crimes graves, tels que l'homicide, l'aſſaſſinat, port d'armes & autres ſemblables.

D'après ces obſervations, il eſt évident que l'on auroit dû appeler *Délits* ou *cas privilégiés*, ceux dont le juge d'égliſe a droit de connoître, puiſqu'il n'en connoît que par privilége, & que la dénomination de *Délits communs* devroit appartenir aux Délits dont la connoiſſance eſt attribuée de droit commun au juge royal & dont il eſt le juge naturel. Mais l'uſage a prévalu au contraire, même dans les tribunaux féculiers.

Ainſi les *Délits privilégiés* ſont ceux qui ſe commettent contre le bien & le repos public, & que le roi a intérêt de faire punir pour l'exemple & la ſûreté de ſes ſujets, comme les crimes de lèſe-majeſté divine & humaine, l'incendie, la fauſſe monnoie, l'homicide de guetà-pens, le vol ſur les grands chemins, le vol nocturne, le port d'armes défendues, la force & la violence publique, la contravention aux défenſes faites par un juge royal, & autres Délits ſemblables.

On met dans la claſſe des Délits communs tous ceux qui ne ſont pas privilégiés, tels que le simple larcin, l'homicide commis sans dessein prémédité, les injures faites à des particuliers, le concubinage, la simonie, &c.

Les officiaux connoissent des Délits communs de même que des Délits ecclésiastiques, dans l'étendue du diocèse où ils sont établis, & entre les ecclésiastiques du même diocèse : mais le juge royal en peut aussi connoître lorsqu'il y a scandale public, & que l'ordre public y est intéressé. Ainsi un ecclésiastique peut être justiciable du juge d'église & du juge royal pour un même fait, lorsqu'il participe tout à la fois du Délit commun & du Délit privilégié.

Il faut d'ailleurs remarquer que la compétence des officiaux ne s'étend pas indistinctement sur tous les ecclésiastiques de leur diocèse, mais seulement sur les prêtres, les diacres, les sous-diacres, & les clercs vivant cléricalement, & servant aux offices ou bénéfices qu'ils possèdent.

Si des religieux viennent à commettre hors du cloître, ou même dans l'intérieur du cloître, quelque Délit qui mérite peine afflictive, les officiaux ont droit d'en connoître. Bardet rapporte un arrêt du 24 mai 1639 qui l'a ainsi jugé. Et par un autre arrêt du 14 juillet 1703, le parlement a déclaré valable une procédure instruite à l'officialité de Paris contre un Carme, au sujet d'un scandale qu'il avoit commis hors de son cloître, & a refusé le renvoi requis par le provincial des Carmes.

Cette jurisprudence est fondée sur ce que les religieux n'ont dans leur cloître qu'un simple droit de correction, & non une vraie juridiction criminelle. Aussi n'y a-t-il chez eux ni appariteurs, ni officiaux pour inſtruire les procès criminels par les voies que les ordonnances ont introduites.

Il y a néanmoins une exception à faire à l'égard des ſupérieurs exempts qui jouiſſent des droits quaſi-épiſcopaux & qui ont des officiaux : ils ont le droit de connoître des Délits commis par les religieux & les autres eccléſiaſtiques ſoumis à leur juridiction. Le grand conſeil l'a ainſi jugé par arrêt du 30 avril 1683, rendu au ſujet d'un religieux de l'ordre de Cluni, prévenu de crime : il fut renvoyé aux ſupérieurs de ſon ordre, pour ſon procès lui être fait conjointement avec le lieutenant criminel de Nantes, quant au cas privilégié.

· Le parlement de Paris rendit un arrêt ſemblable en 1694, en renvoyant un ecéléſiaſtique de la ville d'Aurillac, accuſé de trouble public dans l'égliſe, à l'official de l'abbé d'Aurillac, pour ſon procès lui être fait & parfait par cet official pour le Délit commun, & par le juge royal pour le cas privilégié.

Lorſque le Délit commis par un religieux ne mérite qu'une ſimple correction, il peut être puni par le ſupérieur du couvent : mais ſi celui-ci négligeoit de le faire après avoir été averti, l'évêque pourroit prononcer la correction, même à l'égard des monaſtères exempts. C'eſt ce qui réſulte de l'article 18 de l'édit du mois d'avril 1695.

On a demandé ſi le Délit commis par un eccléſiaſtique dans les fonctions d'un office royal dont il eſt pourvu, doit être inſtruit conjointement avec le juge eccléſiaſtique ?

La raiſon de douter eſt fondée ſur les termes

des édits de Melun, & de février 1678, de
déclarations de juillet 1684, & de février 1711
& de l'article 38 de l'édit d'avril 1695, qui ne
diftinguent point & veulent que l'inftruction des
Délits ou cas privilégiés concernant les eccléfiaftiques, foit faite conjointement par les juges
d'églife & par les juges royaux.

Mais la raifon de décider que dans l'efpèce
propofée, c'eft au juge royal à inftruire, & à
juger feul, c'eft qu'il eft de maxime que nos
rois, en accordant aux eccléfiaftiques la permiffion de poffédér des charges de judicature,
ont confervé le droit de faire punir par les juges
royaux, ceux de ces eccléfiaftiques qui viendroient à prévariquer dans leurs fonctions.

Cette doctrine eft fondée fur plufieurs arrêts:
l'un du premier mars 1340, a jugé qu'un clerc
officier étoit puniffable par le juge laïc pour
avoir abufé de fes fonctions dans l'adminiftration
de la juftice : un autre rendu en 1496, a refufé
à Claude de Chanvreux, confeiller-clerc au
parlement de Paris, pourfuivi criminellement
en cette cour pour crime de faux, le renvoi
qu'il avoit demandé devant le juge d'églife à
caufe de fon privilége de cléricature ; & a condamné cet officier à l'amende honorable, à la
marque & au banniffement.

Julius Clarus, fameux jurifconfulte italien,
mort en 1575, écrivoit que felon l'opinion
commune des docteurs, le prince n'avoit pas le
droit de punir l'officier clerc qui commettoit
un Délit dans les fonctions de fon office, mais
que cette règle n'avoit pas lieu en France.

Le droit de la France à cet égard a même
été reconnu par Clément VII dans la bulle qu'il
accorda

accorda à François premier en 1527, laquelle fut revêtue de lettres-patentes en 1530, & enregiſtrée au parlement le 20 avril 1531.

On lit d'ailleurs dans les libertés de l'égliſe gallicane, que *le roi peut juſticier ſes officiers clercs pour quelque faute que ce ſoit, commiſe en l'exercice de leurs charges, nonobſtant le privilége de cléricature.*

Un arrêt du parlement de Paris du 21 août 1708, rapporté dans les mémoires du clergé, a jugé que l'imputation faite à un prêtre, principal d'un collége, de choiſir de mauvais ſujets pour régens, de prendre de l'argent pour donner les places, & de commettre d'autres ſemblables prévarications dans ſes fonctions de principal, étoit un Délit privilégié pour raiſon duquel le juge royal avoit pu procéder contre l'accuſé par information, récolement & confrontation, & a refuſé à l'accuſé ſon renvoi pardevant le juge d'égliſe.

Cet arrêt eſt d'autant plus important, que l'accuſé s'étant pourvu en caſſation au conſeil, il expoſa qu'il étoit contraire à pluſieurs ordonnances, & entr'autres, 1°. à celle de 1539, article 4 ; à l'édit d'Amboiſe, article 2; à l'ordonnance de Rouſſillon, article 21 ; à celle de Moulins, article 29 ; à celle de Blois, article 58 ; à l'édit de Melun, article 22 ; à celui du mois de février 1678, qui confirme l'article 22 de l'édit de Melun, & à la déclaration du roi du 24 juillet 1684, qui veulent tous que les juges d'égliſe connoiſſent des procès criminels des eccléſiaſtiques, & qu'ils ſoient renvoyés devant eux, pour être l'inſtruction faite conjointement, pour les cas privilégiés, tant par les juges

d'églife que par les juges royaux ; 2°. à la difpofition de l'article premier du titre 6 de l'ordonnance de 1667 ; 3°. à celle de l'article 13
de l'ordonnance de 1670, titre premier ; 4°. à
celle de l'article 58 de l'édit de 1595, qui confirme toutes les autres difpofitions : cependant
par arrêt du confeil d'état du roi, rendu au rapport de M. Chauvelin de Bauféjour, le 27 mai
1709, il fut mis néant fur la requête.

Les juges des feigneurs font incompétens pour
connoître des Délits foit communs, foit privilégiés commis par un eccléfiaftique vivant cléricalement, lorfqu'il a demandé fon renvoi devant l'official, ou que le promoteur l'a réven-
diqué. Dans ce cas, & fi le Délit eft privilégié,
l'inftruction doit néceffairement être faite avec
un juge royal, mais toute la procédure faite par
le haut-jufticier jufqu'au renvoi eft valable. Le
parlement de Paris l'a ainfi jugé par arrêt du 9
juin 1723 dans l'efpèce fuivante :

Un diacre accufé devant un juge feigneurial
d'avoir rendu une fille enceinte, fut décrété par
ce juge : le promoteur de l'officialité révendiqua
l'accufé, & le juge feigneurial le lui renvoya :
le diacre interjeta de fon côté, appel de la procédure faite par le juge feigneurial, comme de
juge incompétent : mais M. Gilbert de Voifins,
avocat général, obferva qu'il n'y avoit point
d'incompétence ; que c'étoit une erreur de penfer qu'il n'y avoit que les juges royaux qui puffent connoître des Délits commis par les eccléf-
fiaftiques ; qu'il étoit vrai que quand il y avoit
renvoi requis ou revendication faite de l'eccléf-
fiaftique accufé, le juge feigneurial ceffoit d'être
compétent, parce que le juge d'églife n'inftrui-

foit jamais qu'avec le juge royal ; mais qu'il ne falloit pas en conclure qu'il n'y avoit que le juge royal qui pût connoître des Délits commis par des eccléfiaftiques. En conféquence, l'arrêt cité mit l'appellation au néant, & confirma la procédure faite par le juge feigneurial.

Par un autre arrêt du 16 feptembre 1730, le parlement a auffi confirmé une procédure criminelle inftruite par un juge feigneurial contre un eccléfiaftique, quoique pour un Délit ou cas privilégié. En voici l'efpèce : Un eccléfiaftique du diocèfe de Beauvais, s'étoit rendu appelant d'une procédure inftruite contre lui par un juge feigneurial, au fujet d'une jeune fille qui s'étoit dite enceinte des œuvres de cet eccléfiaftique. Il paroiffoit par les informations, que la jeune fille s'étoit confeffée à l'eccléfiaftique, & qu'il y avoit eu des breuvages pris & des faignées du pied pour procurer l'avortement. Et comme le juge feigneurial n'avoit prononcé contre l'eccléfiaftique qu'un décret léger, le procureur général interjeta appel de ce décret, & conclut à ce que l'eccléfiaftique fût décrété de prife-de-corps & renvoyé devant le juge royal. L'arrêt jugea conformément aux conclufions. Ainfi loin que la procédure inftruite par le juge feigneurial eût été confidérée comme nulle, elle fervit au contraire de fondement à l'arrêt qui prononça le décret de prife-de-corps.

Autrefois quand il y avoit Délit commun & Délit privilégié, le juge royal devoit, fuivant l'ordonnance de Moulins, faire en premier lieu le procès à l'eccléfiaftique pour le cas privilé-gié, & enfuite le renvoyer au juge d'églife pour le Délit commun ; & en attendant le jugement de l'official, l'accusé devoit tenir prison pour la peine du cas privilégié. Mais par l'article 22 de l'édit de Melun de 1580, il a été ordonné que le procès pour le Délit commun & le Délit privilégié feroit fait par le juge d'églife & par le juge royal conjointement.

Lorfqu'un eccléfiaftique fe trouve accufé devant l'official par une partie civile ou par le promoteur, & que la plainte n'énonce aucun Délit privilégié, l'official doit faire feul l'inftruction conformément à l'ordonnance du mois d'août 1670, & procéder auffi feul au jugement définitif, lorfque durant l'inftruction il n'eft furvenu aucune charge qui découvre un Délit privilégié.

Mais quoiqu'il n'y ait aucune preuve de Délit privilégié, fi la plainte en énonce un, c'en eft affez, aux termes de l'article 38 de l'édit du mois d'avril 1695 (*), pour obliger l'official d'appeler fur le champ le juge royal. C'eft en conféquence de cette règle, que par arrêt du 20 décembre 1710, le parlement de Paris déclara nulle & abufive la procédure, même l'in-

_____

(*) Les procès criminels, (*porte cet article*) qu'il fera néceffaire de faire à tous prêtres, diacres, foudiacres, ou clercs vivant cléricalement, réfidant & fervant aux offices ou au miniftère & bénéfices qu'ils tiennent en l'églife, & qui feront accufés des cas que l'on appelle privilégiés, feront inftruits conjointement par les juges d'églife & par nos baillis & fénéchaux, ou leurs lieutenans, en la forme préfcrite par nos ordonnances, & particuliérement par l'article 22 de l'édit de Melun, par celui du mois de février 1678, & par notre déclaration du mois de juillet 1684, lefquels nous voulons être exécutés felon leur forme & teneur.

formation faite par l'official de Chenerailles,
diocèfe de Limoges, contre un Curé, parce que
dans la plainte, il étoit queftion d'un Délit privilégié.

Lorfque l'accufation n'énonce point de Délit
privilégié, mais que dans l'inftruction il furvient
des charges qui tendent à cette forte de Délit,
l'official doit, aux termes de la déclaration en
forme d'édit du mois de février 1678, en avertir
inceffamment le procureur du roi du reffort où
le crime a été commis, à peine contre l'official
de tous dépens, dommages & intérêts, & d'être
la·procédure recommencée à fes frais. Et fuivant la déclaration du mois de juillet 1684, qui
explique celle de 1678 (*), l'official eft tenu

(*) *Voici ces deux lois :*

Déclaration de février 1678.

Louis, &c. falut : comme il n'y a rien de plus néceffaire pour maintenir la police des états que d'établir un bon
ordre dans l'adminiftration de la juftice, & de prefcrire ce
qui doit être de la connoiffance de chacun de ceux qui font
prépofés pour la rendre; nous aurions par nos ordonnances
des années 1667 & 1670, réglé particuliérement la compétence des juges, & par les articles 11 & 12 du titre de
la compétence de celle de l'année 1670, ordonné que nos
baillis, fénéchaux, les prévôts, de nos coufins les maréchaux de France, lieutenans-criminels de robe-courte,
vice-baillis & vice-fénéchaux, connoîtront des crimes y
énoncés, & par l'article 13 de la même ordonnance, nous
aurions déclaré que nous n'entendions déroger par lefdits
articles 11 & 12 aux privilèges dont lefdits eccléfiaftiques
auroient accoutumé de jouir, & parce que nous avons été
informés que ledit article 13 eft diverfement interprêté &
exécuté dans quelques-unes de nos cours de parlement, &
par autres nos juges, les uns voulant, en exécution d'icelui,
fuivre ce qui eft porté par l'article 37 de l'ordonnance de

d'avertir le lieutenant criminel du bailli ou sé-

Moulins du mois de février 1566, & les autres l'article 21
de l'édit de Melun du mois de février 1580; ce qui fait
que les ecclésiastiques se trouvent en diverses occasions
troublés en la jouissance de leurs privilèges & immunités,
& fournit le sujet de plusieurs différends, particuliérement
dans les diocèses enclavés dans le ressort de divers parlemens, donne en même-tems à des personnes privilégiées
l'occasion de trouver l'impunité de leurs crimes dans ces
différentes contestations. A quoi voulant remédier & pourvoir à ces inconvéniens, en établissant sur ce une loi commune générale, & une jurisprudence universelle; savoir
faisons, que de notre certaine science, pleine puissance &
autorité royale, nous avons dit, statué & ordonné, disons
statuons & ordonnons par ces présentes signées de notre
main, voulons & nous plaît, que l'article 22 de l'édit de
Melun, concernant les procès criminels qui se font aux
ecclésiastiques, soit exécuté selon sa forme & teneur dans
tout notre royaume, pays & terres de notre obéissance; en
faisant que l'instruction desdits procès pour les cas privilégiés, sera faite conjointement, tant par les juges d'église
que par nos juges, dans le ressort desquels sont situées les
officialités; & seront tenus pour cet effet nosdits juges
d'aller au siége de la juridiction ecclésiastique située dans
leur ressort, sans aucune difficulté, pour y étant, faire ré-
diger les dépositions des témoins, interrogatoires, récolle-
mens & confrontations pour leurs greffiers, en des cahiers
séparés de ceux des greffiers des officiaux pour être le procès instruit & jugé par nosdits juges sur les procédures rédigées par leurs greffiers, sans que sous quelque prétexte que
ce puisse être, lesdits juges puissent juger lesdits ecclésiastiques sur les procédures faites par les officiaux pour raison de
délit commun. N'entendons néanmoins annuller les informations faites par les officiaux avant que nos officiers ayent
été appelés pour le cas privilégié, lesquelles premières informations subsisteront en leur force & vertu, à la charge
de récoler les témoins par nosdits officiers. Voulons pareillement qu'en cas que lesdits ecclésiastiques eussent été accusés devant nos juges, & vinssent à être revendiqués par les

néchal royal dans le reffort duquel le Délit privilégié a été commis.

promoteurs des officialités, ou renvoyés pour le Délit commun; en ce cas les informations & autres procédures faites par nofdits juges, fubfifteront felon leur forme & teneur, pour être le procès fait, parachevé & jugé contre lefdits eccléfiaftiques pour raifon dudit Délit commun, fur ce qui aura été fait par nos juges du renvoi & déclinatoire; & en cas que le procès s'inftruifit auxdits eccléfiaftiques en l'une de nos cours de parlement; voulons que les évêques fupérieurs defdits eccléfiaftiques foient tenus de donner leur vicariat à l'un des confeillers clercs defdits parlemens, pour conjointement avec celui des confeillers laïcs defdites cours qui fera pour cet effet commis, être le procès fait & parfait aux eccléfiaftiques accufés; & feront tenus, tant nofdits juges que les Vicaires & officiaux des évêques, obferver le contenu en notre préfente ordonnance, à peine de nullité des procédures qui feront refaites aux dépens des contrevenans, & de tous dépens, dommages & intérêts. Ordonnons en outre que lorfque dans l'inftruction des procès qui fe feront aux eccléfiaftiques, les officiaux connoîtront que les crimes dont ils feront accufés & prévenus, feront de la nature de ceux pour lefquels il échoit de renvoyer à nos juges pour le cas privilégié, lefdits officiaux feront tenus d'en avertir inceffamment les fubftituts de nos procureurs généraux du reffort où le crime aura été commis, à peine contre lefdits officiaux de tous dépens, dommages & intérêts, même d'être la procédure refaite à leurs dépens. Si donnons en mandement, &c.

Déclaration de juillet 1684.

Louis, &c. falut : le foin que nous avons de maintenir la difcipline de l'églife, & de conferver à fes miniftres la juridiction qu'ils exercent fous notre protection, nous ayant obligé d'ordonner entr'autres chofes par notre déclaration donnée à S. Germain-en-Laye, au mois de février 1678, que tous nos officiers qui affifteroient à l'inftruction des procès criminels des eccléfiaftiques accufés des crimes que l'on appelle ordinairement cas privilégiés, garderoient la forme prefcrite par l'article 22 de l'édit de Melun. Nous

La même déclaration de 1684 , veut que cet

avons été informés qu'il s'étoit trouvé de la difficulté entre quelques-uns de nosdits officiers , pour savoir si ce seroit le juge du lieu dans lequel on prétendoit que le crime avoit été commis, ou celui dans le ressort duquel est situé le siège de l'officialité , qui instruiroit lesdits procès & en auroit connoissance; & comme il est nécessaire pour le bien de la justice de prévenir toutes les difficultés qui peuvent retarder l'instruction des procès criminels, & particulièrement de ceux des ecclésiastiques qui scandalisent ainsi par leur déréglemens ceux qu'ils devroient instruire & édifier par leurs bons exemples, A ces causes & autres à ce nous mouvant, de notre propre mouvement, certaine science, pleine puissance & autorité royale, nous avons dit, statué & ordonné, statuons & ordonnons par ces présentes signées de notre main, que notre déclaration du mois de février 1678 sera exécutée selon sa forme & teneur, & qu'à cet effet lorsque nos baillis, sénéchaux, ou leurs lieutenans criminels instruiront le procès criminel à des ecclésiastiques, & qu'ils accorderont leur renvoi pardevant l'official dont ils sont justiciables pour le Délit commun, soit sur la requête des accusés, soit sur celle du promoteur en l'officialité, nos procureurs ésdits siéges en donneront avis à l'official, afin qu'il se transporte sur les lieux pour l'instruction du procès, s'il l'estime à propos pour le bien de la justice, & en cas qu'il déclare qu'il entend instruire ledit procès dans le siége de l'officialité, ordonnons que lesdits accusés seront transférés dans les prisons de l'officialité dans huitaine après ladite déclaration, aux frais & à la diligence de la partie civile, s'il y en a, & en cas qu'il n'y en ait pas, à la poursuite de nos procureurs, & aux frais de nos domaines, que le lieutenant criminel, & à son défaut un autre officier dudit siége dans lequel le procès a été commencé, se transporte dans le même temps de huitaine dans le lieu où est le siége de l'officialité, quand même il seroit hors du ressort dudit siége, pour y achever l'instruction dudit procès conjointement avec l'official; attribuant à cet effet à nosdits officiers toute cour, jurisdiction & connoissance, & sans qu'ils soient obligés de demander ni prendre paréatis des officiers ordi-

avertiſſement ſoit fait par une ſommation à la
requête du promoteur, au lieutenant criminel ;
ou en ſon abſence, aux autres officiers du ſiége,

naires des lieux ; & qu'après que le procès inſtruit pour le
Délit commun aura été jugé en ladite officialité, l'accuſé
ſera ramené dans les priſons dudit ſiége royal où il aura été
commencé, pour y être jugé à l'égard du cas privilégié ; &
en cas que ledit lieutenant criminel, & à ſon défaut un autre officier dudit ſiége royal, ne ſe rende pas dans ledit délai
de huitaine au ſiége de l'officialité où l'accuſé aura été transféré, voulons en ce cas que le procès ſoit inſtruit conjointement avec ledit official par le lieutenant criminel, ou en
ſon abſence & légitime empêchement, par l'un des officiers du bailliage ou ſénéchauſſée, ſuivant l'ordre du tableau, dans le reſſort duquel le ſiége de l'officialité eſt ſitué,
pour être enſuite jugé au même ſiége, auquel nous en attri-
buons toute cour, juriſdiction & connoiſſance. Voulons que
le même ordre ſoit obſervé dans les procès qui auront été
commencés dans les officialités, & que les officiaux ſoient
tenus d'en avertir les lieutenans criminels de nos baillis &
ſénéchaux, dans le reſſort deſquels les crimes ou cas privilégiés dont leſdits eccléſiaſtiques ſeront accuſés, auront été
commis. Enjoignons auxdits lieutenans criminels, ou en
leur abſence & légitime empêchement, aux autres officiers
deſdits ſiéges, ſuivant l'ordre du tableau, de ſe tranſporter
dans les lieux où ſont les ſiéges deſdites officialités, dans
huitaine après la ſommation qui leur en aura été faite à la
requête des promoteurs, pour être par eux procédé à l'inſtruction & jugement deſdits procès, pour le cas privilégié,
en la forme expliquée ci-deſſus ; & à faute par leſdits juges
de ſe rendre dans ledit délai dans les lieux où ſont leſdites
officialités, leſdits procès ſeront inſtruits & jugés par les
officiers du bailliage ou ſénéchauſſée dans le reſſort duquel
eſt le ſiége de l'officialité, le tout ſans préjudice à nos cours
de commettre d'autres de nos officiers pour leſdites inſtructions, & de renvoyer en d'autres ſiéges le jugement deſdits
procès lorſqu'elles l'eſtimeront à propos, pour des raiſons
que nous laiſſons à leur arbitrage. Si donnons en mandement, &c.

fuivant l'ordre du tableau. La règle eft de faire la fommation au greffe du fiége.

Le juge royal doit en conféquence & dans la huitaine qui fuit la fommation, fe rendre à l'officialité ; finon le procès doit être inftruit & jugé par les officiers du bailliage dans le reffort duquel l'officialité a fon fiége : au furplus, les cours peuvent commettre d'autres officiers tant pour inftruire que pour juger le procès.

Mais fi le juge royal du lieu du Délit avoit négligé ou refufé de fe rendre à l'officialité, l'official ne feroit pas tenu de demander à la cour qu'elle commît un juge pour inftruire la procédure conjointement avec lui ; il pourroit en cette circonftance, s'adreffer directement au juge royal du reffort dans lequel feroit le fiége de l'officialité. Le parlement l'a ainfi jugé par arrêt du 12 janvier 1742.

Obfervez d'ailleurs que le refus que feroit le juge royal de fe rendre à l'officialité, n'autorifferoit pas l'official à juger feul ; car s'il le faifoit, il y auroit abus, & fa procédure feroit déclarée nulle. C'eft ce qui réfulte de deux arrêts des 12 janvier 1704, & 4 juin 1707, rapportés au journal des audiences.

De ce que le juge d'églife eft obligé d'avertir le juge royal lorfqu'il s'agit d'un cas privilégié, on ne doit pas en conclure que quand un eccléfiaftique fe trouve accufé & traduit devant le juge royal, celui-ci foit obligé d'appeler l'official : il faut pour cela que le renvoi foit requis par l'accufé ou qu'il y ait révendication de la part du promoteur.

Mais auffitôt que cette réquifition ou révendication a eu lieu, le procureur du roi doit en

donner avis à l'official, afin qu'il se transporte
sur les lieux pour l'instruction du procès, s'il le
juge à propos (*). Si l'official déclare qu'il entend instruire le procès dans le siége de l'officialité (**), le juge royal doit rendre sur le ré-
quisitoire du procureur du roi (***), une ordon-

(*) *Formule de signification pour avertir l'official.*

L'an.... le.... à la requête de M. le procureur du
roi au bailliage de.... pour lequel domicile est élu au greffe
dudit bailliage à.... j'ai.... soussigné; signifié & déclaré
à M. l'official de.... au domicile de Me.... greffier de
l'officialité, demeurant à.... en parlant à.... que N....
contre lequel le sieur requérant poursuit un procès criminel
sur la plainte qu'il a présentée le... devant M. le lieutenant criminel de.... ledit.... ayant requis par son interrogatoire du.... sur le décret de prise de corps contre lui
donné le.... d'être renvoyé devant mondit sieur l'official,
l'instruction conjointe devient nécessaire, à ce que mondit
sieur l'official n'en prétende cause d'ignorance, & se transporte, si bon lui semble audit bailliage, ou déclare s'il entend que l'instruction se fasse en l'officialité; & j'ai à mondit sieur l'official, toujours à domicile, & parlant comme
dessus, laissé copie de la présente signification.

(**) *Formule de déclaration de l'official.*

L'an.... le.... à la requête de.... promoteur de
l'officialité de.... pour lequel domicile est élu au greffe de
ladite officialité, j'ai.... soussigné; signifié & déclaré à
M. le lieutenant criminel à.... en parlant à.... que M.
l'official de.... requiert que l'instruction du procès contre.... soit faite en l'officialité, à ce que mondit sieur le
lieutenant criminel n'en ignore; & j'ai, toujours à domicile,
& parlant comme dessus laissé copie de la présente déclaration.

(***) *Formule du requisitoire.*

Vu, &c. Je requiers pour le roi, qu'il soit ordonné que
dans huitaine N.... sera transféré dans les prisons de l'officialité de.... & que vous vous transporterez dans le siége
de ladite officialité, pour continuer & achever l'instruction

nance portant que l'ecclésiastique accusé, s'il est prisonnier, sera transféré dans les prisons de l'officialité dans la huitaine, aux frais de la partie civile, s'il y en a une; sinon à la diligence du procureur du roi & aux frais du domaine; & que dans le même délai de huitaine, il se transportera dans le lieu où est le siége de l'officialité, pour y achever l'instruction du procès conjointement avec l'official.

L'avis donné à l'official, & la déclaration faite par celui-ci, doivent être signifiés respectivement au greffe de l'officialité & du siége royal.

Si le juge royal avoit procédé sans l'official depuis le renvoi requis ou la révendication, tout ce qu'il auroit fait seroit absolument nul : le parlement l'a ainsi jugé par arrêt du 31 janvier 1702.

Lorsque le procès a été commencé par l'official, les informations faites avant que le juge royal ait été appelé pour le Délit privilégié, doivent subsister en leur force & vertu, à la charge du récolement des témoins par le juge royal; ce qui doit avoir lieu quand même l'official auroit procédé aux récolemens & aux confrontations.

---

du procès dudit. . . . conjointement avec le sieur official. A. . . . ce. . . .

Ordonnance.

Vu, &c. Nous ordonnons que dans huitaine N. . . . sera transféré dans les prisons de l'officialité de. . . . & que nous nous transporterons dans le siége de ladite officialité pour continuer & achever l'instruction du procès dudit. . . . conjointement avec le sieur official. Fait à. . . . ce. . . .

Si le procès a été commencé devant le juge royal, les informations & les autres procédures faites avant le renvoi requis, ou la révendication, doivent pareillement subsister : c'est pourquoi si les récolemens & les confrontations étoient achevés avant ce renvoi requis ou cette révendication, l'official seroit tenu de rendre sur cette procédure, sa sentence définitive pour le Délit commun.

Au surplus, l'instruction qui reste à faire quand le juge royal se rend à l'officialité, doit être faite conjointement avec l'official.

Cette instruction conjointe exige deux greffiers, & par conséquent un double cahier de la procédure faite en même-temps par l'official & le juge royal. Il faut que l'un des greffiers prenne les conclusions du promoteur, & l'autre celles du procureur du roi. Chaque juge doit rendre sa sentence séparément, mais le juge royal ne doit rendre la sienne sur le Délit privilégié, qu'après que l'official a prononcé sur le Délit commun.

Si après deux sommations de juger faites de huitaine en huitaine à l'official, il négligeoit ou refusoit de rendre sa sentence, on pourroit interjeter appel comme d'abus de ce refus ou négligence, & même intimer & prendre à partie l'official en vertu d'une permission de la cour. C'est ce qui résulte tant d'un arrêt du 27 août 1701, que de l'article 43 de l'édit du mois d'avril 1695.

La déclaration du 4 février 1711 (*), veut

_____

(*) *Cette loi est ainsi conçue:*
Louis, &c. salut : Nous avons par nos édits des mois

que dans les procès faits conjointement par le

de février 1678, juillet 1684, & avril 1695, ordonné conformément à l'article 22 de l'édit de Melun du mois de février 1580, que quand l'instruction des procès criminels contre les ecclésiastiques se feroit conjointement, tant par les officiaux pour le Délit commun, que par nos juges pour le cas privilégié, nosdits juges seroient tenus de se transporter à cet effet au siége de la jurisdiction ecclésiastique située dans leur ressort : & comme nous sommes informés que quelques-uns de nosdits juges contestent aux officiaux dans ce cas le droit de prendre le serment des accusés & des témoins, de faire subir l'interrogatoire aux accusés, & de récoler & confronter les témoins, sous prétexte que ce droit n'est pas expressément attribué aux juges d'église par l'édit de Melun & par les autres édits donnés en conséquence, nous voulons faire cesser tout sujet de contestation entre les officiaux & nos juges à cet égard, & empêcher que rien ne retarde l'instruction & jugement des procès des ecclésiastiques. A ces causes & autres à ce nous mouvant, de notre certaine science, pleine puissance & autorité royale, en interprétant en tant que besoin seroit, l'article 22 de l'édit de Melun, & nos édits des mois de février 1678, juillet 1684 & avril 1695, nous avons par ces présentes signées de notre main, dit, déclaré & ordonné, disons, déclarons & ordonnons, voulons & nous plaît, que dans l'instruction des procès criminels qui se font aux ecclésiastiques, conjointement par les juges d'église pour le Délit commun, & par nos juges pour le cas privilégié, lorsque nos juges se transporteront dans les siéges des officialités pour l'instruction desdits procès, les juges d'église aient la parole; qu'ils prennent le serment des accusés & des témoins; qu'ils fassent en présence de nosdits juges les interrogatoires, les récolemens & confrontations, & toutes les autres procédures qui se font par les deux juges; de sorte néanmoins que nos juges pourront requérir les juges d'église d'interpeller les accusés sur tels faits qu'ils jugeront nécessaires, soit dans les interrogatoires, soit lors de la confrontation & du reste de la procédure, lesquelles interpellations, ensemble les réponses des accusés, seront transcrites par les greffiers, tant des juges d'église que de nos juges dans les cahiers des in-

juge d'églife pour le Délit commun, & par le
juge royal pour le Délit privilégié, le juge
d'églife ait la parole, prenne le ferment des
accufés & des témoins, & faffe en préfence du
juge royal les interrogatoires, les récolemens
& les confrontations : mais le juge royal peut
requérir l'official d'interpeller l'accufé fur les
faits qu'il juge important d'éclaircir, foit dans
les interrogatoires, foit lors de la confrontation, ou de tout autre acte de la procédure;
& ces interpellations, ainfi que les réponfes
de l'accufé, doivent être tranfcrites par les
greffiers, tant du juge d'églife que du juge
royal (*).

terrogatoires & des confrontations; & en cas de refus des
juges d'églife de faire aux accufés lefdites interpellations,
nofdits juges pourront les faire eux mêmes directement
aux accufés, lefquelles interpellations, enfemble les réponfes des accufés, feront tranfcrites par les greffiers
dans les cahiers des interrogatoires & confrontations, & des
autres pièces de l'inftruction, pour après ladite inftruction
faite conjointement par les juges d'églife & par nos juges,
être par eux procédé au jugement définitif defdits eccléfiaftiques, conformément à nofdits édits des mois de février 1580,
février 1678, juillet 1684, & avril 1695, que nous voulons être exécutés felon leur forme & teneur. Si donnons en
mandement, &c.

(*) *Voici les principales formalités à obferver dans le cas
d'une procédure commencée d'abord par le juge royal contre un eccléfiaftique & enfuite renvoyée à l'officialité pour
y être inftruite conjointement par l'official & par le juge
royal.*

Requifitoire du promoteur.

A MONSIEUR....

Remontre le promoteur, que par la communication
qu'il a prife des procédures tenues au bailliage de.... à la
requête du procureur du roi, contre Me.... accufé,

Si le juge d'églife refufoit de faire les inter

il a remarqué que.... A ces caufes, requiert qu'il vou
plaife lui donner acte de ce qu'il déclarer fe rendre plai
gnant des faits ci-deffus, circonftances & dépendances, e
conféquence, vu les faits réfultans des charges & informa
tions faites au bailliage de.... contre Me... qui a ce jour
d'hui été transféré dans les prifons de ce fiége, ordonne
que le décret de prife de corps décerné audit bailliage, le.,
contre ledit..... fera exécuté en ce fiége, & que ledit...
fera arrêté & recommandé dans les prifons de cedit fiége
& ouï & interrogé fur les faits réfultans defdites charge
& informations, circonftances & dépendances, pour enfuit
être pris telles conclufions qu'il appartiendra. A.... ce...

Sentence de l'official.

Vu, &c.... nous donnons acte au promoteur d
la déclaration par lui faite, qu'il fe rend plaignant de
faits ci-deffus, circonftances & dépendances; en confé
quence ordonnons que le décret de prife de corps décern
au bailliage de.... le.... contre ledit.... fera exécuté e
ce fiége, & que ledit.... fera arrêté & recommandé dau
les prifons de cedit fiége, & ouï & interrgé fur les faits ré
fultans defdites charges & informations, circonftances &
dépendances, pour enfuite l'interrogatoire communiqué au
promoteur, & à nous rapporté, être par lui requis, & par
nous ordonné ce que de raifon. Fait & donné en la cham
bre du confeil de l'officialité à.... ce....

De la fentence rendue par M. l'official de.... le....
fignifiée, fcellée & en bonne forme, a été extrait le difpo
fitif dont la teneur fuit.

Nous, &c....

Recommandation.

L'an, &c. à la requête de M. le promoteur de l'officialité de.... pour lequel domicile eft élu en fon hotel à....
j'ai.... fouffigné, fignifié & laiffé copie par extrait pareil
à celui qui eft ci-deffus, de la fentence rendue par M.
l'official de.... le.... à Me.... prifonnier ès prifons de
ce fiége, en parlant à fa perfonne, pour ce amené entre
les deux guichets defdites prifons, à ce que du contenu

pellations

pellations dont il s'agit, le juge royal pourroit les faire directement lui-même à l'accufé.

---

audit extrait de fentence ledit.... n'ignore; & en vertu de la même fentence, j'ai pareillement, à la requête de mondit fieur le promoteur, arrêté & recommandé ledit...fur le regiftre defdites prifons, à nous repréfenté par.... geolier d'icelle, pour être ouï & interrogé fur les faits réfultans des charges & informations dont eft queftion en ladite fentence, circonftances & dépendances, pardevant mondit fieur l'official, pour ledit interrogatoire fait & communiqué à mondit fieur promoteur, & vu par M. l'official, être requis & ordonné ce que de raifon, à ce que ledit.... n'en ignore, & lui ai pareillement, comme deffus, laiffé auffi copie du préfent, fans alimens, attendu qu'il eft en décret.

Interrogatoire devant les deux juges.

Interrogatoire fait par nous, official de.... &.... lieutenant criminel au bailliage de.... en la préfence de.... greffier de l'officialité de.... & de.... greffier du bailliage de.... en exécution de la fentence rendue par nous official du.... & du décret de prife de corps décerné par nous lieutenant criminel du.... à la requête du promoteur & du procureur du roi, demandeurs & accufateurs, contre Me.... accufé, auquel interrogatoire avons procédé dans le prétoire de ladite officialité à....

Du....

Après ferment fait par ledit Me.... accufé, lequel a mis la main *ad pectus*, & a juré *in verbo facerdotis*, de dire & répondre vérité.

Interrogé par nous official, de fes noms, furnoms, âge, qualité & demeure.

A dit....

Interrogé....

A dit....

Lecture faite audit.... du préfent interrogatoire, il a dit qu'il contient vérité, & qu'il perfifte dans fes réponfes comme véritables, & a figné avec nous official, le lieutenant criminel, & nos greffiers, ainfi qu'au bas de chacune des pages

. S'il arrivoit que les deux procédures fussent

d'icelui, qui ont été cottées & paraphées par nous official &
lieutenant criminel.

Lorsque le juge royal requiert l'official de faire des in-
terrogatoires ou interpellations, ou l'exprime ainsi dans
l'interrogatoire :

Interpellé à la requisition du juge royal de dire. . . .

· Interrogé à la requisition du juge royal. . . .

Si l'official refuse de faire les interpellations ou interro-
gations requises, on écrit :

Interrogé par le juge royal sur le refus du sieur official,
si. . . .

Au bas de la minute de l'interrogatoire qui doit rester
au greffe de l'officialité, l'official met son ordonnance de
soit communiqué au promoteur & au bas de la minute qui
reste au greffe de la juridiction royale, le lieutenant crimi-
nel met aussi son ordonnance de soit communiqué au pro-
cureur du roi.

Conclusions du promoteur pour le récolement des témoins en
leurs dépositions, & leur confrontation à l'accusé.

Vu, &c. Je requiers qu'il soit ordonné que les témoins
ouïs en l'information, & autres qui pourront l'être de nouveau, seront récolés en leurs dépositions, & confrontés si
besoin est à l'accusé ; pour ce fait & à moi communiqué,
requérir ce que de raison. ·

· *Jugement de l'official.*

· Vu, &c. Tout vu & considéré nous ordonnons que les
témoins ouïs ès informations, & ceux qui pourront l'être de
nouveau, seront récolés en leurs dépositions, & si besoin
est, confrontés à l'accusé, pour ce fait & communiqué au
promoteur, & à nous rapporté, être par lui requis, & par
nous ordonné ce que de raison. Fait & donné en la chambre
du conseil de l'officialité à. . . . ce. . . .

Le procureur du roi donne de son côté des conclusions
semblables à celles du promoteur, & le juge royal rend une
sentence pareille au jugement de l'official.

Le promoteur donne ensuite la requête suivante pour de-

différentes en chofes effentielles , il faudroit fe

mander l'indication du jour, à l'effet d'affigner les témoins pour le récolement & la confrontation.

A MONSIEUR....

Remontre le promoteur, que.... A ces caufes, requiert qu'il vous plaife indiquer votre moment, pour faire compa- roître devant vous, fur les affignations qui leur feront don- nées, les témoins entendus en l'information faite au bailliage criminel de.... le.... à la requête du procureur du roi dudit bailliage, contre....à l'effet d'être récolés en leurs dépofitions, & fi befoin eft confrontés à l'accufé, en exécution de votre jugement du....

Préfenté le....

Ordonnance de l'official.

Permis d'affigner les témoins ouïs en l'information faite au bailliage criminel de.... le.... contre.... à comparoir pardevant vous au prétoire de l'officialité à.... le.... heure de.... & jours fuivans à la même heure, pour être récolés en leurs dépofitions, & fi befoin eft confrontés à l'accufé en exécution de notre jugement du.... & aux fins de la préfente requête. Fait & donné à.... ce....

Le procureur du roi donne auffi une requête aux mêmes fins , & obtient du juge royal une ordonnance telle que celle de l'official.

Affignation aux témoins pour le récolement & la con- frontation, à la requête du promoteur.

L'an.... le.... en exécution du jugement rendu par M.... le.... & en vertu de fon ordonnance du.... au bas de la requête à lui préfentée le même jour, lefdits juge- ment & ordonnance duement fignés, fcellés & en bonne forme, & à la requête de M. le promoteur en l'officialité de.... pour lequel domicile eft élu en fon hôtel, à.... jai.... fouffigné, donné affignation à.... en fon domicile, en parlant à.... & à.... en fon domicile, en parlant à.... à comparoir pardevant M. l'official de.... au prétoire de ladite officialité de.... le.... huit heures du matin, & jours fuivans à la même heure, pour être récolés en leurs

juin 1673, qui en pareil cas, ordonna que les minutes des deux procédures feroient portées par les deux greffiers devant un juge royal nommé par la cour, pour entendre les témoins fur les contrariétés apperçues dans ces procédures.

Si durant l'inftruction & avant les fentences définitives, l'official & le juge royal rendoient des jugemens préparatoires différens, il faudroit fe pourvoir au parlement pour y faire ftatuer fur le vu des charges & informations.

Conclusions du promoteur.

Vu, &c. Je requiers l'accufé être déclaré atteint & convaincu de.... pour réparation de quoi il foit condamné à.... fait.... ce....

Interrogatoire devant l'official.

Interrogatoire fubi en la chambre du confeil de l'officialité de.... à.... cejourd'hui.... pardevant nous.... official, & Me....en la préfence du greffier de ladite officialité, par.... accufé, qui a prêté ferment de dire vérité par l'appofition de la main *ad pectus*.

Interrogé de fes noms, furnoms, âge, qualité & demeure.

A dit qu'il s'appelle, &c.

Jugement définitif de l'official.

Vu, &c. Tout vu & confidéré : le faint nom de Dieu invoqué, & après avoir pris confeil de.... & de.... nous avons déclaré ledit.... atteint & convaincu de.... pour réparation de quoi, l'avons condamné à.... fait, donné & jugé en la chambre du confeil de l'officialité à.... le....

Le procureur du roi donne enfuite de fon côté des conclufions définitives, & fait transférer l'accufé dans les prifons du bailliage, où il fubit le dernier interrogatoire, après quoi les officiers de ce fiége rendent une fentence définitive dans laquelle ils doivent faire mention de celle de l'official.

L'official peut bien se transporter au bailliage royal pour y instruire le procès d'un ecclésiastique conjointement avec le juge royal, mais il est obligé de juger le Délit commun dans le siége de l'officialité, autrement il y auroit abus dans la sentence définitive. S'il arrive que pour des raisons particulières il soit nécessaire que l'official juge le Délit commun dans le siége du bailliage, il doit pour cet effet se faire autoriser par le parlement. C'est ainsi que pour éviter de transférer dans les prisons de l'officialité d'Evreux qui n'étoient point sûres, un ecclésiastique accusé d'avoir assassiné une religieuse, il fut permis par arrêt du parlement de Normandie du 17 décembre 1709, à l'official, de juger le procès dans la chambre du conseil du bailliage d'E-vreux.

Les peines que le juge d'église peut infliger pour le Délit commun, sont la suspension, l'interdit, l'excommunication, les jeûnes, les prières, la privation pour un temps du rang dans l'église, de voix délibérative dans le chapitre, des distributions manuelles, ou d'une partie des gros fruits, la privation des bénéfices, la prison pour un temps, & la prison perpétuelle. L'église n'a point de punition qui puisse aller au-delà.

Quant au juge royal, il doit condamner un ecclésiastique comme il condamneroit un séculier.

Lorsqu'un ecclésiastique est jugé par le juge d'église seul, & condamné pour le Délit commun, il peut, quoiqu'il ait satisfait à la condamnation, être encore repris par le juge royal, & puni de nouveau par lui, pour le cas privilégié.

Il en feroit de même fi l'eccléfiaftique avoit été abfous par le juge d'églife ; le juge royal pourroit encore lui faire fon procès.

Mais fi l'eccléfiaftique avoit été renvoyé abfous par le juge royal, ou qu'il eût obtenu la grâce du roi, & qu'elle eût été entérinée, le juge d'églife ne pourroit plus intenter procès à l'accufé pour le Délit commun, & s'il le faifoit il y auroit abus.

L'appel fimple de la fentence définitive de l'official n'empêche pas de procéder au parlement fur l'appel fimple du juge royal : mais s'il y a appel fimple de la fentence du juge royal, & appel comme d'abus de celle de l'official, il faut d'abord faire juger l'appel comme d'abus à l'audience; & fi la procédure de l'official eft déclarée nulle, la nullité s'étend jufques fur la procédure du juge royal. Le parlement de Paris l'a ainfi jugé par arrêt du 31 janvier 1724.

On appelle *Délits militaires*, les Délits commis par les gens de guerre dans les camps & armées, ou à l'occafion des fonctions militaires (*).

(*) *Les Délits militaires font particulièrement fpécifiés dans l'ordonnance fuivante :*

Sa majefté s'étant fait repréfenter le trentième article du réglement donné à Poitiers par le feu roi fon bifaieul, le 4 novembre 1651, par lequel il auroit été ordonné que les anciens réglemens & ordonnances militaires feroient ponctuellement fuivies pour toutes les chofes concernant la difcipline & police des gens de guerre, auxquelles il étoit pourvu par icelles; & étant informée des embarras qui naiffent journellement dans les confeils de guerre, lorfqu'ils s'agit d'y juger des crimes, Délits ou autres cas intéreffant le fervice, la difcipline & la fubordination, tant parce que

Les Délits commis de soldat à soldat ou à

la plupart des officiers qui y font appelés n'ont pas connoif-fance des ordonnances de François premier, du 24 juillet 1534, de Henri II, des 20 mars 1550, 23 décembre 1553 & 20 mars 1557, qui ont établi la régle qui doit être fuivie en ces matières, que parce que quelques-uns defdits cas n'y font pas exprimés d'une manière affez précife pour lever toute difficulté : à quoi étant néceffaire de pourvoir, en réuniffant & expliquant les difpofitions, tant defdites anciennes ordonnances, que de celles du feu roi bifaïeul de fa majefté, relative à cette matière, par une loi générale qui puiffe faire connoître aux foldats, cavaliers & dragons l'étendue de leurs devoirs ; & à leurs officiers les peines qu'ils doivent prononcer contre ceux qui y manqueront. Sa majefté, après avoir examiné lefdites ordonnances de François premier & de Henri II, des 22 juillet 1534, 20 mars 1550, 23 décembre 1553, & 22 mars 1557, & autres données en conféquence, a ordonné & ordonne ce qui fuit :

ARTICLE PREMIER.

Tous foldats, cavaliers & dragons feront tenus, fous peine de la vie, d'obéir aux officiers des régimens & compagnies dont ils feront, en tout ce qui leur fera par eux ordonné pour le fervice de fa majefté, foit dans les armées, en route, dans les quartiers & dans les garnifons.

II. Veut fa majefté qu'ils foient tenus, fous la même peine de la vie, d'obéir à tous autres officiers des autres compagnies ou régimens qui feront dans leur quartier ou dans leur garnifon, l'intention de fa majefté étant que vingt-quatre heures après l'arrivée d'un officier dans lefdits quartiers ou garnifons, il foit réputé connu des cavaliers, dragons & foldats qui s'y trouveront.

III. Ordonne fa majefté auxdits officiers de tenir la main à ce que les foldats, cavaliers & dragons obéiffent aux maréchaux-des-logis & fergens de leurs compagnies & régimens avec lefquels ils feront en garnifon. Voulant fa majefté que ceux qui leur défobéiront en chofes concernant fon fervice, foient punis corporellement ou de mort, fuivant la nature & la circonftance de leur défobéiffance.

l'occasion du service militaire, & dans lesquels

IV. Tous cavaliers, dragons & soldats qui mettront l'épée à la main contre des officiers, soit de leur régiment ou des autres troupes de leur quartier ou garnison, qui les frapperont de quelque maniere que ce puisse être, ou qui les menaceront, soit en portant la main à la garde de l'épée, ou en faisant mouvement pour mettre leur fusil en joue, quand même ils auroient été frappés & maltraités par lesdits officiers, auront le poing coupé & seront ensuite pendus & étranglés.

V. Le cavalier, dragon ou soldat qui frappera un maréchal-des-logis ou un sergent, tant de son régiment que des autres troupes du quartier ou de la garnison, étant de garde ou de service actuel avec lui, sera puni de mort, & hors le cas du service actuel, celui qui frappera un sergent ou un maréchal-des-logis, soit de son régiment ou de la même garnison que lui, ou qui mettra l'épée à la main, sera condamné aux galères perpétuelles.

VI. Celui qui frappera un caporal ou brigadier, avec lequel il sera de garde, de détachement ou service actuel, soit que ledit brigadier ou caporal soit du même régiment ou d'une autre troupe du quartier ou de la garnison, sera pareillement condamné aux galères perpétuelles.

VII. Tout soldat qui de jour ou de nuit, après avoir été posé en sentinelle, quittera son poste sans avoir été relevé par un sergent, caporal ou anspessade, sera puni de mort.

VIII. Les cavaliers & dragons qui quitteront le lieu où ils auront été mis en védette, ordonnance ou autre faction, sans avoir été relevés par leurs officiers, seront condamnés à la même peine.

IX. Tout soldat ou cavalier étant en sentinelle ou faction, qui se trouvera endormi pendant la nuit, sera pareillement puni de mort.

X. Lorsque la garde de nuit aura été posée dans une place de guerre, celui qui tirera des armes à feu, qui fera du bruit ou autre chose capable de causer quelqu'allarme dans une place de guerre, sera mis sur le cheval de bois chaque jour pendant un mois, à l'heure de la garde montante.

il n'y a aucun habitant intéreffé, font de la com-

XI. Sera condamné à la même peine celui qui s'enivrera le jour qu'il fera de garde.

XII. Quiconque donnera ou fera connoître l'ordre à l'ennemi ou à aucun autre qu'à ceux à qui il doit être donné fera pendu & étranglé.

XIII. Tout foldat, cavalier ou dragon qui mettra l'épée à la main dans un camp ou dans une place de guerre, étant aggreffeur, fera condamné aux galères perpétuelles : voulant fa majefté que dans le cas où deux foldats, cavaliers ou dragons mettroient l'épée à la main l'un contre l'autre volontairement, & fans que l'un des deux y ait été forcé pour la défenfe de fa vie, fubiffent tous deux la même peine des galères perpétuelles.

XIV. Tout cavalier, dragon ou foldat qui aura été offenfé par un autre, foit de parole ou de fait, s'adreffera à l'officier commandant dans la place ou dans le quartier : lequel après avoir ouï les raifons des parties, fera faire à l'offenfé telle réparation qu'il jugera convenable & impofera à l'offenfeur le châtiment que le cas lui paroîtra mériter.

XV. Lorfque des foldats, cavaliers ou dragons auront l'épée à la main pour fe battre, & qu'un de leurs officiers ou autres de la garnifon furvenant, leur criera de fe féparer, ils feront tenus de lui obéir fur le champ fans pouvoir pouffer un feul coup, à peine d'être paffés par les armes.

XVI. Celui qui infultera ou attaquera un foldat, cavalier ou dragon étant en fentinelle, ordonnance ou faction, foit l'épée à la main, le fufil en joue ou à coups de bâton ou de pierres, fera paffé par les armes.

XVII. Tous cavaliers, dragons ou foldats qui exciteront quelque fédition, révolte ou mutinerie, ou qui feront aucune affemblée illicite, pour quelque caufe & fous quelque prétexte que ce puiffe être, feront pendus & étranglés.

XVIII. Subiront la même peine ceux qui fe trouveront en pareilles affemblées, ou qui auront appelé, excité ou exhorté quelqu'un à s'y trouver.

XIX. Seront pareillement punis de peine corporelle ou de mort, fuivant l'exigence des cas, ceux qui auront dit quelques paroles tendantes à fédition, mutinerie ou rebel-

pétence des officiers militaires. C'est une disposition de l'ordonnance du 25 juillet 1665.

---

lion, ou qui les auront entendues sans en avertir sur le
champ leurs capitaines ou officiers supérieurs.

XX. Celui qui étant engagé dans quelques querelles,
combat ou autre occasion, appellera ceux de sa nation,
de son régiment ou de sa compagnie à son secours, ou for-
mera quelque attroupement, sera passé par les armes.

XXI. Ceux qui auront fait quelque entreprise ou cons-
piration contre le service du roi & la sûreté des villes, places & pays de sa domination, contre les gouverneurs &
commandans desdites places ou contre leurs officiers, comme
aussi ceux qui y auront consenti, ou qui ayant eu connoissance, n'en auront pas averti leurs capitaines ou mestre-
de camp, seront rompus vifs.

XXII. Défend sa majesté, sous peine de la vie, à tous
soldats, cavaliers & dragons, de voler ou piller les vivan-
diers ou marchands venant dans les villes ou dans les camps,
& de prendre par force & sans payement, soit pain, vin,
viande, bierre, brandevin, ou autres denrées & marchandises tant dans les marchés des villes & dans les boutiques
que dans les camps ou en route.

XXIII. Leur défend pareillement sa majesté, à peine
d'être passés par les verges, d'aller hors du camp ou de la
garnison, au-devant de ceux qui apportent des vivres pour
en acheter, quand même ce seroit de gré à gré & sans
aucune violence.

XXIV. Leur défend sa majesté sous peine de la vie, de
voler meubles ou ustenciles des maisons où ils seront logés
soit en route ou en garnison.

XXV. Tous soldats, cavaliers ou dragons, qui de guet
à pens, méchamment & avec avantage, en blessera ou
tuera un autre, sera pendu & étranglé

XVI. Quiconque aura pillé, volé ou dérobé en tems de
paix ou pendant la guerre, soit dans le royaume ou en
pays ennemis, calices, ciboires ou autres biens d'église,
sera pendu & étranglé; & si par les circonstances du vol il
se trouvoit y avoir eu profanation des choses sacrées, il sera
condamné au feu.

Il faut néanmoins excepter de cette règle,

XXVII. Celui qui dérobera les armes de son camarade ou autre soldat, en quelque lieu que ce soit, sera pendu & étranglé; & celui qui dérobera dans les chambres des cazernes leur linge, habit ou équipage, ainsi que le prêt du pain de ceux de sa chambrée, sera condamné à mort ou aux galères perpétuelles, suivant les circonstances du cas.

XXVIII. Celui qui vendra sa poudre ou son plomb, sera mis pendant quinze jours sur le cheval de bois à l'heure de la garde, s'il est en garnison; si c'est dans un camp, il sera mis au piquet pendant le même temps.

XXIX. Personne de quelque condition, grade ou caractère que ce soit, ne pourra, sous peine de la vie, avoir correspondance en tems de guerre avec l'ennemi, par aucune voie que ce puisse être, sans la permission du général, si c'est à l'armée, ou du commandant de la province ou de la place, si c'est dans les quartiers ou dans les garnisons.

XXX. Défend sa majesté à toutes personnes que ce puisse être, à peine de punition corporelle ou de la vie, suivant l'exigence des cas, d'attenter ou d'entreprendre rien contre les personnes, villes, bourgs, villages, châteaux, hameaux, ou autres biens & lieux auxquels sa majesté aura accordé sauve-garde.

XXXI. Quiconque sans permission de son commandant, sortira d'une place ou fort assiégé, ou s'écartera au-delà des limites d'un camp, pour quelque prétexte que ce puisse être sera pendu & étranglé.

XXXII. Tout soldat, cavalier ou dragon qui sortira d'un camp retranché, ville de guerre ou fort, ou qui y rentrera par quelque détour, par escalade ou autrement que par les portes & chemins ordinaires, sera pendu & étranglé.

XXXIII. Le cavalier, soldat ou dragon qui étant dans le camp ou dans la garnison, ne suivra pas son drapeau ou son étendard, dans une allarme, champ de bataille ou autre affaire, sera comme déserteur passé passé par les armes.

XXXIV. Chacun secourra & défendra les drapeaux ou étendards de son régiment, soit de jour ou de nuit, & s'y rendra au premier avis sans les quitter, jusqu'à ce qu'ils soient portés & mis en sureté, sous peine de punion corporelle ou de mort, suivant l'exigence du cas.

1°. le crime de duel , dont l'article 19 de l'édit

XXXV. Tous cavaliers , dragons ou soldats en faction, comme aussi les brigadiers commandant la garde des étendards, qui laisseront sauver les prisonniers qui leur seront consignés , & à la garde desquels ils auront été établis, seront condamnés à servir comme forçats sur les galères pendant trois années : enjoignant sa majesté aux officiers de garde, de veiller & tenir la main à l'exécution du présent article , à peine d'en être responsables en leurs propres & privés noms.

XXXVI. Défend sa majesté , en conformité de l'ordonnance du 20 mai 1686, à tous cavaliers, dragons & soldats , de jurer & blasphêmer le saint nom de Dieu, de la sainte Vierge ni des Saints , sous peine à ceux qui tomberont dans ce crime , d'avoir la langue percée d'un fer chaud; voulant sa majesté que les officiers de la troupe dont ils seront , soient tenus , aussitôt qu'ils en auront connoissance, de les remettre au prevôt étant à la suite d'icelle, ou au major du régiment , pour leur faire subir la peine susdite.

XXXVII. Tout officier qui osera insulter un commissaire des guerres dans ses fonctions , sera sur le champ envoyé en prison par le commandant du corps dont sera ledit officier, ou par ordre du commandant de la place où l'insulte aura été commise, lesquels en informeront sur le champ le secrétaire d'état de la guerre, pour sur le compte qui en sera rendu à sa majesté , être ledit officier puni ainsi qu'il sera par elle ordonné, suivant les circonstances du cas.

XXXVIII. A l'égard des cavaliers , dragons & soldats qui seront assez téméraires pour attenter à la personne desdits commissaires, soit en les frappant , ou se mettant en posture de les frapper, veut sa majesté qu'ils soient jugés par le conseil de guerre , & condamnés à être pendus & étranglés.

XXXIX. Défend très-expressément sa majesté auxdits cavaliers, dragons & soldats de frapper ou insulter les maires, échevins, consuls, juges & autres magistrats des lieux où ils seront en garnison , ou par lesquels ils passeront lorsqu'ils seront en route; voulant sa majesté que sur la requisition desdits magistrats, les accusés soient mis en prison pour être jugés par les prévôts des maréchaux ou par les

du mois d'août 1679 a attribué la connoiffance

---

juges des lieux, fuivant la nature & les circonftances du Délit.

XL. Dans le cas où lefdits magiftrats ou officiers municipaux auroient été frappés ou infultés par des officiers des troupes de fa majefté, ils en adrefferont leurs plaintes & procès-vérbaux au fecrétaire d'état de la guerre, pour fur, le compte qui en fera par lui rendu à fa majefté, y être par elle pourvu felon & ainfi qu'il appartiendra.

XLI. Lorfque les prévôts, archers ou autres prépofés par les juges ordinaires, arrêteront prifonniers des foldats, ou autres accufés, aucun cavalier, dragon ou foldat ne pourra s'y oppofer, les leur ôter de force, ni fe mettre en, devoir de les leur ôter à peine de la vie.

XLII. Défend fa majefté à tous foldats, cavaliers & dragons d'aller ni envoyer couper, abattre & dégrader aucun bois dans fes forêts, bois, buiffons & domaines, ni dans ceux des particuliers; de chaffer ni pêcher dans les terres des feigneurs, comme auffi de tirer fur les pigeons, poules, poulets, lapins & autres animaux domeftiques, & d'endommager les moulins, viviers & étangs, le tout à peine de punition corporelle.

XLIII. Tout foldat, cavalier ou dragon qui trichera ou pipera au jeu, fera puni corporellement. Veut fa majefté que fi dans les camps ou dans les places il s'érabliffoit des jeux de hazard & capables d'engendrer querelle, les commandans ou gouverneurs faffent rompre les tables, machines & uftenciles fervant aufdits jeux, & qu'ils fiffent mettre en prifon ceux qui tiendront lefdits jeux.

XLIV. Défend fa majefté à tous officiers, cavaliers, dragons, & foldats d'avoir & entretenir à leur fuite aucune fille débauchée, à peine aufdits officiers d'être caffés, aufdits foldats, cavaliers & dragons de trois mois de prifon, & aufdites filles d'avoir le fouet & d'être chaffées des armées ou des places.

XLV. Veut au furplus fa majefté que les ordonnances rendues par le feu roi fon bifaïeul, contre les déferteurs, fuborneurs & féducteurs, paffe-volans, faux-fauniers, contrebandiers, contre ceux qui auront vendu ou acheté des-

aux juges royaux concurremment avec les pré
vôts des maréchaux & les lieutenans criminel
de robe courte, à la charge de l'appel au par
lement du reffort.

2°. Les Délits qui font au nombre des ca
royaux, & dont l'article 11 du titre premie
de l'ordonnance de 1670 a attribué la connoif
fance aux baillis ou fénéchaux à l'exclufion de
tout autre juge.

3°. Les cas prévotaux, même de foldat :
foldat, dont la connoiffance a été attribuée au
prévôts des maréchaux & aux préfidiaux, tan
par l'ordonnance de 1670 que par la déclaratior
du 5 février 1731.

Obfervez d'ailleurs à l'égard des Délits fimple
commis de foldat à foldat, que quand un foldat a
été emprifonné en vertu d'une ordonnance des

---

outils, habillemens, armes & chevaux des troupes de fa
majefté ou des métaux, poudres pièces & munitions d'artillerie, & généralement toutes autres ordonnances auxquelles
il n'eft point dérogé par la préfente, foient exécutées felon
leur forme & teneur.

Mande & ordonne fa majefté aux gouverneurs & fes
lieutenans généraux en fes provinces & armées, gouverneurs & commandans particuliers de fes villes & places,
chefs & officiers de fes troupes, intendans & commiffaires
départis dans fes provinces, commiffaires des guerres or-
donnés à la police defdites troupes, prévôts des maréchaux
& autres fes officiers qu'il appartiendra, de tenir la main,
chacun en ce qui le concerne, à l'exécution de la préfente
ordonnance, laquelle fa majefté veut être lue & publiée à
la tête defdites troupes, & affichée dans les principaux
corps-de-gardes de fes places & autres lieux que befoin fera,
à ce qu'aucun n'en puiffe prétendre caufe d'ignorance. Fait
à Verfailles le premier juillet mil fept cens vingt-fept.
Signé, LOUIS. Et plus bas, LE BLANC.

juges

juges ordinaires des lieux, les officiers militaires ne peuvent le retirer ni faire retirer des prisons sous prétexte que la connoissance du Délit de l'accusé leur est attribuée : ils doivent en ce cas demander le soldat aux juges qui l'ont fait arrêter ; & si ceux-ci refusent de le rendre, les officiers militaires doivent se pourvoir au roi sur cet objet. Cela est ainsi ordonné par l'article 43 de l'ordonnance du 25 juillet 1665.

Quant aux Délits commis dans les garnisons par les gens de guerre, de quelque nation qu'ils soient, c'est aux juges ordinaires à en connoître, lorsque des habitans des lieux ou quelqu'autre sujet du roi y ont interêt : mais ces juges ne peuvent procéder ni à l'instruction ni au jugement du procès, sans y appeler le prévôt des bandes ou du régiment s'il y en a un ; & s'il n'y en a point, le major ou l'officier qui commande la troupe dont est l'accusé. C'est ce qui résulte d'une ordonnance du 4 novembre 1651.

Voyez *le journal du palais ; le dictionnaire des arrêts ; l'ordonnance des eaux & forêts, & les commentateurs ; le traité de la justice criminelle de France ; les lois ecclésiastiques ; le dictionnaire de droit canonique ; l'ordonnance du mois d'août 1670 ; le traité des matières criminelles ; l'édit du mois d'avril 1695 ; le dictionnaire des sciences ; les arrêts de Bardet ; le journal des audiences ; les mémoires du clergé ; le traité de l'abus, par Févret ; Bouchel, bibliothèque du droit françois ; les centuries de le Prêtre ; le recueil de jurisprudence canonique ; le traité de la manière de poursuivre les crimes ; l'ordonnance du 25 juillet 1665 ; la déclaration du 5 février 1731 ; l'édit du mois d'août 1679 ; l'ordonnance du 4 novembre 1651 ;*

le code militaire, &c. Voyez aussi les articles
CRIME , INJURE , IMPUBÈRE , RAPPORT ,
GARDE , AMENDE , CHASSE , PÊCHE , OFFI-
CIAL , ÉVÊQUE , JUGE , RÉCOLEMENT , CON-
FRONTATION , INTERROGATOIRE , PEINE ,
SOLDAT , GARNISON , CONSEIL DE GUERRE,&c.

DÉLIVRANCE. Ce mot est pris ici pour
signifier la mise en possession d'un droit quelconque ; il a le même sens à peu près que livrai-
son pour exprimer la tradition des choses mobilières.

Délivrance a aussi une signification particulière
dans les sièges des monnoies & dans les eaux &
forêts. Nous expliquerons ce que signifient ces
deux espèces de Délivrances.

Dans les matières qui ont rapport aux contrats & aux obligations , on distingue deux sortes de Délivrances ; la Délivrance fictive & la
Délivrance réelle. La Délivrance fictive est
celle qui a été imaginée pour suppléer à la
Délivrance réelle quand celle-ci ne peut pas
avoir lieu d'une manière physique. Ainsi lorsqu'il
s'agit de délivrer une maison vendue , un champ
de terre , un droit incorporel , comme cette
Délivrance ne sauroit se faire d'une manière
réelle , on y supplée par une Délivrance fictive ,
en délivrant les clefs de la maison & les titres
constitutifs de la propriété des objets vendus. Il
y a des choses qui ne peuvent se délivrer par
aucun signe sensible : telle est une servitude cons-
tituée : la Délivrance s'en fait alors par la faculté qu'on accorde à l'acquéreur d'en user suivant la convention.

La Délivrance réelle est celle qui se fait en délivrant la chose même , comme en délivrant par

exemple un meuble, du vin, du bled, des denrées, des beftiaux & d'autres chofes femblables.

Si une même chofe mobilière étoit vendue à
deux acheteurs, foit par un même, foit par deux
différens vendeurs, le premier des deux à qui
elle auroit été délivrée & qui s'en trouveroit en
poffeffion, feroit préféré, quoique la vente faite
à l'autre fût antérieure ; à moins que l'un des
vendeurs ne fût pas le maître de la chofe vendue & que l'autre le fût, car en ce cas celui qui
auroit acheté du maître, feroit préféré à celui
à qui la Délivrance auroit été faite ; mais dans
tous les cas l'autre acheteur auroit fon recours
contre fon vendeur (*).

La Délivrance doit être faite au tems & dans
le lieu réglé par le contrat : fi le contrat ne s'explique point à cet égard, on doit délivrer fans
délai & dans le lieu où fe trouve la chofe vendue. Les frais de la Délivrance font à la charge
du vendeur : s'il s'agit par exemple de droits
d'aides pour la Délivrance d'une pièce de vin,
c'eft au vendeur à les acquitter ; mais les frais
de l'enlèvement font à la charge de l'acheteur.

La chofe demeure aux rifques du vendeur dès
l'inftant qu'il eft en retard d'en faire la Délivrance. Ce défaut de Délivrance donne lieu à
des dommages-intérêts, & quelquefois même

(*) Il en feroit différemment de la vente d'un fond réel
paffée par un acte autentique : quoique le dernier acheteur
fût en poffeffion de l'immeuble, le premier acquéreur ne
feroit pas pour cela exclu de la faculté de revendiquer l'objet
à lui vendu, parce que les immeubles ont une fuite par
hypotheque que les meubles n'ont pas.

à la résolution de la vente. Voyez-en un exemple à l'article COMMINATOIRE.

Quand l'acheteur est lui-même en retard de venir enlever la chose vendue, il ne peut pas se plaindre du défaut de Délivrance, & cette Délivrance peut même être justement refusée lorsque l'acheteur ne satisfait pas de son côté aux conditions de la vente.

Observez que quand on auroit le droit le plus marqué de se faire délivrer une chose, on ne peut cependant pas, lorsqu'elle est refusée, s'en emparer par voie de fait, on est obligé alors de recourir à l'autorité de la justice.

Il ne suffit pas non plus d'avoir acquis un legs en vertu d'un testament pour se croire en droit de s'en mettre aussitôt en possession sans en avoir demandé la Délivrance à l'héritier : le legs n'est autre chose, suivant la définition qu'en donne le droit romain, que la donation d'une certaine portion de l'hérédité à fournir, c'est-à-dire à délivrer par l'héritier (*).

La nécessité de demander cette Délivrance, est introduite dans presque toutes les coutumes notamment dans celle de Paris ; elle est à plus forte raison établie dans les pays de droit écrit. On excepte néanmoins de cette règle le legs fait à un héritier en ligne directe ; mais non point à un héritier en ligne collatérale ; car il a été jugé au parlement de Paris le 15 février 1729, qu'un collatéral qui renonçoit à une succession pour

_____

(*) *Legatum est donatio quædam à defuncto relicta, ab hærede præstandâ.* (§. 1, inst. de legat.)

s'en tenir à un legs univerſel, n'avoit de fruits à prétendre que du jour de la demande en Délivrance.

Lorſqu'on eſt ſaiſi de la choſe qui fait l'objet du legs, eſt-on de même obligé d'en demander la Délivrance ? Si l'on n'eſt pas obligé de demander cette Délivrance, puiſqu'on a la choſe même, on eſt, dit-on, du moins obligé de demander qu'elle demeure à celui qui l'a à titre de propriété en vertu du legs, au lieu de l'avoir ſimplement à titre de louage ou d'uſufruit : mais nous penſons qu'il ſuffit à celui qui la poſſède d'exciper de la faveur du legs pour la retenir, & pour retenir en même tems les fruits qui en ſont échus à compter du jour que le legs étoit exigible ; car autre choſe eſt d'être obligé de demander pour avoir, & autre choſe d'exciper pour retenir. Ce qui doit avoir lieu à plus forte raiſon en faveur d'un débiteur à qui on lègue ce qu'il doit ou à qui l'on en fait remiſe. Il lui ſuffit de demander l'exécution du teſtament par forme d'exception.

Il n'en eſt pas de l'héritier inſtitué comme du ſimple légataire ; lorſque le teſtament contient une inſtitution d'héritier, ce qui eſt aſſez ordinaire en pays de droit écrit, cet héritier teſtamentaire eſt comme ſaiſi de droit ſans être obligé de former aucune demande en Délivrance. Il y a même à ce ſujet un acte de notoriété donné au parquet du parlement d'Aix le 24 juillet 1741 ; mais ſi parmi les biens de la ſucceſſion teſtamentaire il y a des rentes ſur la ville de Paris, la propriété n'en eſt acquiſe que par la Délivrance. C'eſt ce qui a été ainſi réglé par la chambre des comptes de Paris le 22 février 1755 (*).

Dans les pays coutumiers où les héritiers teſtamentaires ne ſont regardés que comme des légataires, tout legs, même univerſel, eſt ſujet à Délivrance : mais comme cette maxime n'a lieu qu'en faveur des parens héritiers, ſi le legs univerſel émanoit d'un bâtard, le légataire pourroit s'en ſaiſir de plein droit : il n'auroit de demandé à former à ce ſujet, qu'autant que le ſeigneur ſe feroit déjà emparé de la ſucceſſion.

(*) Voici ce que porte ce règlement : » La chambre.....
» ordonné que les rentes, intérêts & autres charges aſſi-
» gnées ſur les fermes des aides & gabelles, ſur celles des
» poſtes, ſur les recettes générales des domaines, des finan-
» ces, recettes particulières des tailles ou autres revenus du
» roi, dont le payement doit être fait à bureau ouvert à
» Paris, ou en d'autres villes régies par des coutumes qui
» réputent les rentes immeubles, conſerveront leur nature
» d'immeubles encore bien que les propriétaires des rentes
» intérêts & autres charges fuſſent domiciliés dans les pays
» de droit écrit ou pays coutumiers qui réputent les rentes
» meubles, & que les inſtitutions d'héritier faites en pays
» de droit écrit ne vaudront à l'égard deſdites rentes, inté-
» rêts & charges, que comme legs univerſel ſujet à déli-
» vrance.

» Fait défenſes à tous tréſoriers, payeurs, receveurs gé-
» néraux & particuliers ou autres comptables prépoſés au
» payement deſdites rentes, intérêts & autres charges, d'en
» faire le payement à ceux qui en prétendront la propriété en
» vertu de teſtamens faits par des teſtateurs domiciliés en
» pays de droit écrit qui les inſtituent héritiers univerſels,
» qu'en leur remettant des actes de délivrance deſdits legs
» univerſels ».

L'objet de ce règlement a été de prévenir les ſurpriſes qui pourroient naître des payemens faits en vertu des teſtamens ſans qu'auparavant il ait été jugé ſi ces teſtamens ſont réguliers ou non, & c'eſt ſur la demande en délivrance que ſe porte un jugement à cet égard.

C'eft pardevant le juge du domicile de l'héritier que doit fe former la demande en Délivrance; & lorfqu'il y a plufieurs héritiers, c'eft devant le juge de la fituation de la majeure partie des fonds de l'hérédité ou devant le juge du domicile du défunt, lorfqu'elle confifte plus en effets & en mobilier qu'en autre chofe.

Le don mutuel dans la coutume de Paris eft fujet à Délivrance. C'eft ce que porte textuellement l'article 284 de cette coutume; mais le douaire foit coutumier ou préfix faifit de plein droit fans aucune demande à cet égard. C'eft une autre difpofition précife de l'article 256 de la même coutume.

Délivrance, en termes de monnoie, eft la permiffion accordée par les juges-gardes aux maîtres des monnoies, d'expofer dans le public des efpèces d'or, d'argent ou de billon nouvellement fabriquées.

Les juges-gardes font obligés de faire un acte de cette permiffion, laquelle doit être fignée d'eux, du contre-garde, de l'effayeur qui a fait l'effai & du maître à qui la Délivrance en a été faite.

Avant d'accorder cette permiffion, les ordonnances de 1549, 1554, 1586 & 1590, veulent que les juges-gardes pèfent les efpèces, pièce à pièce au trébuchet pour examiner fi elles font de recours de la pièce au marc, pour rebuter & cifailler toutes celles qu'ils trouvent trop fortes ou trop foibles, ou mal monnoyées; & pour faire refondre les unes & les autres aux dépens des monnoyeurs, & cela à peine contre les juges-gardes de punition, fuivant l'exigence des cas, ou par fufpenfion de leurs fonctions, ou par

privation de leur état, ou même par amende &
punition corporelle.

Un arrêt de la cour des monnoies du 29 avril
1775 en renouvelant les dispositions des ordonnances que nous venons de citer porte »que les
» peuilles (*) de chacune Délivrance d'or, d'argent & de billon, seront renfermées en un papier
» scellé des cachets des juges-gardes, directeurs
» & essayeurs de chacune monnoie étiqueté de
» la quotité des espèces, de leur poids total, du
» titre & de la date de chacune Délivrance &
» remis ensuite dans le coffre fermant à trois
» clefs, sans pouvoir par les juges-gardes, sous
» peine d'être poursuivis extraordinairement,
» s'en défaisir ni les remettre au directeur de la
» monnoie qu'il ne leur ait apparu du jugement
» définitif du travail que chacune desdites peuil-
» les représente ».

La manière dont doivent être faites les Délivrances est réglée par un autre arrêt de la cour
des monnoies en date du 22 août 1750, dont
on trouvera les dispositions à l'article DENIER
de boîte.

Les registres des Délivrances doivent être
cottés & paraphés par le contrôleur-contregarde de chaque monnoie où il n'y a point de
commissaire de la cour. Le procès-verbal de paraphe doit faire mention des officiers de la monnoie, de la lettre que doit porter l'empreinte des
différens (**) du directeur & du graveur, du

_____

(*) On entend par *peuilles*, des parties d'espèces coupées
soit d'or, d'argent ou de billon, dont on se sert pour faire
l'essai.

(**) Les *différens* sont une petite marque que les tail-

jour de la Délivrance, de la quantité, de la qualité, de la valeur & du poids des espèces, &c. (*)

Les deniers mis en boîte doivent être pris dans

---

leurs particuliers & les directeurs des monnoies font obligés de mettre fur chaque espèce, telle qu'un foleil, une étoile, une fleur, un fruit, un animal, &c.

(*) *Formule de procès-verbal du paraphe des regiftres des Délivrances fuivant qu'elle a été donnée à la fuite de l'arrêt du 22 août 1750.*

» Le préfent regiftre contenant.... feuillets, celui-ci » compris, a été cotté & paraphé par premier & dernier » par nous.... de la monnoie de.... fouffigné pour fervir » à Meffieurs.... &.... confeillers du roi juges-gardes de » ladite monnoie, à enregiftrer toutes les Délivrances d'ef- » pèces d'or, d'argent ou de billon qui feront par eux faites » pendant la préfente année, à M.... confeiller du roi, di- » recteur & tréforier particulier de ladite monnoie, après » qu'elles auront été effayées par le fieur.... effayeur par- » ticulier d'icelles; lefquelles efpèces porteront pour marque » de cette monnoie la lettre.... au bas de la pile ou revers » d'icelle, & pour différent du directeur qui fera placé.... » enfemble.... pour.... différent de.... graveur particu- » lier de cette monnoie, conformément & en exécution de » l'arrêt de la cour des monnoies du 22 août 1750. Fait en » l'hôtel de ladite monnoie, ce.... janvier mil fept cent, &c.»

Modèle de chaque Délivrance à enregiftrer.

» Le.... janvier.... a été délivré par nous.... juges- » gardes de la monnoie de....à M.... directeur & tréfo- » rier particulier de cette monnoie, en préfence de.... con- » trôleur-contre-garde de ladite monnoie, la quantité de.... » louis d'or à vingt-quatre livres pièce fabriquée en exécu- » tion de l'édit du mois de janvier 1726, pefans.... & » valant la fomme de.... foibles en trois marcs de.... & » d'aloi à.... fuivant le rapport de.... effayeur particulier » de cette monnoie, de laquelle quantité en avons em- » boîté.... &c. ».

la maffe au hazard & fans choix. Le règlement du 22 août 1750, détermine le nombre de deniers qu'on doit prendre fur chaque Délivrance d'or & d'argent ; mais obfervez ici que pour le billon il doit être mis en boîte par chaque Délivrance qui n'excède pas cinquante marcs, fix pièces de vingt-quatre deniers ou douze pièces de douze deniers ; & ainfi à proportion, fi les Délivrances font plus fortes.

A la fin de l'année le regiftre doit être clos & arrêté, & il doit en être dreffé procès-verbal en préfence des officiers qui ont affifté aux Délivrances. Ce procés-verbal doit contenir le nombre total des efpèces délivrées ; il doit y être fait mention de leur poids & du nombre des deniers qui ont été emboîtés.

Les doubles ou demi-louis d'or ainfi que les écus, demi-écus, cinquième, dixième & vingtième d'écus, les fous de vingt-quatre & de douze deniers doivent être pareillement enregiftrés, en obfervant d'emboîter de chacune de ces efpèces le nombre déterminé par le règlement du 22 août 1750.

1. *Délivrance en terme d'eaux & forêts*, s'entend du bois que l'on marque & que l'on délivre à des ufagers dans les forêts du roi, ainfi qu'aux eccléfiaftiques & aux communautés qui ont obtenu permiffion de faire abattre leurs bois.

Les grands maîtres & les officiers des eaux & forêts font feuls compétens pour faire ces Délivrances ; mais le grand maître ni aucun officier ne peut les faire feuls s'il n'y eft expreffément autorifé par le confeil. L'abbé & les religieux de Clairvaux avoient obtenu par un arrêt du confeil du 28 juin 1701, qu'il leur fe-

roit marqué & délivré quatre anciens baliveaux
par arpent pour leur chaufage, &c. & il étoit
dit que cette Délivrance se feroit par le grand-
maître, *ou en son absence*, par les officiers de la
maîtrise de Chaumont. Les religieux, sous prétexte de l'alternative portée par l'arrêt, you-
loient que cette Délivrance se fît par le grand-
maître seul, & cela sur le fondement que
leurs bois dépendoient en partie de la maîtrise de Châtillon-sur-seine, en partie de celle
de Vassi, & en partie de celle de Chaumont,
& que les officiers de ces maîtrises prétendant
devoir accompagner le grand-maître dans chaque ressort, il en résulteroit des frais considérables; en conséquence ils demandèrent que
le grand-maître fût autorisé à leur faire seul la
Délivrance dont il s'agissoit; mais ils furent déboutés de leur demande à ce sujet par un autre
arrêt du conseil du 12 août 1702.

Il ne peut se faire aucune Délivrance dans les
forêts du roi sans un ordre exprès de sa majesté.
Sur ce qui fut représenté au roi par les officiers
de la maîtrise de Rennes, que pour satisfaire aux
ordres du sieur de Marbeuf commandant pour
le roi dans la province de Bretagne, portant
injonction de délivrer les bois nécessaires pour
baraquer le régiment de la Marcq; ils avoient
été obligés de marquer & de faire abattre dans
la forêt de Rennes trois cens pieds d'arbres,
mais que ces ordres n'étant pas suffisans pour
leur décharge, il étoit nécessaire que ces coupes fussent autorisées par un arrêt du conseil,
sa majesté déclara par un arrêt du 14 novembre
1721, qu'elle approuvoit la Délivrance pour
cette fois seulement, & sans tirer à conséquence,

avec défenses aux officiers d'en faire à l'avenir aucune dans ses forêts sinon en vertu d'arrêt de son conseil, & de lettres-patentes duement vérifiées, sous les peines portées par les ordonnances.

Les cours de parlement ne sont point compétentes pour autoriser les Délivrances dont il s'agit : les religieuses de Donans avoient remontré par une requête au parlement de Besançon, que leur monastère étoit ancien & caduc, qu'elles songeoient à le rétablir, qu'elles avoient droit de prendre des bois dans la forêt de Chaux comme habitantes de la ville, que cependant le maître particulier ne vouloit leur laisser prendre que quelques arbres qui ne pouvoient point les accommoder; qu'en conséquence elles requéroient qu'il leur fût permis d'en prendre pour leur bâtiment sur le devis qu'elles produiroient, &c. & le parlement avoit ordonné par un arrêt du 5 août 1698, au maître particulier de la ville de Dôle de voir la demande de ces religieuses & d'y pourvoir, lui donnant toute autorité nécessaire à cet effet; mais le procureur du roi de la maîtrise de Dôle ayant fait des représentations au roi sur cet arrêt du parlement, sa majesté par un arrêt de son conseil du 7 juillet 1699, cassa celui du parlement, avec défenses d'en rendre de pareils à l'avenir, & d'ordonner la Délivrance d'aucun usage, que les prétendans n'eussent représenté les titres & pièces justificatives au grand-maître, & que ces titres n'eussent été confirmés par sa majesté.

Voyez *Bacquet en son traité des droits de justice; les lois civiles; la coutume de Paris; le traité des obligations de M. Pothier; la collection de jurispru-*

dence ; *le traité des monnoies de* M. *de Bafinghen ;*
le dictionnaire des eaux & forêts, &c. (*Article de*
M. DAREAU *, avocat, &c.*)

DÉLOYAUTÉ. Infulte grave commife par un
feigneur de fief contre fon vaffal. De même
qu'un vaffal peut être exclus de fon fief pour
caufe de félonie, de même auffi un feigneur peut
être privé de fa mouvance pour crime de Déloyauté ; les devoirs d'amitié, de protection, de
juftice n'étant pas moins effentiels de la part
du feigneur envers fon vaffal, que ceux du fervice, du refpect, & de la reconnoiffance de la
part du vaffal envers fon feigneur.

Pour faire déclarer un feigneur déchu de fa
dominance, il faut recourir aux tribunaux ordinaires ; eux feuls peuvent connoître & décider
fi l'injure eft affez grave pour mériter cette
peine. Lorfqu'elle eft jugée telle, le feigneur
eft privé, non-feulement de fa dominance, mais
de tous fes droits tant utiles qu'honorifiques ;
» *privatur directo dominio* , dit Dumoulin, *&*
» *omni jure feudali, & ejus juribus & pertinen-*
» *tiis* «, privation qui comprend & les droits
confignés dans la coutume & généralement
toutes les claufes particulieres de l'inféodation.

Alors la mouvance du fief retourne au feigneur fuzerain, qui devient feigneur immédiat ;
& le fief demeure abfolument affranchi de tous
les droits feigneuriaux extraordinaires.

Obfervons que fi le feigneur déloyal n'eft
feigneur qu'en fa qualité de mari, ou de bénéficier, la commife ceffe après la mort de la
femme, ou du bénéficier, & même après la
fimple réfignation de ce titulaire.

Quels font les crimes de Déloyauté ? Les

jurifconfultes en citent plufieurs : fi le feigneur tuoit le fils de fon vaffal , s'il deshonoroit fa fille , fa femme ou fa mere ; en un mot la plupart des crimes qui conftituent la felonie , rendent coupable de Déloyauté. Voyez donc les articles FÉLONIE , DÉSAVEU , COMMISE. (*Article de M. L'ABBÉ REMY , avocat au parlement.*)

DEMANDE , DEMANDEUR. *Demande* fe dit d'une action qu'on intente en juftice pour obtenir une chofe à laquelle on croit avoir droit. *Demandeur* fe dit de celui qui forme cette action.

Il y a autant de fortes de Demandes qu'il y a de fortes d'actions , voyez le mot ACTION.

Une Demande pour être régulière doit être expofée par une requête dans les cours fouveraines , & par un exploit ou par une requête dans les juridictions inférieures. Toute la méthode à cet égard confifte à déduire d'une manière claire & précife les objets que l'on Demande & les motifs en vertu defquels on les réclame : c'eft ce qui s'appelle *libeller* une Demande ; voyez à ce fujet l'article AJOURNEMENT.

Si l'on affigne en vertu d'une commiffion ou de lettres de chancellerie , cette commiffion ou ces lettres doivent pareillement contenir le fujet & les motifs pour lefquels on les accorde, parce qu'enfin il faut que celui qu'on appelle en juftice fache pourquoi il y eft appelé. Il faut auffi que les pièces juftificatives , s'il y en a , accompagnent la Demande ; cette Demande doit d'ailleurs être portée devant les juges qui en doivent connoître ; & dans les matières ordinaires , c'eft devant le juge de celui à qui l'on

Demande, à moins qu'il ne s'agiffe d'une affaire purement civile ; alors on a droit de la porter devant le juge du lieu où la chofe eft fituée.

On ne peut regulièrement demander que ce qui eft dû ; cependant fi l'on demandoit au-delà, la Demande ne laifferoit pas d'être valable pour ce qui feroit dû, & la partie adverfe n'en devroit pas moins les dépens de cette Demande jufqu'au jour de fes offres réelles de payer ce qu'elle fe trouveroit devoir légitimement : en cela nos ufages font différens de ceux des romains où la *plus-pétition* étoit un vice contre la Demande.

Dans les obligations alternatives lorfqu'il eft au choix de l'obligé de donner l'une de deux chofes, le Demandeur ne peut pas exiger nommément que l'une lui foit donnée plutôt que l'autre ; il doit en demandant laiffer l'alternative au défendeur, autrement il s'expofe à perdre les dépens, parce qu'on ne peut pas dire que la chofe qui a été demandée foit précifément celle qui étoit due.

Au refte, parmi nous, on peut reformer fa Demande en tout état de caufe, & pourvu qu'elle ait été réformée avant les offres faites par le défendeur, celui-ci, comme nous l'avons dit, n'en doit pas moins les dépens.

Quand la Demande eft prématurée, c'eft-à-dire quand le temps du payement ou de la chofe n'eft pas encore échu, le juge déclare le Demandeur *quant à préfent* mal fondé dans fa Demande & le condamne aux dépens, fauf à lui à fe pourvoir quand la dette fera échue. Il en eft de même de celui qui fait la Demande d'une dette conditionnelle avant que la condition foit arrivée.

Toutes les demandes, à quelque titre que ce soit, qui ne peuvent point se justifier par écrit, doivent être formées par un même exploit ou par une même requête ; sans quoi toutes celles qu'on pourroit faire après, lorsqu'elles ne sont point fondées sur des écrits, sont non-recevables dès qu'on pouvoit les former en même temps que les précédentes ; c'est ce qui est ainsi sagement réglé par l'article 6 du titre 20 de l'ordonnance de 1667 pour éviter nombre de procès pour un.

Mais ce n'est point blesser l'ordonnance que d'augmenter les conclusions de sa demande lorsque c'est par oubli qu'on a omis de demander tout ce qu'on avoit à prétendre & que ce que l'on Demande de plus, a une relation sensible à ce qui a déja été demandé. Si, par exemple, en concluant contre votre partie à ce qu'elle soit condamnée à vous payer le montant d'une créance, vous avez oublié de conclure à ce qu'elle fût aussi condamnée à vous en payer les intérêts jusqu'au remboursement effectif, vous pouvez en tout état de cause augmenter vos conclusions à cet égard.

Un Demandeur ne doit obtenir l'effet de ses conclusions qu'autant que sa Demande se trouve juste & bien vérifiée ; c'est ce qui est repeté en plusieurs endroits de l'ordonnance de 1667. Cette vérification peut toujours se faire par écrit ; mais elle ne doit avoir lieu par témoins, qu'autant que tous les chefs de la Demande réunis, n'excèdent pas la somme de cent livres ; car s'ils excédoient cette somme, quand même les différens objets, demandés proviendroient de différentes causes & de différentes

époques,

époques, la preuve teſtimoniale n'en ſeroit point
recevables, à moins qu'il ne fut queſtion de
droits acquis par ſucceſſion, donation ou autrement de diverſes perſonnes, parce qu'alors chacune de ces perſonnes n'étant pas créancière
au-delà de cent livres, pouvoit prouver par
témoins ſa créance, & que le changement de
perſonnes ne change point l'ordre des choſes.

La défenſe de prouver par témoins une Demande qui excède cent livres, ne s'étend pas
à celles qui ont pour objet la réclamation de
dépôts faits en cas de néceſſité ou en logeant
dans une hôtellerie; mais c'eſt ce qui ſera plus
particulièrement expliqué aux articles PREUVE
& TÉMOIN où nous developerons plus au long
les diſpoſitions que contient à ce ſujet le titre
20 de l'ordonnance de 1667.

Comme il y a pluſieurs ſortes de Demandes,
chacune reçoit une dénomination particulière :

Demande principale, ſe dit de celle par laquelle
on commence une conteſtation ; on l'appelle
auſſi quelquefois Demande *originaire*, lorſquelle
eſt ſuivie d'une Demande en garantie. Ces ſortes
de Demandes ſe forment à perſonne ou à domicile par le miniſtère d'un huiſſier.

Demande incidente, ſe dit de celle qu'on a
formée dans le cours d'une conteſtation pour
obtenir quelque choſe qui a rapport à l'objet
principal. On l'appelle auſſi quelquefois Demande
reconventive, lorſqu'elle a lieu de la part du
défendeur. Elle peut ſe former par une requête
ou par des écritures ſignifiées de procureur à
procureur.

Demande ſubſidiaire, eſt celle qui tend à obtenir une choſe, dans le cas où le juge ou la par-

ne feroient difficulté d'en accorder une autre.

Demande provisoire, se dit de celle qui tend à faire ordonner quelque chose par provision en attendant le jugement définitif de la contestation. Lorsqu'une demande provisoire est formée séparément de la Demande principale elle peut être regardée comme une Demande incidente.

Demande sur le barreau, est celle que la partie ou son procureur, où l'avocat assisté de la partie ou du procureur forment judiciairement en plaidant la cause sans qu'elle ait été précédée d'aucune Demande par écrit.

Demande préparatoire, est celle qui tend seulement à faire ordonner quelque chose pour l'instruction de la procédure ; par exemple, que les pièces seront communiquées.

Demande en déclaration d'hypothèque, se dit de celle que fait un créancier contre l'acquéreur d'un immeuble affecté & hypothéqué à une créance due par le vendeur.

Demande en intervention, est celle que forme un tiers sur la contestation pendante entre le Demandeur & le défendeur, soit pour prendre le fait & cause de l'une des parties, soit pour participer aux intérêts qui dérivent de la Demande principale, soit enfin pour se faire adjuger l'objet contesté.

Il y a d'ailleurs des Demandes possessoires, des Demandes pétitoires, des Demandes en partage, en retrait, en garantie, en complainte, &c. toutes ces différentes Demandes font expliquées aux articles auxquels elles se rapportent. Voyez au surplus ce que nous avons dit à l'article CAUSE. (*Article de M. DAREAU, avocat*, &c.)

DÉMEMBREMENT DE FIEF. Il confiste à faire plusieurs fiefs d'un seul, à en féparer les différentes parties qui en font *les membres*, de manière qu'elles ne faffent plus un feul corps de fief.

Le Démembrement, le dépié & le jeu de fief font peut-être les parties les plus épineufes de la jurifprudence féodale. Guyot les appelle *un laby-rinthe inextricable, une mer immenfe qui fait reculer en arrière tous ceux qui s'y veulent embarquer*. L'extrême difficulté de cette matière vient principalement des efforts qu'il a fallu faire pour rendre les fiefs patrimoniaux, fans en altérer la nature, & de ce que l'on a voulu concilier avec la liberté du commerce & nos mœurs actuelles, la fubordination féodale, & des principes qui tiennent à un gouvernement qui ne fubfifte plus.

Pour jeter quelque lumière fur cet objet, je tracerai rapidement l'hiftoire de l'aliénation des fiefs. Ce fera le fujet d'un premier paragraphe. Dans un fecond, j'expliquerai l'article 51 de la coutume de Paris. Dans un troifième, j'expoferai le droit du refte de la France fur cette matière. Je finirai par quelques queftions particulières fur le Démembrement.

§. I. *Hiftoire de l'aliénation des fiefs.*

Je ferai marcher ici de front avec nos ufages, ceux d'Italie & d'Allemagne, non-feulement parce qu'ils s'éclairent mutuellement, des caufes à-peu-près femblables y ayant produit des effets peu différens, mais auffi parce que le livre des fiefs compilé par les deux jurifconfultes de Milan, & le droit féodal d'Allemagne ont autorité

H h ij

de lois dans quelques provinces de France , (*)
lorſque les coutumes des lieux n'y ont pas dérogé. Je ſerai forcé de parler de l'ordre des ſucceſſions, parce que les lois de l'aliénation des
fiefs ſont preſque toujours une ſuite des règles
qu'on y a obſervées & que le partage des ſucceſſions mêmes peut opérer une ſorte de Démembrement. Dans un ſujet qui a exigé des recherches , je citerai mes garants à chaque pas , afin
qu'on puiſſe facilement juger du degré de con-
fiance que méritent les inductions que j'en ai tirées.

Tant que les bénéfices militaires dont nos
fiefs tirent leur origine furent des dons annuels
ou révocables à volonté , lors même qu'ils furent enſuite concédés au vaſſal, ou *leude*, pour
toute ſa vie, s'ils ne furent pas abſolument ina-
liénables, le droit de ceux en faveur de qui le
leude en pouvoit diſpoſer, étoit plus précaire
encore que le ſien. Il étoit à la fois ſubordonné
à la volonté du leude, & aux cauſes qui pouvoient lui faire enlever à lui-même ſon bénéfice.
*Le roi les ôtoit, lorſqu'il ôtoit le tout, & à la mort
du leude , le vaſſal perdoit auſſi ſon arrière fief; un*

_____

(*) Guy Pape , queſtion 297 , Dumoulin en ſa préface
ſur le titre des fiefs de la coutume de Paris, n°. 213 , &
M. Salvaing d'après eux aſſurent que les livres des fiefs
(*uſus feudorum*) tiennent lieu de droit commun au Dauphiné, lorſque l'uſage n'y a point dérogé, parce que cette
province dépendoit autrefois du royaume d'Arles & recon-
noiſſoit la ſouveraineté de l'empire. La coutume de Bar ,
article premier, dit auſſi que *les fiefs ſe gouvernent &
règlent ſelon les lois impériales , ès cas où il n'y a coutume
particuliere audit bailliage.* L'Alſace a conſervé les mêmes
droits, lors de ſa réunion à la France.

nouveau bénéficiaire venoit qui établissoit de nouveaux arrière-vassaux. (*) De-là vient sans doute l'usage presque général de rendre un nouvel hommage du fief, en cas de mutation même du seigneur dominant.

Plusieurs causes concoururent à rendre ces bénéfices héréditaires & patrimoniaux : les principales furent l'espérance de rendre les vassaux plus affectionnés & plus intrépides à la guerre, quand leur famille ne seroit pas exposée à tomber dans la misère après leur mort ; les dégradations qu'entraînoit une jouissance si précaire ; la transmutation fréquente des aleux en bénéfices, occasionnée par les divers avantages attachés à cette manière de posséder (**) ; l'affermissement des peuples du nord dans les pays qu'ils avoient conquis, & la pente ordinaire des gouvernemens, qui tend à rendre les biens des particuliers de plus en plus disponibles.

Bien des auteurs ont jeté de la confusion sur ce grand changement dans la manière de posséder les bénéfices, en voulant en fixer l'époque précise, tandis qu'il est si naturel de supposer que les révolutions dans les usages se font toujours insensiblement. On trouve quelques exemples de bénéfices héréditaires dès la première race (***) & l'on peut démontrer que la plupart

---

(*) Esprit des lois, livre 31, chap. 26.
(**) Ibid. chap. 8 & 21.
(***) Ibid. chap. 7, observations sur l'histoire de France par Mably, liv. 1, chap. 4 ; Marculfe lib. 1, form. 14. M. Bignon sur cette formule soutient le contraire, & prétend qu'il faut l'appliquer seulement aux alleux, & non aux bénéfices ; mais elle paroit générale. On voit dans les annales de Fulde qu'un jugement rendu en 883, condamna

de ceux qui étoient tenus de la couronne furent rendus tels par Louis le Débonnaire, Charles le Chauve & par Charlemagne lui-même (*) quoique Chantereau le Febvre ait prétendu que cela n'avoit eu lieu que sous la troisième race (**). Cette hérédité des grands bénéfices acheva de devenir générale en France avant l'avènement de Hugues Capet au trône ; elle s'établit à-peu-près un demi-siècle plus tard en Allemagne (***) sous les empereurs Franconiens & Saxons, & c'est environ dans ce temps-là que l'on commença à se servir du nom de *fief*, pour désigner les bénéfices (****).

. L'hérédité des sous-inféodations s'établit plus tard. On en trouve néanmoins des exemples dès le dixième siècle, ou même avant. (*****) Elle n'eut d'abord lieu qu'en ligne directe, & pour les mâles seulement. L'admission des parens colla-

Guy duc de Spolette, & Albert duc de Toscane à perdre toutes *les dignités & fiefs qu'eux, leurs pères, leurs aïeux & leurs bisaïeux avoient possédé.* (Essai sur les causes de la destruction des deux premieres races, couronné par l'académie des inscriptions an 1775).

(*) Factum de Me. Husson au journal du palais, sous l'arrêt du 3 septembre 1668, l'esprit des lois liv. 31, chap. 8, 28 & 32 ; le recueil des historiens de France par dom Bouquet, tome 6, page 646 & suivantes ; la quatrieme lettre sur les parlemens de France par Boulainvilliers ; le droit public de France (par Me. Bouquet) pag. 108 & suivantes.

(**) Liv. 1 de l'origine des fiefs chap. 8 & 21.

(***) Histoire d'Allemagne par Pfeffel, ans 840, 911, 972 & 1024, &c.

(****) Du Cange *va. feudum.*

(*****) Lettre quatrieme de Boulainvilliers sur les parlemens de France, & la fin de la Lettre troisieme.

téraux & des filles ne fût dans l'origine qu'une
grace ou une compofition entre le feigneur &
eux. (*) Auffi dans la plupart des coutumes
où l'on ne paye point de rachat dans les fucceffions en ligne directe, il fe paye dans tous les
degrés des fucceffions collatérales. Il a lieu de
même en quelques coutumes (**), quand le
fief tombe en main de fille ; & dans celles où il
n'avoit pas lieu le droit de mariage autrefois prefque univerfel (***) & depuis prefque partout
aboli, en tenoit lieu.

Enfin la fucceffion collatérale fut généralement admife fur les principes du droit canonique jufqu'au quatrième, puis jufqu'au feptième
degré, & même jufqu'à l'infini, pourvu que l'on
put prouver que l'on defcendoit de celui qui
avoit reçu la première inveftiture du fief (****).

Un principe s'établit alors, qui aida beaucoup à affermir la fucceffion des vaffaux du fecond degré. C'eft que le fouverain en ne fe réfervant que la fuzeraineté fur les fiefs de fes vaffaux leur en avoit tranfmis la propriété com-
plette & même le domaine direct. (*****) En

***

(*) *Lib. feudorum tit. 24. fi quis fine filio mafculo mor-*
tuus fuerit & reliquerit filiam, filia non habeat beneficium
patris nifi à domino redemerit. Si autem dominus ei dare
voluerit propter fervitium & amorem patris, non revoce-
tur ab ullo è parentibus fuis neque damnetur.

(**) Poitou art. 150.

(***) Affifes de Jérufalem chap. 245, 246, 247, avec
les notes ; le grand coutumier liv. 2 ; chap. 29; du Cange,
vo. *Maritagium*, les anciennes lois d'Angleterre & d'Ecoffe.

(****) *Lib. 1, feud. tit. 1. Confilia feudalia variorum doc-*
torum. Franco furti ad moenum 1573, conf. 2 & 8.

(*****) Ibid. confil. 48.

Hh iv

ı effet ils avoient presque tous les droits régaliens.
De-là dérivoit la conséquence que leurs sous-
inféodations étoient irrévocables & subsistoient
même au préjudice du prince, si leurs fiefs
étoient confisqués ou autrement réunis à la couronne.

On ne pouvoit pas étendre cette conséquence aux aliénations de ces arrière-vassaux.
Les concessions qu'ils faisoient ne formoient point
de véritables fiefs ; mais de simples bénéfices
amovibles comme les premiers de tous & inca-
pables de préjudicier aux droits du seigneur suzerain. (*) Il a fallu beaucoup de siècles, avant
que la stabilité des posséssions féodales ait pu
nous familiariser avec cette idée réellement contradictoire, lorsqu'on l'analyse, qu'un vassal qui
a seulement le domaine utile, pût retenir par
fiction sur un arrière-vassal le domaine direct ,
que son seigneur ne lui avoit pas transmis (**).
Ces principes subsistoient encore avec quelques
restrictions dans l'empire, lorsque les livres des
fiefs furent compilés sous le règne de Frédéric
premier (***).

La succession des grands fiefs prit pour modèle celle de la couronne. L'empire ne se par-
tagéa point à la vérité en Allemagne ; mais
comme il fut toujours électif & qu'il n'étoit guères qu'un vain titre, l'usage de partager les fiefs
se perpétua en Allemagne, parce que l'exemple
des maisons régnantes ne put introduire un usage
contraire : si la maison de Franconie parut vou-

<hr>

(*) Argentræus, §. 344, gloss. 1, n°. 1.
(**) Lib. feud. tit. 1, cap. 5.
(***) Pfeffel, histoire d'Allemagne sous l'année 1155.

loir l'établir une ou deux fois, il ne subsista point sous des successeurs que rien n'engageoit à suivre le même plan. La politique de Frédéric premier en attachant la qualité de prince de l'Empire à la mouvance immédiate, & en y donnant de grands avantages, contribua beaucoup à maintenir l'égalité de la succession des fiefs qui subsiste encore aujourd'hui (*).

Des arrangemens particuliers ou des coutumes locales y ont néanmoins établi dans quelques familles & dans plusieurs états le droit d'aînesse, & alors les cadets n'ont que de simples pensions alimentaires connues sous le nom d'apanages. Ailleurs les cadets tiennent en parage de leur aîné ; mais le parage n'y est point borné à un certain nombre de générations, comme dans la plupart des coutumes de France. On trouve même des exemples de partages faits entre les deux aînés à la charge d'apanager leurs puînés (**), & c'est peut-être une suite de l'ancien droit qui subsistoit en Champagne & qui subsiste encore en Normandie & dans quelques coutumes des pays-bas de donner à chacun des enfans, en commençant par l'aîné, un fief entier, jusqu'à ce que l'on ait épuisé tous ceux de la succession (***).

Il n'y a rien de fixe à ce sujet en Allemagne.

_____

(*) Pfeffel, Histoire d'Allemagne ans 913, 973, &c. lib. 1. feud. cap. 1. C'est par erreur qu'on dit dans le journal du palais sous l'arrêt du 3 septembre 1668, que la bulle d'or a établi le droit d'aînesse dans les fiefs; elle fit cette loi seulement pour les électorats, & cela même s'est mal observé.

(**) Schilter ; _de paragio passim._

(***) Anciennes coutumes de champagne par Pithou, chap. 2, coutume de Normandie, art. 339, Namur, &c.

A défaut de coutume particulière, on partage également suivant le livre des fiefs (*) qui a reçu force de loi sous l'empereur Charles-Quint. (**) Il a résulté de-là moins de liberté dans l'aliénation des fiefs, parce que plus de gens se sont trouvés intéressés à la restraindre pour conserver l'éclat des familles. La plupart des fiefs y sont encore purement héréditaires, & pour ainsi dire grévés d'une substitution perpétuelle.

En France la succession des fiefs & leur aliénation ont communément suivi d'autres règles. Lorsque les successeurs de Hugues-Capet, instruits par la chûte des deux premières races, eurent aboli l'usage de partager la couronne & le domaine royal; l'exemple de la maison régnante, l'usage où étoit l'aîné de porter la foi pour ses frères durant leur minorité, & pour ses sœurs avant leur mariage, fit d'abord introduire le droit d'aînesse, ou même la succession totale en faveur de l'aîné dans quelques coutumes & presque partout dans les grands fiefs, à la charge d'un modique apanage.

Mais cette révolution ne fut pas subite non plus. Il fallut beaucoup de peine & bien des égards pour accoutumer les cadets à ne se croire inférieurs eu rien à leur aîné, lorsqu'ils étoient en état de porter les armes. D'abord on imagina de leur donner leur portion en parage. Cette sorte de tenure, dans laquelle suivant la définition de Me. de Laurière (***) l'aîné

(*) Lib. I, tit. 8 , &c.

(**) Pfeffel, histoire d'Allemagne, années 1548 & 1555.

(***) Préface du premier tome des ordonnances du Louvre, pag. 20.

garantissoit ses puînés sous son hommage envers le seigneur féodal, pour la part qu'ils avoient dans le fief, & où néanmoins les puînés garantis étoient pairs entr'eux & avec leur aîné, convenoit également au seigneur féodal, qui voyoit multiplier ses vassaux dans une famille qui lui étoit depuis longtemps attachée, au fils aîné qui conservoit sur ses frères une honorable prééminence, & aux puînés mêmes à qui on la déguisoit sous une apparence d'égalité. Elle entretenoit admirablement cette liaison d'intérêts & de devoirs réciproques qui formoit l'essence du système féodal.

Cet état fondé sur la parenté ne duroit pas plus qu'elle. Les lois barbares & canoniques n'y avoient aucun égard, quand on étoit éloigné de sept degrés, ou de quatre seulement, suivant les lieux (*). Alors l'aîné qui avoit couvert jusques-là tout le fief sous son hommage, se le faisoit rendre par les puînés. Cette prétention commença d'abord par les fiefs de dignité, d'où on l'étendit de degrés en degrés aux moindres fiefs qui venoient du côté du père, & même à tous ceux qui tomboient en ligne directe (**).

Othon de Frisinghen, qui mourut vers le milieu du douzième siècle, assure que cet usage étoit presque général en France de son temps. (***) L'article 1 de l'assise du comte Geoffroy

---

(*) Cap. ult. extr. de consanguineis causâ. 35. q. 3. cap. 20. & édict. Rotharis regis longob. tit. 57. leg. longob. lib. 2. tit. 14. §. 1. Ce droit subsiste encore dans les états du roi de Sardaigne. Voyez-en le code liv. 6. tit. 3. chap. 1. §. 5.

(**) Beaumanoir, chap. 14.

(***) Préface du premier volume des ordonnances du Louvre, pag. 20.

pour la Bretagne faite en 1185, porte que *d'ici en avant ne se fera division ni partage de baronies ni fiefs de chevalier, ains obtiendra l'aîné la seigneurie du tout, & pourvoiront les aînés aux puînés & juveigneurs, en sorte qu'ils se puissent honnêtement entretenir & pourvoir à leur nécessité, selon leur puissance* (*).

Les anciennes coutumes de Berry (**), l'une des provinces de France où le partage égal s'est le mieux conservé, disent néanmoins *que les barons de Berry par la coutume appanent leurs frères mineurs de la terre du père & aussi veulent faire de la terre de leur mère, & les chastellains se sont mis en saisine de le ainsi faire. Toutes voies veulent dire aulcuns, qu'ils n'ont avantages que du maître manoir, du maître fief & du meilleur homme, combien qu'ils dient que cette coustume chiet entre les vavasseurs* (***).

Tant que les seigneurs firent consister leur puissance dans le nombre de leurs vassaux & dans leur affection plus que dans des profits pécuniaires, ils ne critiquèrent point ces arrangemens, & les vassaux de leur côté se contentoient de faire comme eux des sous-inféodations gratuites. L'entière stabilité des possessions féodales, les besoins que firent naître en France les guerres d'Outremer, les jouissances du luxe dont elles donnèrent le premier goût, introduisirent bientôt les aliénations à prix d'argent. Elles blessoient sensiblement l'institution originaire des fiefs, dont le

(*) D'Argentré, avis sur le partage des nobles.
(**) Recueillies par la Thaumassière, chap. 30 & 60.
(***) Guntherus, mort en 1210, & cité par Ducange, verbo *Feudum minuere*, dit la même chose sur les fiefs de dignité.

prix étoit pour ainſi dire eſſentiellement l'honneur & l'affection Il n'étoit pas égal au ſeigneur d'avoir pour vaſſal un étranger peut-
être l'ennemi de ſa famille, ou plus puiſſant que
lui, au lieu de celui que ſon choix particulier,
ou une longue ſuite d'ancêtres attachés à ſon
ſervice devoit remplir de zèle pour lui. Les héritiers du vaſſal ſe regardoient eux-mêmes
comme appelés par une ſorte de ſubſtitution à
l'hérédité des fiefs. Le renouvellement des in-
veſtitures à chaque mutation autoriſoit ces idées
en leur montrant qu'ils ne tiroient qu'imparfai-
tement leurs droits du defunt.

Pour concilier tant d'intérêts oppoſés, le vaſſal
qui vouloit aliéner ſon fief, prenoit d'abord le conſentement de ſa famille, dont chaque membre
propre à ſuccéder, pouvoit retenir le fief en donnant au vaſſal l'argent qu'on lui en offroit. Si aucun
héritier ne réclamoit le fief, le vaſſal alloit enſuite
à la cour du ſeigneur, qui étoit le maître auſſi de
refuſer le nouveau vaſſal, & qui exigeoit du moins
le prix de ſon conſentement. Le vendeur ſe démettoit du fief entre les mains du ſeigneur, qui en
inveſtiſſoit publiquement l'acquéreur dans ſa
cour féodale. (*) C'eſt de-là que dérivent les
droits de lods, de quint, de treizième, de retraits lignager & féodal & la préférence preſque
générale du premier ſur le dernier. Le ſeigneur
ne pouvoit rien prétendre au fief ſervant, tant

(*) Voyez ci-deſſous l'article *Démiſſion de foi*. Voyez
auſſi l'ancienne coutume & le ſtyle de Normandie dans
Terriers, liv. 8. chap. 26. Beaumanoir, chap. 14. Les aſſiſes de Jéruſalem, chap. 195, & les établiſſemens de ſaint
Louis dans les ordonnances du Louvre, chap. 154, note 5.

qu'un des parens capable de fuccéder le réclamoit.

On doit même obferver que ces premières aliénations à prix d'argent ne furent point volontaires ou ne paffèrent point pour telles ; on n'admettoit que les aliénations forcées pour dettes. Ce droit fubfiftoit encore au treifième fiècle, fuivant les affifes de Jérufalem. (*) Le créancier faifoit reconnoître fa dette au vaffal dans la cour du feigneur, & l'on crioit fon fief après qu'il avoit *juré fur les évangiles* que ni lui, ni aucun de fes parens pour lui n'avoient de quoi fatisfaire autrement le créancier. La coutume d'Artois conferve encore aujourd'hui des difpofitions peu différentes. (**)

On ne pouvoit aliéner ainfi que la totalité des fiefs, & non pas une partie féparément. Mais on pouvoit bien en concéder une portion ou plufieurs à la charge du fervice de fief, c'eft-à-dire les fous-inféoder, pourvû qu'il reftât au vaffal immédiat un revenu fuffifant pour faire lui-même le fervice ; & il eft bon de remarquer que les affifes de Jérufalem appellent cela *démembrer le fief.* (***) L'on pouvoit auffi l'échanger en tout ou en partie du confentement du feigneur, qui ne pouvoit le refufer qu'en cas de fraude & d'inégalité (****) ; mais on ne pouvoit l'aliéner autrement même en faveur de l'églife, fous peine de commife (*****).

(*) Il eft facile de prouver que dans la rédaction poftérieure on n'a fait qu'ajouter les derniers chapitres fans altérer les précédens, rédigés vers l'an 1250.
(**) Article 76.
(***) Chap. 192. 193. 194.
(****) Ibid.
(*****) Ibid. chap. 193.

La liberté des aliénations à prix d'argent suivit néanmoins de si près les aliénations forcées, qu'elle étoit passée en droit commun du temps de Beaumanoir, où l'on voit que la composition avec le seigneur étoit déjà réglée au quint pour la vente, & au rachât pour les échanges (*) ; mais ce droit n'étoit point général, comme il ne l'est point encore. Il y eut beaucoup de différence entre les provinces que nous appelons aujourd'hui pays de droit écrit & les pays coutumiers, *la langue d'oc* & *la langue d'oïl*. Dans ceux-là les conquêtes successives des Wisigoths & des Arabes, l'usage du droit romain qui s'y conserva, & toutes les autres causes qui y perpétuèrent la franchise d'une grande partie des terres & la liberté des personnes, y laissèrent jeter des racines moins profondes au système féodal, dont on trouve à peine quelques traces en Espagne. (**) Il n'est donc pas extraordinaire que l'aliénation des fiefs y soit devenue presque aussi facile que celle des aleux & qu'elle n'y engendre aucun profit dans beaucoup d'endroits (***).

Dans le reste de la France, les entraves mises à la liberté du commerce des fiefs, par les droits exorbitans qu'engendroient les aliénations, firent multiplier les efforts pour s'y soustraire. On accensoit où l'on sous-inféodoit une portion du fief, puis on l'affranchissoit de tout devoir ou du service féodal. Mais pour arrêter cela, on

(*) Coutumes de Beauvoisis chap. 27.
(**) Voyez *las leyes de Espana del rey don Philippe II.*
(***) Comme en Languedoc, voyez de Espeisses, & dans les deux Bourgognes, le Lionnois, le Forêt, l'Auvergne, l'Armagnac. Voyez Salvaing.

jugea que, dans ce cas, la mouvance de la portion du fief ainſi affranchie étoit dévolue au ſeigneur ſuzerain, & l'on établit la même maxime pour les ſerfs que l'on affranchiſſoit (*).

Les ſeigneurs ne tardèrent pas à s'appercevoir auſſi du tort que leur faiſoient les ſous-inféodations, ſoit volontaires, ſoit par parage en cas de ſucceſſions. Pluſieurs d'entre eux ſe réunirent à Philippe-Auguſte au mois de mars 1209, & firent avec lui cet établiſſement célèbre, qui en autoriſant toutes les ſous-inféodations antérieures, déclare qu'à l'avenir la mouvance des fiefs qui ſeront diviſés *de quelque manière que ce ſoit* appartiendra toujours au ſeigneur direct à qui elle avoit appartenu juſques-là (**).

Ce règlement qui prohiboit manifeſtement les parages & les ſous-inféodations ne concernoit que les terres du domaine du roi, encore très-borné pour lors, & celles des ſeigneurs qui y avoient donné leur conſentement (***). Il n'eſt donc pas ſurprenant que l'uſage de ſous-inféoder juſqu'à concurrence de la portion que l'aîné donnoit à ſes cadets, ſe ſoit conſervé dans pluſieurs provinces. Il ſe maintint ſurtout dans cette vaſte partie de la France qui appartenoit alors aux rois d'Angleterre. Mais on le reſtreignit aux parties ſeules d'un même fief, (****) au lieu qu'autre-

(*) Beaumanoir chap. 45.

(**) Ordonnance du Louvre tom. 1.

(***) On y énonce le duc de Bourgogne, les comtes de Nevers, de Boulogne & de St. Pol, (en Artois) le Seigneur de Dampierre, & *plures alii magnates de regno Franciæ*, qu'on ne nomme point.

(****) Arrêt de l'Echiquier en 1213, dans Terrien, liv. 5. chap. 5.

fois le poſſeſſeur de pluſieurs terres indépendan-
tes les unes des autres, étoit dans l'uſage de retenir la mouvance ſur celles qu'il aliénoit, ou
qu'il donnoit en parage à ſes frères, & c'eſt ce
qui explique comment une terre quelquefois
très-éloignée d'une autre & ſéparée par des provinces entières en relève néanmoins.

Les établiſſemens de Saint-Louis, ſi du moins
l'on peut compter ſur leur authenticité, (*)
prouveroient même que l'établiſſement de 1209
ne s'eſt pas obſervé dans les domaines du roi.
Quoiqu'il en ſoit, le parage qui ſubſiſtoit encore
du temps de Beaumanoir & de Bouteiller même
(**) dans pluſieurs provinces où il n'a plus lieu
aujourd'hui, y fut aboli peu à peu. La faculté
de ſous-inféoder, qui en étoit une ſuite le fut
auſſi ; dès 1315, les nobles de Champagne ſe
plaignirent qu'on les en empêchoit ; & une ordonnance de Louis Hutin *leur octroya* comme un
privilége *qu'ils puiſſent ainſi faire aux perſonnes
nobles tant ſeulement, mais que le fief ne ſoit trop
amenuiſé* (***), reſtriction vague qui donnoit à-
peu-près la faculté de critiquer toutes les ſous-
inféodations.

On voit dans du Cange, au mot *F E U D U M*
une charte de Philippe le-Hardi donnée en
1271, qui ſuppoſe que la faculté de ſous-
inféoder n'appartenoit plus qu'aux fiefs de di-

(*) Voyez l'eſprit des lois, liv. 27. chap. 37 & 38, & la
note de M. de Lauriere ſur le titre des établiſſemens de Saint-
Louis.

(**) Somme rural, liv. 2. titre 84.

(***) Voyez cette ordonnance dans celles du Louvre &
à la ſuite des anciennes coutumes de Champagne par Pithou.

gnité qui relevoient nuement du roi. *Tenebie à nobis ad feudum honoratum fic quod poffit fubfeodare.* C'eft donc par erreur que Brillon & d'autres auteurs citent le privilége accordé aux nobles de Champagne , comme une loi générale. · · Il y avoit plufieurs raifons pour ne pas étendre aux baux à cens, cette prohibition d'aliéner , 1°. Les rentes cenfuelles repréfentaient le fonds. Le feigneur y confervoit toujours fa juridiction , & à défaut de payement durant trois années il rentroit en poffeffion de fon domaine , *fans amonicion de partie & fans auctorité du juge , quelque dépenfe qu'on y eût faite.* (*) 2°. Les feigneurs ne s'occupoient guères alors par eux-mêmes de la culture de leurs héritages. Les accenfemens, emphitéofes ou arrentemens, car c'eft la même chofe dans nos anciennes coutumes, étoient regardés comme très-avantageux. *On met fa terre en gaignage ,* dit Loifel, (**) *par baux à rente , cens ou fief.* Les anciennes coutumes de Berry (***) difent *que c'eft faigement arrêté à ceulx qui ainfi le baillent , mais non pas à ceulx qui le prennent en cette manière.* Ces baux à rente tenoient donc perpétuellement même au préjudice du feigneur fuzerain quand ils étoient faits fans fraude , (****) & cette jurifprudence fubfifta jufqu'à ce que l'accroiffement du commerce & le hauffement des efpèces euffent fait appercevoir que les accenfemens faits fans fraude pouvoient à la longue réduire prefque à rien les droits des feigneurs.

(*) Anciennes coutumes de Berry par la Thaumaffiere, chap. 143.

(**) Livre 4. titre 1.

(***) Chap. 143.

(****) Coquile queft. 35.

Cette reſſource ne ſuffiſoit pas pour remplir les vues de bien des ſeigneurs qui auroient deſiré pouvoir ſe procurer de l'argent comptant ſans vendre la totalité de leurs fiefs. La conſtitution des apanages des cadets, de la dot des filles & du douaire des veuves avoit donné la première idée d'impoſer des charges ſur les fiefs. Mais comme elles tendoient à en diminuer le revenu, à en empêcher l'aliénation libre, les ſeigneurs directs exigèrent encore qu'on obtînt leur conſentement pour cela. Des lettres-patentes de 1396 rapportées par Salvaing (*) autoriſent un ſeigneur à aſſigner ainſi la dot de ſa fille. Dans quelques provinces, ces aſſignats, qu'on regardoit d'un œil auſſi favorable que les ſucceſſions mêmes, furent autoriſés par l'uſage, ſans qu'il fût beſoin d'obtenir le conſentement du ſeigneur (**).

Il y a lieu de croire que c'eſt là l'origine de nos rentes conſtituées, *Cenſus aſſignativi*. On ſait qu'elles étoient autrefois de véritables engagemens, des ſortes de vente à faculté de réméré, en vertu deſquelles le créancier jouiſſoit d'une portion des fonds proportionnée à l'intérêt de ſon argent; il en preſcrivoit même la propriété au bout de 30 ans (***).

Les ſeigneurs dont relevoient les domaines ainſi engagés, prétendirent encore avec raiſon que ces conventions ne devoient point leur pré-

---

(*) Uſage des fiefs pag.
(**) Coutume du comté de Bourgogne réformée en 1459, article 10.
(***) Le rachat des rentes conſtituées eſt preſcriptible encore par 30 ans ſuivant l'article 33 du titre de la coutume de Bourges, lequel ne s'obſerve plus.

Ii ij

judicier. Dans plusieurs juridictions on se mit sur le pied de faire approuver le contrat dans la cour du seigneur en lui payant des droits, & c'est à quoi se rapportent les coutumes de nantissement. Dans d'autres coutumes, il dépendit comme autrefois des seigneurs d'inféoder ou de rejeter ces constitutions de rente. D'autres coutumes enfin assujettirent les rentes constituées au payement des droits seigneuriaux, même contre le gré des contractans, soit immédiatement après la constitution, soit au bout d'un petit nombre d'années.

Il paroît qu'autrefois dans la prevôté de Paris, on n'étoit point astreint à faire faire cette inféodation, & qu'il dépendoit aussi du seigneur de la refuser, parce que c'étoit là une sorte de Démembrement de fief; *les choses féodaux*, disent les constitutions du châtelet (*), *chéent aussi bien en obligation & hypothèque, comme ceux en censive & n'y a point de différence quant à ce, & se aucune différence y avoit si feroit-ce quant au regard du seigneur féodataire, & ou cas où il ne voudroit pas son fief estre DÉMEMBRÉ ne chargié de nouvelles charges.*

Comme on étoit néanmoins dans l'usage de faire inféoder les rentes (*) afin qu'elles tinssent même au préjudice des seigneurs féodaux, ceux-ci voulurent bien-tôt convertir en droit cette faculté. Lors de la première rédaction de la coutume de Paris, ils firent décider provisoirement que la constitution des rentes produiroit lods & ventes. On sait comment cette disposition fut changée par un arrêt solemnel du 10 mars 1557

(*) §. 162. Décisions de Me. Jean des Mares §. 274.
(**) Ibid. §. 222.

rendu pour ainſi dire ſur les concluſion de Dumoulin.

C'étoit une conſéquence naturelle de la liberté
qu'avoit le vaſſal *de ſe joüer de ſon fief juſqu'à démiſſion de foi*. Mais en lui laiſſant indéfiniment
cette faculté, on jugea toujours que tout ce
qu'il faiſoit ne pouvoit préjudicier au ſeigneur
en cas d'ouverture du fief.

Il reſtoit encore un grand inconvénient. Pluſieurs vaſſaux accenſoient tout leur fief, ſans retenir aucun domaine. Pour réprimer cet abus,
qui avoit produit beaucoup de fiefs en l'air, &
contre lequel Dumoulin réclama encore vivement, on reſtraignit lors de la ſeconde réformation de la coutume de Paris, la liberté qu'avoit
le vaſſal de ſe joüer de ſon fief, en y retenant la
foi, aux deux tiers du domaine qui le compoſoit & les choſes ſont reſtées dans cet état (*).

§. II. *Interprétation de l'article 51 de la coutume
de Paris.*

L'article 51 de la nouvelle coutume de Paris
eſt ainſi conçu : *Le vaſſal ne peut démembrer ſon
fief au préjudice & ſans le conſentement de ſon ſeigneur. Bien ſe peut joüer & diſpoſer & faire ſon
profit des héritages, rentes où cens étant dudit fief
ſans payer profit au ſeigneur dominant, pourvu
que l'aliénation n'excède les deux tiers & qu'il en
retienne la foi entière, & quelque droit ſeigneurial
& domanial ſur ce qu'il aliéne.*

C'eſt principalement la première partie de

(*) Voyez ſurtout cela les commentaires de Dumoulin
ſur l'article 58 de l'ancienne coutume de Paris, de Lauriere
ſur l'article 83 de la nouvelle, &c.

cet article, qu'on se propose ici d'expliquer. On interprêtera plus particulièrement la seconde sous les mots JEU DE FIEF & DÉMISSION DE FOI.

Pour bien comprendre la doctrine de Dumoulin sur cette matière, il faut distinguer *le eorps* du fief, ou le fief servant, de son *chef*, qui est le fief dominant. D'après cela, on peut compter trois sortes de Démembremens de fief.

Le Démembrement de la première espèce a lieu, quand l'hommage du fief servant est porté à un autre que le seigneur véritable. Le corps du fief est alors séparé de son chef, qui étoit le fief originairement dominant pour s'unir à un autre chef, c'est-à-dire au fief du nouveau seigneur dont on reconnoit la mouvance.

Si le seigneur voisin ne reçoit la foi & hommage, que sur une des parties intégrantes dont est composé le fief servant, il y a Démembrement tant du chef que du corps du fief; car la partie sur laquelle on reconnoît la directe d'un autre seigneur est séparée non-seulement du fief dominant, mais aussi du reste du fief servant, pour former un fief particulier relevant du nouveau seigneur. C'est là la seconde espèce de Démembrement.

Dumoulin dit que ces deux espèces de Démembremens ne peuvent s'opérer effectuellement que par la prescription établie de seigneur à seigneur par l'article 12 de la coutume de Paris. Il semble qu'elles peuvent avoir lieu lorsque dans les coutumes qui admettent le francaleu, le propriétaire de la totalité ou d'une portion du fief servant, les possède durant le temps requis & avec les conditions nécessaires pour acquérir l'affranchissement.

Quoi qu'il en foit, cette prefcription n'eft point contraire au principe que le vaffal ne peut démembrer fon fief au préjudice & fans le confentement de fon feigneur. Sa négligence à veiller fur les dépendances de fon fief & l'abandon qu'il en fait pour ainfi dire, en fouffrant qu'un autre feigneur en reçoive l'hommage, équivaut à une forte de reconnoiffance, que ce Démembrement ne s'eft fait ni fans fon confentement, ni à fon préjudice ; & d'ailleurs c'eft ici moins le vaffal que le feigneur étranger & la loi même qui font le Démembrement.

La troifième forte de Démembrement eft celle qui a pour objet le corps feul du fief fervant. Il s'en faut bien qu'elle foit auffi claire que les précédentes. Il y a deux opinions principales là-deffus, fuivant les différens fens que l'on donne au mot *démembrer*. Dumoulin eft auffi l'auteur de la première.

Pour l'établir, il confidère encore dans le fief fervant deux parties, le domaine du fief, *fubjectum materiale*, & la foi qui en eft *le titre*, & à la charge de laquelle le domaine du fief eft poffédé par le vaffal. Cette diftinction eft le pivot fur lequel roule toute fa doctrine à ce fujet.

Il n'y a Démembrement felon ce jurifconfulte, que lorfque le titre du fief eft divifé & quand il y a fection de foi. Sans cette fection de foi le titre du fief, & par conféquent le fief lui-même demeure toujours dans fon intégrité, quelque divifion que l'on faffe du domaine du fief, & dès lors on ne tombe point dans la prohibition de la coutume fur le Démembrement.

Ainfi le vaffal peut aliéner telle portion qu'il

voudra du domaine de son fief, en chargeant
l'acquéreur de porter solidairement avec lui la
foi & hommage sur cette portion, comme ne
faisant qu'un seul fief, avec la portion qu'il retient. Des co-héritiers peuvent également partager le domaine du fief, qu'ils tiennent de leur
auteur, en se chargeant de même d'en porter la
foi comme d'un seul corps de fief. Il n'y a là-
dedans qu'une simple assignation de parties,
point de division du titre du fief, point de scis-
sion de la foi. Les lots de co-propriétaires ne
sont point des fiefs distincts, ce ne sont que des
portions d'un fief unique, qui subsiste toujours
dans son individuité.

Quand bien même le seigneur recevroit en
foi chaque héritier ou co-propriétaire pour sa
portion, il ne seroit pas censé pour cela consentir à la division du titre du fief, supposé même
qu'ils en eussent divisé le titre par les arrangemens qu'ils ont fait entre eux. On doit présu-
mer dans le doute que le seigneur a cru laisser les
choses dans leur ancien état, & qu'il n'a investi
les co-partageans que comme co-propriétaires
du même corps de fief. Si cependant le seigneur
avoit connoissance que le partage est tombé sur
le titre même du fief, & qu'il eût investi l'un
des co-propriétaires, comme ayant un fief séparé, ou bien s'il avoit souffert qu'ils lui ren-
dissent séparément leurs aveux & Démembremens, il n'en faudroit pas davantage pour constituer des fiefs absolument distincts, & pour
opérer un véritable Démembrement.

Quand donc le vassal aliène une portion de
son fief pour être tenu par l'acquéreur, comme
un fief distinct & séparé, quoique relevant du

même feigneur, ou lorfque des co-héritiers &
d'autres co-propriétaires divifent le titre du fief
& fe préfentent pour en faire la foi & hommage
comme d'autant de fiefs diftincts ; le feigneur
peut les refufer, puifqu'ils feroient ainfi un véritable Démembrement de fief, qu'il n'eft pas
permis de faire fans fon confentement & à fon
préjudice.

Cette diftinction ingénieufe entre le titre &
le domaine du fief a été adoptée avec toutes ces
conféquences par d'Argentré même, fi bien
connu pour être l'émule de Dumoulin. Il l'a défendue par de nouvelles raifons. Le domaine
direct, dit-il, c'eft-à-dire la foi due par le vaffal,
que la coutume de Bretagne appelle l'*obéiffance*,
eft une chofe entièrement individuelle ; on ne
peut en faire plufieurs d'une feule en la divifant,
quoique le domaine du fief foit partagé. Dès que
le feigneur n'a concédé qu'un feul fief par la première inveftiture, il ne doit pas dépendre des
héritiers de fon vaffal ou de fes ayans-caufes,
d'en faire plufieurs fiefs malgré lui, parce qu'un
contrat une fois fait ne peut être altéré poftérieurement fans le confentement de toutes les
parties qui y ont parlé.

D'Argentré ne s'écarte de l'opinion de Dumoulin qu'en ce qu'il eftime que la foi & hommage doit fe rendre *collectivement* par tous les co-
propriétaires dans un feul & même acte, comme
l'aveu & dénombrement ; tandis que Dumoulin
décide qu'elle peut fe rendre folidairement,
mais féparément par chaque héritier.

Malgré deux autorités fi refpectables, ce fyftême paroît avoir refté longtemps dans l'oubli,
jufqu'à ce que Guyot l'ait propofé de la manière

la plus favante dans fon traité des fiefs, où néanmoins il convient que chaque acquéreur ou copartageant peut rendre féparément non-feulement la foi & hommage, mais auffi donner à part le dénombrement de ce qu'il poffède, en affurant que tel eft l'ufage. Le préfident Bouhier fur la coutume de Bourgogne, Pothier fur celle d'Orléans & Me. Henrion de Penfey dans fes notes fur le traité des fiefs de Dumoulin, ont depuis fuivi la même opinion.

L'autre fentiment fur l'interprétation de la coutume de Paris relativement au Démembrement a un plus grand nombre encore de partifans. C'eft celui de Ragueau dans fon indice des droits royaux, de Coquille dans fes différens ouvrages; de Ricard fur la coutume d'Amiens, de Dupleffis, Ferrière & de Laurière fur celle de Paris, de Valin fur celle de la Rochelle, & de Me. le Camus d'Houlouve dans fon nouveau commentaire· fur la coutume de Boulogne. Tel paroît être auffi celui des auteurs de la differtation fur le Démembrement & le jeu de fief, que l'on trouve à la fuite du commentaire favant donné fur la coutume de Bordeaux en 1768, lefquels néanmoins fe font expliqués d'une manière un peu vague, & qui ne me paroiffent pas avoir tout-à-fait faifi la véritable doctrine de Dumoulin.

Suivant tous ces auteurs, qui rejettent la diftinction entre le titre & le domaine du fief; le Démembrement & le dépié de fief font fynonimes. Ils ont lieu l'un & l'autre toutes les fois qu'en aliénant une partie du fief fervant, le vaffal ne retient pas la foi fur la portion aliénée, pour la porter feul au feigneur direct, & qu'il charge au contraire l'acquéreur de la porter lui-même.

Ils ont pareillement lieu par une suite nécessaire toutes les fois qu'un fief se partage entre plusieurs héritiers. En un mot, il y a Démembrement & plusieurs fiefs, lorsqu'il y a plusieurs vassaux qui possèdent séparément des portions du fief primitif.

De Laurière même, qui avoit si bien approfondi les parties les plus difficiles de notre jurisprudence, comprend sous le Démembrement la sous-inféodation. » Démembrer un fief, dit-il, » sur l'article 51 de la coutume de Paris, c'est » d'un en faire plusieurs. Or, soit que les parties » démembrées d'un fief relèvent toujours d'un » même seigneur, soit qu'elles aient été données » en arrière-fiefs, le Démembrement lui est tou- » jours préjudiciable, parce qu'il est de son inté- » rêt que ses droits ne soient pas divisés ; & par » conséquent le vassal ne peut point démembrer » son fief, si le seigneur féodal n'y consent : il » faut néanmoins excepter de cette règle le cas » des successions. Voyez les articles 13 & 15 & » l'auteur du grand coutumier, livre 2, chapitre » 27, pages 185 & 186. »

Ce système me semble le plus conforme à la nature des fiefs, à nos anciens monumens & à la lettre même ainsi qu'à l'esprit général des coutumes. La fidélité due par le vassal est sans doute de l'essence du fief. C'est le prix qu'il donne dans le contrat d'inféodation ; mais le domaine même du fief, ou les droits qui en tiennent lieu ne lui sont pas moins essentiels. Ils sont le prix donné par le seigneur en retour de la fidélité promise par le vassal dans ce contrat, qui est certaine- ment synallagmatique. Autrement il faudroit dire que tous les sujets d'un prince, dans quelque

état que ce foit, font fes vaffaux. En fe repor-
tant au véritable temps de l'exiſtence du fyſtême
féodal, on verra que toutes les raifons qui ont
pu faire prohiber le Démembrement des fiefs
portent fur le domaine comme fur le titre du fief
même. Tels font l'intérêt du feigneur à avoir tel
vaffal plutôt que tel autre, celui des héritiers
appelés à la fucceffion du fief par la première inveſtiture, l'impuiffance de faire le fervice où
des aliénations confidérables pourroient réduire
le vaffal. Ces motifs ne feront pas moins importans lorfque l'aliénation d'une portion du fief ne
pourra fe faire qu'à la charge d'un hommage folidaire ou collectif, & fi la foi forme l'effence
du fief, le contrat primitif ne fera pas moins altéré, quand le feigneur aura plufieurs vaffaux au
lieu d'un, que lorfqu'on divifera le titre du fief
même.

Peut-on bien même concevoir nettement que
la fidélité ne foit pas divifée lorfque le feigneur
a plufieurs vaffaux? Car qu'eſt-ce que la fidélité,
fi ce n'eſt l'obligation où eſt chaque propriéé-
taire du fief de défendre & de refpecter fon feigneur? Sil eſt vrai qu'une foi folidaire ou col-
lective préfente une idée juſte en l'analyfant,
au moins n'y a-t-il guere d'apparence qu'une
doctrine fi fubtile & fi métaphyfique foit entrée
dans l'efprit des rédacteurs de nos coutumes,
lorfqu'ils ont prohibé le Démembrement de
fief; & perfonne n'ignore que les termes des
lois doivent s'interprêter fuivant le fens le plus
naturel qu'ils préfentent.

Dumoulin, comme Valin l'obferve fort bien,
n'aura eu recours fans doute à cette explication,
que parce que la loi qui défend les Démembre-

mens lui paroiſſoit devoir influer par ſa généralité, ſur les partages comme ſur les autres actes
qui emportent diviſion de fief. Comme il trouvoit trop de rigueur à interdire à des co-héritiers le partage d'un fief qui leur étoit échu en
commun, il imagina cette diſtinction ſubtile
entre le titre du fief & le domaine qui en eſt le
corps matériel, pour en conclure que nonobſtant le partage, les co-héritiers n'étoient que
portionnaires d'un même fief, tant que par la
ſciſſion de foi, ils n'avoient pas donné lieu au
Démembrement en ſtipulant expreſſément que
chacun d'eux tiendroit ſa portion en fief ſéparé;
cette idée une fois ſaiſie, il étoit très-naturel de
l'étendre au cas de l'aliénation d'une partie du
fief faite par le vaſſal.

Mais ce que Valin ne dit pas, c'eſt que cette
extenſion de la loi prohibitive du Démembrement ne peut jamais s'appliquer aux partages
entre co-héritiers, ſoit que l'on conſulte l'eſprit
de la coutume de Paris, tel qu'il eſt développé
dans ſes autres diſpoſitions, ſoit en ſuivant la
lettre même de l'article 51. Cet article dit
que le vaſſal ne peut démembrer ſon fief ſans le
conſentement de ſon ſeigneur. Mais dans le cas
du partage entre co-héritiers, ce n'eſt point le
vaſſal qui fait le Démembrement, c'eſt la loi
même, loi à laquelle le ſeigneur eſt cenſé avoir
donné ſon conſentement, ſoit lorſque la coutume
fut rédigée, ſoit lors même qu'il a ſouffert que
ſon fief devint patrimonial & héréditaire ſuivant
l'uſage des lieux, au lieu d'en accorder une inveſtiture reſtrainte aux aînés ſeuls ou bornée de
telle autre manière qui en auroit empêché la diviſion.

Dans les lois anciennes ou nouvelles qui défendent la division du fief, on n'en trouvera pas une seule qui porte sur le titre du fief seulement, dont la conservation dans son entier importe en effet bien peu au seigneur. Ce n'est pas là assurément le but des assises de Jérusalem, quand elles assurent dans le chapitre 195, que l'on peut vendre tout son fief & non pas seulement une partie. Elles appellent *Démembrement* la sous-inféodation ; les coutumes notoires du châtelet & les décisions de Mᵉ. Jean des Mares donnent le même nom aux hypothèques que le vassal impose sur le fief.

Beaumanoir au chapitre 14 de ses coutumes de Beauvoisis fait la question suivante. *Un chevalier & une dame en leur mariage héritèrent un fief en l'héritage du chevalier.* Après la mort de sa femme le chevalier exerça le retrait de mi-denier sur ses enfans. Le seigneur de fief demanda deux hommages l'un pour l'acquisition & l'autre pour le retrait. *Il fut jugé*, dit-il, *que il ne devoit avoir que un hommage. Mes voir est que si li enfans en eussent porté le moitié par raison d'où conquest leur mère, que le père ne l'eut pas retrait par le bourse, il y eust eu deux hommages.*

Beaumanoir donne deux autres exemples semblables, & il suppose toujours qu'il y a plusieurs *hommages*, & par conséquent plusieurs fiefs, quand le domaine d'un fief est divisé.

J'ai examiné avec le plus grand soin nos coutumes pour y trouver l'explication du mot *Démembrement*, & le sens de leurs dispositions dans le cas du partage des fiefs. Toutes m'ont paru présenter la même idée.

La coutume de Châlons dans les articles 175

& 259 regarde le partage & le Démembrement du fief comme une même chose ; elle y décide que *les fiefs peuvent être divisés entre enfans & héritiers sans le consentement du seigneur de fief* ; que le vassal peut aliéner le fief mouvant de lui qu'il a retenu par puissance de fief ; mais que s'il veut le garder en ses mains, *il est en ce cas réuni & consolidé avec le fief dont il est tenu & n'est le tout qu'un même fief, lequel ledit seigneur ne peut en après démembrer sans le consentement dudit seigneur suzerain, sinon ès-cas qu'il est permis de démembrer son fief*, c'est-à-dire dans le cas du partage entre co-héritiers.

La coutume de Rheims, article 215 & suivans, dit que *les puînés frères & sœurs peuvent si bon leur semble tenir leur portion de fief de leur frère aîné, & en arrière-fief du seigneur féodal* ; que le *pareil peut faire le père, mère, ayeul ou ayeule, à leurs enfans ou enfans de leurs enfans, à savoir leur partager son fief & faire que les membres d'icelui tiendront en foi & hommage de lui ou de son fils aîné sans moyen & du seigneur dudit fief en arrière-fief ; ce que ne peuvent faire lesdits enfans en succession collatérale, en laquelle aussi leur est permis partager entr'eux un fief :* enfin elle ajoute *que le vassal ne peut sinon ceux cas contenus ès-deux articles précédens desmembrer son fief au préjudice du seigneur féodal.*

La coutume de Valois, article 50, défend au vassal *de charger son fief de rente, ne autrement, ne icelui démembrer aucunement au préjudice du seigneur.*

Meaux, article 166, porte *qu'un vassal ne peut démembrer au préjudice & sans le congé de son seigneur, si ce n'est par succession ou partage ; car les*

deux font caufes forcées. *Horsmis le cas de partage ;*
dit la coutume de Melun, article 99 *le fief ne*
peut être démembré ou éclipfé au préjudice & fans
le confentement du feigneur. Sens , article 216 ,
défend auffi le démembrement du fief , *finon que*
par partage & divifion d'entre héritiers il ait été
une fois démembré.

La coutume de Laon 191 décide que *par*
tels partages fe peuvent lefdits fiefs démembrer
& d'un par ce moyen en faire plufieurs. Celle de
Clermont en Beauvoifis, article 96 , dit que *le*
vaffal ne peut ébrancher fon fief en vendant partie
& retenant l'autre. Il eft donc bien certain que
le partage du domaine du fief , ou l'aliénation
d'une partie , produit un véritable Démembrement du titre même du fief.

Toutes lés coutumes dont on vient de rapporter les difpofitions entourent celle de Paris.
Ne feroit-ce pas s'écarter du droit coutumier
que de rejeter la feule explication qu'il donna
du mot démembrer, pour y fubftituer un fens
fi peu naturel. Guyot a prétendu néanmoins que
les principes du Démembrement , tels qu'il les
a pofés d'après Dumoulin *font les mêmes dans*
toutes les coutumes. Il prie *fon lecteur de fe fouvenir*
bien qu'il lui dit vrai quand il avance que le Dé-
membrement du fief y eft comme à Paris la divifion
du titre du fief , la fection de la foi , in quâ feudum
confiftit, *que dans quelque coutume que ce foit , là*
où il n'y a point de fection de foi , point de divi-
fion du titre du fief , là il n'y a que jeu de fief avec
ou fans profit , fuivant la difpofition de la coutume
où l'on fe trouvera.

Il examine enfuite la plupart des coutumes
dont on vient de donner le texte , il prouve
fort

fort bien que plusieurs d'entre elles décident que le titre du fief même est divisé, quand elles disent que le partage opère le Démembrement, & il en conclut qu'il n'y a point de Démembrement, si la foi n'est pas divisée. Mais ce n'est pas là le point de la difficulté. On convient bien généralement que le Démembrement emporte cette division de la foi ; la question qui partage les auteurs est de savoir si la division du domaine du fief n'opère pas cette section de foi, & il est étonnant que Guyot, qui a si bien approfondi cette matière, n'ait pas vu que toutes les coutumes qu'il cite le disoient nettement.

Malgré l'explication forcée qu'il a donnée au sens de ces coutumes, il est obligé de reconnoître souvent qu'elles contrarient son système. Aussi trouve-t-il *très-obscure & très-bigarée dans ses dispositions*, la coutume de Sens, dont l'article 117 *est échappé à la prudence & aux lumières des réformateurs*, & forme avec l'article 189, *un labyrinthe dont il ne peut sortir*. Il traite l'article 166 de la coutume de Meaux d'*absurde*, parce qu'il dit que le Démembrement par partage est *une cause forcée*. Il rapproche de ses principes le texte de la coutume de Valois, & il assure que par *Démembrement*, elle n'a entendu rien autre chose que *le jeu de fief*.

Mais sans parler *du jeu de fief excessif*, ou *hors des termes de la coutume* que Guyot a imaginé pour défendre son système, ce jurisconsulte a donné une extrême étendue au jeu de fief même permis par les coutumes. Il comprend sous ce nom les partages entre co-héritiers, & toutes les aliénations dans lesquelles le vendeur, en chargeant l'acquéreur de porter la foi de la portion acquife ne dit pas nettement que cette foi fera divifée. Cependant la coutume de Paris & toutes les autres du royaume fuppofent que le jeu de fief n'a lieu qu'autant que l'acquéreur eft garanti de la foi & hommage par le vendeur qui au lieu de s'en démettre, l'a retenue fur la portion aliénée & l'a confervée dans fa mouvance. L'oppofition que la nouvelle coutume de Paris a mife entre le jeu de fief & le Démembrement en rapprochant les articles 35 & 41 de l'ancienne coutume annonce bien que par Démembrement elle entend tous les actes qui excéderoient les bornes du jeu de fief ordinaire , & qui auroient pour objet de morceller le domaine même du fief relativement au feigneur.

On peut tirer la même induction des difpofitions des coutumes qui parlent du depié de fief. Qu'on ne dife pas pour faire adopter le fyftême de Dumoulin, qu'il favorife le commerce en autorifant l'aliénation libre des fiefs même par portion. Ce motif, s'il étoit réel, mériteroit fans doute beaucoup d'égards aujourd'hui furtout que la vaffalité, en mettant à part les profits pécuniaires n'eft prefque plus qu'un vain nom, & l'ombre feule de ce qu'elle étoit autrefois; mais cet avantage n'eft qu'apparent.

La coutume en défendant le Démembrement de fief au préjudice & fans le confentement du feigneur indique affez qu'on peut le faire avec fon confentement & lorfqu'il y trouve fon utilité. Les droits de quint & de retrait dans les ventes , ceux de relief dans les autres aliénations font des avantages trop réels, pour que les feigneurs refufent jamais leur confentement à des aliénations partiaires : Pothier, qui étoit de l'opinion de

Dumoulin, dans fon commentaire fur la coutume d'Orléans, où la vente du fief eft permife
en tout ou en partie, par l'article premier,
attefte *qu'une perfonne très-éclairée qui a dépouillé
toutes les archives de cette Province, lui a dit n'a-
voir pas vu d'aveu par lequel l'acquéreur d'une
portion divifée d'un héritage féodal en eût porté
la foi autrement que comme d'un fief féparé.*

Cependant cette coutume eft l'une de celles
dont les difpofitions pourroient être plus facilement conciliées avec le fyftême de Dumoulin,
& Guyot l'a fort bien prouvé. D'Argentré, fur
la coutume de Bretagne, convient que les feigneurs y ont auffi la même facilité ; la raifon
en eft bien naturelle, c'eft qu'ils ne trouve-
roient aucun avantage à empêcher le Démembrement & tout femble confirmer que l'article
51 de la coutume de Paris n'a eu pour objet
que de défendre tous les arrangemens qui pourroient préjudicier au feigneur, fous quelque
forme qu'on les déguisât.

C'eft dans ce fens que Loifel a dit dans fes
inftitutes coutumières, livre 4, titre 3, règle
90 & 91, *le vaffal peut démembrer, bailler à cens
& arrentement fon fief fans l'affens de fon feigneur jufques au tiers de fon domaine, fans s'en
défaifir, ou la main mettre au bâton, qui eft ce
que l'on dit fe jouer de fon fief fans démiffion de
foi ; mais ne le peut démembrer au préjudice de fon
feigneur.*

§. III. *Droit du refte de la France fur le
Démembrement.*

Il y a beaucoup de variété dans les loix &

les usages du reste de la France relativement au Démembrement des fiefs : on peut néanmoins les rapporter à différentes classes.

Première classe. Coutumes muettes : telle est celle de la Rochelle & un grand nombre d'autres. Vaslin veut qu'on y suive absolument pour règle la coutume de Paris, dont il interprète les dispositions comme de Laurière. D'autres auteurs, comme le président Bouhier sur la coutume de Bourgogne, les auteurs de la dissertation sur le Démembrement & le jeu de fief, mise à la suite du nouveau commentaire sur la coutume de Bordeaux, disent la même chose, en soutenant néanmoins que la faculté de se jouer de son fief doit être indéfinie dans les coutumes muettes comme dans l'ancienne coutume de Paris.

En effet, la raison indique que tout le monde peut faire de son bien l'usage qu'il jugera convenable, tant qu'aucune loi ne met pas de bornes à sa restriction ; Guyot paroît se rendre à cet avis, quoiqu'il trouve beaucoup d'inconvéniens à cette liberté indéfinie. On peut voir des détails plus étendus à ce sujet dans la dissertation que l'on vient de citer. Les auteurs nous y apprennent que telle est la jurisprudence actuelle du parlement de Bordeaux & des autres parlemens de droit écrit sur le jeu de fief : mais l'aliénation partiaire sans rétention de foi y est également permise, sans qu'il soit besoin du consentement du seigneur, soit dans ceux où les mutations engendrent des profits, soit dans ceux où elles n'en produisent point. Voyez *Despeisses, Salvaing, Catelan, Boniface, &c.*

La même chose a lieu particulièrement dans

la Provence, où les aliénations des fiefs produisent des lods: cependant on y peut observer que par un usage qui semble rentrer dans le système de Dumoulin sur le Démembrement, les portions du fief aliénées sans rétention de la directe de la part du vendeur, sont toujours regardées comme faisant partie d'une seule & même seigneurie. Mais cela provient sans doute de ce que la féodalité y est essentiellement attachée à la justice, laquelle ne peut se démembrer, de manière qu'une portion de fief vendue sans une portion de justice cesse par cela seul d'être noble. Voyez l'article DÉMEMBREMENT DE JUSTICE.

Seconde classe. Coutumes qui permettent le jeu de fief avec rétention de foi, sans s'expliquer sur le Démembrement: telles sont les coutumes d'Auxerre & de Montfort, celles de Berry, d'Etampes, de Troyes, d'Auvergne, de Melun, de Châteauneuf, de Chartres, de Dreux, de Châteaudun. On y doit suivre la disposition de la coutume de Paris sur le Démembrement, avec d'autant plus de raison que plusieurs d'entr'elles défendent d'imposer des charges sur le fief sans le consentement du seigneur, ou de les y laisser durant un certain nombre d'années. En permettant le jeu de fief, sans qu'il puisse préjudicier au seigneur, elles indiquent assez que les droits du vassal ne vont point au-delà.

La coutume de Normandie, qui dans l'art. 204, permet *au vassal de se jouer des terres, rentes & autres appartenances de son fief, sans payer treizième à son seigneur féodal, jusques à dimission de foi & hommage exclusivement, pourvu:*

qu'il demeure affez pour fatisfaire aux rentes & redevances dues au feigneur, peut être rapportée à la même claffe, du moins quant aux aliénations & Démembremens volontaires : car l'admiffion du parage & les bornes qu'elle met à la difpofition des fiefs en cas de partage entre filles ou leurs repréfentans, la mettent dans une claffe particulière à cet égard.

. *Troifième claffe.* Coutumes qui défendent expreffément le Démembrement fans le confentement du feigneur, comme celle de Paris : telles font les coutumes de Montfort, de Mantes, de Senlis, de Clermont en Beauvoifis, de Valois, de Namur, de la Salle de l'Ifle, de Vitry, laquelle permet néanmoins au feigneur châtelain de fous-inféoder au préjudice de fon feigneur. Saint - Quentin, en cas de Démembrement d'une portion du fief du vaffal accorde au feigneur le droit de la faifie féodale, *jufqu'à ce qu'il l'ait réunie.* Chaulny prononce la peine de la réunion de la portion démembrée au profit du feigneur. La plupart des autres coutumes ne prononcent aucune peine.

Il faut encore rapporter à cette claffe les pays qui fuivent le droit féodal d'Italie ou d'Allemagne, tel qu'il eft expofé dans le livre des fiefs. La plupart des fiefs y font fimplement héréditaires, & ne peuvent s'aliéner fans le confentement du feigneur & des héritiers du vaffal ; à plus forte raifon, ne peuvent-ils pas être démembrés. L'ufage y a fait tolérer néanmoins les fous-inféodations & les accenfemens faits fans fraude des terres incultes ; hors cela, le vaffal ne peut y impofer aucunes charges qui puiffent durer au-delà de fa vie. Les fiefs s'y

divisent également en succession parmi les enfans mâles. Mais il ne paroit pas qu'on y ad-
mette la distinction entre le titre & le domaine
du fief.

Quelquefois les investitures permettent d'aliéner le fief, & alors c'est d'après leurs termes
qu'il faut juger de la validité ou de l'invalidité
des aliénations. Voyez ci-dessus l'article AL-
SACE.

Quatrième classe. Coutumes qui permettent le
Démembrement de fief entre héritiers seulement. Les coutumes de Laon, de Meaux, de
Melun, Sens, Amiens, Châlons, Reims, Artois (*), Nivernois, Bar, les deux Bourgognes.

(*) Cette coutume, dans l'article 84, permet au pere de
faire du consentement de ses enfans, lorsqu'il *a plusieurs fiefs
ou héritages patrimoniaux, partage & division d'iceux
ses fiefs & héritages, sans toutefois iceux fiefs diviser ou
démembrer.* Baudouin dont les notes sont d'ailleurs estimées,
a voulu appliquer ici la doctrine de Dumoulin. Il dit donc
*que ce démembrement ne se peut faire au préjudice & sans
le consentement du seigneur & faut entendre que, dismem-
bration est dite en cet article quand un fief se divise &
partit en plusieurs fiefs, jaçoit que ce soit sous la recon-
noissance d'un même seigneur, par quoi appert qu'en faisant ledit partage n'est loisible que de partir & diviser les
terres féodales demeurant toujours la même teneure & an-
tique titre du fief & ancienne fidélité en son entier, & partant faut-il diviser les choses féodales sans diviser le titre
du fief.*

Guyot a cité cette note pour autoriser son opinion; mais
il est évident que Baudouin n'a point entendu ici sa coutume. Dans l'article 84, elle ne défend le démembrement
des fiefs, qu'autant qu'il y en a plusieurs dans la succession.
Elle permet ce démembrement dans l'article 102 pour le
quint des puînés, sans distinguer le titre d'avec le do-

Plusieurs de ces coutumes donnent aussi aux cadets la faculté de relever leur portion de l'aîné. C'est un reste de l'ancien usage de la France sur les parages. On y peut aussi rapporter la coutume de Normandie quant aux successions.

Cinquième classe. Coutumes qui permettent le Démembrement en général. Parmi elles, quelques-unes, comme Ponthieu & Boulenois, ne donnent aucune restriction à cette faculté. Comme les rachats y sont la plupart abonnés à des devoirs fixes, & qu'elles décident que chaque portion aliénée sera tenue à tels devoirs que le total du fief principal, elles favorisent le Démembrement, & la coutume de Chaulny défend même la réunion des portions démembrées sans le consentement du seigneur. La coutume de Cambray en dit autant ; elle déclare aussi expressément que le bail à rente fait deux fiefs distincts.

Si l'on ne veut pas adopter l'opinion de Dumoulin, les coutumes d'Orléans & de Montargis, qui permettent l'aliénation totale ou partiaire du fief sans le consentement du seigneur, doivent être mises dans la même classe. Enfin il y faut rapporter les coutumes de Poitou, Touraine, Anjou, Loudunois, Maine dont on parlera plus particulièrement sous le mot DÉPIÉ DE FIEF, parce que le Démembrement qu'elles permettent sans restriction y suit des règles

---

maine du fief, puisqu'elle dit *que le quint ou portion de quint se droiture à pareil relief & droiture comme le relief principal & est chacune portion tenue à pareille prérogative comme le principal.*

toutes différentes de celles de la coutume de Paris, & qu'il y est regardé comme si peu préjudiciable au seigneur, que c'est la peine prononcée contre ceux qui passent les bornes prescrites au jeu de fief par leurs dispositions.

La coutume de Bretagne paroît être aussi dans le même cas ; elle permet aux vassaux d'arrenter *avec rétention d'obéissance* les terres incultes, ou celles qui étoient autrefois *arrentées*, & qu'il aura eues par retrait féodal, pourvu qu'il ne diminue pas la rente ancienne au dernier cas, & qu'au premier, *il ne prenne pas plus de cent sous d'entrée par journal;* autrement, *il y auroit ventes & prémesses* (retrait féodal) *& passeroit l'obéissance au seigneur supérieur.* Cette coutume prononce aussi, comme on le voit, le Démembrement comme une peine. Elle n'entend donc pas le défendre, quoique d'Argentré l'ait paru croire.

§. IV. *Questions particulières sur le Démembrement.*

1°. La sous-inféodation tombe-t-elle dans la défense de démembrer faite par nos coutumes, même lorsqu'elle ne comprend que la portion dont elles permettent au vassal de jouir, ou bien n'est-elle qu'un simple jeu de fief?

Suivant Dumoulin, cela ne peut faire de difficulté ; il n'est pas douteux que la sous-inféodation est comprise sous le jeu de fief comme l'accensement : il décide nettement qu'il suffit au vassal de conserver la foi sur le fief par quelque acte que ce soit ; que la sous-inféodation suppose même cette rétention de foi, quand elle ne seroit pas exprimée; que dès-lors le seigneur est sans intérêt pour critiquer un arrangement qui ne peut lui nuire, puisqu'il conserve tous ses droits sur la portion du fief ainsi sous-inféodée, laquelle demeurera comme auparavant sujette à la saisie féodale & au payement des droits seigneuriaux, lorsque le fief du vassal y sera sujet.

Cet auteur convient néanmoins que si sous l'apparence d'une sous-inféodation, le vassal faisoit une véritable vente du fief servant, le seigneur pourroit exiger les droits de quint, sans qu'une pareille fraude pût lui préjudicier, & qu'il faudroit la considérer comme un Démembrement : mais il en dit autant de l'accensement ainsi fait en fraude du seigneur.

Si l'on consulte nos coutumes, il sembleroit au contraire que la sous-inféodation devroit passer pour un Démembrement : toutes celles qui expliquent le jeu de fief ne parlent que de *cens*, *rente*, *ferme*, *pension*, *sur-cens*, & d'autres termes semblables, qui supposent une tenure roturière.

Quelques coutumes de Picardie & des environs, telles que Boulonnois & Amiens, permettent à la vérité très-expressément au vassal les sous-inféodations *pour l'augmentation de son fief & seigneurie*. Mais ces coutumes le permettent au préjudice du seigneur même, jusqu'à concurrence de la portion que les cadets peuvent avoir dans les fiefs, & qu'ils doivent tenir de leur aîné, pour une ou plusieurs générations. Si le vassal excede par ces sous-inféodations la quotité qui doit former la portion des cadets, elles accordent au seigneur suzerain la mouvance des choses ainsi sous-inféodées par dévolution : elles sont, comme on le voit, de véritables coutumes de depié de fief & de parage.

La coutume de Paris, même dans l'article 51, exige que le vassal retienne *quelque droit seigneurial & domanial sur ce qu'il aliene*, outre la foi & hommage ; ce qui ne peut guères s'appliquer qu'à un accensement. Guyot soutient à la vérité que les termes des coutumes applicables aux accensemens sont simplement *exemplatifs* & non *limitatifs*. Mais il est bien extraordinaire que pas une de celles qui permettent le jeu de fief en défendant le Démembrement, n'ait donné un exemple qui pût s'appliquer à la sous-inféodation. Cependant la facilité du commerce & le peu d'intérêt du seigneur depuis qu'on a admis que le jeu de fief pouvoit se faire avec des deniers d'entrée considérables, ont fait recevoir généralement l'opinion de Dumoulin, & l'on ne citeroit peut-être pas un jurisconsulte d'une opinion contraire, malgré les bonnes raisons qu'on pourroit trouver pour la défendre dans l'esprit & dans la lettre même de nos coutumes.

·2°. La constitution de rente assise sur un fief est-elle un Démembrement ? Du temps où les rentes constituées étoient des sortes d'engagemens, des charges réelles du fief, elles étoient considérées comme de véritables Démembremens : dans la suite on distingua celles qui étoient générales de celles qui avoient un assignat spécial, & ces dernières seules opéroient le Démembrement du fief. C'est par cette raison qu'on ne pouvoit les constituer ainsi sans le consentement du seigneur, & qu'elles étoient sujettes aux lods & ventes. ·

· Mais depuis qu'on n'admet plus de différence entre les hypothèques générales & spéciales, il faut dire que les constitutions de rente ne forment aucun Démembrement de fief; qu'elles ne font pas même, à proprement parler, comprises fous le nom de *jeu de fief*, puifque dans les coutumes mêmes qui y mettent des bornes, les fiefs peuvent être hypothéqués au-delà de leur entière valeur. Cette décifion doit aujourd'hui avoir lieu dans les coutumes qui déclarent expreffément le contraire & dans celles de nantiffement, dont les ufages font à cet égard abfolument abolis par l'article 35 de l'édit du mois de juin 1771, fur la purgation des hypothèques.

3°. Il n'en eft pas de même des ventes à faculté de réméré d'une portion du fief faites avec rétention de foi, lefquelles ne différoient prefque pas des rentes conftituées dans leur origine : à cet égard il faut fuivre les difpofitions des coutumes, lorfqu'elles déclarent que ces fortes de ventes opèrent le Démembrement au bout d'un certain nombre d'années; telles font les coutumes de Troyes, de Vitry, de Laon, &c. Quant aux coutumes muettes, Dumoulin décide que la vente à faculté de réméré ne doit pas excéder le terme de dix années, fans quoi la rétention de foi ne feroit qu'une véritable fraude.

4°. Eft-ce démembrer un fief, que d'en aliéner les vaffaux en retenant le refte du fief? Dumoulin fe décide pour l'affirmative; il cite le livre des fiefs, qui néanmoins ne paroît faire cette prohibition que lorfque le nouveau feigneur auquel on voudroit transférer la directe eft d'une qualité trop inférieure. Il rapporte quelques exemples où les vaffaux de la couronne fe font oppofés fur ce fondement à leur aliénation en faveur de princes étrangers, & il déclare que cela ne pourroit pas se faire même pour l'obtention de la paix.

D'Argentré a soutenu l'opinion contraire, & Guyot l'a depuis exposée avec la plus grande force : ces auteurs prouvent très-bien que des questions qui touchent aux maximes les plus importantes du gouvernement & du droit public des nations, ne doivent point se décider par des textes de coutume, ou sur les principes du droit féodal.

Les livres des fiefs, ajoutent-ils, n'ont aucune autorité parmi nous ; leurs principes mêmes sont absolument inapplicables à nos mœurs, depuis que les fiefs peuvent s'aliéner sans le consentement du seigneur : si le vassal aliéné trouve que le nouveau seigneur auquel on transfere la directe sur lui n'est pas d'une dignité assez éminente, il dépend de lui de résigner le fief, & le même inconvénient auroit lieu quand même l'aliénation des vassaux ne pourroit pas se faire séparément, puisque la totalité du fief pourroit être aliénée à un simple bourgeois, & que la possession des fiefs n'ennoblit plus.

D'Argentré convient seulement qu'il faut excepter de cette règle les vassaux qui sont obligés solidairement à de certains devoirs, tels que ceux qui possedent des fiefs *revanchables* en Bretagne ; encore peuvent-ils être aliénés tous ensemble, sans qu'on aliéne pour cela le domaine du fief, ou même séparément, en déchargeant les autres vassaux que l'on retient de l'obligation solidaire.

Guyot soutient que dans ce cas il n'y aura point de Démembrement, parce que le vendeur

& l'acquéreur feront hommage, l'un du domaine du fief, l'autre de la directe sur tels ou tels vassaux, comme ne composant qu'un seul & même fief. Il donne des exemples de cessions semblables dès les premiers temps où l'aliénation des fiefs fut permise. Il prétend qu'il n'y a pas plus d'inconvéniens à vendre ainsi séparément la directe sur tel ou tel vassal, qu'à commuer un fief même en roture, ou une roture en fief; ce qui est permis par plusieurs coutumes : que cette faculté doit s'induire de cela seul que la mouvance sur tel ou tel objet du fief peut s'acquérir par prescription, comme la mouvance de la totalité du fief même. Il cite enfin quelques arrêts qui l'ont ainsi jugé, & il rend le compte le plus exact d'un d'entr'eux rendu au parlement de Paris en 1739.

Mais ce dernier arrêt a été rendu dans la coutume du Maine, où il est permis de se jouer du tiers de son fief au préjudice du seigneur, & où le Démembrement du fief connu sous le nom de dépié n'est que la peine prononcée contre le vassal qui excède les bornes du jeu de fief. Les autres arrêts cités par Guyot ne paroissent point avoir jugé bien précisément la question.

Au reste, on ne peut s'empêcher de convenir que la plupart des raisons données par cet auteur semblent une suite naturelle du système embrassé par Dumoulin sur le Démembrement, quoique le président Bouhier & quelques autres auteurs qui ont suivi ce système, n'aient point adopté l'extension que Guyot y donne en cela. La plus grande objection que l'on puisse faire contre l'aliénation séparée des vassaux n'est peut-être pas dans l'intérêt de ces vassaux même, qui n'ont pas le droit de critiquer les arrangemens de leur feigneur, depuis que les fiefs font alié-nables ; mais bien dans l'intérêt du feigneur fu-zerain, à l'égard duquel une telle aliénation peut être confidérée comme un Démembre-ment.

L'induction que Guyot tire de la prefcription de la mouvance ne prouve rien, ou prouve contre fon opinion, puifque cette prefcription opere un véritable Démembrement ; & dans toutes les coutumes qui le défendent, c'eft s'é-carter de leur efprit que de fuppofer que la di-recte fur les vaffaux d'un fief puiffe être tranf-férée en retenant le refte du fief fans le con-fentement du feigneur fupérieur.

On peut ici rapporter une efpèce fingulière jugée par arrêt du 5 mai 1686. Un gentilhomme de la vicomté d'Auge en Normandie, où le Démembrement de fief n'eft point permis par aliénation, reçut un fervice fignalé du fieur Thal-bard, fon ami, domicilié à Paris. Pour lui témoi-gner fa reconnoiffance, il lui fit donation en pleine propriété de la terre & feigneurie d'Or-bigny, mouvante de la feigneurie de la Houf-faye, auffi appartenante au donateur. L'acte de donation finiffoit par la claufe fuivante : *Et parce que ce fief noble, terre & feigneurie de l'Orbigny, pourroit n'être pas à la bienféance dudit fieur de Thalbard & voudroit par ce moyen en difpofer ci-après, en ce cas nous le fupplions très-humblement lui & les fiens en ligne directe, de ne le faire qu'à la charge & condition expreffe de s'en réferver & conferver le nom & la qualité de feigneur, afin d'en pouvoir immortalifer le digne fujet ; voulant que ce préfent don ait lieu, force & vertu, nonobftant toutes lois, cas, caufes & occafions que ce foit ou puiffe être.*

Le fieur de Thalbard accepte la donation ; & en vertu de cette dernière claufe, il redonna *la propriété des maifons, héritages, droits, fruits & revenus dépendans de cette feigneurie de l'Orbigny,* au fils mâle cadet du donateur, *ne fe réfervant feulement que le nom, la qualité & les honneurs dûs au feigneur.*

Le fils aîné attaqua cette donation par plufieurs raifons après la mort de fon père. Il foutint en particulier que cet acte dérogeoit aux difpofitions de la coutume de Normandie contre la divifion des fiefs nobles. Par arrêt rapporté dans le journal du palais, le parlement de Bretagne, auquel cette conteftation fut renvoyée fur un conflit de juridiction entre ceux de Rouen & de Paris, débouta le fils aîné de fes demandes & le condamna aux dépens.

5°. Quelle eft la peine des aliénations faites contre la difpofition des coutumes, relativement au Démembrement ? Il y a beaucoup d'opinions là-deffus.

Brodeau dit fimplement que par le moyen du Démembrement, il y a ouverture de fief ; de forte que l'acquéreur de la portion démembrée eft tenu d'en faire la foi & de payer les droits de quint ou de relief fuivant la nature de fon acquifition. Cette opinion paroît avoir auffi été adoptée par Ferrière. On l'a rejetée avec raifon, fur le fondement qu'elle rendroit illufoire la prohibition de la coutume, en n'impofant à l'acquéreur d'autre peine qu'un fait qui fuppofe la validité du Démembrement.

Auzanet veut en ce cas, qu'il y ait commife en faveur

faveur du feigneur. Cette opinion rigoureufe pouvoit être bonne dans l'ancien droit féodal, où l'on ne pouvoit aliéner le fief en tout ou en partie fans le confentement du feigneur. Aujourd'hui il faut un défaveu formel pour faire encourir la peine de la commife dans la plupart des coutumes, & il n'y a point de défaveu tant que l'acquéreur offre de reconnoître le feigneur.

M. le Camus eftime que le Démembrement doit être confidéré comme n'exiftant pas à l'égard du feigneur ; enforte qu'il pourra faifir la totalité du fief & jouir de fes droits fur toutes les parties, quand il y aura ouverture de fief fur la portion retenue par l'ancien vaffal. Mais en ce cas-là il n'y auroit point de différence entre le Démembrement & le jeu de fief permis par la coutume, & il ne paroît pas naturel de fuppofer que le feigneur foit obligé d'attendre cet événement, quand le vaffal a mis contre la difpofition de la coutume, une partie du fief hors de fa main.

Guyot accorde au feigneur une fimple action pour faire annuller le contrat. Il faut voir fes raifons dans fon ouvrage même. Cette opinion, qui femble fi jufte & fi naturelle au premier coup d'œil, paroît néanmoins s'écarter des principes du droit féodal, & fuppofe trop d'égalité entre le feigneur & le vaffal.

Dupleffis enfin, accorde au feigneur le droit de faifir avec perte des fruits, la portion démembrée, afin d'obliger l'acquéreur & le vendeur de fe départir de leur contrat & de remettre le fief dans la même main. Bourjon eft du même avis.

Cette opinion paroît la plus conforme aux principes. L'ancien vaffal ne peut pas avoir retenu la foi pour partie & l'avoir aliénée pour une au re partie, puisque cela suppoferoit la validité du Démembrement. Il ne peut plus faire la foi pour le tout, parce qu'il faut être propriétaire du tout pour faire valablement la foi & hommage. L'acquéreur eft dans le même cas. Il femble donc que le feigneur doive avoir droit de faifir la portion démembrée. C'eft la décifion formelle de quelques coutumes telles que celle de Saint-Quentin art. 72.

Ces queftions ne fe préfentent guères dans les tribunaux. Au moyen de ce que la fubordination féodale eft prefque réduite à rien, & qu'on confidère beaucoup plus dans les fiefs le revenu que les qualités & l'état de leur poffeffeur, il n'eft pas de feigneur qui ne confente facilement aux arrangemens de fes vaffaux lorfqu'ils lui procurent des profits pécuniaires.

Il feroit, ce femble, à defirer que des lois dont le motif n'exifte plus, & qui ne peuvent être d'aucun ufage aujourd'hui, fuffent enfin changées. Il eft prudent, fans doute, de ne pas faire légérement de telles altérations.

Mais il eft des indications faciles à faifir dans le régime des corps politiques, comme dans l'hygiéne. Quand les lois qui devroient être à la portée de tous les citoyens, deviennent obfcures pour les gens même qui en font leur étude particulière ; quand le peuple s'y fouftrait infenfiblement par fes mœurs ; quand fur-tout il y fubftitue des ufages plus fimples, plus conformes à la liberté naturelle, qu'on ne doit jamais gêner inutilement, quel inconvénient la réforme pourroit-elle entraîner ?

Ce befoin s'étoit fait fentir dès le fiècle dernier à des jurifconfultes éclairés, & les arrêtés

de M. de Lamoignon avoient fubftitué à l'article
51 de la coutume de Paris, des difpofitions qui
concilioient la liberté du commerce & les droits
des feigneurs d'une manière équitable & claire.
On ne peut mieux finir cet article qu'en les rapportant. On s'appercevra facilement que quelques-
uns de ces arrêtés concernent plus particuliérement le jeu de fief que le Démembrement ; mais
on verra de même qu'ils tenoient de trop près aux
autres pour qu'on dût les en féparer.

Article I. Le vaffal peut aliéner telle portion
de fon fief que bon lui femble, fans le confentement du feigneur ; mais la portion aliénée demeure toujours dans la mouvance immédiate du
feigneur dominant.

II. Si le vaffal aliéne à quelque titre que ce
foit, le manoir feigneurial de fon fief, toutes
les mouvances & les cenfives paffent en la perfonne de l'acquéreur & demeureront dans la
mouvance.

III. Si le vaffal baille en arrière-fief quelque
domaine ou droits dépendans de fon fief, fans
le confentement du feigneur dominant, même
au-deffus des deux tiers, la mouvance du fief
mouvant appartiendra immédiatement au feigneur dominant à l'exclufion du vaffal ; & s'il y
a deniers débourfés, les profits en feront payés
au feigneur dominant.

IV. Le vaffal peut bailler à cens ou rente tels
héritages & droits de fon fief que bon lui femble,
à une ou plufieurs perfonnes, pourvu qu'il fe
réferve le manoir feigneurial, le tiers des droits
& domaine de fon fief, & la directe fur le tout.

V. Si le bail à cens ou rente excède les deux
tiers dans une feule aliénation, la directe de tout

ce qui est aliéné passe au seigneur dominant ;
& s'il y a des aliénations différentes, la directe
de ce qui est compris dans les dernières aliénations au-delà des deux tiers, passe au seigneur
dominant.

VI. Les profits du fief appartiennent au seigneur dominant pour les aliénations & baux à
cens ou à rente, quand il y a deniers déboursés
à proportion de ce que le vassal en a reçu, soit
que les aliénations & baux à cens soient au-
dessus ou au dessous des deux tiers, & les choses
aliénées demeurent désunies du fief servant, sans
qu'en cas d'ouverture du fief le seigneur puisse
les exploiter.

VII. Abrogeons les parages & autres manières
de tenir les portions des fiefs des puînés de leur
aîné, introduites par aucunes coutumes. Mais
si le fief est divisé entre plusieurs par portions
égales ou inégales, chacun relèvera sa portion
du seigneur dominant.

Voyez *les capitulaires des rois de la seconde
race ; les ordonnances du louvre ; les assises de
Jérusalem ; les coutumes de Beauvoisis ; les anciennes coutumes de Berry, par M. de la Thaumassière ; la somme rurale, de Bouteiller ; les trois
derniers livres de l'esprit des lois ; les livres des
fiefs à la suite du corps de droit ; l'histoire d'Allemagne, par Pffeffel ; les traités des fiefs par Poquet de Livonière & Guyot ; la dixième dissertation
de MM. de la Motthe, à la suite du commentaire
sur les coutumes de Bordeaux ; le traité des fiefs de
du Molin, par M. Henrion de Pensey ;* Consilia
Feudalia variorum doctorum a M. D.
Leonardo recognita ; *l'usage des fiefs, par
Salvaing ; le traité des droits de patronage, par
Corbin ; Loiseau, des seigneuries ; les œuvres de*

Gui Coquille ; *les infitutes coutumieres de Loifel ; les œuvres de Defpeiffes ; les arrêts de Baffet, de Boniface, de Brodeau fur Louet ; le journal du Palais ; les coutumes citées & leurs commentateurs, &c.* Voyez auffi les articles ABRÉGEMENT DE FIEF, DÉPIÉ DE FIEF, JEU DE FIEF, PARAGE, FRANCHE AUMÔNE, SOUS INFÉODATION, DÉMEMBREMENT DE JUSTICE, &c. (*Article de M. GARRAN DE COULON, avocat au parlement*).

DÉMEMBREMENT DE JUSTICE. C'eft la divifion d'une feule juftice en plufieurs autres, foit avec réferve, foit fans réferve de reffort. On peut auffi donner ce nom, par extenfion, à la féparation d'une juftice d'avec le fief auquel elle étoit unie ; ce qui pourroit s'appeler plus proprement *Démembrement de feigneurie*, depuis que ces deux objets font diftincts.

Si l'on en croit Loifeau, la juftice & le fief ont toujours été deux objets féparés. Les grands feigneurs n'ont ufurpé la juridiction qu'en uniffant la feigneurie publique, c'eft-à-dire les offices dont ils étoient revêtus à la feigneurie privée, qu'ils avoient dans leurs domaines ; les châtelains & les moindres vaffaux l'ont également ufurpée, d'abord en s'offrant de concilier les différends qui naiffoient dans leurs villages, *par amiable compofition*, puis en transformant en droit la déférence que l'on avoit eue pour leur entremife.

. Le comte de Boulainvilliers, l'abbé de Fleury, de Laurière & le préfident de Montefquieu, qui connoiffoient fi bien les monumens anciens de notre droit public, affurent tous, au contraire, que dans l'origine la juridiction fuivoit toujours le fief, & il eſt impoſſible de ſe refuſer aux raiſons qu'ils donnent pour appuyer leur opinion.

Nos rois ne ſe réſervèrent rien dans la conceſſion des fiefs. Un des plus grands émolumens conſiſtoit dans les profits judiciaires, (*freda*), que le coupable donnoit au ſeigneur pour être garanti des pourſuites des parens du défunt ou de l'offenſé même, lorſqu'il leur avoit offert la compoſition fixée par la loi. Le fief donnoit donc la juſtice criminelle, puiſqu'elle ne conſiſtoit abſolument que dans ces compoſitions en faveur des parens & dans des profits au ſeigneur. Les formules de Marculfe, les chartres recueillies par dom Bouquet, annoncent clairement que ce droit étoit compris dans les inféodations.

Toutes les conteſtations chez des peuples barbares & guerriers produiſant des querelles & preſque toujours des meurtres, il n'y avoit guères qu'une juſtice criminelle parmi eux. On voit dans ces mêmes monumens, qu'il étoit défendu aux officiers du roi d'entrer dans le territoire des ſeigneurs pour y exercer quelqu'acte de juſtice que ce fût, ou y recueillir aucun émolument de juſtice. Il n'y avoit donc que les ſeigneurs de fief auxquels on pût s'adreſſer pour ſe faire rendre juſtice dans un territoire, lors même que la ſtabilité des poſſeſſions eut dévelopé le premier germe de la juridiction civile.

D'un autre côté les vaſſaux n'étoient eux-mêmes jugés que par leurs pairs dans la cour du ſeigneur. C'eſt ce que l'on découvre encore en fouillant dans les mêmes ſources, & ce qui eſt atteſté par différens paſſages des établiſſemens de ſaint Louis, du livre des fiefs & du conſeil de Pierre des Fontaines. Le fief & la juſtice ſe

fuivoient donc fans ceffe, & les vaffaux n'étoient
pas moins obligés à affifter le feigneur dans fa
cour, qu'à le fuivre dans les combats. Il fubfifte
encore des traces bien précieufes de ces ufages
dans les cours féodales & cottières de Flandres.

Tant que les lois ne confiftèrent que dans des
ufages faciles à retenir, tant que les degrés des
fous-inféodations ne furent pas trop multipliés,
cette manière de rendre la juftice fubfifta généralement. Mais bientôt l'exemple de l'ordre judiciaire qui régnoit dans les juridictions eccléfiaftiques, leurs ufurpations dont il falloit fe défendre, de nouveaux droits à difcuter, firent
perdre aux feigneurs l'habitude de juger par eux-
mêmes. Ils créèrent des officiers pour exercer
ce droit en leur nom. Les amendes qu'ils établi-
rent, non pas feulement pour punir celui qui
fuccomboit dans toutes les conteftations, mais
à prefque chaque pas que l'on faifoit dans la
procédure, augmentèrent le revenu que produi-
foient ces juridictions. On les confidéra comme
un objet important & féparé du refte du domaine.
On concéda donc fouvent la juftice à un vaffal
& le fief à un autre fur le même territoire, ou
quelquefois le feigneur en concédant un terrein
à titre de fief, y retenoit la juridiction.

D'ailleurs les feigneurs n'avoient jamais jugé
feuls. Comme ils décidoient les caufes de leurs
vaffaux avec leurs co-vaffaux, ils jugeoient celles
de leurs fujets roturiers avec un certain nombre
de cenfitaires. On peut voir des preuves de cela
dans les notes de Laurière fur Loifel, (livre 4,
titre 3, règle 14). C'eft ce qu'on appeloit les
pairs foit féodaux, foit cottiers ou roturiers. Le

vaſſal qui n'avoit pas un certain nombre d'arrière-vaſſaux ou de cenſitaires, ne pouvoit donc pas exercer de juridiction. Elle reſtoit au ſeigneur dominant ; enfin l'introduction des appels qui devinrent bientôt d'un uſage très-commun, firent ſentir les inconvéniens d'un ſi grand nombre de juridictions.

Voilà comment la juſtice qui avoit été une dépendance du fief dans toute l'europe, devint un objet diſtinct. Le droit provincial Saxon, connu ſous le nom de *ſpeculator*, & rédigé dans le quatorzième ſiècle, condamne comme un abus ces aliénations ſéparées de juſtice ; ce qui prouve du moins qu'on ſe mettoit ſur le pied de les faire. Celui de Suéve aſſure que les arrière-vaſſaux de l'empire ne pouvoient pas ſous-inféoder la juſtice. Il paroît qu'en France les ſeigneurs étoient encore dans l'uſage de diſpoſer de leur juridiction comme ils vouloient du temps de Beaumanoir. *Il eſt moult de pays*, dit-il, *là où aulcuns ont les hautes juſtices, & autres perſonnes les baſſes. En Beauvoiſis même pourroit telle choſe avenir par vente, par echange ou par octroi de ſeigneur.*

Bodin dans ſa république, Loiſeau dans ſon traité des abus de juſtices de village, & la Thaumaſſière ſur les coutumes de Berry, prétendent que Philippe le Bel fit une loi dans laquelle il ordonnoit qu'*aucuns, même l'égliſe, ſous prétexte de fief, ne pourroient prétendre la juſtice, ſi elle n'y étoit compriſe nommément.* Ils ne datent point cette ordonnance, & on ne la trouve point dans le recueil de celles du Louvre. Mais il eſt certain que l'accroiſſement que ce prince fit prendre à l'autorité royale affoiblit extrêmement l'autorité des ſeigneurs ; & qu'à peu près dans ce temps-là, l'on commença à établir le principe que la conceſſion du fief ne donnoit point la juſtice, & que le prince ſeul pouvoit autoriſer l'établiſſement de celle-ci.

Il y eut cependant une grande différence à cet égard dans les provinces de France. La maxime que fief & juſtice n'ont rien de commun s'établit preſque ſans obſtacles dans celles qui étoient le plus particulièrement ſoumiſes au roi. Dans celles qui étoient poſſédées par les anglois & par les autres grands vaſſaux de la couronne, les ſeigneurs conſervèrent plus long-temps leurs droits. Les anciennes coutumes de Bordeaux rédigées dans le quatorzième ou quinzième ſiècle, & que l'on a imprimées à la tête du nouveau commentaire ſur la coutume actuelle de cette ville, accordent encore au ſeigneur féodal toute juridiction dans ſon fief.

A meſure que ces provinces ſont rentrées ſous l'autorité immédiate du roi, l'on y a inſenſiblement introduit les maximes du reſte du royaume, en n'autoriſant que les ſeules juridictions qui étoient fondées en titres, ou ſur une poſſeſſion immémoriale. On a ſeulement conſervé aux ſeigneurs de fief la juſtice foncière, c'eſt-à-dire, le droit de faire faire par les officiers qu'ils créeront pour l'exercer, tous les exploits domaniaux néceſſaires pour le payement & la conſervation de leurs droits. On trouve dans les commentateurs de la coutume de Poitou, un arrêt du mois de juillet 1601, confirmatif d'une ſentence de la ſénéchauſſée de Poitiers, qui aſſura à un ſeigneur ce droit de juſtice foncière au-dedans de ſon fief, quoiqu'il n'en eût jamais joui non plus que ſes prédéceſſeurs; parçe que par la coutume ce droit appartient essentiellement au fief. Cet arrêt est d'autant plus remarquable, qu'il fut rendu contre le seigneur de la principauté de Marsillac, qui lors de la rédaction de cette coutume, avoit formé opposition à l'article 17, qui accorde le droit de juridiction ou basse justice aux simples seigneurs de fief, sous prétexte qu'il y avoit un usage contraire dans sa principauté.

Quelques coutumes comme celles d'Anjou & du Maine, permettent encore néanmoins expressément aux comtes, vicomtes & barons, de donner haute justice, moyenne & basse à leurs vassaux, en se réservant le droit de ressort. Mais il faut observer que ces coutumes rédigées pour la première fois par autorité publique en 1508, n'ont point été réformées. Du Molin assure que de pareilles dispositions qui sont contre le bien public & les droits du roi, ne peuvent avoir aucun effet; & lorsque dans la réformation de celle de Tours en 1559, l'on inséra l'article 72, qui conformément à l'ancienne coutume, permettoit au seigneur Baron d'accorder à son vassal haute, moyenne & basse justice, le procureur du roi s'y opposa, quoique l'article déclarât expressément que *ce n'étoit au préjudice des droits du roi ou du ressort, tellement que les appellations du juge dudit seigneur à qui telle justice a été donnée, ne ressortissent par-devant le juge du seigneur supérieur de celui qui a donné.*

Il est donc bien certain aujourd'hui que le seigneur ne peut accorder à son vassal aucune juridiction, soit à la charge de ressort à sa propre justice, soit à la charge de ressortir au juge supérieur. Loiseau observe très-bien que la première espèce de concession blesse essentiellement

les droits du roi, dont elle recule l'autorité d'un
degré, & que l'utilité publique dont le foin
appartient également au prince, eft auffi intéreffé à ce que l'on ne multiplie pas fans fujet les
tribunaux inférieurs, en divifant une juridiction
en plufieurs autres, parce qu'elles courent rif-
que d'être ainfi beaucoup plus mal adminiftrées.
Enfin c'eft un principe inconteftable de notre
droit public, qu'aucune nouvelle juftice ne peut
être érigée que par l'autorité du roi. Brodeau,
fur l'article 51, cite des arrêts qui ont jugé que
l'érection de juftices inférieures faite par des
feigneurs, ne pouvoit pas être validée par une
poffeffion même centenaire, lorfqu'on décou-
vroit le vice du titre conftitutif. Il affure qu'il a
vu vingt arrêts femblables, & l'on en trouve en
effet de tels dans tous les recueils.

Il faut même des lettres-patentes pour tranf-
férer l'exercice d'une juridiction d'un lieu dans
un autre. Mais rien n'empêche néanmoins qu'on
ne puiffe aliéner la juftice féparément du fief;
parce que ce font aujourd'hui des objets abfolument diftincts. D'Argentré qui convient de ce
principe avec du Molin, foutient même que
cette aliénation de la juftice ne fe préfume point
par l'aliénation *du fief, du manoir ou chef-lieu,
& de fes appartenances*, foit qu'ils relèvent de
différens feigneurs, foit qu'ils foient reportés au
même feigneur par un feul & même hommage;
& fon opinion eft d'autant plus frappante, que
dans la Bretagne le fief & la juftice font communément unis de fait. C'eft auffi l'aveu de Cujas
& de la Thaumaffière.

Loifeau & prefque tous nos auteurs, penfent
avec du Molin, que la vente du fief & de fes

appartenances comprend la juſtice qui y eſt annexée, c'eſt-à-dire, celle qui relève d'un ſeul
ſeigneur ſous un même titre de fief. Cette aliénation même ne peut pas ſe faire ſéparément
ſans l'agrément du ſeigneur ſupérieur, dans les
coutumes qui défendent le Démembrement. Car
la maxime que fief & juſtice n'ont rien de commun, ſignifie ſeulement que *l'un n'argue par
l'autre*, comme le diſent quelques-unes de nos
coutumes, mais non pas qu'ils ne puiſſent faire
un ſeul tout. Les ſéparer lorſqu'ils ſont unis,
c'eſt donc faire un véritable Démembrement.

Ce n'eſt point démembrer une juſtice que de
la partager entre pluſieurs co-propriétaires. Il
ſuffit que l'exercice n'en ſoit point diviſé, & que
conformémeut à l'article 26 de l'ordonnance de
Rouſſillon les ſeigneurs nomment alternativement des officiers, à moins qu'ils n'aiment mieux
ſe concilier pour les nommer conjointement.

Dans les pays tels que ceux de droit écrit,
où l'on peut aliéner ſéparément chaque portion
de fief ſans le conſentement du ſeigneur, on peut
aliéner de même telle portion de juſtice que
l'on juge à propos. Ce morcellement de juſtice
eſt ſur-tout très-commun en Provence. Comme
les biens nobles y tombent en roture lorſqu'ils
ſont aliénés ſans une portion de juridiction, on
ne manque preſque jamais dans les contrats de
vente, de tranſporter une petite portion de
juridiction avec le domaine noble, afin de pouvoir jouir de la franchiſe des tailles qui en eſt une
ſuite.

Il n'eſt pas même néceſſaire que la portion de
la juſtice ſoit égale à la portion du domaine du
fief que l'on aliéne. On y vend un ſou, un de-

nier même du droit de juſtice. Par arrêt du 10
de juin 1686 , rapporté par la Touloubre, il fut
jugé en faveur du ſieur de Pont-Levis , contre
la communauté de Thorame , que la réſerve d'un
denier de toute la juridiction haute, moyenne
& baſſe ſuffiſoit, quoique l'on eût ſtipulé expreſ-
fément que le poſſeſſeur ne pourroit pas nommer
des officiers de juſtice.

. Le denier ne ſignifie pas une portion qui ne
vaut réellement qu'un denier , mais la douzième
partie d'un ſou , ſuivant le livre terrier des fiefs
de Provence , la diviſion étant faite en florins ,
ſous & deniers, par une computation à-peu-près
ſemblable à ce qui ſe pratiquoit dans le partage
des ſucceſſions romaines.

Cette diviſion de la juſtice y eſt tellement indéfinie, qu'il n'eſt pas rare de voir des juſtices
dont l'exercice eſt diviſé par mois , jours &
heures.

Il y a une autre eſpèce de diviſion plus ſingu-
lière & ſujette à plus d'inconvéniens. La juridiction y ſuit le territoire. Chaque co-ſeigneur a
ſes hommes ou juſticiables affectés. C'eſt par
l'habitation ou le foyer que cette qualité eſt réglée. Aujourd'hui l'on eſt juſticiable d'un co-ſeigneur ; demain en changeant de domicile on le
devient d'un autre.

Dans quelques fiefs même , le co-ſeigneur ſuit
toujours ſes juſticiables , malgré le changement
de demeure, tant qn'ils reſtent dans l'étendue du
fief. Ce ſont les perſonnes & non le territoire ,
qui déterminent la juridiction. Par exemple ,
dans le village de Thoard , viguerie de D'gne ,
la juſtice eſt diviſée en quatre portions qui peuvent être ſubdiviſées par vente ou autrement. Il

y a de plus la juridiction commune, qui appar-. tient par indivis à tous les co-seigneurs, & qui ne peut être exercée que sur ceux qui vont habiter à Thoard. Jamais l'homme & le justiciable de l'un des co-seigneurs ne devient celui de l'autre.

Il y a lieu de douter si cette division de justice, qui ne paroît pas avoir lieu hors de la Provence, seroit bien autorisée dans cette province, même pour les partages que l'on pourroit faire à l'avenir, quoiqu'on tolère cet usage quand il est établi depuis long-temps.

Enfin il faut observer que suivant le droit commun de la France, on peut bien aliéner la justice annexée à un fief de dignité, sans aliéner le fief même, lorsqu'elle n'est pas tenue du même seigneur que le fief; mais alors la dignité du fief est éteinte par ce seul fait. De même celui qui a aliéné la justice qui étoit annexée à un simple fief, ne peut plus prendre sa qualité de seigneur d'un tel endroit, parce que la vraie & parfaite seigneurie est composée de deux parties nécessaires à son être, le fief & la justice. *Bref*, dit Loiseau, *la justice est au château, comme en son siège; en la terre, comme une annexe ou pièce attachée à icelle; au fief, comme une dépendance séparable; en la seigneurie, comme une partie inséparable, & suit le territoire comme son corrélatif.*

Voyez HERMANI CONRINGII DE JUDICIIS VETERIBUS GERMANICÆ REIPUBLICÆ; *Bacquet, des droits de justice; Loiseau, des seigneuries, & des abus des justices de village; les institutions de Coquille; les règles de Loisel, avec les notes de Laurière; du Molin & Brodeau, sur la coutume de Paris ; le coutumier général ; les commentateurs des coutumes de Poitou , d'Anjou , de Normandie, de Picardie, &c. ; la jurisprudence féodale du parlement de Provence ; Salvaing , de l'usage des fiefs , & les autorités citées.* Voyez aussi les mots FIEF DE DIGNITÉ, JUSTICE, SEIGNEU-RIE, VOIERIE, &c. (*Article de M. GARRAN DE COULON , avocat au parlement*).

DÉMENCE. C'est l'état d'une personne dont la raison est affoiblie au point d'ignorer si ce qu'elle fait est bien ou mal.

Ceux qui sont dans un état pareil ne perdent pas pour cela leurs droits, leurs dignités ni leurs prérogatives dans la société ; ils sont capables de succéder ; mais pour ce qui est des fonctions publiques, ils ne peuvent point y participer, attendu qu'ils sont inhabiles à les exercer. A l'égard de l'administration de leurs biens, comme ils ne sauroient en prendre soin par eux-mêmes, on leur donne un curateur pour y veiller. Voyez à ce sujet les articles CURATEUR & INTERDICTION.

La Démence ne se présume point dans les actes antérieurs à une interdiction , à moins qu'il ne soit prouvé qu'elle existoit de-à, & qu'il ne paroisse une lésion évidente dans les actes que l'on veut faire annuller. N'importe qu'il soit dit par l'acte que celui que l'on prétend avoir été dans un état de Démence, étoit *sain de mémoire, d'esprit & d'entendement* ; ces sortes de déclarations ne préjudicient point à la preuve par témoins du fait contraire qu'on pourroit articuler , parce qu'un notaire en pareil cas n'est point un juge irréfragable.

Il y a cette différence entre la Démence &

l'imbécilité, que la Démence eſt une privation abſolue de raiſon, au lieu que l'imbecillité n'en eſt qu'un affoibliſſement : c'eſt ce qui fait qu'un imbécile peut contracter mariage pourvu qu'il ſache ce qu'il fait, au lieu qu'un homme qui eſt exactement dans la Démence ne le peut pas. Il y a cette autre différence entre la Démence, l'imbécillité & la folie, que la Démence ainſi que l'imbécillité indiquent un état habituel de privation ou de foibleſſe de bon ſens ; au lieu que la folie ne ſemble dénoter qu'un dérangement fougueux de l'imagination qui ceſſe par intervalles. Dans ces intervalles de tranquilité qu'on appelle *momens lucides*, comme la perſonne peut jouir de tout ſon bon ſens, on confirme ou l'on rejette les actes émanés d'elle ſuivant qu'ils paroiſſent ſenſés ou déraiſonnables ; mais c'eſt ce qui ſera particulièrement expliqué à l'article INTERDICTION : voyez ce qui a dejà été dit à l'article BIENS en parlant des *biens des interdits.*

En matière criminelle la Démence eſt une excuſe pour n'être point expoſé aux peines publiques dues au délit commis dans l'intervalle où l'on ne jouiſſoit point de ſon bon ſens. Il eſt vrai qu'on trouve pluſieurs arrêts (*) qui défendent aux premiers juges de décharger les accuſés ſur le fondement de leur folie ou Démence, & qui ordonnent de les juger à la ri-

---

(*) Ces arrêts de la Tournelle du Parlement de Paris, & qu'on trouve rapportés au nouveau recueil de réglemens, ſont des 11 février 1732, 12 Septembre 1733 & 8 juillet 1738.

gueur,

gueur , sauf à la cour d'ordonner sur l'appel
l'instruction de ce fait justificatif. Mais comme
l'observe très bien M. Jousse dans son commentaire sur l'ordonnance criminelle , il est difficile
de concilier ces arrêts avec les dispositions de
cette même ordonnance qui permet indistinctement à tous les juges de récevoir un accusé à
ses faits justificatifs , sur-tout si l'on fait attention qu'un fait de Démence est un des principaux faits que l'on puisse employer pour la
justification d'un accusé.

En vain diroit-on que ce seroit ouvrir un
moyen aux premiers juges de sauver un coupable en faisant entendre des témoins qui dépose-
roient de sa Démence ; car outre qu'on ne doit
pas faire légerement ces sortes de suppositions ,
qui tendent a faire regarder les juges comme
des magistrats infidèles & les témoins comme
des parjures , c'est qu'il leur seroit également
facile d'abuser de leur état pour commettre une
semblable prévarication , soit en ne poursuivant
point le crime , soit en ne faisant point entendre
en déposition les principaux témoins , soit en
affoiblissant leurs dépositions , soit en usant d'autres artifices que des juges iniques peuvent employer. D'ailleurs ajoute fort judicieusement le
même auteur » si cette maxime que les premiers
» juges ne peuvent ordonner la preuve des faits
» justificatifs de Démence avoit lieu , il pour-
» roit tous les jours en arriver des inconvéniens;
» car un furieux ou un insensé pourroient souf-
» frir une condamnation injuste sans qu'il y eût
» de remede , comme il arriveroit dans le cas
» où ce furieux seroit condamné à un bannisse-
» ment à temps ou à quelque autre peine , dont

» l'appel n'a pas lieu de plein droit «. Nous pourrions dire encore que dans les cas mêmes où l'appel feroit de plein droit, la preuve de la Démence pourroit péricliter au détriment de l'accusé ; mais une autre considération qui ne nous paroît pas indifférente, c'est qu'il feroit révoltant pour des juges qui font tenus de juger fuivant leur confcience, d'être obligés, malgré eux, de condamner par exemple à mort un imbécille pour un fait qui fous l'apparence d'un crime, ne feroit qu'un délit matériel.

La Démence d'un accusé peut fe reconnoître par fes reponfes aux interrogatoires, par une information de fa conduite, par un rapport de médecins & de chirurgiens. Lorfque l'infenfé a des momens lucides, & que rien n'indique qu'il ait eu aucune paffion à fatisfaire en commettant le crime, on doit préfumer qu'il l'a commis dans un moment d'aliénation ; & fi lors du jugement il a repris fon bon fens, on le renvoye comme on renverroit un innocent ; ou s'il a encore l'efprit aliéné, on ordonne qu'il fera enfermé dans une maifon de force pour y être traité comme les autres infenfés.

Quoique la Démence foit un motif pour fouftraire un infenfé à la peine publique que mérite le délit par lui commis, néanmoins fes biens répondent des dommages & intérêts qui en font la fuite. Un marchand de Paris, convaincu d'avoir de deffein prémédité, coupé le nez à une femme contre laquelle il avoit eu des procès, fut condamné par une fentence du châtelet au fouet, à un banniffement de neuf ans, à une amende de deux cens livres & à fix mille livres de dommages-intérêts. Sur l'appel la famille chercha à établir l'imbécillité de l'accusé ; il intervint un premier arrêt qui ordonna une visite de médecins & de chirurgiens avec une information de vie & de mœurs ; & par l'arrêt définitif qui intervint le 10 septembre 1683 , il fut dit que l'insensé seroit renfermé à Bicêtre à la charge par ses parens de payer pour sa pension cent cinquante livres. La sentence fut dès-lors infirmée quand au fouet & au bannissement ; mais à l'égard des dommages intérêts , la cour en confirma les dispositions.

Nous observerons à ce sujet que suivant l'article 150 de la coutume de Normandie » les » parens doivent avoir soin de tenir en sûre » garde ceux qui sont troublés d'entendement » pour qu'ils ne fassent mal à d'autres , sinon » qu'ils seront tenus civilement des dommages » intérêts qui en pourroient arriver «.

L'article suivant » ajoute que s'il n'y a parens , » les voisins seront tenus de dénoncer l'insensé » à justice , & cependant qu'ils seront tenus de » le garder sous les mêmes peines «.

En effet , comme ce sont les parens qui succèdent à l'insensé , il paroît juste qu'ils en prennent soin , & qu'ils soient tenus de réparer le mal que cet insensé peut commettre par leur faute.

Lorsque l'accusé est en Démence , on ne lui donne point de curateur pour l'instruction de son procès , parce que dès qu'on s'apperçoit de sa Démence , c'est le cas de cesser toute procédure contre lui. Les parens ainsi que le ministère public peuvent dénoncer son état , lorsque les juges ne s'en apperçoivent pas.

Quand la Démence survient après le délit

commis, l'auteur du traité de la justice criminelle distingue trois cas : le premier est celui où
la Démence est survenue avant que l'instruction
du procès ait été achevée ; le second celui où
elle est survenue après l'instruction du procès
mais avant la condamnation ; le troisième enfin
celui où elle n'a paru qu'après la condamnation,
mais avant l'exécution.

Dans le premier cas si l'accusé n'a point été
interrogé & confronté avant que la folie ne soit
survenue, il ne peut, dit le même auteur, être
condamné à aucune peine, pas même à une
peine pécuniaire : mais en cela nous croyons
que cet auteur se trompe ; car si par les charges
& informations il paroît certain que l'accusé
est l'auteur du délit commis, rien n'empêche
que la réparation pécuniaire ne s'en prenne sur
ses biens. Les choses se traitent alors comme
en matière de petit criminel, où il n'est pas
nécessaire que l'accusé ait été interrogé & confronté pour être condamné à des dommages-
intérêts ; & ces dommages-intérêts peuvent
avoir lieu sur les biens de l'accusé lors même
que le délit a été par lui commis dans un temps
de folie, comme nous l'avons vu par l'exemple
ci-dessus rapporté.

Dans le second cas lorsque l'instruction a été
achevée il peut à plus forte raison être condamné
aux dommages-intérêts dont il s'agit.

Dans le troisième cas lorsque la folie survient
après la condamnation, comme il seroit extraordinaire de conduire un fou au dernier supplice,
on prend le parti d'ordonner qu'il sera enfermé
dans une maison de force, sauf l'exécution du
jugement pour la confiscation, les amendes, les
dommages-intérêts, &c.

On n'en ufe pas avec cette modération à l'égard de ceux qui fe font rendus coupables de leze-majefté humaine. On trouve plufieurs exemples où des fous ont été exécutés à mort pour des crimes de cette forte commis dans des temps même de folie. Nous avons cependant à ce fujet un bel exemple de Clémence de Henri IV à l'occafion d'un nommé Délifle : ce particulier, dont l'efprit étoit aliéné, s'avifa en 1605, un jour que le roi paffoit fur le Pont-Neuf, de l'aller prendre par derrière & de le tirer par le manteau de façon à le renverfer fur la croupe de fon cheval Henri IV vint à bout de lui faire lâcher prife en donnant de l'éperon à fon cheval ; & comme on vouloit traiter ce particulier avec toute la rigueur due à un criminel de leze-majefté, le prince ne voulut point qu'il eût d'autre châtiment que la prifon.

Voyez *le commentaire de M. Jouffe fur l'ordonnance de 1670 ; fon traité de la juftice criminelle ; le nouveau recueil de règlemens.* Voyez auffi les articles BIENS (*des interdits*) CURATEUR, INTERDICTION, &c. (*Article de M. DAREAU, avocat au parlement*, &c.)

DÉMENTI. Parole ou difcours, par lequel on dit à quelqu'un qu'il en a menti.

Le Démenti eft regardé parmi nous comme une injure plus ou moins grave, felon les circonftances. L'illuftre auteur de l'efprit des lois remarque que nous devons, fur cet objet, nos principes ou nos préjugés à l'inftitution du combat judiciaire. L'accufateur commençoit par déclarer devant le juge, qu'un tel avoit commis une telle action : & celui-ci répondoit, que l'autre en avoit menti ; fur quoi le juge ordonnoit le duel. Ainſi la maxime s'établit , que lorſqu'on avoit reçu un Démenti , il falloit ſe battre.

Depuis la défenſe des duels , on a établi des lois pénales contre ceux qui donneroient des Démentis aux autres.

Selon le règlement des maréchaux de France du 22 août 1653 , les gentilshommes ou officiers qui avoient donné un Démenti a d'autres gentilshommes ou officiers , devoient être condamnés à deux mois de priſon & à demander pardon à l'offenſé.

Cette peine fut augmentée de deux autres mois par un autre règlement des maréchaux de France du 22 août 1670.

La punition ayant encore paru inſuffiſante , le roi ordonna par l'article 3 de la déclaration du 12 avril 1723 enregiſtrée au parlement le 4 mai ſuivant , que les Démentis ſeroient punis de deux ans de priſon , & qu'avant d'y entrer l'agreſſeur demanderoit pardon a l'offenſé.

Si le Démenti a été repouſſé par quelques coups de main ou de bâton , celui qui a donné le Démenti doit être condamné comme agreſſeur à deux ans de priſon , & celui qui a frappé doit être puni des peines portées par l'édit du mois de février 1723 (*). C'eſt ce qui réſulte de l'article 4 de la déclaration citée.

(*) Suivant l'article 8 de cet édit , tout gentilhomme ou officier qui en frappe un autre dans quelque cas ou circonſtance que ce ſoit , doit être puni par dégradation des armes & de nobleſſe perſonnelle , & par quinze ans de priſon , après lequel temps il ne peut avoir ſa liberté qu'en vertu des ordres du roi expédiés ſur l'avis des maréchaux de France.

L'article 2 de l'édit du mois de décembre 1604, dont l'exécution a été ordonnée par l'article 5 de l'édit du mois de février 1723, veut que tout officier de robe qui donne un Démenti à un autre, ou à un gentilhomme ou officier militaire, tienne prison durant quatre mois, & qu'après qu'il en fera forti il demande pardon à l'offensé avec les paroles les plus capables de le fatisfaire.

On punit auffi le Démenti qui eft donné à un avocat dans fes fonctions. Dufail rapporte un arrêt du 19 décembre 1565 qui pour un Démenti donné à un avocat par la partie adverfe, condamna celle-ci à déclarer à l'audience, que témérairement elle avoit proféré ces paroles, *tu as menti*, à en demander pardon à Dieu, au roi & à juftice, & à dix livres d'amende, le tout néanmoins fans note d'infamie.

Il y a dans Papon un arrêt par lequel un vaffal fut privé de fon fief fa vie durant pour avoir donné un Démenti à fon feigneur.

Voyez *les lois citées ; les arrêts de Papon ; Dufail ; Bodin ; Guy Pape ; la Rocheflavin ; la bibliothèque de Bouchel*, &c. Voyez auffi les articles INJURE, VOIE DE FAIT, OFFENSE, RÉPARATION, &c.

DEMEURE. Ce mot a ici deux fignifications. Quand il eft pris pour le lieu de l'habitation d'une perfonne, il fignifie *domicile* ; voyez ce mot à l'article qui le concerne. Quand il eft pris pour retardement, il s'entend du délai qui s'écoule depuis le terme auquel un débiteur devoit fatisfaire à fon obligation.

Suivant les principes du droit romain, dès

Mm iv

qu'une obligation renferme un terme précis, on est obligé d'y satisfaire sans qu'il soit besoin à ce sujet d'aucune sommation ; mais dans nos usages il en est autrement : un débiteur n'est exactement en retard ou en Demeure de payer, de donner ou de faire ce qu'il doit que du jour qu'il a été judiciairement interpellé à cet effet, à moins qu'il n'y ait à cet égard par la convention une stipulation précise qu'une telle obligation se remplira dans un tel temps, auquel cas la stipulation faisant une partie essentielle de la convention, on ne peut y manquer sans encourir la peine attachée au retard que l'on met à l'exécuter.

Il y a néanmoins des conventions de nature à exiger que le terme donné aux obligations soit regardé comme fatal sans autre explication ; telles sont nombre de celles qui ont rapport au commerce : quand on a promis par exemple d'envoyer telle marchandise dans tel temps pour une telle foire, si l'envoi n'en est pas fait au temps convenu, on peut la refuser sans qu'il y ait eu pour cela d'interpellation. Telles sont encore d'autres conventions qui sans avoir rapport au commerce exigent cependant d'être exécutées dans le temps marqué ; telle seroit, par exemple, celle par laquelle on auroit fait marché avec un ouvrier pour étayer incessamment un édifice qui ménace une ruine prochaine: il est certain qu'il ne faut point en pareil cas de sommation pour le constituer en Demeure, le simple fait de son retard suffit pour qu'on soit autorisé à recourir à d'autres secours, &c. voyez à ce sujet l'article COMMINATOIRE. (*Article de M. DAREAU, &c.*)

DEMISELLAGE. La coutume de la châtellenie de Lille appelle biens en Demiſellage ceux qu'un homme a acquis avant de ſe marier. Ce mot paroît dérivé de *demoiſel*, vieux mot qui ſignifie jeune homme ou garçon.

C'eſt dans l'article 27 du titre 2 de cette coutume qu'il en eſt fait mention. Cet article eſt ainſi conçu : « héritage cottiers acquis avant » mariage, qu'on dit en Demiſellage, ſuccèdent » en ligne directe comme patrimoine : & en » ligne collatérale aux prochains parens de quel- » que côté que ce ſoit, les mâles excluant les » femelles en pareil degré : & en faute de » mâles aux prochaines femelles également. »

Pour entendre cet article & ſavoir ce qui diſtingue les biens en Demiſellage des autres acquêts, il faut avoir une idée de l'ordre que cette coutume a établi dans la ſucceſſion des cenſives ou cotteries.

Il y a une différence entre la ligne directe & la ligne collatérale. En ligne directe, les propres appartiennent aux enfans mâles, les femelles n'y peuvent rien prétendre, à moins qu'elles ne ſoient dans un dégré plus proche que les mâles. Mais les acquêts ſe partagent également entre les uns & les autres, quand ils ſont au même degré. Car la repréſentation n'a lieu dans cette coutume que pour les meubles.

En ligne collatérale, on accorde encore plus de faveur aux mâles qu'en ligne directe : ils excluent les femelles non ſeulement de la ſucceſſion des propres, mais encore de celle des acquêts.

Il réſulte de ces obſervations dont la vérité eſt atteſtée par les articles 10, 25, 26, 28, 30,

31 & 33 du titre cité, que les biens en Dé-
misellage ne différent aucunement des autres
acquêts dans les successions collatérales, puisqu'ils appartiennent aux parens les plus proches
*de quelque côté que ce soit, les mâles excluant les
femelles en pareil degré*, ce qui est commun à
tous les acquêts dans cette coutume. Mais ils en
différent beaucoup en ligne directe, puisqu'ils
sont à cet égard considérés comme propres, &
qu'en cette qualité ils appartiennent aux mâles
à l'exclusion des femelles.

Quand un homme a été marié plusieurs fois,
les biens qu'il a acquis étant veuf sont considérés
comme des acquêts ordinaires par rapport aux
enfans du mariage qui a précédé cette viduité, &
comme des acquêts en Demisellage par rapport à
ceux du mariage qui l'a suivie. C'est ce qui résulte de l'article 29 du titre cité.

Au reste la dénomination d'acquêts en Demisellage ne convient dans cette coutume qu'aux
censives ou cotteries. Elle ne peut convenir ni
aux fiefs parce qu'ils appartiennent toujours aux
mâles à l'exclusion des femelles, sans distinguer
s'ils étoient propres ou acquêts au défunt ; ni
aux francs-aleux, parce que, suivant l'article
11 du titre 7 de cette coutume, ces sortes de
biens sont réputés meubles, & se partagent
comme, tels.

Il faut observer aussi que plusieurs coutumes
locales de la châtellenie de Lille appellent également les mâles & les femelles à la succession
des censives, de sorte que la distinction des
acquêts en Demisellage d'avec les autres, y est
tout-à-fait inconnue. Ces coutumes sont celles
de Lille, d'Ostricourt, de Chisoing, de Lannoy,

de faint-Quentin de Lille , de Bouvines , de Sa-
lomer , de la Boutillerie , d'Ennetière en Weppe,
de Camphain , de Wahaignies , d'Efquermes ,
&c. Voyez ces coutumes & les articles BIENS ,
ACQUÊTS , PROPRES , SUCCESSION , &c. (*Cet
article est de M. MERLIN , avocat , &c.*).

. DÉMISSION. C'est en général l'acte par lequel
on se démet de quelque chose.

Nous parlerons fucceffivement dans cet article , de la Démiffion d'office , de la Démiffion
de bénéfice & de la Démiffion de biens.

De la Démiffion d'office. La Démiffion d'office
est l'acte par lequel celui qui est pourvu d'un
office , charge ou commiffion , déclare purement & fimplement qu'il s'en démet ; c'est-à-
dire , qu'il y renonce , & qu'il n'entend plus n'y
faire aucune fonction.

Remarquez qu'un officier royal qui donne fa
Démiffion entre les mains de M. le chancelier,
ne peut pas renoncer à fes fonctions que fa Démiffion ne foit acceptée. On en ufoit de même
chez les romains pour les magiftratures. On remarque que Dion s'est plaint que Céfar avoit
contrevenu aux lois en fe démettant du con-
fulat de fa propre autorité.

Les fécrétaires d'état donnent leur Démiffion au roi.

De la Démiffion de bénéfice. C'est l'acte par
lequel un eccléfiaftique renonce au bénéfice
dont il étoit pourvu.

On diftingue deux fortes de Démiffions de
bénéfice ; favoir , la Démiffion pure & fimple ,
& la Démiffion en faveur , qu'on appelle plus
communément *réfignation.* Il ne fera queftion ici
que de la Démiffion pure & fimple.

La Démiſſion pure & ſimple, qui eſt la voie la plus canonique pour quitter un bénéfice, doit ſe faire entre les mains du collateur ordinaire, ſans qu'elle puiſſe être faite valablement entre les mains du patron, ſoit laïque, ſoit eccléſiaſtique.

La raiſon en eſt que quoique le patron ait le droit de préſenter au bénéfice, c'eſt néanmoins du collateur que le préſenté doit recevoir ſon titre, attendu qu'il n'y a que le collateur qui puiſſe délier le titulaire du lien qui l'attache à ſon égliſe, & qu'un titulaire tient ſon droit du collateur qui donne l'inſtitution, plutôt que du patron qui ne fait que nommer au collateur un ſujet pour le recevoir.

Ainſi quand le bénéfice dont on ſe démet eſt à la nomination de quelque patron eccléſiaſtique ou laïque, la Démiſſion doit être faite entre les mains de celui qui a le droit de donner les proviſions du bénéfice. Cette doctrine a été confirmée par un arrêt du parlement de Paris du 21 mars 1765 rendu au ſujet de la cure de ſaint Sulpice dont le titulaire s'étoit demis purement & ſimplement entre les mains de l'abbé de ſaint Germain qui préſente à cette cure. L'archevêque de Paris refuſa des proviſions à l'abbé Noguez préſenté par l'abbé de ſaint Germain, & il fonda ſon refus ſur ce que la Démiſſion n'avoit point été faite entre ſes mains. L'abbé Noguez ſe pourvut en conſéquence au primat & en obtint des proviſions, mais la cour les jugea abuſives par l'arrêt cité.

Le pape peut recevoir les Démiſſions par un effet de la prévention dont il jouit en France. Celui qui craint d'avoir commis quelque ſimonie

ou fait quelque confidence dans l'obtention de
son bénéfice, peut lui en faire une Démission
pure & simple, & ensuite, par un autre supplique, lui demander le bénéfice vacant par
cette Démission. Dans ce cas, il se fait deux
signatures, l'une de Démission, l'autre de provision par Démission ; & la première doit contenir deux choses, l'admission de la Démission,
& la déclaration que le bénéfice est vacant par
cette Démission.

Le légat d'Avignon peut aussi admettre des
Démissions pures & simples ; mais les grands
vicaires n'en peuvent point admettre si leur
commission ne leur en donne expressément le
pouvoir.

Toute Démission pure & simple d'un bénéfice
doit être passée par devant notaires conformément aux déclarations du mois d'octobre 1646,
& du 14 février 1737 (*).

_____

(*) *Formule de Démission.*

Démission pure & simple d'un bénéfice.

Fut présent.... (*Il faut mettre ici la qualité du bénéfice
qui donne lieu à la Démission & la demeure du bénéficier*)
lequel a fait & constitué son procureur général & spécial
M.... auquel il a donné pouvoir de par lui & en son nom
se démettre purement & simplement entre les mains de....
de sa commanderie, office, dignité de.... *ou tel autre bénéfice,* pour y être pourvu par ledit.... telle autre personne
capable qu'il jugera à propos, consentir à l'expédition de
toutes lettres sur ce nécessaires, même jurer & affirmer
qu'en ce que dessus il n'est intervenu aucun dol, fraude,
simonie, ni autre paction vicieuse & illicite, & généralement
promettant, &c. obligeant, &c. Fait & passé, &c.

Autre Démission entre les mains du collateur.

Fut présent Me.... prêtre curé de l'église paroissiale

Les provisions expédiées par les collateurs

de.... diocèse de.... lequel a fait & constitué son procureur général & spécial M.... auquel il a donné pouvoir de pour lui & en son nom se démettre purement & simplement entre les mains de monseigneur l'évêque de.... de sadite cure ou église paroissiale de.... & de ses droits, appartenances & dépendances, pour y être pourvu par sa grandeur de telle autre personne capable qu'elle avisera, consentir à l'expédition de toutes lettres sur ce nécessaires, même jurer & affirmer, &c.

Démission pure & simple d'un bénéfice à la nomination du roi.

Fut présent M. A. chapelain de la chapelle de.... fondée & desservie dans la paroisse de.... diocèse de.... demeurant à.... lequel a fait & constitué son procureur général & spécial M.... auquel ledit constituant a donné pouvoir de pour lui & en son nom, sous le bon plaisir & de l'agrément de sa majesté, se démettre purement & simplement de ladite chapelle de.... entre les mains de monseigneur l'évêque de.... pour y être par lui pourvu de telle autre personne capable qu'il plaira à sa majesté de lui nommer, consentir à l'expédition de toutes lettres sur ce nécessaires, même jurer & affirmer, &c.

Autre Démission d'un bénéfice à la collation du roi.

Fut présent M. N. prêtre, docteur de Sorbonne, chanoine de la sainte chapelle royale de Vincennes, y demeurant ce jour en cette ville, lequel a fait & constitué son procureur général & spécial M.... auquel il a donné pouvoir de pour lui & en son nom se démettre entre les mains du roi de sondit canonicat de la sainte chapelle royale de Vincennes & de ses droits & appartenances, pour y être pourvu par sa majesté de telle autre personne capable qu'il lui plaira, consentir à l'expédition de toutes lettres sur ce nécessaires, même jurer & affirmer, &c.

Démission d'un bénéfice en patronage.

Fut présent M.... clerc du diocèse de Paris, chapelain de la chapelle ou chapelain de.... fondée & desservie en l'église paroissiale de.... diocèse de.... demeurant à.... lequel a fait & constitué son procureur général & spécial

ordinaires en conséquence des Démissions pures
& simples doivent être insinuées deux jours avant
le décès de celui qui s'est demis, sans qu'on.
puisse compter le jour de l'insinuation ni celui
du décès, autrement ces provisions ne pourroient produire aucun effet au préjudice des
gradués indultaires ou autres expectans. C'est
ce qui résulte de l'article 12 de l'édit du mois
de décembre 1691, & le parlement de Paris a
rendu un arrêt conforme le 15 juin 1721 au
sujet d'un canonicat de saint Martin d'Angers.

Comme ces décisions n'ont en vue que l'intérêt des expectans, la nullité résultante du
défaut d'insinuation ne vicie pas les provisions
au point de rendre le bénéfice vacant de plein
droit, parce qu'elle n'est pas radicale, mais
seulement relative, & peut être couverte par
la possession triennale.

Quand la Démission se fait dans un autre diocèse que celui où se trouve le bénéfice résigné,
l'esprit de la loi est rempli, lorsque l'insinuation
se fait dans l'un ou l'autre diocèse.

Le droit de contrôle d'une Démission de bénéfice est fixé à cinq livres par l'article premier
du tarif du 29 septembre 1722, & par l'article
4 de l'arrêt du 30 août 1740.

Les évêques qui se sont démis de leurs évê-

M.... auquel il a donné pouvoir de pour lui & en son
nom se démettre purement & simplement de sadite chapelle
ou chapellenie de.... entre les mains de monseigneur l'é-
vêque de.... pour y être par lui pourvu de telle autre personne capable qui lui sera nommée & présentée par....
patron & présentateur de ladite chapelle, consentir à l'expé-
pédition de toutes les lettres sur ce nécessaires, même
jurer, &c.

chés les conservent jusqu'à ce que leurs Démissions aient été admises par le pape. Le conseil d'état l'a ainsi jugé par deux arrêts des 9 avril 1647 & 29 avril 1657.

· On appelle *Démission décrétée*, ou *ex decreto*, la Démission ordonnée par un décret du pape, dans les provisions d'un bénéfice qu'il accorde. Un impétrant fait mention, dans sa supplique, de certains bénéfices qu'il possède, & qui sont incompatibles avec celui qu'il demande; le pape n'accorde le bénéfice qui est demandé, qu'à condition que l'impétrant se démettra, dans l'espace de deux mois, des autres bénéfices incompatibles.

De la Démission des biens. C'est un acte par lequel une personne fait de son vivant un abandonnement général de ses biens à ses héritiers présomptifs (*).

(*) *Formule d'une Démission de biens.*
Pardevant les notaires.... fut présente dame.... veuve de.... demeurante à.... laquelle s'est volontairement démise & a abandonné & délaissé dès maintenant & pour toujours à Jean.... demeurant à..... & Marie.... demeurant à.... ses enfans & héritiers présomptifs à ce présens & acceptans, tous les biens, sommes principales, arrérages, intérêts échus & autres effets généralement quelconques qui appartiennent présentement à ladite dame.... sans aucune exception, sinon de ses meubles meublans qu'elle se réserve, tous lesquels biens & effets, ladite dame a dit être mentionnés en l'état qu'elle en a présenté, qu'elle certifie véritable, demeuré annexé à ces présentes, après avoir été paraphé des parties & des notaires soussignés, sans néanmoins que ledit état puisse empêcher que s'il se trouvoit d'autres biens ou effets que ceux qui y sont énoncés, ils ne soient compris dans le présent délaissement, ladite dame n'entendant s'en réserver aucun; & déclare que tous sesdits biens

La

· La Démiffion n'eſt pas une donation entre vifs, puiſqu'elle eſt révocable de ſa nature, excepté dans quelques cas particuliers.

Ce n'eſt pas non plus une donnation à cauſe de mort, puiſqu'elle a un effet préſent, & qu'elle n'eſt point ſujette aux formalités des teſtamens.

Mais c'eſt quelquefois un abandonnement pur & ſimple, & elle tient le plus ſouvent de ces conventions que les romains appeloient *contrats innonimés*, à cauſe des charges que le démettant y impoſé au demiſſionnaire ſoit en ſe réſervant l'uſufruit, ſoit en ſtipulant une penſion viagère, ou que le démiſſionnaire le logera, le nourrira, l'entretiendra durant ſa vie.

· Une condition eſſentielle pour la valité d'une Démiſſion, eſt qu'elle ſoit acceptée par tous ceux au profit de qui elle eſt faite.

Les autres conditions requiſes, ſont,

---

ne ſont chargés d'aucune dette en hypothèque, à la réſerve de... de rente qu'elle doit à... à l'effet du préſent délaiſſement, ladite dame a préſentement remis & délivré auxdits ſieur & demoiſelle.... ſes enfans, tous les titres & papiers qu'elle avoit, concernant ſeſdits biens & affaires, dont a été fait un état, auſſi demeuré annexé à ces préſentes, après avoir été paraphé deſdites parties & notaires ſouſſignés; conſentant que ceux qui peuvent en avoir d'autres, les remettent ès-mains deſdits ſieur & demoiſelle.... ſes enfans, qu'elle ſubroge en tous ſes droits, noms, raiſons, actions, privileges & hypothèques, pour par eux jouir, faire & diſpoſer de tous leſdits biens & effets, comme de choſe à eux appartenante, conſentant même ladite dame.... que leſdits ſieur & demoiſelle.... ſes enfans, faſſent le recouvrement de tous leſdits effets ſous ſon nom, tranſportant, &c. déſaiſiſſant, &c.

1°. Que la Démiſſion ſoit faite en faveur des héritiers préſomptifs du démettant, c'eſt-à-dire, de ceux qui lui doivent ſuccéder ſuivant l'ordre qui eſt déſigné par la loi.

2°. Qu'elle ſoit faite a tous ceux qui ſont actuellement dans le même dégré, ſoit de leur chef, ſoit par le moyen de la repréſentation, ſans en excepter aucun.

3°. Que l'acte de Démiſſion ne contienne point de partage, ou que celui que le démettant aura fait, ſoit entièrement conforme à la loi des ſucceſſions *ab inteſtat*; c'eſt-à-dire, que le démettant doit laiſſer ſes biens à tous ceux que la loi appelle à ſa ſucceſſion, & de la même manière qu'elle les y appelle, ſans y rien changer.

4°. Que la Démiſſion comprenne tous les biens du démettant, à l'imitation du droit d'hérédité qui eſt univerſel. Cependant s'il ſe réſervoit quelques meubles pour ſon uſage, & même la faculté de diſpoſer par teſtament ou autrement, de quelques effets, la Démiſſion n'en ſeroit pas móins valable, pourvu que la diſpoſition embraſſât par ellé-même tous les biens & que la réſerve ne fût que de quelque choſe en particulier.

5°. Que la Démiſſion ſoit faite par forme d'univerſalité, & non à titre ſingulier; parce qu'une Démiſſion eſt une ſucceſſion anticipée, & qu'une ſucceſſion ne ſe défére qu'à titre d'univerſalité.

6°. Que le démettant ne donne point à ſes biens une qualité qu'il ne leur pourroit donner par teſtament, comme d'ordonner que ſes meubles tiendront nature de propre aux démiſſionnaires.

5^b. Que la Démission ait un effet présent, & transfére la possession & la propriété des biens donnés au démissionnaire, pour en jouir tant que la Démission ne sera point revoquée.

La Démission proprement dite, est de sa nature révocable jusqu'à la mort, quelque espace de temps qui se soit écoulé depuis qu'elle a été faite.

Il faut cependant excepter de cette règle générale, les Démissions faites par contrat de mariage lesquelles sont irrévocables.

La Démission faite en ligne collatérale, est revoquée de plein droit par la naissance d'un enfant légitime du démettant, & en ligne directe la naissance d'un enfant opere seulement la nécessité d'un partage avec les autres enfans démissionnaires.

La révocation de la Démission en fait regarder l'acte comme non avenu, de sorte qu'elle éteint les hypothèques que les démissionnaires auroient pu créer sur les biens qui leur avoient été abandonnés.

Lorsqu'un démissionnaire vient a décéder du vivant du Démettant, sa part accroît aux autres démissionnaires, s'il n'a point d'enfans habiles à le représenter.

Le démissionnaire peut renoncer à la succession du démettant, & par ce moyen il n'est pas tenu des dettes créées depuis la Démission.

En Bretagne on suit des principes particuliers pour les Démissions de biens : l'article 537 de la coutume porte que *père, mère & autres personnes se pourront démettre en tout ou partie de la propriété de leurs biens avec retention*

de l'ufufruit en leur héritier préfomptif principal
& noble.

Il ne faut pas conclure de cette difpofition
que la Démiffion de biens foit limitée en Bretagne aux feuls nobles : divers arrêts rapportés
par les commentateurs ont jugé qu'elle pouvoit auffi avoir lieu entre rôturiers. L'article
cité eft feulement démonftratif qu'entre nobles,
la Démiffion doit être faite entre les mains de
l'héritier principal de même que la faifine de
toute la fucceffion lui feroit déférée à titre fuc-
ceffif pour en faire raifon à fes puînés.

Il n'eft pas néceffaire non plus que le démettant fe réferve l'ufufruit des biens ; il peut
ftipuler telle autre condition qu'il lui plaît pour
être pourvu à fa nourriture & à fon entretien.
C'eft ce qu'ont obfervé d'Argentré fur l'article
266 de l'ancienne coutume, & frain dans fon
dix feptième plaidoyer.

Les Démiffions de biens font tellement irrévocables en Bretagne que fi le démettant fe
marie , les biens dont il s'eft demis ne font
pas fujets au douaire.

L'article 537 que nous avons déjà cité , prefcrit des formalités au moyen defquelles les
contrats d'aliénation poftérieurs aux Démiffions
ne peuvent produire aucun effet (*).

_____

(*) *Voici ce que porte à ce fujet l'article cité :*
Et fera la Démiffion bannie par trois jours de dimanche confécutifs, iffue des grandes meffes, à la paroiffe du
domicile de celui qui fe démet, & autres paroiffes où il aura
maifon, & par un jour au prochain marché du domicile. Et
feront lefdites Démiffions & bannies ainfi faites, certifiées
pardevant le juge du domicile, & au cas que ledit juge du

Obfervez d'ailleurs que le défaut de ces formalités ne peut pas être allégué pour en conclure
que la Démiffion eft nulle ou révocable : il ne
peut être oppofé que par les créanciers relativement aux dettes contractées depuis la Démiffion. C'eft ce qui réfulte d'un arrêt du mois de
janvier 1691 cité par Ferrière.

Il y a auffi dans le journal des audiences du
parlement de Bretagne un arrêt du 16 juin
1728 confirmatif d'une fentence de la juridiction
du chapitre de Rennes, qui a jugé qu'une Démiffion transféroit la propriété quoiqu'elle ne
fût point revêtue des formalités prefcrites par
la coutume, & que ce n'étoit pas le temps du
décès du démettant que l'on devoit confidérer
pour le partage des biens.

L'article 44 du tarif du 29 feptembre 1722
veut que le droit de contrôle des Démiffions
de biens foit perçu fur le pied des articles 3 &
4 du même tarif.

L'article 3 de la déclaration du 20 mars
1708, & l'article premier du tarif de 1722,
affujettiffent a l'infinuation toutes les donations
faites par les pères ou autres afcendans à leurs
enfans ou petits enfans autrement que par contrat de mariage ou à caufe de mort : & l'article
6 de la même déclaration comprend nommé-

---

domicile ne feroit royal, feront,lefdites démiffions & bannies rapportées & lues en jugement du prochain fiége royal
dudit domicile, l'audience tenante, & enregiftrées au greffe
dudit fiégé, & ce fait en la forme fufdite, les contrats d'aliénation qui feront faits depuis lefdites Démiffions & bannies
certifiées & regiftrées, comme dit eft, feront de nulle
valeur.

ment les Démissions au nombre des actes sujets au droit de centième denier.

Ces lois ont été confirmées par divers arrêts & décisions du conseil : un entr'autres du 6 avril 1723 a condamné les enfans du sieur Turpin a payer le droit de centième denier des biens dont leur père s'étoit demis en leur faveur sous la réserve d'une pension de mille livres.

Le conseil a pareillement décidé le 28 juin 1732 que le centième denier étoit dû pour la Démission contenant partage, que le sieur des Bouis & sa femme avoient faite en faveur de leurs enfans, de la plus grande partie de leurs biens situés dans la coutume de Bourbonnois, où les Démissions sont révocables.

Cette décision est fondée sur deux raisons principales : l'une est que la faveur accordée à la ligne directe n'a lieu que pour ce qui est donné par contrat de mariage aux enfans qui se marient : l'autre est que quoique la Démission soit révocable, elle n'opère pas moins une translation réelle de propriété, ensorte que le Démissionnaire perçoit les fruits sans qu'il puisse être obligé de les rendre. La révocation n'est qu'un accident qui n'empêche pas que la Démission ne soit une véritable mutation & ne produise un effet actuel.

Par une autre décision du 5 août 1756, le conseil a confirmé une ordonnance de l'intendant de Limoges qui avoit condamné les sieurs Adam & Michel Ménard au payement du droit de centième denier des immeubles compris dans la Démission que leur mère leur avoit faite sous seing privé en 1726, & des droits d'insinuation pour le mobilier, relativement au nombre des démiffionnaires. Ces particuliers prétendoient qu'ils ne devoient aucun droit d'infinuation ni de centième denier parce qu'il s'agiffoit d'une fucceffion directe anticipée.

Il faut obferver que quand une Démiffion eft faite fuivant l'ordre des fucceffions, elle ne peut être confidérée que comme une délivrance anticipée de l'hérédité : c'eft pourquoi elle n'eft point affujettie aux formalités prefcrites pour la validité des donations entrevifs, ni par conféquent nulle faute d'avoir été infinuée : c'eft même ce qui a été jugé par un arrêt du 9 août 1683 rapporté au journal du palais : elle eft feulement fujette aux droits d'infinuation & de centième denier qui peuvent être perçus dans tous les bureaux indiftinctement ; c'eft-à-dire le droit d'infinuation dans le bureau où l'acte eft contrôlé, & le droit de centième denier dans le bureau du lieu où les biens font fitués, quoique ces bureaux ne foient pas établis près d'un fiège royal.

Mais fi la Démiffion intervertit l'ordre des fucceffions, elle ne peut valoir que comme donation & elle eft fujette à toutes les règles prefcrites pour les donations entre vifs.

Quand l'acte de Démiffion contient le partage des biens entre les démiffionnaires il n'eft dû qu'un droit de contrôle pour les deux difpofitions. La raifon en eft qu'elles font pour le même fait, que les démiffionnaires font parties néceffaires dans la première, comme dans la feconde, que les biens ne leur font abandonnés que pour les partager, & qu'il n'y a point de tierce partie intervenante, ni d'intérêts différens dans l'une & dans l'autre difpofition.

Si, par ce partage, fait dans le même acte que la Démiffion, il y a des retours ou foutes payables par l'un des démiffionnaires à l'autre, ou qu'au lieu de faire un partage, on licite les biens qui demeurent à l'un, en payant en argent la portion des autres, le droit de centième denier n'eft dû que pour raifon de la Démiffion, pourvû que le tout foit renfermé dans un feul acte ; parce qu'il n'y a effectivement qu'une mutation, puifque les démiffionnaires n'ont point eu de propriété intermédiaire, & que le défaififfement du démettant eft cenfé fait en faveur de ceux qui reftent propriétaires, par l'événement du partage ou de la licitation.

Le fieur Labalud & fa femme ayant fait en faveur de leurs enfans une Démiffion contenant partage avec foute, le fermier perçut deux droits de centième denier, l'un pour la Démiffion & l'autre pour la foute ; mais le confeil décida le 12 avril 1753 que n'y ayant qu'une mutation, il n'étoit dû qu'un droit & il ordonna que ce qui avoit été perçu de trop feroit reftitué.

La Démiffion étant comme on l'a déjà dit une fucceffion anticipée, il faut en conclure qu'elle donne ouverture aux droits feigneuriaux qu'auroit produits la mort naturelle du démettant : mais quand ces droits font ils exigibles ?

Dans les coutumes où la Démiffion eft révocable, le rachat doit être fufpendu pendant la vie du démettant ; ce droit dépend de l'événement que peut avoir la Démiffion ; il doit participer de la nature de l'acte qui y donne lieu : comme la Démiffion eft révocable, &

que l'exécution en eſt ſuſpendue pendant la
vie de celui qui s'eſt démis, à cauſe de la liberté
qu'il a de la révoquer, le rachat qui eſt une
ſuite & un effet de la mutation, doit être en
ſuſpens comme la cauſe qui le produit ; & ,
lorſque la Démiſſion eſt confirmée par le décès
du démettant, les droits féodaux, comme la
poſſeſſion des démiſſionnaires, remontent au
jour & date de la Démiſſion ; c'eſt l'à l'époque
de la mutation & celle des droits.

En Bretagne, où la Démiſſion eſt irrévocable, il ſemble que le rachat devroit être
exigible dès l'inſtant de la Démiſſion puiſqu'elle
opère une mutation parfaite : mais ſuivant le
dernier article du titre 22 de la coutume de
cette province, le ſeigneur ne doit jouir des rachats
& autres profits de fief que par le décès de ceux
qui ſe ſont démis.

Voyez *le recueil de juriſprudence canonique ; les
lois eccléſiaſtiques de France ; les déclarations du
mois d'octobre 1646 & du 14 février 1737 ; l'édit
du mois de décembre 1691 ; les arrêts célèbres de
Livonnières ; le traité des matières bénéficiales par
Fuet ; la bibliothèque canonique ; les œuvres de
Duperray ; le dictionnaire de Ferrière ; le Brun,
traité des ſucceſſions ; le journal des audiences &
celui du palais ; les coutumes de Nivernois, de
Bourbonnois & de Châlons ; Auzanet & Ferrières
ſur la coutume de Paris ; les arrêts de Bardet ;
Baſnage ſur la coutume de Normandie ; les queſtions de Boulenois ; d'Argentré & Perchambault
ſur la coutume de Bretagne ; les plaidoyers de
Frain ; Ricard, traité des donations ; la déclaration du 20 mars 1708 ;* &c. Voyez auſſi les
articles OFFICE, BÉNÉFICE, PROCURATION

AD RESIGNANDUM, RÉSIGNATION, COLLA-
TEUR, GRADUÉ, PATRON, RACHAT, INSI-
NUATION, CENTIÈME DENIER, CONTRÔLE,
DONATION, &c.

DÉMISSION DE FOI. C'eſt la renonciation
faite par le vaſſal à la fidélité qu'il doit à ſon
ſeigneur.

L'inféodation eſt un contrat véritable, par
lequel le vaſſal & le ſeigneur s'engagent à des
devoirs réciproques. Le principal devoir du
vaſſal conſiſte dans la fidélité ; & de même que
dans l'établiſſement du ſyſtême féodal, l'on avoit
imaginé, pour donner plus de force à cette obligation, en parlant aux ſens, diverſes formalités
pour la preſtation de foi & hommage lors de
l'inveſtiture, de même l'on avoit introduit d'autres formalités pour déſigner la ceſſation de ces
devoirs réciproques,

A l'exception des fiefs liges, pour leſquels,
ſuivant quelques auteurs, on devoit toujours la
fidélité, lorſqu'on en avoit été une fois inveſti,
quoiqu'on les eût remis au ſeigneur, ou autrement aliénés, la foi n'étoit une obligation qu'autant que l'on retenoit le fief qui en étoit le prix.
Le vaſſal qui prétendoit avoir quelque ſujet de
plainte contre ſon ſeigneur, ne pouvoit lui préſenter le combat, qu'après s'être pour ainſi dire
dévêtu du fief & démis de la foi qu'il lui devoit.

Encore par noſtre couſtume, dit Beaumanoir,
chapitre 61, *nus ne peut appeller ſon ſeigneur à
qui il eſt hous de corps & de mains, devant que il
li a deleſſé l'hoummage & che que il tient de lui ;
doncques ſe aucuns vieut appeller ſon ſeigneur d'aucun cas de crième, ouquel il chiet apel, il doit ainſ*

l'apel venir à fon feignieur, en le prefence de fes pers, & le dire en chefte maniere : Sire, j'ai efté cette piece en voftre foi & en votre houmage, & ai tenu de vous tex héritage en fief. Au fief & à l'houmage je renonce, pour ce que vous m'avez meffet, douquel meffet je entends aquerre venjance par apel ; & puis cele renonciation femondre le doit faire en la court de fon fouverain & aler avant en fon apel, & fe il apelle avant qu'il ait renoncié au fief & à l'houmage, il ni a nul gage, ainchois amendera à fon feignieur le vilenie que il li a dite en court, & à le court auffint, & fera chafcune amende de foixante livres.

La même chofe avoit lieu pour les aliénations du fief. On voit dans les affifes de Jerufalem, chapitre 152 & 195, que celui qui avoit un fief & qui vouloit l'affurer à l'un de fes héritiers de fon vivant, ou le vendre pour payer fes dettes, le livroit au feigneur, lequel à fon tour le délivroit au nouveau vaffal en lui mettant *un bâton* dans les mains.

C'eft de-là que viennent les difpofitions de nos coutumes, qui difent que le vaffal peut fe jouer de fon fief *fans la main mettre au bâton.* L'article 41 de la coutume de Paris portoit de même, qu'un vaffal pouvoit fe jouer de fon fief *jufques à Démiffion de foi.* L'article 51 de la nouvelle coutume a le même fens, mais elle fe fert de ces te mes, qui font un peu moins relatifs à l'ancien droit, *pourvu qu'il retienne la foi entière.*

La Démiffion de foi, fuivant Dumolin, a lieu à prefent toutes les fois que le vaffal, en ceffant d'avoir la propriété de fon fief, renonce à la vaffalité, foit expreffément, foit tacitement.

Il diftingue quatre fortes de Démiffions de foi, dont les trois premières feules doivent avoir proprement ce nom.

La première efpèce, qu'il appelle Démiffion de foi *folemnelle*, eft un acte par lequel le vaffal en perfonne, ou par un procureur fondé de procuration fpéciale, déclare au feigneur qu'il fe dévêtir du fief dont il l'avoit invefti, en confentant qu'il en inveftiffe fon ayant caufe.

Cette Démiffion de foi étoit autrefois la feule qui fût admife dans la coutume de Paris, & qui pût donner ouverture aux droits feigneuriaux dus pour les mutations. Quelqu'aliénation qu'eût pu faire le vaffal, elle étoit abfolument étrangère au feigneur jufqu'à ce moment. C'eft ce qui réfulte clairement du chapitre 32 *de la déclaration des fiefs felon la coutume de France*, jointe aux anciennes coutumes de Berry données par M. de la Thaumaffière. *Le roi demande au couftumier fi ung homme noble ou non noble vent fon fief & eft marché fait & accordé entre lui & l'acheteur : or advient que l'acheteur & le vendeur font à accord, & par ainfi le marché fe deffait & reprend le vendeur fon fief ; affavoir fi le feigneur de qui le fief eft tenu aura point de quint denier de ladite vente. Refpond le couftumier : Certes, fire, non. Car tout homme qui tient en fief, par la couftume des fiefs, peut fon fief vendre ou efchanger, & fi le peut prendre & tenir comme devant, JUSQUES AU DEMECTRE DE LA FOI, que le feigneur de qui il eft tenu n'y peut rien demander jufques au demeêtre de ladite foy, mais qu'il n'y ait point de fraude contre le feigneur.*

Il y a beaucoup d'apparence que cette liberté qu'avoit le vaffal de réfilier fans payer de profits, les contrats qu'il avoit ainſi faits , juſqu'à ce qu'il eût expreſſément renoncé à la foi , étoit autrefois tout ce que nos coutumes entendoient par *le jeu de fief juſques à Démiſſion de foi* , quoique du Molin ſur l'article 51 de la coutume de Paris , dit que cette interprétation du mot *Démiſſion* donnée par quelques auteurs , eſt la pire de toutes ; & en effet , elle ſeroit inſoutenable aujourd'hui.

La ſeconde eſpèce de Démiſſion de foi , que du Molin appelle *formelle* , a lieu lorſque le vaſſal dans un acte d'aliénation quelconque , déclare qu'il ſe déſaiſit en faveur de celui auquel il cède ſes droits , en conſentant qu'il ſe faſſe inveſtir par le ſeigneur. Cette déclaration peut ſe faire hors la préſence du ſeigneur. Elle ne transfère pas une propriété abſolue non plus que la précédente , juſqu'au moment de l'inveſtiture ; mais elles ont l'une & l'autre un effet très-important. C'eſt l'ouverture du fief relativement au ſeigneur.

Si donc un vaſſal aliéne ſon fief par quelque acte que ce ſoit , ſans Démiſſion de foi ou ſans tradition de poſſeſſion réelle ou feinte , il ne ceſſe pas pour cela d'être le véritable vaſſal ; le ſeigneur n'a point encore droit de ſaiſir le fief. Le contrat même peut être réſilié , ſans que le ſeigneur puiſſe prétendre aucuns droits. Mais lorſque l'acte d'aliénation contient la clauſe de la Démiſſion de foi , le ſeigneur a le droit de ſaiſir le fief & d'empêcher par-là que le contrat ne puiſſe être réſilié à ſon préjudice.

La Démiſſion *effective* ou *actuelle* , qui eſt la troiſième eſpèce , s'opère lorſque le vaſſal ſans énoncer formellement qu'il ſe démet de la foi , aliéne fon fief en le transférant à autrui par une tradition réelle ou feinte, ou bien renonce purement & fimplement à la propriété du fief par des faits non équivoques. Cet abandon équivaut à une véritable Démiffion de foi, & produit comme les deux premières, l'ouverture du fief.

La quatrième efpèce enfin, qui ne mérite qu'improprement ce nom, eft la Démiffion de foi potentielle ou préfumée ; elle a lieu quand le vaffal vend fon fief purement & fimplement fans aucune Démiffion de foi, & même fans tradition réelle ou feinte. Un tel acte ne devroit pas, ce femble, donner lieu à l'ouverture du fief, puifqu'il peut être réfolu par diverfes caufes ou par le confentement feul des contractans. Cependant, ajoute encore du Molin, cette préfomption de Démiffion de foi eft regardée dans l'ufage comme fuffifante pour donner lieu à l'ouverture du fief, & cet ufage eft la feule raifon qu'on en puiffe donner. Ainfi quoiqu'on doive s'y foumettre, parce qu'il s'obferve généralement, il faut bien fe donner de garde de le tirer à conféquence pour tout autre contrat que celui de vente, & il faut fuivre d'autres règles pour l'échange, la donation, &c. La raifon de la différence confifte fans doute en ce que le contrat de vente donne par lui-même ouverture au droit de quint, tandis que le relief qui a lieu dans les autres aliénations, n'eft dû que par la mutation du vaffal.

Cette diftinction de du Molin, & les doutes qu'elle pouvoit faire naître, ont peut-être occafionné le changement que l'on a fait aux termes de la coutume de Paris, en exigeant dans la novelle, que le vaffal *retint* la foi, pour ne point

donner d'ouverture aux droits feigneuriaux ,
tandis que l'ancienne coutume demandoit feulement qu'il ne s'en démît pas ; & il eft à croire
que dans les coutumes même qui fe fervent encore du mot *Démiffion de foi* , on fuivroit l'interprétation donnée par la nouvelle coutume de
Paris.

Il ne faut pas conclure de là , cependant , que
la nouvelle coutume de Paris ait rejeté toute
rétention de foi tacite. La rétention expreffe de
la foi n'eft néceffaire pour la conferver à l'ancien vaffal , que dans les contrats, qui par leur
nature n'en fuppofent pas la rétention , tels que
les baux à rente , foit perpétuelle , foit rache-
table. Mais la rétention tacite de la foi fe doit
préfumer dans un bail à cens , dans une fous
inféodation , parce que ces mots cens & fief
fuppofent un droit de directe , qui ne peut fubfifter avec la Démiffion de foi ; il en faut dire
autant de tous les termes femblables , qui fuivant les coutumes ou les ufages des lieux , emportent l'idée de la rétention de la directe.

La rétention de la foi , même lorfqu'elle eft
expreffe , n'a cependant aucun effet dans deux
cas. Le premier eft quand on paffe les limites
prefcrites par les coutumes au jeu de fief. Le
fecond eft quand elle eft retenue frauduleufe-
ment pour priver le feigneur de fes droits , &
que les circonftances particulières qui fuivent
le contrat , prouvent que dans l'intention des
parties l'aliénation étoit abfolue , quoique dé-
guifée fous un contrat de bail à cens ou de tel
autre acte que ce foit. Voyez le mot FRAUDE
NORMANDE.

Lorfque dans un contrat de vente l'ancien

vaffal s'eft démis de la foi en faveur de l'acquéreur, celui-ci peut-il aliéner le fief avec rétention de foi, avant d'y avoir été reçu par le feigneur ? Il femble d'abord que non, puifque l'on
ne peut pas retenir ce que l'on n'a point. Il faut
dire néanmoins qu'une telle rétention de foi
feroit valable, quand même le fief feroit faifi
féodalement à défaut de foi & hommage. Depuis que les fiefs font patrimoniaux & tranf-
miffibles fans le confentement du feigneur, ce
n'eft point la formalité de la foi & hommage
qui produit pour le vaffal l'engagement d'être
fidellé à fon feigneur, c'eft l'acquifition même
du domaine du fief. Quoique le feigneur puiffe
exiger cette formalité & faifir le fief quand on
ne la remplit pas, afin d'obliger le vaffal à
donner une nouvelle force par le ferment, à
l'engagement de fidélité qu'il a contracté envers
lui par fon acquifition, le vaffal n'en eft pas
moins vaffal avant d'être admis à la preftation
de l'hommage ; & comme il doit déja la foi à
fon feigneur, rien n'empêche qu'il ne puiffe dès-
dès-lors la retenir pardevers lui, en garantiffant
fon acquéreur fuivant les bornes données à cette
faculté par la coutume.

Il eft permis de retenir la foi & hommage,
non-feulement lorfqu'on retient le domaine
direct fur la partie aliénée, ou fur la totalité
dans les coutumes qui ne limitent point le jeu
de fief, mais auffi lorfqu'on ne conferve qu'une
fimple action pour rentrer un jour dans la propriété du fief. Telle eft la vente à faculté de
réméré, où l'on peut retenir la foi & ne payer
aucun profit, lorfqu'elle n'excéde pas le terme
de trois ans fuivant quelques coutumes ; &
celui

celui de neuf, fuivant quelques autres. On a beaucoup agité quelle règle il falloit fuivre dans les coutumes qui font muettes comme celle de Paris. La liberté naturelle & la faveur du commerce doivent, fuivant la plupart des auteurs, y faire étendre la faculté d'aliéner ainfi avec rétention de foi jufqu'à neuf années.

Mais fi durant cet intervalle, celui qui a retenu la foi & le droit de réméré, transfere à un tiers cette faculté, quel fera l'effet de cette dernière alienation? Du Molin eftime qu'elle ne peut produire aucun effet relativement au feigneur; enforte que non-feulement elle n'engendrera aucun droit, mais auffi que jufqu'à l'expiration de la faculté de réméré, ce feront toujours les mutations qui pourront arriver de la part du vendeur & de fes héritiers par leur décès, qui donneront ouverture aux droits feigneuriaux. Le propriétaire ancien du fief, dit-il, a contracté par la rétention de foi l'obligation de garantir l'acquéreur de tous les droits, & de remplir les devoirs de la vaffalité. Il ne peut donc charger un tiers de cette obligation au préjudice de cet acquéreur. Le feigneur dominant ne peut pas non plus être privé fans fon confentement, du droit qu'il a de percevoir les profits de fief à raifon des mutations arrivées du chef du vendeur. D'ailleurs ce n'eft point le fief, mais une fimple action pour r'avoir le fief qui fait le fujet de la feconde vente. Or, il eft de principe que la vente d'une action tendante à un fief n'engendre point de droits féodaux. Enfin le ceffionnaire de cette faculté étant abfolument étranger au feigneur & à l'acquéreur du fief, il ne peut porter aucune atteinte à leurs droits refpectifs.

Cependant il paroît difficile d'admettre que celui qui n'a plus aucun droit dans le fief, puiffe par fiction être cenfé retenir la foi par-devers lui. Dès que les actions peuvent être vendues, le feigneur & l'acquéreur n'ont, ce femble, aucun droit pour empêcher que le propriétaire de la faculté de réméré, hors les cas de fraude, ne charge un tiers de remplir les obligations de la foi & de la garantie dont il étoit tenu envers eux L'on ne voit pas pourquoi le feigneur ne pourroit pas être privé, fans fon confentement, du droit qu'il a de percevoir les profits de fief à raifon des mutations arrivées de la part du vendeur, lorfque ce vendeur n'a plus qu'une fimple action pour fervir de bafe à la rétention de foi, comme il peut l'être quand ce vendeur a confervé le domaine direct du fief; ou plutôt c'eft bien une mutation de la part du vendeur, que l'aliénation du feul droit en vertu duquel il retenoit la foi. Cette décifion auroit d'autant moins d'inconvéniens, qu'il n'arrive prefque jamais que l'on acquierre une faculté de réméré pour ne pas l'exercer.

Voyez du Molin fur l'article 51 de la nouvelle coutume de Paris, & les autres autorités citées. Voyez auffi les anticles DÉMEMBREMENT, DÉPIÉ, JEU DE FIEF, FOI, FRAUDE, NORMANDE, &c. (Article de M. GARRAN DE COULON, avocat au parlement).

DÉMISSOIRE: Voyez DIMISSOIRE.

DEMI-VINS. Ce font ceux qu'on appelle vins de refoul ou de recoupe. On entend auffi par

Demi-vins, les *piquettes* & autres boissons tirées à clair.

Les anciens & les nouveaux cinq sous se perçoivent pour les Demi-vins sur le même pied qu'ils se perçoivent sur les vins entiers. Mais on excepte du droit les boissons composées d'eau jetée sur le marc du raisin enfermé dans des tonneaux après qu'il a été pressuré.

Voyez à ce sujet *les arrêts du conseil des 30 mars 1686, 4 décembre 1728, 5 mars 1737, & 26 janvier 1740.* Voyez encore *un autre arrêt du conseil du premier août 1741, revêtu de lettres-patentes du 26 du même mois, enregistrées le 21 février 1742. (Article de M. DAREAU, avocat au parlement, &c.)*

DEMOISELLE. On désigne sous ce nom une fille née de parens nobles.

Autrefois ce titre ne se donnoit qu'aux filles des princes, des chevaliers, &c. On se contentoit d'appeler les autres par leur simple nom de baptême. Mais actuellement toute fille, pour peu qu'elle soit de naissance honnête, est qualifiée de *Demoiselle*.

Le titre de *Demoiselle* est aujourd'hui sans conséquence. Il n'est plus depuis la fin du seizième siècle, une indication de noblesse dans la personne qui en est décorée.

A la cour, où les usages se perpétuent long-temps, le titre de *Demoiselle* par excellence & sans autre dénomination, est réservé pour la fille aînée du premier prince du sang.

Voyez ce que nous avons dit à l'article DAME. *(Article de M. DAREAU, avocat au parlement, &c.)*

DÉMOLITION. C'eſt l'action de démolir, de détruire un mur, un édifice, &c.

On ne peut toucher à un mur mitoyen pour le démolir, le percer ou le réidifier, que cette entrepriſe n'ait été préalablement ſignifiée aux voiſins qui y ont intérêt. C'eſt ce qu'exigent quelques coutumes, & notamment l'article 203 de celle de Paris, qui à cet égard fait le droit commun de la France. Si cette ſignification n'eſt pas faite à la requête du propriétaire, elle doit l'être au nom de l'entrepreneur ou des maçons; autrement ils ſont reſponſables avec le propriétaire du dommage qui peut réſulter de ce défaut de ſignification (*):

Lorſque les voiſins ont été avertis, c'eſt à eux de ſe garantir du dommage qu'on pourroit

---

(*) *Modèle d'une ſignification lorſqu'il s'agit de démolir.*

L'an, &c.... à la requête, &c.... je.... huiſſier..... me ſuis tranſporté au.... où étant & parlant à.... je lui ai ſignifié que le requérant ayant envie d'élever ſa maiſon contigue à celle qu'il occupe, ſituée, &c. & qu'étant néceſſaire de démolir & de refaire le mur de ſeparation des deux maiſons, ſoit parce que ce mur commence à devenir caduc, ſoit parce qu'il n'auroit pas la force de ſupporter l'élévation que le requérant ſe propoſe d'y donner, il doit ſe tenir pour averti de prendre de ſon côté toutes les précautions convenables par des étayemens néceſſaires pour empêcher la ruine de ſon édifice : lui declarant que le requérant ſe propoſe de faire démolir ſous huitaine, & que ſi dans ce tems là il n'a point pris les précautions que le cas exige, il agira ou ſe pourvoira à cet effet ainſi qu'il appartiendra. Et afin que ledit.... n'en ignore je lui ai laiſſé copie du préſent acte en parlant comme deſſus.

Cette ſommation ou ſignification peut être changée & modifiée de différentes manières ſuivant les cas & les circonſtances.

leur caufer en perçant le mur mitoyen ou en y travaillant. On doit cependant leur donner un temps fuffifant pour étayer chez eux ; & fi l'un des voifins étoit abfent, & que faute d'étayer il y eût du danger à démolir, on pourroit fe faire autorifer à étayer pour lui, en prenant la précaution d'appeler à cet effet le procureur du roi, qui eft feul partie capable de ftipuler les intérêts des abfens.

Lorfque la Démolition eft pour l'intérêt feul de celui qui la fait faire, c'eft à lui de pourvoir à fes frais aux étayemens néceffaires chez fon voifin. Il en eft de même lorfqu'il ne s'agit que de fimples percemens.

, S'il eft queftion de démolir une maifon adoffée à un mur mitoyen, comme dans ces momens le mur mitoyen auquel on n'a pas envie de toucher, ne doit plus avoir le même foutien de part & d'autre, qu'il avoit auparavant, on eft auffi tenu de faire en cette occafion une fignification aux voifins, afin qu'ils aient à prendre les précautions néceffaires pour leur fureté ; & fi l'un d'eux étoit affez téméraire pour fe jouer du péril, on n'en feroit pas moins obligé de le faire contraindre à étayer chez lui, ou de fe faire autorifer à étayer à fes dépens, parce qu'on doit être plus prudent que des infenfés, qui par témérité ou par humeur, ne veulent pas fe rendre à la raifon.

Lors de la Démolition, on doit exactement obferver de ne rien faire qui puiffe endommager le mur mitoyen, & de faire boucher en bonne maçonnerie & fur le champ, tous les trous qu'on eft obligé d'y faire pour le defcellement des poutres, des folives d'enchevretures & d'autres pièces de bois. On doit auſſi avoir attention de ne faire démolir les murs de refend ou de face, qu'à ſix pouces près du mur mitoyen, ou du moins d'y laiſſer toutes les pierres & les moilons qui y ſont de liaiſon.

Quand la maiſon qu'on démolit ne doit point être rebâtie, comme cela arrive lorſqu'on veut faire une cour ou un jardin de ſon emplacement; ſi celui qui fait démolir renonce à la propriété du mur mitoyen, il faut que celui à qui appartient la maiſon voiſine, faſſe faire à ſes frais tous les rétabliſſumens néceſſaires au mur mitoyen; qu'il le faſſe même reconſtruire en entier s'il ne peut ſubſiſter autrement.

Si au contraire la maiſon n'eſt démolie que pour être reconſtruite, & qu'il ſe trouve que le mur mitoyen auquel elle étoit adoſſée, eſt mauvais & caduc, on peut contraindre le voiſin pour ſa part & portion aux frais de la Démolition & de la réfection; & dans ce cas, ce voiſin eſt obligé de faire à ſes dépens tous les étayemens convenables pour cette opération; il doit ſouffrir auſſi les incommodités inévitables pour le logement des matériaux, pour le paſſage des ouvriers, &c.

Obſervez qu'on ne peut toucher à un mur mitoyen pour le démolir, qu'en cas de néceſſité, comme lorſque ce mur n'eſt pas en état de ſupporter l'édifice que l'on ſe propoſe d'y adoſſer; & qu'avant d'y faire toucher, lorſqu'il n'eſt point mitoyen, on doit rembourſer au voiſin la moitié de la valeur de ce mur & du fond ſur lequel il étoit bâti. On doit auſſi ne point perdre de temps à rétablir les choſes de façon que le voiſin ſoit promptement délivré des incommodités de la nouvelle œuvre. Voyez à ce sujet l'article 204 de la coutume de Paris, avec le commentaire de Desgodetz, & les notes de Goupy sur cet article.

C'est un crime que de démolir sans ordre ou permission du roi, les murs & les fortifications des villes. Une entreprise pareille est un cas royal. On trouve dans le traité des *lois criminelles*, deux arrêts qui l'ont ainsi jugé, l'un du 13 mai 1626 pour Senlis, & l'autre du 5 juin 1659 pour Mondidier. (*Article de M. DAREAU, avocat au parlement*, &c.)

DÉMOUVOIR. Terme de palais qui signifie faire ensorte que quelqu'un se déporte d'une demande, d'une prétention, &c.

Ainsi l'on dit d'un plaideur téméraire, qu'on lui faisoit des offres capables de le *Démouvoir* s'il avoit voulu se rendre à la raison & à l'équité. (*Article de M. DAREAU, avocat au parlement*, &c.)

ADDITIONS ET CORRECTIONS.

TOME XI.

Article *Clain*, pag. 140, lign. 32, rapport antérieur, lisez rapport postérieur.

TOME XIII.

Pag. 177, après le mot personnelles de la pénultième ligne; ajoutez possessoires & mixtes.

Supprimez aussi la note qui est au bas de cette page, & lisez à la place ce qui suit:

Par une déclaration du 26 février 1771, le feu roi avoit ordonné que les committimus ne pourroient plus avoir lieu que pour les causes purement personnelles : mais cette disposition a été révoquée par l'article 9 de l'édit du mois de juillet 1775.

TOME XV.

Article *Contre-Emploi*, pag. 400, lign. 4, le juftifient; lifez la juftifient. Lign. 34, M. Pollet rapporte; lifez M. Pollet en rapporte.

Article *Contribution*, pag. 435. lig. 23; effacez les mots, pour ce qu'il a payé.

TOME XVI.

Article *Couvent*, pag. 97, lign. 18, l'effet d'une exemption; lifez l'effet d'une exception.

Article *Couteau Pointu*, pag. 382, lign. 33, les défordres qu'occafionnoit autrefois dans la Flandre l'ufage des Couteaux Pointus, en a fait profcrire l'ufage, lifez les défordres qu'occafionnoient autrefois dans la Flandre les Couteaux Pointus, &c.

Article *Coutumes*, pag. 397, lign. 32, après ces mots, par l'édit perpétuel; ajoutez pour le bénéfice d'inventaire.

Article *Criées*, pag. 443, lign. 32, une fentence d'un juge de province; lifez une fentence d'un juge de la province.

TOME XVII.

Pag. 81, lig. 2, jouiffent; lifez jouiffoient. . . .

Supprimez depuis la 25ᵉ. lign. commençant par ces mots, cette franchife, jufqu'à ces mots de la treizième ligne les exiger, & lifez à la place ce qui fuit:

Ces privilèges ont fubfifté jufqu'en 1771, qu'un arrêt du confeil a révoqué toute exemption des droits feigneuriaux dus au roi à caufe des mutations des biens affis dans les mouvances & directes de fa majefté.

Pag. 257, à la place de la dernière phrafe qui commence par le mot Meffieurs, & finit par celui de jugemens; lifez, meffieurs des requêtes de l'hôtel & du palais connoiffoient autrefois des décrets qui fe pourfuivoient en exécution de leurs jugemens; mais cette connoiffance leur a été ôtée par l'article 9 de l'édit du mois de juillet 1775, enregiftré au parlement le 2 août fuivant.

Fin du Tome dix-feptième.

www.ingramcontent.com/pod-product-compliance
Lightning Source LLC
Chambersburg PA
CBHW031736210326
41599CB00018B/2606